高等学校项目管理系列规划教材

工程经济学

（第3版）

魏法杰　王玉灵　郑筠◎编著

电子工业出版社

Publishing House of Electronics Industry

北京·BEIJING

内 容 简 介

本书从工程经济学的含义、发展和研究对象出发，结合工程实际和企业所处环境，系统地阐述了工程经济分析原理与方法，主要内容包括：工程经济分析的基本要素及其预测、现金流量与资金等值计算、工程项目评价指标与方法、工程项目的风险分析与决策、工程项目的财务评价与优化设计、工程项目的可行性研究及其应用案例、设备维护及更新的技术经济分析、特殊类型项目的经济分析及价值工程。本次修订，在保持整体框架结构不变的情况下，根据最新的相关政策和行业研究成果更新了部分知识点和案例，并新增了二维码以加强学习指导和补充阅读资料，更适合目前教学需要。

图书在版编目（CIP）数据

工程经济学 / 魏法杰，王玉灵，郑筠编著. —3 版. —北京：电子工业出版社，2020.6
高等学校项目管理系列规划教材
ISBN 978-7-121-39091-3

Ⅰ. ①工… Ⅱ. ①魏… ②王… ③郑… Ⅲ. ①工程经济学－高等学校－教材 Ⅳ. ①F062.4

中国版本图书馆 CIP 数据核字（2020）第 099478 号

策划编辑：姜淑晶
责任编辑：张 京
印　　刷：北京七彩京通数码快印有限公司
装　　订：北京七彩京通数码快印有限公司
出版发行：电子工业出版社
　　　　　北京市海淀区万寿路 173 信箱　邮编　100036
开　　本：787×1 092　1/16　印张：19.75　字数：544 千字
版　　次：2007 年 1 月第 1 版
　　　　　2020 年 6 月第 3 版
印　　次：2025 年 7 月第 5 次印刷
定　　价：68.00 元

代序

项目管理学位教育呼唤高质量的项目管理教材

"当今社会，一切都是项目，一切也都将成为项目"，这种泛项目化的发展趋势正逐渐改变着组织的管理方式，使项目管理成为各行各业的热门话题，受到前所未有的关注。项目管理学科的发展，无论在国外还是国内，都达到了一个超乎寻常的发展速度。国际上两大权威机构国际项目管理协会（IPMA）和美国项目管理协会（PMI）的项目管理知识体系越来越完善、专业资质认证越来越普及就是佐证之一，目前仅在美国就有100多所大学开设了项目管理专业或课程方案（Programme），进行学士、硕士或博士学位教育，其中有20多所大学的 Programme 得到了 PMI 全球项目管理认证中心（GAC）的认证。

在我国，有关项目管理的研究和项目管理学科的建设也正在积极进行中，大量项目管理书籍层出不穷，甚至有一些专家根据现代项目管理的广义性提出了创建"项目学"的倡议……这些都是项目管理学科逐渐走向成熟的标志。

特别值得一提的是我国项目管理学位教育的发展。目前，我国已经有200余所院校设立了工程管理本科专业，在教育部本科专业目录中其英文名称即为 Project Management（项目管理）。该专业分布在不同类型的院校之中。虽然其内涵和课程设置上仍偏重于工程项目管理，但由于各院校面向不同的行业领域，有着不同的培养方向，其行业覆盖面还是具有项目管理的广泛性。2004 年，中央财经大学经国家教委批准，自主设置了项目管理本科专业并正式招生，标志着国内最早的真正意义上的项目管理本科学位教育的诞生。2006年 7 月起，经全国自学考试办公室批准，福建省和天津市又分别开设了高等教育自学考试项目管理专业（独立本科段），分别由福州大学、厦门大学和天津理工大学担任主考学校并对合格者授予项目管理学士学位，使项目管理本科学位教育又向前迈进了一步。

早在世纪之交前后，我国许多高等院校就在管理学科与工程一级学科或其他学科下设置了项目管理方向，开始了硕士与博士研究生的培养。而从 2003 年国务院学位办和全国工程硕士专业学位教育指导委员会批准清华大学和北京航空航天大学试办、2004 年 72 所高校正式开办项目管理领域工程硕士专业学位教育（我国首个真正意义上的项目管理研究生学位教育）以来，我国项目管理学位教育发展更为迅猛。2005 年 10 月项目管理领域工程硕士的报考人数已达到 12 083 人，录取人数达到 5 752 人，均居全国 38 个工程硕士领域的第一位；目前全国已经有 96 所高校具有项目管理领域工程硕士培养权，发展形势令人鼓舞。这一方面表明了社会和市场对项目管理人才的旺盛需求，另一方面也说明了项目管理学科的价值，同时也给相关培养单位和教育工作者提出了更高的要求，即如何在社会需求旺盛的条件下提高培养质量，以保持项目管理学位教育的稳定和可持续发展。因此，各培养单位之间以及与国外同行之间就培养方案、课程设置、教学大纲和教学管理等的研讨和交流就显得非常重要，教材建设和师资培训更是重中之重。

提高教学质量，教材要先行。近几年来，国内项目管理领域的出版物增长极快，一年的出版物可以等于甚至超过过去十几年的出版总量，但真正适用于项目管理学位教育的教材还比较少，尤其是项目管理领域工程硕士专业学位教育仍处于起步但高速发展阶段，既涵盖项目管理知识体系又能满足项目管理应用实际要求的教材更为缺乏。针对这些问题，电子工业出版社策划和组织了本系列教材的编写，他们在组织编写之前还广泛征求了各方面的意见，并得到了积极的响应。参加本系列教材编写的专家来自不同的院校和不同的学科领域，提高了教材在不同院校、不同领域和不同培养方向上的广泛适用性，希望能够解目前项目管理学位教育师生的燃眉之急。

本系列教材共有20册，分为专业基础课、专业核心课和专业选修课三大类。在课程体系设计上既有反映项目管理共性知识的专业主干课程，也有面向不同培养方向的专业应用课程。

本系列教材最突出的特点是与国际项目管理专业资质认证（IPMP）的融合性。本系列教材依托目前我国唯一的跨行业项目管理专业学术组织——中国（双法）项目管理研究委员会（PMRC），并由 IPMA 副主席、PMRC 常务副主任、IPMP 中国首席认证师、西北工业大学钱福培教授担任编委会主任，编委会成员和作者大都是各高校项目管理学位教育负责人和教学一线的教师，同时又是 IPMP 培训师和评估师，因此本系列教材的内容更能体现 IPMP 培训与认证的思想和知识体系，更符合在与国际接轨的同时体现我国项目管理特色的内容，为项目管理工程硕士专业学位教育与专业资质认证的成功合作提供了有力的保证。

编写项目管理学位教育系列教材是一个新课题，虽然编委会和电子工业出版社做出了很大的努力，但项目管理是一门新兴的并正在快速发展的学科，其理论、方法、体系和实践应用还在不断发展和完善之中，加之专业局限性和写作时间的限制，本系列教材肯定会有不尽如人意之处，衷心希望全国高等院校项目管理专业师生在教学实践中积极提出意见和建议，并及时反馈给出版社，以便对已经出版的教材不断修订、完善，与大家一起共同探讨我国项目管理学位教育的特点，不断提高教材质量，完善教材体系，为社会奉献更多、更好、更新、更切合我国项目管理教育的高质量的教材。

清华大学建设管理系暨清华大学国际工程项目管理研究院教授、博导、副院长
全国项目管理领域工程硕士教育协作组组长
中国（双法）项目管理研究委员会副主任
中国对外承包工程商会专家
中国建筑业协会工程项目管理委员会专家委员会副主任
美国项目管理协会（PMI）全球项目管理鉴定中心中国专家委员会副主席

第3版前言

本书自 2007 年出版发行第 1 版以来，受到了广大读者的欢迎和好评，后于 2013 年 2 月进行修订，出版了第 2 版。本书结合工程实际和企业所处环境，系统阐述了工程经济分析原理与方法，适用于经济管理专业工程硕士和 MBA 研究生的教学。

时隔 6 年，我国工程建设行业的建设规模、项目建设领域和项目技术要求都发生了许多新的变化，国家在固定资产投资管理和相关金融政策等方面均进行了一定调整，具体工程实践也有了相应改变。在此背景下，本书涉及的一些理论与方法有必要进行进一步修订。本次修订是在第 2 版基础上的更新和完善，主要完成的修订工作如下：

（1）根据最新的相关政策和行业研究成果更新了部分理论知识、例题和习题，使得教材内容与时俱进，更加符合当前教学需要。

（2）新增了教学二维码，用于提供辅助教学的文档、图片、表格、小视频或授课视频、网页等。

（3）删掉了一些略显陈旧的案例，并相应增加了新案例。

（4）对第 2 版中已经发现的一些错误和疏漏进行了改正和完善。

本书第 3 版编写修订分工与前两版相同，全书共分为 10 章，第 1～3 章和第 10 章由郑筠编写，第 4、5、7 章由王玉灵编写，第 6、8、9 章由魏法杰编写。

本书修订过程中参阅了国内外同行的多部著作和文献，在此向这些著作和文献的作者致以诚挚的谢意！尽管编者在本书的编写修订工作中投入了相当多的精力，付出了许多心血，但是鉴于水平所限，书中难免存在不足之处，在此恳请读者继续提出宝贵意见。非常感谢大家的支持！

编　者

第2版前言

本书第1版自2007年4月出版发行以来，受到了广大读者的欢迎和好评，许多院校将其用作本科生或研究生的课程教材。同时，本书作为高等学校项目管理系列规划教材，被评为"北京高等教育精品教材"。其间，有众多研究人员和师生与作者联系交流，一些专业网站上刊登了读者的评价和推介。

随着社会经济的高速发展，尤其进入"十二五"以来，国家经济建设项目的规模越来越大，数量也越来越多，市场经济体制更加确立，投资体制的改革越来越深入，大环境和大背景对工程项目经济评价的要求也越来越高。工程经济学理论界和实务界的众多学者对工程经济评价问题的研究也越来越活跃、深入、全面。在此背景下，本书涉及的一些理论与方法有了进一步修订的必要。现在呈现在读者面前的第2版主要完成了如下修订工作：

（1）近年来一些新的研究和应用成果在书中有所体现，使得教材内容更加符合当前国家的相关政策法规。

（2）删掉了一些略显陈旧的案例，增加了新案例。

（3）增加和替换了一些例题和习题，并添加了复利系数表。

（4）对第1版中已经发现的一些错误和疏漏进行了改正和完善。

本书第2版编写修订分工与第1版相同，第1~3章和第10章由郑筠编写，第4、5、7章由王玉灵编写，第6、8、9章由魏法杰编写。博士生毕翠霞为本次修订做了一些文字工作。

尽管编者在本书的编写修订工作中投入了相当多的精力，付出了许多心血，但是鉴于水平所限，书中难免存在不足之处，在此恳请读者继续提出宝贵意见。非常感谢大家的支持！

编　者

第1版前言

工程经济学是以工程项目为主体，以技术经济系统为核心，研究如何有效地利用各种资源提高工程技术方案的经济效果和促进经济增长的科学。因此，工程技术的经济效益评价指标体系及其评价方法是该学科体系中的核心内容。2004 年 7 月 16 日，国务院颁布的《国务院关于投资体制改革的决定》进一步明确了投资体制改革的目标：改革政府对企业投资的管理制度，按照"谁投资、谁决策、谁收益、谁承担风险"的原则，落实企业投资自主权；合理界定政府投资职能，提高投资决策的科学化、民主化水平，建立投资决策责任追究制度；而对于快速发展的民营企业而言，追求经济效益更是企业运营的基本目标。上述改革与发展对工程经济学提出了更高的要求。另外，随着可持续发展观的普及和科学发展观的贯彻落实，传统上以项目经济效益（甚至财务效益最大化）作为主要评价与决策依据的评价方法难以适应经济社会协调发展的要求，面对新条件和新体制下的项目评价，必须在评价指标体系方面进行创新。此外，从教学过程而言，按照"因材施教"的原则，最大限度地发挥工程经济学课程在教学计划中的作用也是本课程教学中应重视的一个方面。

正是基于以上的考虑，并结合多年来从事工程经济学课程的建设与教学实践，我们编写了此教材。在本教材中，我们仍以工程技术的经济评价指标体系和评价方法为主体，并吸收了工程经济学领域国内外研究成果，补充了有关社会效益和生态效益的评价指标与评价方法，以适应可持续发展对项目评价的要求。其中选编了三个具有不同特征的案例，体现了不同行业的特点，用以加强理论教学与案例教学的结合。

本书的第 1～3 章和第 10 章由郑筠编写，第 4、5、7 章由王玉灵编写，第 6、8、9 章由魏法杰编写。郭健、岳兰凤、汪勇等研究生在资料的收集整理、文字处理过程中做了很多工作，在此一并表示感谢。同时感谢张涛为本书提供了部分案例。本书主要面向经济管理专业工程硕士和 MBA 研究生的教学。虽然编者做了许多努力，但是由于水平所限，书中的缺点和不足之处在所难免，恳请读者提出宝贵意见。

编　者

目　录

第1章

绪　　论

本章学习目标

　　掌握工程经济学的基本概念、起源和原理；了解工程经济学可以回答的问题和工程经济学在工程实践中的重要性；理解工程经济学在决策过程中的作用，以及工程项目成功的经济特性。

1.1　工程经济学的含义及其产生与发展

1.1.1　工程经济学的含义

　　工程经济学是微观经济学的一个特殊领域，涉及工程和经济之间的关系。近几十年来，科学和工程的进步改变了我们的工作方式，极大地影响了我们的生活态度。利用科学和工程知识可以设计出如机器、建筑物、产品和公益设施等。然而，如果不以资金或其他一些资源为代价，这些成果是不会产生的。工程经济学所关心的不是怎样设计一个物品和建筑物或者如何建造它。工程经济学可以帮助我们回答这样一些问题：我们如何在合适的时间、合适的地点建设一个项目？项目建设的代价和效益如何？类似的问题可以应用于许多工程项目。例如，建筑物高度方案的选择、交通枢纽的选址、是更新设备还是维修设备等。也就是说，工程经济学在许多情况下与资本投资问题有关。美国工程技术认证委员会（the Accreditation Board for Engineering and Technology）对工程学（engineering）的定义是：工程学"是一门通过应用在学习、实验、实践中掌握的数学和自然科学知识进行决策，从而获得各种方法来经济地利用自然界的物质资源使人类受益的学科"。在这个定义中，工程学的经济因素和物理因素被同样地强调。其中，工程实践能否达到良好的经济性是非常重要的。

因此，工程经济学是工程师为确保一个公司在高度竞争的市场环境中能够盈利而制定或建议的经济方面的决策研究。一般而言，工程经济学包括制定、估计和计算各种目标明确的方案的经济结果。工程经济学还可以定义为一系列简化经济结果比较的数学技术的集合。投资决策反映一个人根据经验和事实做出投资选择的行为。正如一个人手里可支配的现金是有限的一样，一个工程项目的资金数量也是受到限制的。投资决策的目的是希望获得更好的结果，即资金的增值。在做出决策的过程中需要考虑经济因素与非经济因素，以及如声誉等无形因素。这些决策实际上就是对提出的设计方案或问题解决方法所体现的不同类型的成本和业绩的经济特性进行权衡。工程经济学的任务就是用最经济的方法使这些权衡因素达到平衡。对一个工程师而言，知道如何正确使用这些技术尤为重要，因为几乎每个项目都将影响成本或收益。成本的考虑和对比是工程实践的基本因素。

工程经济学包括对已提出的解决工程问题的各种方案的经济特性所做的系统评价，出于能够接受的经济性考虑（如可承担性），工程经济学问题的解决方法必须在盈利和成本之间保持一个恰当的平衡，而且必须促进组织的福利和发展。在人们的日常生活中，也会遇到大量的工程经济问题。对工程经济学的基本原理、方法的掌握不仅有利于很好地解决工程实践中的经济合理性问题，对于指导个人的经济决策同样是很有价值的。

1.1.2 工程经济学的产生与发展

1. 工程经济学的产生

亚瑟·M. 惠灵顿（Arthur M. Wellington）是工程经济学领域的先驱，作为一名土木工程师，19 世纪下半叶他在《铁路布局的经济理论》（1887 年）中提出了经济分析在工程项目中的作用，开创了工程领域中的经济评价工作。他主要关注的领域是美国的铁路建设。他在铁路线的计算中首先应用了资本费用分析法，并提出了工程利息的概念。

1920 年，J. C. L. 菲什（J. C. L. Fish）和 O. B. 哥德曼（O. B. Goldman）研究了工程结构的投资问题，后者在其著作《财务工程》中提出了用复利方法分析各个方案的比较值，并说："有一种奇怪而遗憾的现象，就是许多作者在他们的工程学书籍中，没有或很少考虑成本问题。实际上，工程师最基本的责任是分析成本，以达到真正的经济性，即赢得最大可能数量的货币，获得最佳财务效率。"

1930 年，尤金·格兰特（Eugene Grant）所写的教科书《工程经济学原理》出版。这是工程经济学发展过程中的一个里程碑，该书奠定了经典工程经济学的基础。他重点提出在工程学中应该发展经济学的观点，并且（就像他在前言中所说的）"这种观点涉及一种认识，就是可以非常确定有一个理论体系不仅控制着工程决策的经济方面还控制着它的物理方面"。

2. 现代工程经济学

1982 年，J. L. 里格斯出版了《工程经济学》。该书内容丰富新颖、论述严谨，系统地阐述了工程经济学的内容，奠定了现代工程经济学的基础。现代工程经济学的发展侧重于用概率统计进行风险性和不确定性等的研究。

20 世纪 70 年代以来，在制造业，企业生产的经营模式正逐步从标准化、重复性生产、高产出低差异、参与国内市场竞争转变为低产量（小批量）、多品种（多样化）、高质量、高性能、参与国际市场竞争。企业新的生产经营模式事实上构成了资本、信息、能源和时间、人力、自然资源一体化的系统。企业为适应这种转变，突出了对先进制造技术的资本因素与非资本因素的关注。工程经济学的研究也在对资本因素关注的同时加强了对非资本因素的研究。

近几十年来，工程经济学出现了宏观化研究的新趋势，工程经济中的微观部门效果分析正逐渐同宏观的社会效益研究、环境效益分析结合起来，国家的经济制度和政策等宏观问题成为现代工程经济学研究的新内容。

3. 工程经济学在我国的发展

工程经济学在我国的发展经历了三个阶段。第一阶段是第一个五年计划时期（1953—1966年），在苏联专家的帮助下，对国家 156 项重点项目进行了工程经济分析，取得了很好的效益。例如，长春第一汽车制造厂建设项目，建设前期的经济论证用了三年，使建设周期大大缩短。第二阶段是 1966—1976 年，国家经济工作受到破坏，造成人力、物力和财力的巨大浪费，致使许多建设项目投资效益很低。第三阶段是 1976 年以后，很多行业和部门都在逐步发展和应用工程经济学。1987 年，国家计划委员会颁布了《建设项目经济评价方法和参数》，对经济评价的程序、方法和指标等做了明确规定。2006 年建设部标准定额研究所等单位和专家编制完成了《建设项目经济评价方法和参数（第三版）》的修订工作，提出了一套比较完整、适用广泛、切实可行的经济评价方法与参数体系。

1.2　工程经济学的研究对象及内容

工程经济学的研究对象是具体的以某项技术为代表的工程项目、技术方案和技术政策。工程经济学的研究内容是如何建立评价的方法体系，从而正确评价工程项目的合理性，寻求技术与经济的最佳结合点。工程经济学可以在很多情况下发挥关键作用，帮助人们回答有关工程活动、公共项目和政府部门及个人的典型经济问题。

例如，工程活动方面的：

- 一项新的焊接技术应该用于制造汽车刹车片吗？
- 如果在汽车焊接车间用计算机系统替代人工进行质量检测，5 年内运作成本会下降吗？
- 为了使成本降低 20% 而升级改造飞机制造厂的复合材料生产中心在经济上是明智的吗？
- 在一个拥有 25 000 个人口的城市中，是新修一条高速公路还是拓宽现有道路？
- 如果将一项新技术应用在医用激光生产线上，能否达到期望的投资回报率？
- 为高效煤气炉选择最好的设计方案。
- 为自动装配线的焊接操作选择最适合的机械设备。
- 为是购买还是租赁飞机以满足隔夜交货服务提出建议。
- 为计算机支持中心制订一个最有效的员工安排计划。

又如，公共项目和政府部门方面的：

- 为了获得升级电力输送系统所需资金，税收应该增加多少？
- 在近岸内航道的某个地点修桥是否利大于弊？

- 政府与承包商共建一条收费公路是否划算？
- 某大学是与当地社区学院签订教授基础本科课程的合同，还是用本校的师资力量去教这些课程？

再如，有关个人生活方面的：

- 我是否应该借钱还清信用卡的欠款？
- 读研究生相对于工作在经济方面有哪些优势？
- 所得税下降对我的住房抵押贷款来说是好事吗？我应该加速还贷吗？
- 我的股票投资的真实回报率是多少？
- 我应该购买或租赁一辆车，还是继续使用现有的车并还清它的贷款？

从以上例子可以看出，工程经济学的研究对象包含很多技术因素。但工程经济学所研究的不是某项单纯的工程技术，而是以该技术为代表的工程技术项目的经济特性。

1.3 工程经济学的基本原理

任何学科的发展、研究和应用都必须从一个基础开始。工程经济学定义的基础同样是一系列原理或基本概念，从而为发展方法论提供了一系列易于理解的原则。当一个问题或研究对象被清楚地定义、描述时，工程经济学的基本原理可以按照以下十个原则进行论述。

原则 1　建立多个可供选择的方案

没有比较就没有选择，决策是在两个或多个可供选择的方案中做出选择。为详细评价选择方案，首先要确定方案。评价的结果将会影响决策的质量。在决策过程中，工程师和管理者应具有较高的优先权。在这个过程中，创造力和创新性是非常重要的。在决策中可行的方案对当前的状况不会产生影响。因此，不要过于关注现状从而忽视项目的创新性和必要的变化。

原则 2　资金时间价值原则——当前一元钱的价值大于未来一元钱的价值

在工程经济学中，一个基本的概念便是资金会随着时间而拥有时间价值（详见本书第 3 章），这个概念是所有工程项目评价的基础。

原则 3　关注可供选择的方案的不同之处

一个经济决策应该基于所考虑的方案的不同之处。在对多个选择方案进行对比时，只有对未来预期结果的不同之处才是应该在决策时加以考虑的。所有那些共通之处与制定决策是毫不相干的。因为如果可供选择的方案的所有预期结果是一致的，那么它们就没有对比的必要了。

例如，如果你有两个可行的住房选择方案，两者的购买价格或租金是相同的，那么价格对你最终选择哪个方案就不会产生影响。实际上，影响决策的是其他一些因素，如房屋的地理位置、年运转费用和维修费用等。因此，只有选择方案在预期结果上的不同之处才是重要的。对所有的选择方案来说都一样的结果，在对比和决策时可忽略。当然，任何一个经济决策都将是所考虑到的方案中最佳的。因此，一个经济决策应该以如何充分利用有限的资源这一目标为基础。

原则 3 强调了工程经济分析的一个基本目标：根据可行方案的不同之处对未来的一系列行动提出建议。

原则 4　用始终一致的观点看问题

分析供选择的方案的预期结果、经济性或其他方面，应该始终是从一个明确的观点得出的。一旦确定要进行某项决策，就应该用始终如一的观点去描述、分析和比较各个方案。

原则 5　可比性原则——使用普遍适用的度量单位，方案之间必须可比

使用一个普遍适用的度量单位，尽可能多地列举预期结果，将使策略的分析和比较更加容易。项目的收益和费用必须有相同的货币单位，并在时间上匹配。

应该如何处理那些非经济性的输入要素和输出要素，即那些不能转换为用货币形式来表示的输入要素和输出要素呢？首先，如果可能，用特有的单位对每个输入和输出结果的期望值的数量进行表示。如果对于一个或多个输入和输出结果这是不可行的，那么应明确地描述这些结果，以便在策略的比较过程中有效地利用这些信息帮助决策者做出决策。

原则 6　增量分析原则——边际效益必须大于边际成本

任何增值的经济活动，都必须基于以下的基本经济原则来判断其是否合理：边际效益必须大于边际成本。边际效益是指每增加一个单位活动所能产生的额外的收益。相似地，边际成本是指在每单位活动的增加过程中所发生的成本。生产资源（如用来制造商品的自然资源、人力资源和可以支配的货币及服务）是有限的，因此，人们不能拥有他们想要的所有商品和服务。所以，他们必须选择那些可以产生更多价值的活动。

原则 7　考虑所有的相关标准

一个优先策略的选择需要使用一套标准（或多套标准）。决策的过程应该充分考虑以货币形式列举出来的输入和输出结果和其他的测量单位列举出来的输入和输出结果，以及那些以描述的方式表示的输入和输出结果。

决策的制定者通常会选择那些能更好地为组织的所有者提供长期利益的策略。因为人们都希望所有可用资本可以给所有者提供最大化的资本回报。但是，常常也有其他的组织目标需要在决策时候加以考虑，并在选择策略时占有一定的权重。这些非货币形式的贡献和多重的目标成为决策过程中附加的标准的基础。

原则 8　使不确定性明晰化

不确定性在规划（或评价）策略的未来输出的结果时是必需的。我们应该在分析和比较的过程中认识这些不确定性。策略分析包括规划和评价每个策略所产生的预期结果。任何项目执行过程中的预期结果的大小和影响都是不确定的，即使策略包含了目前的一些丝毫未改变的操作。因此，对不确定性的处理是工程经济分析中的一个非常重要的方面。

原则 9　风险收益的权衡原则——没有风险就没有额外的回报

投资者会投资于那些对通货膨胀或潜在的风险做了充足补偿的资产，他们需要一个比预期的通货膨胀率和任何察觉的风险都要大的最小回报。

原则 10　项目后评估——重新审视你的决策

为了指导今后的实践，当初做决策时所规划的项目方案的输出结果应该与随后实际所完成的结果相比较。

这十个原则就像它们在理论上表述的那样更多地是常识的表述。在这些理论陈述的背后所隐藏的逻辑在接下来的章节中将会涉及。要注意的是，一个好的决策过程可能会产生一个并非人们想要的决策。在实施过程中应该通过制定组织规则来确保决策的执行，并充分利用这些成果提高未来策略分析和决策制定的质量。

1.4　工程经济学的分析方法及特点

Amar G. Bose 博士是美国麻省理工学院教授和 Bose 音响公司总裁，Bose 发明了方向性的家庭音响并最终利用发明建立起价值数百万美元的大公司的故事在今天并非罕见。如戴尔、微软等与计算机相关的拥有数十亿美元市值的公司最初都是由像 Bose 这样具有强烈创新意识的大学生开办的。这些成功的大公司的另一相同之处在于它们拥有一些富于想象力和能力的工程师，他们可以不断地提出好的投资主意，并很好地实现它们，获得回报。这里将集中讨论在经济效果最优化和公司的投资环境下如何评价工程项目。

1.4.1　工程经济学的分析方法

工程经济学的分析方法可以展示决策者对项目进行工程经济分析的概况。工程经济分析是通过使用一个结构化的程序和数学模型技术来完成的。工程经济学分析方法的基本过程如图 1-1 所示。

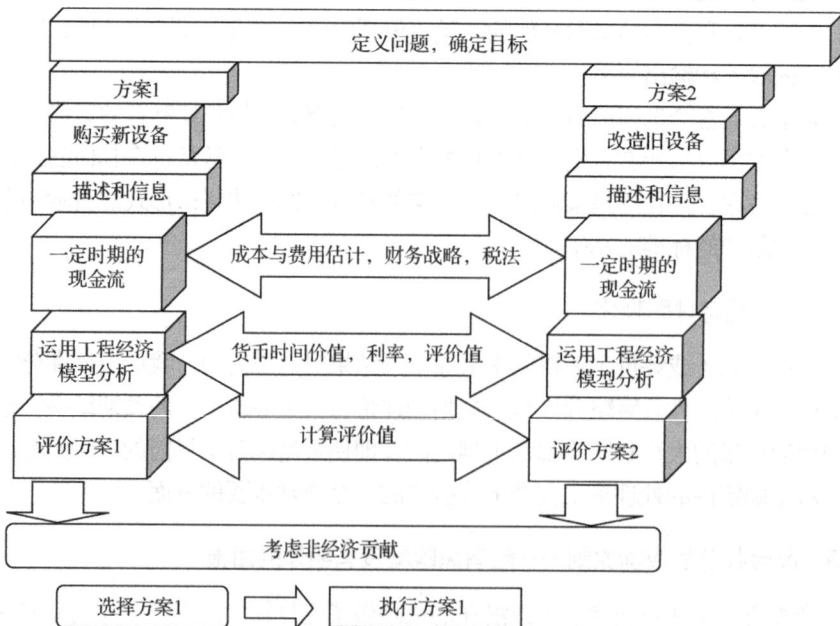

图 1-1　工程经济学分析方法的基本过程

一个完善的工程经济分析程序包括 1.3 节所讨论的基本原则，同时它与工程设计过程中的活动是相关的。我们以表 1-1 来表示工程经济分析程序中的步骤与工程设计过程中的活动的概括性关系。表 1-1 中有一些反馈回路没有显示。例如，在第一步中，对某问题进行评价所得到的信息将作为对该问题重新定义的反馈。表 1-1 也可用来辅助在工程设计的过程中制定决策，就像在表 1-1 右边一栏显示的那样。在这里，设计过程中的活动提供了信息，而这些信息又与经济分析程序步骤相关。

表 1-1 工程经济分析程序步骤和工程设计过程中活动的概括性关系

工程经济分析程序步骤	工程设计过程活动
（1）问题的认知、定义和评价（方案描述）	（1）问题/需求定义
（2）可行的投资方案的开发（方案描述）	（2）问题/需求的形成和评价
（3）各方案现金流量的确定	（3）可能的解决方案的综合
（4）评价标准的选择	（4）分析、优化、评价
（5）方案的分析、比较及优先方案的选择	（5）优先方案的具体化
（6）性能监控和结果的后评估	（6）交流

1. 方案描述

制定决策过程的第一步是对要解决的问题有一个基本的了解。该步骤包括对问题的定义和投资方案的开发。

（1）问题定义。工程经济分析程序的第一步（问题定义）是十分重要的，因为它是接下来所有分析的基础。在这里一般使用术语"问题"。它包括了所有需要进行工程经济分析的决策情况。一般来说，通过组织内部和外部的需要来推动对一个问题的认识，如公司内部的一个操作问题（内部需求）或一个客户对产品或服务的需求（外部需求）。

一旦认识了问题，就应该用一个系统的观点来明确地表达这个问题。更确切地说，需要对情况的范围进行仔细的定义，从而确定问题的基本元素和它的环境组成。

问题的评价包括对需求的重新定义，以及使用在评价阶段得到的信息改变问题原始形式的可能性。事实上，对问题不断地重新定义直到达成一致的意见是解决问题的过程中最重要的部分。

（2）投资方案的开发。这里所包含的两个主要的行动是搜索现在的策略，以及审查这些策略并挑选出可对其进行详细分析和比较（第五步）的一小部分可行的策略。

刚开始的时候可能有很多方案，但是只有一部分是合理并需要评价的。方案之间相互独立，它包含文字的描述和对参数的最佳估计值，如初始成本、项目的寿命期、预计年收益和年运行成本、残值、利率和可能的通货膨胀率及所得税等。

很有趣的是，研究显示设计师和问题的解决者倾向于使用一些"拼凑和修补"的方法来修正和补充旧的项目，真正的新项目却总是被排除在外。为了在投资方案的开发过程中克服创造性思维的障碍并拓展思路，企业广泛采用以下两种方法：经典头脑风暴（Classical Brainstorming）和名义群体技术（Nominal Group Technique，NGT）。

经典头脑风暴是常用的思想产生技术。它基于延期评判和量变产生质变的基本原则。成功的头脑风暴有四条规则：拒绝批评；欢迎随心所欲；数量的需求；寻找结合与改进。

A. F. Osborn 列出了成功头脑风暴的具体步骤：一次经典的头脑风暴有以下一些基本步骤：
① 准备。选择参与者，并且发布最初声明。

② 头脑风暴。用简单的不相关问题进行预热，接着把相关问题及进行头脑风暴的四个原则呈现出来，产生想法并且用清单做记录。

③ 评价。对与问题有关的想法做出评价。

通常，一个头脑风暴工作组应该由 4～7 人组成，然而有的人也建议采用更大的工作组。

名义群体技术（NGT）由 Andre P. Delbecq 和 Andrew H.Van de Ven 提出，包含一个为把个体想法和判断合并为团体一致意见而设计的有组织的群体会议。通过正确地使用 NGT，团队成员（以 5～10 人为宜）有可能产生投资方案或其他改进公司竞争力的想法。实际上，这种方法可以广泛地应用于产生团体的一致意见。

适当应用这一技术吸收个体参与者的创造性时，可以减少大部分会议的两种不如意结果：一个或几个参与人占优；对相抵触想法的压制。NGT 会议的基本形式如下：

- 个体沉默，产生想法；
- 个体轮流反馈并记录想法；
- 团队澄清每个想法；
- 个体表决并分级优化已有想法；
- 讨论团队意见结果。

NGT 会议以对过程的解释和问题的声明开始，最好由主持者做记录。然后，团队成员被要求准备个人方案列表，如投资想法或他们认为对于组织的生存和健康最为关键的事项。这称为"沉默—产生"阶段。这一过程结束之后，主持者召集每一参与人，以轮流的方式把他/她列表上的想法（或在轮流方式进行中引发的想法）表达出来。每个想法（或机遇）轮流被阐释并由 NGT 主持者记录在一份表格中或其他书写工具上，在想法之间留出空白（用来写评论和阐释）。这一过程一直进行到所有人的想法都被记录、阐释和展示给所有人看。此时，用投票来决定最优的想法和机遇。最后，按照投票结果产生针对所声明话题的团队统一意见。

2. 现金流量的确定

对每个方案都要估计现金流入（收益）和流出（费用），也就是表 1-1 中的步骤（3），称该估计值为现金流量。应将工程经济学分析过程的第二步结合 1.3 节中的原则 3、4 和 5 并将基本的现金流量方法运用到工程经济中。当现金从一个企业或个人转移到另一个企业或个人时，就会产生现金流。因此，现金流以现金收支形式体现了方案的经济影响。没有一定时期内的现金流量的估计就不可能进行项目的经济特性的研究。预期的现金流变化也说明方案的实施是有风险的，在工程经济学中有必要做敏感性分析。

考虑到一个组织只有唯一的一个与外界环境相连的"窗口"，所有的财务转换都需通过这一渠道进行，包括收入款项和对供应商、债权人及员工的支出款项。揭示相关现金流的关键是，通过监测以上窗口进行估计，如果实施特定方案，收入和支出会发生怎样的变化。方案的净现金流是某段时间内的现金流入和现金流出之差。

制定决策时，除经济因素外，非经济因素通常也在最终评判时起了相当重要的作用。以下给出了对于组织非常重要的除利润最大化和成本最小化外的目标：

（1）满足或超出客户需要；

（2）经济节省；

（3）提高员工满意度；

（4）保持生产柔性以满足变化的需求；

（5）满足或超出所有环境要求；

（6）追求良好的公共关系，成为社会的一分子。

3. 确定评价标准

利用货币的时间价值理论（将在本书第 3 章介绍）对每个方案进行计算，从而得到相应的评价值。决策者一般选择最符合业主长期利益的可选方案。这同样反映了工程经济学研究过程中始终保持正确和一致的观点。

4. 方案的分析、比较和优先方案的选择

比较得到的评价值，挑选最佳方案。对工程问题的经济因素分析在很大程度上基于对被选作具体研究的方案所做的现金流评估。考虑到通货膨胀与紧缩的压力、汇率的浮动，以及经常发生改变的法律指令等引起的其他因素的精确合理的预测，通常需要付出大量的努力。很明显，考虑未来的不确定性是工程经济学研究中的一个重要部分。当实际确定了现金流和其他所要求的估计数据后，各方案就可以根据 1.3 节中原则 3 所要求的特征来进行比较。通常这些特征会以货币单位的形式或百分比来量化。例如，对方案的投资回报率进行分析，其结果可能是：方案 1 估计投资回报率为每年 18.4%，优于方案 2（投资回报率每年 10%），所以选择方案 1。除反映方案经济特性的指标外，其他的价值衡量标准，如非经济标准和无形的标准也有助于方案的选择。

当先前的工程经济学分析步骤都正确地完成后，最优方案就很明显地成为所有努力的最终结果。

如果仅存在一种可行的方案，那么相对应的另一种方案通常是不执行，即维持现状。如果没有方案可以获得满意的评价值，就可以选择不执行。

5. 性能监控和结果的后评估

分析程序的最后一步符合 1.3 节原则 10 的要求，该步骤是通过收集所选择的方案实施后的结果，来比较实际结果与前期评估结果，目的是在今后的决策中做出更好的分析，而且对任何组织来说，从实施后的评价中得到的反馈信息对于组织持续进步有很大的作用。同时，在项目操作阶段对其进行监控有助于完成相关目标，并且降低达到期待结果的风险。不幸的是，就像第一步一样，最后一步在实际应用中并没有得到足够的重视，因此在使用反馈信息方面需要更多地关注。

我们每天都在运用一定的标准来选择方案。例如，当你开车上学时，你要选择最佳的路线。但是何谓"最佳"呢？最佳的路线是最安全还是最短、最快？是最便宜还是风景最美呢？显然，定义"最佳"所选取的标准或标准组合不同，就可能选择不同的路线。在大多数情况下，我们自认为是自动地做出决策的，并没有考虑到事实上我们依据了某种逻辑的决策流程。理性决策是一个包含多种必要因素的复杂过程。在经济分析中，货币单位（美元或其他）一般被用作评价的基准。当存在多种方式可以达到相同目标时，总开支最小或总净收入最高的方案会被选择。通过下面两个例子，可以得出适用于任何理性决策过程的重要因素。

例 1-1 如何做出个人决策。

莫妮卡·罗素是华盛顿大学的大四学生，她的 1993 年产本田车已经行驶了约 110 000 英里（1 英里=1.609 344 公里），她想尽快换一辆新车。但是买还是租？无论买车还是租车，开销都将是一个难题。她说："我从来没有租过车，这次我想租车，这样可以省下首付款，同时不用考虑大修。"对她而言，租车可以使她每三年就换一辆新车。但是她将只能行驶一定的里程，

通常是每年 12 000 英里。超过这个里程她就要每英里多付至少 20 美分。莫妮卡知道选择合适的车和选择最佳的财务计划都是很重要的决策。尽管她对租车还是买车的后果还不是很有把握。

（个人决策示例）

第一步：确定目标。

莫妮卡决定查询当地广告和上网搜索最新的租车信息，包括工厂补贴的特惠车。在她可以承受的范围内，2003 款土星 ION.3 和本田 Civic DX 在款式、价格等方面看起来具有相同的吸引力。莫妮卡最后决定去销售地点看看实际的车型并试驾。两种车都给她很好的驾驶体验。莫妮卡觉得可靠性和安全性也很重要。检验完后，她发现两种车在可靠性和安全性等方面几乎一样。

第二步：评价可行方案。

莫妮卡估计她的旧本田车大约可以卖 2 000 美元，这就足以支付租车的首付款。莫妮卡也知道有两种租赁方式：可变金额和固定金额。固定金额是最流行的方式，因为采用可变金额，如果汽车贬值比预计的要快，那么消费者可能在租赁的后期支付较高的租金。如果莫妮卡选择固定金额的方式，那么她只需要在租期结束时交还汽车，但是她必须为超出的里程或额外的磨损、损坏支付费用。

莫妮卡争取到了一些供应商提供的最优惠条件下的财务要素。在每个方案中她考虑了从首付款到最终的处置费等所有的租赁费用。这个数值是租赁一辆汽车的所有费用（不包括日常费用，如油费和其他维护费用）。表 1-2 对两种方案的费用进行了对比。

表 1-2　两种方案的费用对比

租车相关的财务数据（土星 ION.3 与本田 Civic DX）			
汽车租赁	土星 ION.3	本田 Civic DX	差　额 （土星 ION.3-本田 Civic DX）
（1）建议零售价/美元	15 573	15 810	−237
（2）租赁时间/月	48	48	
（3）允许行驶里程/英里	48 000	48 000	
（4）月租金/美元	219	248	−29
（5）超过 36 000 英里后每英里额外费用/美元	0.20	0.15	0.05
（6）租期末处置费/美元	0	250	250
（7）签约时总费用/美元：			
第一个月租金	219	248	
首付	1 100	800	
管理费	495	0	
可返还保证金	200	225	
总　　计	2 014	1 273	741

从表 1-2 中可以看出，如果租赁土星 ION.3，莫妮卡在总租金上可节约 1 363 美元（47 个月×29 美元），签约时要多花 741 美元（包括第一个月的租金），加上节约处置费 250 美元，

总共可以少花 872 美元。但是如果她行驶的里程超过限额，那么每英里就要多花 5 美分。不过莫妮卡要多超额行驶 17 440 英里才可以冲销节省下来的费用。由于莫妮卡不知道自己毕业后的行车需要，所以她决定租本田 Civic DX。

第三步：了解其他选择机会。

如果莫妮卡有兴趣购买一辆车，决定购买还是租赁将更加困难。为了比较购买和租赁的优劣，莫妮卡要考虑在两种情形下对同样的车她希望如何付款。如果她拥有汽车的时间和租赁的时间相同，她可以卖掉汽车，用所得款项还清余下的贷款。如果她只考虑经济因素，她的选择将依赖交易的具体条款。但是除经济因素外，她还要考虑个人爱好方面的积极和消极因素。如果租车，她就不能体验最后还清贷款的快乐，但是可以每三年就换一辆新车。

我们以一个结构化的方式回顾莫妮卡制定决策的过程。分析的过程如图 1-2 所示。

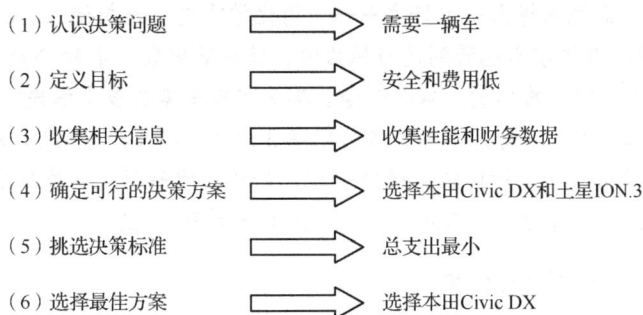

（1）认识决策问题 ⟹ 需要一辆车

（2）定义目标 ⟹ 安全和费用低

（3）收集相关信息 ⟹ 收集性能和财务数据

（4）确定可行的决策方案 ⟹ 选择本田 Civic DX 和土星 ION.3

（5）挑选决策标准 ⟹ 总支出最小

（6）选择最佳方案 ⟹ 选择本田 Civic DX

图 1-2 莫妮卡的决策过程

这 6 个步骤就是理性决策制定过程。当然我们不能在任何决策中一直使用它。一些决策不需要占用我们这么多的时间和精力。在很多时候我们只依据感情原因进行决策。但是对于复杂的经济决策问题而言，使用一个像这里提到的结构化的决策程序是值得的。

➢ 例 1-2 如何解决工程设计问题。

工程和科学的最大区别在于设计和开发。科学主要关心的是对客观世界的了解。在产品开发的工程设计阶段所做的决策决定了产品主要的制造成本。由于设计和制造变得越来越复杂，工程师日益要求做出包含经济因素的决策。在这里我们提出一个工程师将设想变为现实的例子。从这个电气工程专业的学生如何解决问题的故事中，我们可以认识到制定工程决策的基本特征。

第一步：获得创意——需要是发明之母。

大多数消费者厌恶热的饮料，尤其是在炎炎夏日。从历史来看，需要是发明之母。所以，几年前霍普金斯大学一个电气工程专业的学生索妮亚·托顿冒出一个革命性的想法——制造一个可以自动冷却的饮料罐。

考虑这样一幅场景：在一个闷热的 8 月的下午，你的朋友们在湖边野餐。你们拿出自己带的物品：垫子、防晒品、三明治、薯条、汽水。你擦着脖子上的汗伸手去拿汽水，但是你发现它的温度和天气温度一样。每个人必须精疲力竭地跑回商店拿冰块。为什么不可以有一种能自行冷却的汽水罐呢？

第二步：设定设计目标。

索妮亚决定选择设计一种可以自行冷却的汽水罐作为她的工程图形与设计课的课程项目。

授课老师强调创新思维，要求学生有实际的、新颖的想法。索妮亚要做的第一件事情是确定项目的设计目标：

- 使汽水在最短的时间内尽可能地变冷；
- 饮料罐的设计要求简单；
- 新设计的饮料罐的尺寸和质量与传统的罐子相近（这就使饮料公司可以使用已有的售货机和储存设施）；
- 生产成本低；
- 产品环保。

第三步：评价设计方案。

考虑到以上因素，索妮亚要想出一种实际的、新颖的冷却方法。用冰块显然是可以的，但是它实际而不新颖。索妮亚想出一个好主意——用化学冰包。她想使用 NH_4NO_3（ammonium nitrate）和一个水袋。当化学冰包遇到适当压力时，使水袋破裂，水和 NH_4NO_3 混合，发生吸热反应。NH_4NO_3 吸收饮料的热量，从而制冷。那么水袋中需要多少水呢？经过使用不同量的水进行试验，索妮亚发现 115 毫升水可将饮料罐在 3 分钟内从华氏 80 度降到华氏 48 度。这时她要知道冰冻饮料的温度并进行比较。她将一罐饮料放在冰箱两天，发现它的温度是华氏 41 度。索妮亚的想法显然是可行的，但是在经济性方面是否可行呢？

第四步：计算产品的成本和价格。

在索妮亚的工程图形与设计课上，学生们讨论了经济可行性在工程设计过程中如何发挥重要的作用。老师强调市场调查和成本收益分析在测算产品市场潜力方面的重要性。为了测算自冷却饮料罐的市场可行性，索妮亚调查了大约 80 个人。她询问他们两个问题：年龄和愿意为一罐可以自冷却的饮料付多少钱。21 岁以下的人平均愿意付 84 美分，40 岁以上的人平均只愿意付 68 美分。总的来说，被调查人群平均愿意支付 75 美分。（这种调查尽管并不是科学的市场调查，但是能使索妮亚感知到她的产品的合理价格。）

下一步是确定一罐传统饮料的生产成本和自冷却装置的成本，以便知道它是否有利润。她去图书馆查询需要的化学品和材料的成本，然后计算生产一罐饮料的开销。包括运输成本在内，制造一罐饮料仅需要 12 美分。制造她自己发明的饮料要多花 2~3 美分。消费者平均愿意为自冷却饮料多支付 25 美分，所以这是可行的。

第五步：考虑绿色工程。

还要考虑的两个问题是：饮料可能造成的化学污染和材料的可回收性。制造一种可以吸收罐中的溶液并使其再结晶的机器在理论上是可能的。NH_4NO_3 可以重复使用，塑料的外包装也可以被回收。饮料的化学污染是一个大问题。不幸的是，显然没有方法确保罐子里的化学物质和饮料不混合在一起。为了消除消费者的恐慌，索妮亚决定在这种情况发生时使用颜色或气味来提醒消费者。

索妮亚的结论是什么呢？这种自冷却的饮料罐是技术领先的发明。这种产品对于野餐、运动会、烧烤来说非常方便。她的设计考虑了消费者的方便和环保因素，既新颖又便宜，将产生经济效益和社会影响。

下面通过例 1-3 来阐述如何在决策中使用表 1-1 中的步骤。

➥ 例 1-3 你得到一个坏消息：你刚刚撞坏了你的车！你综合衡量评估后，认为走路、骑车和搭乘公共汽车都是不经济的，你决定立即买辆车。被撞车的残值评估为 2 000 美元，与此同时，你的投保公司评估你的汽车损失值为 2 000 美元，但是由于你的保额只有 1 000 美元，保险公司只给你邮寄了 1 000 美元的支票。你被撞毁的汽车里程表上显示的是 58 000 英里。

第一步：确定问题。

你的基本问题是需要解决交通问题。在做更进一步的评估时，将消除走路、骑车和搭乘公共汽车作为可选方案的可能。

第二步：扩充你的方案集合。

问题可以简化为究竟是更新还是修理你的车。可供选择的方案如下。

方案 1：把车以 2 000 美元卖给零售商，并用这笔钱，外加 1 000 美元的保险公司支票，以及你的银行存款 7 000 美元来买辆新车。你总共从自己的储蓄里面花费了 7 000 美元，所拥有的轿车已使用 28 000 英里。

方案 2：花费 1 000 美元的保险公司支票和 1 000 美元的银行存款来修理汽车。这样你总计花费的自己的储蓄为 1 000 美元，所拥有的轿车已使用 58 000 英里。

方案 3：用 1 000 美元的保险赔款和 1 000 美元的银行存款来修理汽车，然后把它以 4 500 美元的价格卖掉。用这 4 500 美元外加 5 500 美元的额外储蓄来买辆新车。于是你从自己的储蓄里面付出 6 500 美元，所拥有的轿车已使用 28 000 英里。

方案 4：把车交付给兼职修理师，他修理该车仅用 1 100 美元（1 000 美元保险赔款和 100 美元银行存款），但是需要多修理一个月的时间。在此期间，你需要以每月 400 美元的价格租用一辆汽车。这样，你总共花费 500 美元，所拥有的轿车已使用 58 000 英里。

方案 5：类似于方案 4，不同的是你将以 4 500 美元卖掉这辆轿车，并用这笔钱外加 5 500 美元的额外存款来买辆新车。你总共消耗自己的储蓄为 6 000 美元，所拥有的轿车已使用 28 000 英里。

假设条件：方案 4 和方案 5 的这种不可靠修理不能比正常修理多过 1 个月。每种方案中的轿车在使用时都性能良好，并且在最终处理掉前有相同的行驶英里数。利息不可以被忽略。

第三步：为每种方案计算现金流量（体现 1.3 节中的原则 3）。

（1）方案 1 不同于其他方案，因为这辆车没有被修理而仅是被卖掉了。这比将车修好再卖掉少了 500 美元的收益，并且该方案提空了你的银行存款。在新车的价值为 10 000 美元的情况下，你的净现金流为 -8 000 美元。

（2）方案 2 不同于方案 1，它使得旧车被修理。同时，方案 2 不同于方案 4 和方案 5，因为它采用了高成本和低风险的修车方式。它也不同于方案 3 和方案 5，是因为旧车最终被保留。净现金流为 -2 000 美元，修理后的汽车可以被卖到 4 500 美元。

（3）方案 3 通过先修再卖的方式赚得 500 美元。在新车价值为 10 000 美元时，净现金流为 -7 500 美元。

（4）方案 4 采取的策略和方案 2 相似，但是修理成本较少。修理从质量上来分析更有风险，但只消耗 1 000 美元和 400 美元的每月租车费用。净现金流量为 -1 500 美元，修理后的汽车价值为 4 500 美元。

（5）方案 5 类似于方案 4，但是通过购买新车而比方案 1 和方案 3 额外多挣 500 美元，在新车的价值为 10 000 美元的情况下，净现金流为-7 000 美元。

第四步：选择一个评价标准。

做这一步比较重要的一点是要使用一致的观点和一组常用的方法。在这个例子里，使用的一致性观点应该是你的想法。轿车的价值是其市场价值。例如，新车 10 000 美元，修理后的车4 500 美元。因此，在评价各方案时，这个价值被视为固定不变的。这样可以对各种方案做定量分析，在后面将会讨论到如何把这些数量因素换算为货币价值。举个例子，较少的已使用里程或低风险的修理价值为多少美元？

第五步：分析比较方案集并确定最佳选择。

请确认你已经考虑了所有的相关评价因素（1.3 节中的原则 7）。

（1）方案 1 首先被排除。因为方案 3 与它的结果相同，却给车主带来了 500 美元的收益，两种方案对车主来说风险一样。（车的价值为 10 000 美元，银行存款为 0，总价值为 10 000 美元。）

（2）方案 2 应该是值得考虑的。它保存了 6 000 美元的存款，使用了较少的钱。但是在得到相同结果的情况下，方案 2 比方案 4 多花费了 500 美元。因此，该方案最终被排除。（车的价值为 4 500 美元，银行存款为 6 000 美元，总价值为 10 500 美元。）

（3）方案 3 也要被排除掉。因为方案 5 以较低的成本修理汽车（500 美元的差异），方案 3和方案 5 都做出买新车的决定。（车的价值为 10 000 美元，银行存款为 500 美元，总价值为 10 500美元。）

（4）方案 4 是不错的选择。如果认为低质量修理的风险不大，它可以节省 500 美元。（车的价值为 4 500 美元，银行存款为 6 500 美元，总价值为 11 000 美元。）

（5）方案 5 少花费了 500 美元修理汽车，并通过把车卖掉消除了风险，额外挣得 500 美元。（车的价值为 10 000 美元，银行存款为 1 000 美元，总价值为 11 000 美元。）

在确定最佳选择时，需要把不确定的问题明晰化。纵观所有不确定因素，和做出最终决定相关的不确定因素为：如果最后使用修理过的老车，那日后会有一个较大的概率坏掉（基于个人经验）；如果选择了一种便宜的修理方式，那它坏掉的概率更大（基于个人经验）；如果购买新车将会用掉大部分积蓄，而且新车也很贵，那你需要付额外的钱（6 000 美元/30 000 英里=20美分/英里）并且新车也有可能出车祸，其修理质量有可能比旧车更差。

综合考虑上述所有信息，方案 5 最终被采纳。

第六步：监控你的决策效果。

重新审视你的决定，这也符合 1.3 节中的原则 10 的要求。买到的新车在试驾驶了 20 000 英里后被你认为物有所值。已使用里程和修理状况都良好。所以，你的系统认识、分析、处理和选择的方案理想地解决了你的问题。

经济决策和工程设计中的决策有着本质的不同。工程师设计产品时使用已知的物理属性、物理和化学理论、工程设计的相关性和工程判断得到实用可行的设计。如果工程判断是合理的，计算也正确，并且忽略技术的先进性，那么这项设计具有时间不变性。也就是说，如果这项为特定需要而做的设计在今年、明年或 5 年后进行，那么最终结果不会有很大变化。

衡量投资效率的经济决策要相对简单一些。在这种评价中需要的信息一般包括对产品销量的预测、产品销售价格、在特定时间段（5 年、10 年、25 年等）的各种成本等。所有这些相关数据的预测有两点是相同的：第一，它们和未来实际数值相比会存在差异；第二，今天做的预测和在未来某个时间做的预测会有所不同。正是这种不断变化的理论使回顾其至修改以前的经济决策变得很有必要。与工程设计结果不同，经济评价结论不一定具有时间不变性。经济决策必须依据决策时的充分信息和对预测数据不确定性的充分了解。

1.4.2　工程经济学的特点

随着科学技术的飞速发展，为了保证工程技术很好地服务于经济，使有限的资源最大限度地满足社会的需要，就要考虑如何根据资金情况正确建立可供选择的工程技术方案，还要考虑用什么经济指标体系作为标准，对各种方案进行正确的计算、比较和评价，从中选出最优方案。

随着人们社会活动的加强，工程技术活动的经济环境越来越复杂，工程项目的经济结构也日趋复杂。如何以客观的经济规律指导工程技术活动，充分估计活动过程的风险和不确定情况，则是重要的实际问题。

因此，工程项目涉及技术的可行性（先进性）和经济的合理性两个方面的问题，从而产生了工程学和经济学。工程经济学是工程学与经济学的交叉边缘学科，即运用经济理论和定量分析方法研究工程投资和经济效益的关系。它的任务是以有限的资金最好地完成工程任务，得到最大的经济效益。

工程经济学具有以下特点。

（1）综合性。工程经济学是一门技术科学、经济科学、系统科学相互交叉渗透的边缘科学，这就决定了本学科具有综合性的特点。因此，在进行工程经济分析时，需要综合考虑多方面因素，从整体上考虑问题。

（2）系统性。工程经济学的研究对象往往是由许多目标和许多因素构成的，这些目标和因素相互影响、相互制约，构成一个有机整体，具有系统的特征。因而，在进行分析评价时，必须把研究对象视为一个系统。

（3）定量性。工程经济学是一门定量分析与定性分析相结合、以定量分析为主的学科。在计算机技术和数学方法迅速发展的今天，定量分析的范围日益扩大，可以使许多定性分析的因素定量化。因此，定量性是工程经济学的一个很重要的特点。

（4）比较性。有比较才有鉴别，工程经济学分析的全过程实际上就是方案的比较选优过程。

（5）预测性。工程经济学所分析的活动主要是针对将来要实现的拟建项目方案，在没有实施之前进行的前期研究、计算、比较和评价，往往需要采用科学的预测技术和预测方法，对一些未知因素和数据进行估算、假设、推理和不确定性分析，使分析研究尽量符合未来的实际。因此，工程经济学是建立在预测基础上的科学。

（6）决策性。筛选方案和选优本身就是决策。

（7）实用性。工程经济学所采用的理论方法都是为了解决实际问题，采用的数据资料也大量来自生产实践，工程经济学的研究成果通常表现为规划、研究报告、建议书和具体技术方案等形式，将直接用于经济实践。所以，工程经济学具有很好的实用性。

本章小结

通过本章的学习，要求学生掌握工程经济学的基本概念、原理，工程经济学的研究对象、研究内容，工程经济学的分析方法和特点。工程项目涉及两个方面的问题：技术的可行性（先进性）和经济的合理性。工程经济学是工程学与经济学的交叉边缘学科，即运用经济理论和定量分析方法，研究工程投资和经济效益的关系。它的任务是以有限的资金最好地完成工程任务，得到最大的经济效益。因此，工程经济学是工程师为确保一个公司在高度竞争的市场环境中能够盈利而制定或建议的经济方面的决策研究。这些决策实际上就是对提出的设计方案或问题解决方法所体现的不同类型的成本和业绩的经济特性进行权衡。工程经济学的任务就是用最经济的方法使这些权衡达到平衡。工程经济学的研究对象是具体的以某项技术为代表的工程项目、技术方案和技术政策。工程经济学的研究内容是如何建立评价的方法体系，从而正确评价工程项目的合理性，寻求技术与经济的最佳结合点。但是，在工程经济分析中，有经验显示多数错误是由违反或不遵守工程经济学的基本原理引起的。当一个问题或研究对象被清楚地定义、描述时，如1.3节所述，工程经济学的基本原理可以按照十个原则进行论述。只有掌握了工程经济学的基本原理，才能更好地运用后续各章所学的知识。

复习思考题

（1）如何正确理解工程经济学的研究对象？

（2）如何正确理解工程经济学的性质和特点？

（3）工程经济学的研究内容有哪些？

（4）简述工程经济分析的基本原则。

（5）效率被解释为产出除以投入，常用百分比来表示。工程效率接近100%就被认为是很有价值的，但财务效率只有超过100%才有吸引力，请说明原因。

（6）有人说经济学家是大忙人，因为他们要花全部的精力去预测未来，并解释过去为什么没有发生。工程经济学家也要预测未来，但与经济学家显然是不同的，为什么？

（7）某装配生产线的运营状况欠佳，虽试过多种调整方法，但都未奏效。目前的单位成本是4.2元，产出量总也不能达到每年10 000件的要求。买方提出愿意按每件4.75元的价格购买不足部分的产品。卖方则认为，如果实行全年性订货，则将以每件4.5元出售。

装配线管理者建议购买3台新机器，使生产的前后工序自动连接。工程师计算，机器的买价为100 000元，将其按10年期限折成成本，再与年运行成本相加，达27 000元，而机器具有使生产量翻番的能力。在目前的产出水平上，使用新机器的其他成本每年为18 000元。

分析问题时工程师发现了另一个方案：3个工序可以连续操作、相互衔接，用一台机器处理就够了。这台联合式机器应具有与3台机器的方案相同的能力、寿命和剩余成本，但占用和管理费每年将降低3 000元。

哪种方案可入选，为什么？

（8）可控因素和非可控因素之间的区别是什么？

（9）列出在工程经济分析中必须进行的3种必需的评价。

（10）列出决策制定过程7个步骤中的至少4步。

（11）至少列举出衡量收益的3种方法。

（12）在决策制定过程中，列举至少3种非经济的评价标准要素。

（13）"不做任何行为"的方案具有什么意义？

第2章

工程经济分析的基本要素及其预测

本章学习目标

对项目进行评价时所使用的各种基础数据、资料，如投资、成本、销售收入、利润、税金和折旧等经济量是构成经济系统现金流量的基本要素，务求准确理解，以避免造成评价结论失误。本章主要阐述这些基本要素的概念、估计方法和预测方法。

2.1 投资与资产

2.1.1 投资与资产的概念

广义的投资是指有目的的经济行为，泛指企业的一切资金分配与运用行为，是企业为了获取所期望的报酬而投入某项计划的资源。所投入的资源既包括资金，又包括人力、技术或信息等其他资源，投资可分为生产性投资和非生产性投资。狭义的投资是指为实现某建设项目而预先垫付的资金。对于一般的工业投资项目来说，总投资包括建设投资和生产经营所需的资金、建设期的借款利息和投资方向调节税等。工程经济学中常用的是狭义的投资概念。

投资发生后，其价值会发生转移，并形成企业的资产。项目建设投资最终形成的相应资产主要包括固定资产、流动资产、无形资产和递延资产。

固定资产是指使用期限较长，单位价值较高，能在使用过程中保持原有物质形态，并能为多个生产周期服务的资产。主要包括厂房、建筑物、机器设备、运输设备、大型工具器具、住宅和生活福利设施等。固定资产在生产经营过程中其价值逐渐损耗，并转移到产品价值中去，以折旧的形式计入产品成本。固定资产是固定资金的实物形态，固定资金是固定资产的货币表现。

流动资金是生产经营所需要的周转资金，在项目投产前预先垫付，在整个项目寿命期内，流动资金循环地、周而复始地流动。在生产经营活动中，流动资金是用于购买原材料、燃料动力、半成品、支付职工工资和其他生产、流通费用的周转资金，以现金和各种存款、存货、应收及预付款项等流动资产的形态出现。按周转过程，其价值形态可以描述为储备资金、在产品资金、产品资金和货币资金（产品销售后）等几种资金形态。流动资金经过一个生产周期就将其价值全部转移到产品的价值中去，并通过产品的销售回收。在项目寿命期结束时，全部流动资金才能退出生产与流通，以货币资金的形式被回收。

无形资产指企业持有的，不具有实物形态，能为企业长期使用并为企业提供某些权利或利益的资产，如专利权、非专利技术、商标权、著作权、特许权、土地使用权和商誉等。

递延资产指集中发生的、在会计核算中需要在以后年度内分期摊销的费用，包括开办费、租入固定资产的改良支出等。

2.1.2　投资构成与资产价值

一般工业项目建设投资的构成如图2-1所示。

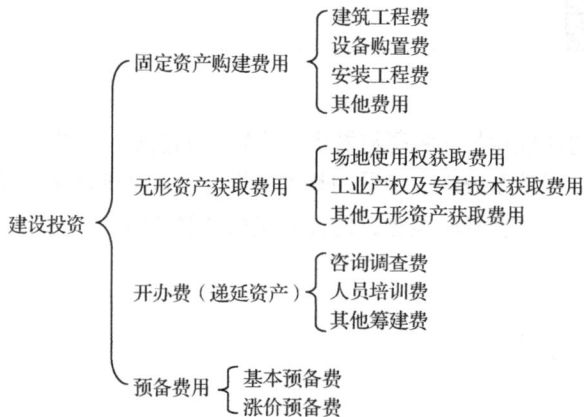

图2-1　一般工业项目建设投资的构成

在会计核算中，固定资产的原始价值即为购建固定资产的实际支出，简称为固定资产原值。如果建设投资所使用的资金中含有借款，则固定资产原值包括建设期借款利息、外币借款汇兑差额。对于国家要征收投资方向调节税的投资项目，其固定资产原值还包括固定资产投资方向调节税。

项目寿命期结束时固定资产的残余价值称为固定资产的残值。固定资产的残值一般是指在当时市场上可实现的价值。

会计上处理无形资产和递延资产的价值时类似于固定资产，也在其服务期内以摊销的形式逐年转移到产品价值中去。递延资产一般在项目投入运行后在一定年限内平均摊销。无形资产和递延资产的摊销费计入产品的成本，并通过产品的出售回收投资额。

如前所述，流动资金在项目运营过程中的体现形式是流动资产。流动资产的构成如图 2-2

所示。投资项目中流动资金数额的大小，既取决于项目本身的技术特性，如生产规模、生产技术、原材料及燃料动力消耗指标和生产周期的长短等，又取决于项目的外部条件，如原材料、燃料的供应条件、产品销售条件、运输条件和管理水平等。

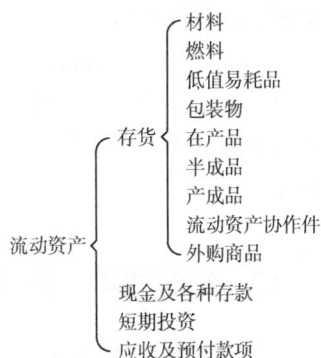

流动资产
{
存货
{
材料
燃料
低值易耗品
包装物
在产品
半成品
产成品
流动资产协作件
外购商品
}
现金及各种存款
短期投资
应收及预付款项
}

图 2-2　流动资产的构成

2.2　费用与成本

企业是为生产经营的目的而建立的，在企业的各项活动中有各种损耗或耗费。首先要界定的概念是支出、费用和成本，以及三者之间的关系。

2.2.1　支出、费用和成本的概念及构成

企业的一切开支和耗费都属于支出，因此支出是耗费的最大概念。支出中凡是与本企业的生产经营有关的各项耗费均称为费用，费用中符合规定的部分才构成成本，成本通常指企业为生产商品和提供劳务而实际发生或应发生的各项费用，即企业为了取得某项资产所做出的价值牺牲。

费用与成本都是企业在生产经营过程中所发生的耗费，费用是计算成本的前提和基础，成本是一种对象化的费用。

工业项目在运营过程中计算成本的方法为制造成本法，其特点是将总成本费用按其经济用途与核算层次分为制造成本和期间费用。

制造成本构成产品的生产成本，由企业在生产经营过程中实际消耗的直接费用和制造费用组成。直接费用包括直接材料费、直接工资和其他直接费用。制造费用是指企业内部为组织和管理生产所发生的各项共同费用，包括生产单位（车间或分厂）管理人员工资、各种产品共同消耗的各种材料、职工福利费、折旧费、矿山维简费（也称维简费）、修理费和其他制造费用（办公费、差旅费、劳动保护费等）。

期间费用是企业行政管理部门为组织和管理生产经营活动而发生的经营管理费用，包括销售费用、管理费用和财务费用。销售费用是指销售商品、自制半成品和提供劳务过程中发生的各项费用，包括应由企业负担的运输费、装卸费、包装费、保险费、差旅费、广告费、展览费、销售服务费，以及专设销售机构的人员工资及福利费、折旧费和其他费用。管理费用是指企业管理部门为组织和管理生产经营活动发生的各项费用，包括管理部门人员工资及福利费、保险费、工会经费、职工教育经费、折旧费、修理费、研究开发费、物料消耗、办公费、差旅费、咨询费、诉讼费、房产税、车船税、土地使用税、无形资产和长期待摊费用摊销、待摊开办费的摊销、业务招待费和其他管理费用。财务费用是指企业在筹集资金等财务活动中发生的各项费用，包括生产经营期间发生的利息收支净额、汇兑净损失额、金融机构手续费，以及因筹集资金发生的其他费用。

在工程经济分析中，为了便于计算，还可以按照各项费用要素的经济性质和表现形态将总费用分为外购材料费、外购燃料费、外购动力费、工资及福利费、折旧费、摊销费、利息支出、

修理费和其他费用。

应当指出，工程经济分析中使用的费用和成本数据与企业财务会计的最大不同点在于，前者的数据带有不确定性，是关于拟建投资方案的预测值。另外，为了便于分析与计算，工程经济学还有其特有的费用与成本概念。这些费用与成本的经济含义有别于会计中的费用与成本。

2.2.2　经营成本、沉没成本与机会成本

总成本中扣除折旧费、流动资金利息、维简费、摊销费后的成本称为经营成本。该概念是为经济分析方便从总成本费用中分离出来的一部分费用。

在工程经济学中之所以这样处理，是因为投资按其发生的时间已作为方案的费用支出计入现金流量。为避免重复计算，在项目建成投产后，对于其运营期间各年的现金流出量，必须从总成本费用中将折旧费与摊销费剔除。虽然借款利息对于企业来说是实际的现金流出，是企业使用借贷资金所付出的代价，但在工程经济分析中，有时并不考虑资金来源问题，此时也不将借款利息计入现金流量。如果在分析中需要考虑，则将借款利息视为现金流出量单列一项。

工程经济分析中有时还要用到沉没成本与机会成本的概念。

沉没成本的概念非常微妙。沉没成本是指过去已经发生的与项目有关的一种成本，它是已经花费的金钱或资源，是与当前项目决策无关的费用。沉没成本的规则在于，我们必须禁止一项沉没成本影响一个决策。从定义可知，沉没成本属于过去，是不可改变的，对于它我们无事可做，它必须被接受。决策者必须承认所有这些不容辩驳的事实。作为决策者应该清楚地认识到，当前决策要考虑的是未来可能发生的费用和可能带来的收益，而不是考虑以往发生的费用。经济活动在时间上是具有连续性的，从决策的角度来看，以往发生的费用只是造成当前状态的一个因素，而不应在当前决策中再考虑以往发生的费用。

我们经常面对这样的解释："我们不能卖掉这种债券、那种股票或那台机器，除非我们把投入其中的钱挣出来。"显然，这是错误的，你不仅不应把自己局限于以往的投资，而且根本就不应考虑它。

值得注意的是，以上的讨论是在没有考虑所得税情况下的分析。在有所得税的情况下，沉没成本确实对未来的效果有影响。这是规则的例外。

机会成本是工程经济学中最重要的概念之一，也是整个学科所依赖的重要基础之一。如果必须在两种对我们都有益的方案中选择一种，则意味着必须放弃遭到我们拒绝的行动方案所带来的收益，无论它是什么，那种失去的收益可以考虑为一种成本。由此，人们给出了如下的机会成本的定义。

机会成本是指将一种具有多种用途的有限资源置于特定用途时所放弃的最大收益。当一笔资金或某种资源具有多种用途时，可能有多个相应获取收益的机会，如果将这笔资金（资源）投入某种特定的用途，必然要放弃其他的获益机会。在所放弃的机会中，最佳机会的收益值称为资金（资源）投入特定项目的机会成本。

举一个例子。一名大学毕业生宁愿作为咨询者为自己工作，每年收入 5.2 万元，而放弃一家大公司支付每年 6 万元工资的工作。她自己雇用自己的机会成本就是 0.8 万元。

2.3　折旧与摊销

折旧（depreciation）是资产在估计的寿命期内分摊的成本。例如，你购买了一套洗衣设备用于经营洗衣店。项目投入运营后，洗衣设备（固定资产）在使用过程中会逐渐磨损和贬值，其价值逐步转移到洗衣店所提供的服务或劳务（产品）中去。转移的价值以折旧费的形式计入洗衣成本，并通过收取劳务（服务）费（洗衣费用）以货币形式收回到投资者手中。这种伴随固定资产损耗发生的价值转移称为固定资产折旧。如果洗衣设备的成本是 150 000 元，允许的寿命为 15 年，若采用直线折旧法（本书稍后将会介绍），则每年允许提取的折旧额就是 10 000元。这笔金额可以从应税收入中扣除，从而减少缴纳的所得税。但洗衣设备是否如声称的那样每年确实损失 10 000 元的价值呢？可能是，也可能不是。因此，资产的折旧与市场价值没有必然的联系。它只用来计算所得税，没有其他目的。它可以代表也可以不代表市价的损失。在计算折旧时估计的寿命可能是也可能不是现实的。如果折旧是价值损失，损失率可能是也可能不是准确的。这些不是分析人员关注的焦点。

折旧不是一种成本，只是沉没成本的反映。在 150 000 元洗衣设备的案例中，你一旦购买那套洗衣设备，那笔钱就沉没了。每年 10 000 元的折旧费只是购买那套洗衣设备的成本的反映，分摊在洗衣设备的折旧寿命期内。作为沉没成本的反映，在计算有关税前现金流量的经济分析中不必考虑它。那么，折旧费是一项现金流出吗？答案是否定的，它只是会计账本上记录的一个数字。它并不代表我们通常考虑的像工资和原材料成本等那样的现金流出量。企业提取折旧费不会减少其银行存款，但支付工资和原材料费用等却会。因此，在税前分析时不必考虑折旧费。

折旧费是按国家的有关规定计算的。固定资产的原值扣除以往各年折旧费的累计值称为当年的固定资产净值。通过前面的讨论可知，固定资产净值不一定能准确地反映当时的固定资产真实价值。在许多情况下，由于各种原因，固定资产的价值需要根据社会再生产条件和市场情况，通过估算在当前情况下重新购建该固定资产所需要的全部费用，重新评估、确定。对固定资产价值进行重新评估时确定的该固定资产价值称为固定资产的重估值，所估得的重新购建费用称为固定资产的重置成本或重置值。

会计中的生产经营成本与期间费用含有固定资产折旧费与无形资产和递延资产摊销费。下面分别说明它们的计算方法。企业常用的计算、提取折旧费的方法有匀速折旧法和加速折旧法等。表 2-1 所示的是几种典型的折旧方法。

表 2-1　几种典型的折旧方法

按效用计算	按时间计算			
	不考虑利息		考 虑 利 息	
	匀速折旧法	加速折旧法	匀速折旧法	加速折旧法
产量法	直线折旧法	年限总和法	偿债基金法	一般复利方法
工作量法		余额递减法	年金法	
		双倍余额递减法		

2.3.1 匀速折旧法

1. 直线折旧法

直线折旧法（straight-line depreciation）又称年限法，是使用最广泛的一种折旧费计算方法。其特点是按固定资产使用年限平均计算折旧费，各年或各月提取的折旧费相等，折旧费累计直线上升，故称直线折旧法。固定资产年折旧额的计算公式为：

$$年折旧额 = \frac{固定资产原值 - 固定资产净残值}{折旧年限} \tag{2-1}$$

年折旧率为：

$$\begin{aligned} 年折旧率 &= \frac{年折旧额}{固定资产原值} \times 100\% \\ &= \frac{1 - 预计资产净残值率}{折旧年限} \end{aligned} \tag{2-2}$$

固定资产净残值是预计的折旧年限终了时的固定资产残值减去清理费用后的余额。固定资产净残值与固定资产原值之比称为净残值率，净残值率一般为 3%～5%。各类固定资产的折旧年限由财政部统一规定。

固定资产使用 t 年后的账面价值为：

$$第 t 年年末固定资产账面价值 = 固定资产原值 - t \times 年折旧额 \tag{2-3}$$

➥ 例2-1 某台设备的原始价值为 50 000 元，估计使用年限为 10 年，10 年后净残值为 10 000 元。试求年折旧额与年账面价值。

解： 根据公式，计算结果列于表 2-2 中。

表 2-2 例 2-1 中的年折旧额与年账面价值

期末/年	年折旧额/元	年账面价值/元	期末/年	年折旧额/元	年账面价值/元
0	—	50 000	6	4 000	26 000
1	4 000	46 000	7	4 000	22 000
2	4 000	42 000	8	4 000	18 000
3	4 000	38 000	9	4 000	14 000
4	4 000	34 000	10	4 000	10 000
5	4 000	30 000			

2. 工作量法

工作量法一般用于计算某些专业设备和交通运输车辆的折旧费，它以固定资产完成的工作量（行驶里程、工作小时、工作台班、生产的产品数量）为单位计算折旧额。计算公式为：

$$单位工作量折旧额 = \frac{固定资产原值 - 固定资产净残值}{预计使用年限内可以完成的工作量} \tag{2-4}$$

$$年折旧额 = 单位工作量折旧额 \times 年实际完成工作量 \tag{2-5}$$

我国企业一般采用年限平均法或工作量法，在符合国家有关规定的情况下，经批准也可采用加速折旧法。加速折旧的方法有多种，使用较多的有年限总和法、余额递减法和双倍余额递减法。

例 2-2　某机器价值 220 000 元，预期在 10 年内持续工作 10 000 小时，然后有 20 000 元的残值。第一年内使用 1 500 小时，假如折旧按工作小时计算，第一年的折旧额为多少？第一年年末的账面价值是多少？

解：折旧/小时：

$$\frac{220\,000-20\,000}{10\,000}=20\ （元/小时）$$

第一年折旧额：　　　　　　20×1 500=30 000（元）

第一年年末账面价值：　　220 000-30 000=190 000（元）

2.3.2　加速折旧法

1. 年限总和法

年限总和法（sum-of-years'-digits）允许在使用初期多提折旧费而在后期少提折旧费，因此它是一种加速提取折旧费的方法。采用年限总和法计算折旧费时，折旧率是逐年递减的，资产的大部分价值在其寿命的前 1/3 时间内会以提取折旧费的方式被回收。年限总和是这样确定的：

$$年限总和（M）=1+2+\cdots+N=\frac{N\times(N+1)}{2} \tag{2-6}$$

式中，N 表示固定资产预计使用寿命。

各年折旧额的计算公式为：

$$第 t 年的折旧额=\frac{N-t+1}{M}(P-F) \tag{2-7}$$

式中，P 表示固定资产原值；F 表示固定资产的期末残值。

$$第 t 年年末固定资产账面价值=固定资产原值-\sum_{i=1}^{t}第 i 年的折旧额 \tag{2-8}$$

$$年折旧率=\frac{年折旧额}{固定资产原值}\times100\% \tag{2-9}$$

例 2-3　某设备原始价值为 16 000 元，期末残值为 2 200 元，折旧年限为 6 年，试用年限总和法求各年的折旧额和折旧率。

解：运用上面的公式，计算结果列于表 2-3。

表 2-3　例 2-3 的年折旧额与年折旧率

期末/年	年折旧率①	年折旧额②=①×（16 000-2 200）/元
1	6/21	3 943
2	5/21	3 286
3	4/21	2 629
4	3/21	1 971
5	2/21	1 314
6	1/21	657
合计	1	13 800

2. 余额递减法

在余额递减法（declining balance）中，每年的折旧费是由一个固定比例乘以上一年的账面价值而来的，账面价值是逐年递减的，该方法由此而得名。其计算公式为：

（余额递减法）

$$年折旧率=1-\sqrt[N]{\frac{固定资产期末残值}{固定资产原值}} \times 100\% \qquad （2-10）$$

$$第t年的折旧额=第t-1年的固定资产账面价值 \times 年折旧率 \qquad （2-11）$$

$$第t年年末固定资产账面价值=固定资产原值-\sum_{i=1}^{t}第i年的折旧额 \qquad （2-12）$$

↘ **例2-4** 某设备原始价值为10 000元，期末残值为800元，折旧年限为10年，试用余额递减法求各年的折旧额和账面价值。

解：运用上面的公式，计算结果列于表2-4。

表2-4 例2-4的年折旧额与年折旧率

年数	年折旧率①	第t年年初设备价值②/元	年折旧额③=①×②/元	第t年年末账面价值④=②-③/元
1		10 000	2 230	7 770
2		7 770	1 732.71	6 037.29
3		6 037.29	1 346.32	4 690.97
4		4 690.97	1 046.09	3 644.88
5	$1-\sqrt[10]{\frac{800}{10\ 000}}=0.223$	3 644.88	812.81	2 832.07
6		2 832.07	631.55	2 200.52
7		2 200.52	490.72	1 709.80
8		1 709.80	381.29	1 328.51
9		1 328.51	296.26	1 032.25
10		1 032.25	230.19	802.06

3. 双倍余额递减法

双倍余额递减法中，按直线折旧法固定资产净残值为零时折旧率的2倍计算，各年的折旧额是折旧率乘以每年年初（上一年年末）固定资产价值的余额。其计算公式为：

$$年折旧率=2 \times \frac{1}{折旧年限} \qquad （2-13）$$

$$年折旧额=年初固定资产净值 \times 年折旧率 \qquad （2-14）$$

为了使折旧额在设备使用期内分摊完，到了一定年份后，要改用直线折旧法计算折旧。改用直线折旧法的年份视设备使用年限而定。当设备的预计使用年限为奇数时，该年度为：

$$改用直线折旧法的年度=\frac{设备预计使用年限}{2}+1\frac{1}{2} \qquad （2-15）$$

当设备的预计使用年限为偶数时，该年度为：

$$改用直线折旧法的年度=\frac{设备预计使用年限}{2}+2 \qquad （2-16）$$

↳ 例 2-5 某设备原始价值为 10 000 元，期末残值为 0，使用年限为 10 年，试用双倍余额递减法求各年的折旧额。

解：运用上面的公式，将计算结果列于表 2-5。

$$改用直线折旧法的年度 = \frac{10}{2} + 2 = 7$$

表 2-5　例 2-5 各年的折旧额

年数	年折旧率①	第 t 年年初设备价值②/元	年折旧额③=①×②/元	第 t 年年末账面价值④=②－③/元
1		10 000	2 000	8 000
2		8 000	1 600	6 400
3	$2 \times \frac{1}{10} = 20\%$	6 400	1 280	5 120
4		5 120	1 024	4 096
5		4 096	819.2	3 276.8
6		3 276.8	655.36	2 621.44
7		2 621.44	655.36	1 966.08
8	$\frac{1}{4} = 25\%$	1 966.08	655.36	1 310.72
9		1 310.72	655.36	655.36
10		655.36	655.36	425.17

采用加速折旧法，并不意味着固定资产提前报废或多提折旧费。无论采用何种方法提折旧费，在整个固定资产折旧年限内折旧总额都是一样的。采用加速折旧法只是在固定资产使用前期提折旧费较多而在使用后期提折旧费较少。一般来说，加速折旧有利于企业的进一步发展。

2.3.3　摊销

无形资产从开始使用之日起，应按照有关的协议、合同，在受益期内分期平均摊销，没有规定受益期的按不少于 10 年的期限分期平均摊销。

递延资产中的开办费应在企业开始生产经营之日起，按照不短于 5 年的期限分年平均摊销。

固定资产折旧费与无形资产摊销费、递延资产摊销费在工程经济分析中具有相同的性质。

2.4　销售收入、利润与税金

2.4.1　销售收入

销售收入是指向社会出售商品或提供劳务的货币收入。工程项目的销售收入包括两部分：

$$产品销售收入 = 产品销售量 \times 产品销售价格 \tag{2-17}$$

$$其他销售收入 = 固定资产出租 + 无形资产转让 + 非工业性劳务 + \cdots \tag{2-18}$$

工程经济分析中将销售收入作为一个重要的现金流入项目。企业生产的产品只有在市场上被出售，才能转化为企业的收益。

2.4.2　利润

工业投资项目投产后所获得的利润可分为纯收入、销售利润和企业留利三个层次：

$$纯收入＝销售收入－总成本 \tag{2-19}$$
$$销售利润＝纯收入－销售税金 \tag{2-20}$$
$$企业留利＝销售利润－资源税－所得税 \tag{2-21}$$

对于企业来说，除国家另有规定者外，企业留利一般按下列顺序进行分配：

（1）弥补以前年度亏损。

（2）提取法定公积金，法定公积金用于弥补亏损及按照国家规定转增资本金等。

（3）提取公益金，公益金主要用于职工集体福利设施支出。

（4）向投资者分配利润。

2.4.3　税金

税金是国家为了实现其职能，依据法律对有纳税义务的企业单位和个人征收的财政资金。国家按照法律规定标准无偿地取得财政资金的手段叫作税收。税收是国家凭借政治权力参与社会产品和国民收入分配的一种方式，具有强制性、无偿性和固定性的基本特征。税收不仅是国家取得财政收入的基本形式，也是国家对各项经济活动进行宏观调控的重要经济杠杆，有利于调节、控制经济运行，促进国民经济健康发展。

我国主要的税收有18种，可以分为5大类。

（1）流转税类。在商品生产、流通环节以劳务服务的流转额为征税对象的各种税，包括增值税、消费税。

增值税是按商品生产、流通和劳务服务各个环节的产品价值的增值额征收的一种税，在我国境内销售货物或提供加工、修理修配劳务及进口货物的单位或个人都应当按照我国增值税的条例规定缴纳增值税。增值税是价外税，销售价格内不含增值税款。纳税人销售货物或应税劳务，按销售额和规定的增值税税率计算，并由纳税人向购买方在销售价格外收取的增值税额称为销项税额。

$$销项税额＝销售额×税率 \tag{2-22}$$

增值税税率一般为13%。但有5类商品的税率为9%，如粮食、食用植物油；自来水、暖气、天然气等；图书、报纸、杂志；饲料、化肥、农药等；国务院规定的其他货物。纳税人销售货物或提供应税劳务，应纳增值税额为当期销项税额抵扣纳税人购进货物或应税劳务时所支付或所负担的增值税额（进项税额）后的余额。计算公式为：

$$应纳税额＝当期销项税额－当期进项税额 \tag{2-23}$$

增值税是价外税，既不计入成本费用，也不计入销售收入，因此从企业角度进行投资项目现金流量分析时可不考虑增值税。

消费税是对特定消费品和消费行为征收的一种税。征收消费税的消费品大体分5类：第一类是一些过度消费会对人类健康、社会秩序和生态环境等造成危害的特殊消费品，如烟、酒、鞭炮等；第二类是奢侈品、非生活必需品；第三类是高能耗和高档消费品；第四类是不可再生稀缺资源消费品；第五类是消费普遍、税基宽广、征税不会明显影响人民生活水平但有一定财政意义的产品。消费税的计算采用从价定率计税和从量定额计税两种办法。从价定率计税时：

$$应纳税额 = 应税消费品销售额 \times 消费税税率 \tag{2-24}$$

从量定额计税时：

$$应纳税额 = 应税消费品销售数量 \times 消费税单位税额 \tag{2-25}$$

消费税是价内税，同增值税是交叉征收的，即对于应税消费品既要征消费税又要征增值税。

（2）资源税类。以被开发或占用的资源为征税对象的各种税，包括资源税和土地使用税等。

资源税对在我国境内开采原油、天然气、煤炭、其他非金属矿原矿、黑色金属矿原矿、有色金属矿原矿及生产盐的单位和个人征收。征收资源税的主要目的在于调节因资源条件差异而形成的资源级差收入，促使国有资源的合理开采与利用，同时为国家取得一定的财政收入。资源税应纳税额的计算公式为：

$$应纳税额 = 课税数量 \times 单位税额 \tag{2-26}$$

国家依照产品类别和不同的资源条件规定相应的单位税额。对于矿产品，征收资源税后不再征收增值税；对于盐，除征收资源税外还要征收增值税。

土地使用税是国家在城市、农村、县城、建制镇和工矿区，对使用土地的单位和个人征收的一种税。土地使用税应纳税额的计算公式为：

$$应纳税额 = 使用土地面积 \times 单位面积税额 \tag{2-27}$$

国家规定对农、林、牧、渔业的生产用地，以及国家机关、人民团体、军队和事业单位的自用土地免征土地使用税。对一些重点发展产业也有相应的减免税规定。

（3）所得税类。以单位（法人）或个人（自然人）在一定时期内的生产经营所得或其他所得为征税对象的税种，包括企业所得税、外商投资企业和外国企业所得税，以及个人所得税。

企业所得税的纳税人是在我国境内实行独立经济核算的企业。纳税人每一纳税年度的收入总额减去准予扣除项目后的余额为应纳税所得额。收入总额中包括生产经营收入、财产转让收入、利息收入、租赁收入、特许权使用收入、股息收入和其他收入。准予扣除的项目是指与纳税人取得收入有关的成本、费用和损失，包括借款利息、职工工资、职工工会经费、职工福利费、职工教育经费、纳税人用于公益事业的捐赠等。对于工业企业来说：

$$应纳税所得额 = 利润总额 + 税收调整项目金额 \tag{2-28}$$

其中：

$$利润总额 = 产品销售利润 + 其他业务利润 + 投资净收益 + 营业外收入 - 营业外支出 \tag{2-29}$$

税收调整项目是指将会计利润转换为应税所得额时按照税法应当调整的项目。即

$$应纳所得税额 = 应纳税所得额 \times 税率 \tag{2-30}$$

（4）财产税类。以法人和自然人拥有及转移的财产的价值或增值额为征税对象的各种税，主要包括车船税、房产税和土地增值税等。

车船税是对行驶于公共道路的车辆或航行于国内河流、湖泊和领海口岸的船舶，按照其种类（如机动车船、非机动车船、载人汽车、载货汽车等）、吨位和规定的税额计算征收的一种税。拥有车船的单位和个人为纳税义务人。

房产税以房屋为征收对象，以房产评估值为计税依据。拥有房屋权的单位和个人为纳税义务人。

土地增值税的纳税义务人是有偿转让国有土地使用权及地上建筑物和其他附着物产权（简称转让房地产）并取得收入的单位和个人，征税对象是转让房地产所取得的增值收益。

（5）特定目的的税类。国家为达到某种特定目的而设立的各种税，主要有固定资产投资方向调节税和城乡维护建设税等。

固定资产投资方向调节税（简称投资方向调节税）是以投资行为为征税对象的一种税，其目的在于利用经济手段对投资活动进行宏观调控，引导、控制投资规模和方向。

城乡维护建设税是为保证城乡维护和建设有稳定的资金来源而征收的一种税。凡有经营收入的单位和个人，除另有规定外，都是城乡维护建设税的纳税义务人。

当资产折旧和所得税影响很显著时，项目评价经常使用税后分析。政府会征收各种税收，如所得税、增值税、进口税、销售税和不动产税等。税收会影响对方案现金流的评价。税收会增加开支，影响资产折旧的现金流估计值，减少收益。本书假设所有的方案使用相同的税收政策。

2.5 预测方法

2.5.1 经济预测概述

预测是指对未来的预计和推测。预测本身不是目的，只是一种手段，它的功能在于提供关于未来的信息。预测就是在对现实和历史进行调查研究的基础上，找出事物发展的客观规律，对事件的未来发展趋势做科学的分析。由于预测的对象是现实事件的未来状态和未来发生的事件，因此其结果具有近似性和随机性的特点，不能奢求预测结果百分之百准确。此外，预测既具有科学性，又具有艺术性。预测的科学性表现在预测工作基于科学的方法和计算工具等。预测的艺术性则表现在预测工作的质量在很大程度上取决于预测者推理判断的技巧及自身的素质、经验和能力。

2.5.2 预测分类

按照预测的内容分类：技术经济预测；政治军事预测；科学预测，即对科学（自然科学、社会科学）的未来发展趋势，事先提出的一种有根据的预见；技术预测；经济预测；市场预测。

按预测问题涉及范围的大小分类：宏观预测和微观预测。

按对预测结果的要求分类：定性预测和定量预测。

按预测期限长短分类：短期预测、中期预测和长期预测。

2.5.3 经济预测的步骤

经济预测主要有以下几步。

（1）确定预测目标。根据决策所提出的要求来确定预测的目标，如预测内容、精确要求和预测期限（预测结果距现在的时间）。

（2）收集、分析资料。

（3）选择预测方法。预测方法有许多种，实际工作中需要根据预测目标的要求和具体的工作条件选择适用、经济的预测方法。

（4）建立预测模型。

（5）预测。

2.5.4　经济预测方法

1. 抽样调查法

抽样调查法是在所研究的总体中抽取样本进行调查，并应用数理统计的方法由样本的统计特性推断总体的统计特性的一种方法。在市场需求预测中被广泛运用。抽样调查法用于预测的基本步骤是：问卷设计；抽样调查；统计分析；推理预测。

问卷设计是抽样调查的重要环节。设计问卷时要注意问题类型的设计，应根据调查目的合理搭配不同类型的问题；问题的表述要简明、清晰、具体，易于回答；问题的次序要适当。

常用的抽样方法分为随机抽样法（单纯随机抽样、分层抽样和分群抽样）与非随机抽样法（配额抽样、判断抽样、滚动抽样和偶然抽样）两类。随机抽样法可以借助数理统计分析方法估计研究对象总体的统计特性，但操作比较复杂，所需费用较高。非随机抽样法比较方便，所需费用较少，但研究对象总体中每个个体被抽取的概率不可知，无法进行误差分析。

2. 专家调查法

专家调查法是运用一定方法，将专家个人的经验和知识汇集成群体的经验和知识，进而对事物的未来做出主观预测的过程。常用的有专家个人判断法、专家会议法和德尔菲法。

（1）专家个人判断法。个别专家分析判断的主要优点是可以最大限度地发挥专家个人的能力，但容易受到专家知识面、信息量、经验及对预测的问题是否感兴趣等因素的影响，易带片面性。

（2）专家会议法。召开专家会议时，通过讨论或辩论，可以相互启发，取长补短，弥补个人信息量有限的不足。但专家在讨论时容易受到权威和大多数人的意见的影响，不愿意公开或修正自己的意见，这些都不利于得出合理的预测结论。

（3）德尔菲法（Delphi）。德尔菲法最早出现于 20 世纪 50 年代末期，美国著名咨询机构兰德公司首次将德尔菲法应用于预测中，目的是预测某军事保密研究项目，代号为"德尔菲项目"，德尔菲法名称由此而来。此后，这一方法被各国预测人员所广泛采用。德尔菲法是采用匿名函询的方法向专家进行调查，并通过有控制的反馈取得尽可能一致的意见，对事物的未来做出预测。

德尔菲法的预测过程具有独立性、匿名性、反馈性和收敛性的特点，实际上是一个被调查的专家集体交流信息的过程。独立性是指专家之间彼此不受干扰，但不排除相互启发。匿名性是指被调查的专家互不见面，彼此并不知道对方是否为调查对象，这样做可以使专家避免受到权威专家的影响，并服从言之有理的意见，有利于意见的真实表达。为了使专家能进行信息交流和书面讨论，促使专家完善或改变自己的观点，服从言之有理的意见，德尔菲法采用多轮调查的方法。德尔菲法一般要进行三轮到四轮专家意见征询。多轮调查与反馈的过程实际上是专家们相互启迪和讨论的过程，言之有理的意见会逐渐为大多数专家所接受，分散的意见会向其中集中，呈现出收敛的趋势。

一般情况下，德尔菲法的实施有以下几个步骤。

① 组成调查工作组。调查工作组的任务是组织整个调查预测工作，负责对预测过程做计划、选择专家、设计调查表、组织调查、对调查结果进行汇总处理并做出预测。

② 选择专家。所选择的专家应该确实是本学科领域有代表性的专家，同时还要考虑到专家

所属部门和单位的广泛性。专家人数一般以 10～50 人为宜。人数太多不利于调查信息的收集整理，工作量大，费用高。

③ 以匿名函询的方式向专家进行调查。函寄调查表时应注明预测的目的和填表要求，还应向专家提供有关资料和背景材料，并询问专家是否有其他补充资料。根据需要确定函询次数。

④ 调查结果的汇总处理。在对专家提供的预测数据进行处理时，通常使用中位数表达综合预测意见，而用上、下四分位数表达综合意见的可信程度。

设参加预测的专家数为 n，对某一问题各专家的预测值为 $x_i(i=1,2,\cdots,n)$，将其由小到大进行排列，即 $x_i \leq x_2 \leq \cdots \leq x_n$，则调查结果的中位数为：

$$\bar{x} = \begin{cases} x_{\frac{n+1}{2}} & n \text{ 为奇数} \\ \dfrac{1}{2} \times \left(x_{\frac{n}{2}} + x_{\frac{n+2}{2}} \right) & n \text{ 为偶数} \end{cases} \tag{2-31}$$

$$x_{\pm} = x_{中} + (x_n - x_{中})/2 \tag{2-32}$$

$$x_{下} = x_{中} - (x_{中} - x_1)/2 \tag{2-33}$$

预测区间 $[x_下, x_上]$ 越小，表示专家们的意见越集中（一致）。有时可根据预测区间的大小决定是否再增加一轮函询。

用德尔菲法进行预测，有时需要专家对某个未来事件发生的概率做出主观判断，通常将平均主观概率作为专家集体的预测结果。平均主观概率的计算公式为：

$$\bar{P} = \frac{1}{n} \sum_{i=1}^{n} P_i \tag{2-34}$$

式中，$\bar{P}$ 表示专家集体的平均主观概率；P_i 表示第 i 个专家估计的主观概率；n 表示参加预测的专家数。

此外，还可用直方图表示专家预测值的分布，用方差或标准差表示专家预测值的离散程度。

德尔菲法简单易行，用途广泛，费用较低，在大多数情况下可以得到比较准确的预测结果。在缺乏足够资料或数据的领域中，用德尔菲法效果更佳，因为有许多问题单纯靠数学模型是解决不了的。当然，德尔菲法预测是建立在专家主观判断基础之上的，因此专家的学识、兴趣和心理状态对预测结果影响较大，甚至影响预测结论的准确性。

3. 回归分析法

回归分析法是通过对历史资料的统计与分析，寻求变量之间相互依存的相关关系规律的一种数理统计方法。通过回归分析，把非确定的相关关系转化为确定的函数关系，据此预测未来的函数关系。进行回归分析需要建立描述变量间相关关系的回归方程。

（1）一元线性回归法。当变量之间呈线性关系时可用一元线性回归方程进行预测。设有一组反映预测对象的变量与因变量的样本数据为 $x_1, x_2, \cdots, x_i, \cdots, x_n$ 及 $y_1, y_2, \cdots, y_i, \cdots, y_n$。

根据观测值绘制散点图，若两者之间确有较明显的线性相关关系，则可建立如下一元回归模型：

$$y = a + bx \tag{2-35}$$

式中，y 表示因变量（预测对象）；x 表示自变量；a 和 b 表示回归系数。

由已知样本数据，根据最小二乘法原理求出回归系数。计算公式为：

$$b = \frac{n\sum x_i y_i - \sum x_i \cdot \sum y_i}{n\sum x_i^2 - \left(\sum x_i\right)^2} \tag{2-36}$$

$$a = \frac{\sum y_i - b\sum x_i}{n} \tag{2-37}$$

式中，$\sum$ 表示 $\sum\limits_{i=1}^{n}$；n 表示样本数据点数目，最好不少于 20；x_i, y_i 表示样本数据，样本数据应经过分析筛选，去掉奇异点。

计算相关系数 r，进行相关检验。

$$r = \frac{n\sum x_i y_i - \sum x_i \cdot \sum y_i}{\sqrt{\left[n\sum x_i^2 - \left(\sum x_i\right)^2\right] \cdot \left[n\sum y_i^2 - \left(\sum y_i\right)^2\right]}} \tag{2-38}$$

$0 \leqslant |r| \leqslant 1$，$|r|$ 越接近 1，说明 x 与 y 的相关性越大，预测结果的可信度越高。一般可将相关系数 r 与相关系数临界值 r_0 进行比较，r_0 是由样本数 n 和显著性水平 α 两个参数决定的，实际工作中可由相关系数临界值表（见表 2-6）查出。$1-\alpha$ 为置信度，表示在一定区间用线性方程描述 x 与 y 的关系令人信任的程度。只有当 $|r| > r_0$ 时，预测模型即建立的回归方程才有意义。

表 2-6　相关系数临界值

$n-2$	α		$n-2$	α	
	0.05	0.01		0.05	0.01
1	0.997	1.000	21	0.413	0.526
2	0.950	0.997	22	0.404	0.515
3	0.878	0.959	23	0.369	0.505
4	0.811	0.917	24	0.388	0.496
5	0.754	0.874	25	0.381	0.487
6	0.707	0.834	26	0.374	0.478
7	0.666	0.798	27	0.367	0.470
8	0.632	0.765	28	0.361	0.463
9	0.602	0.735	29	0.355	0.456
10	0.576	0.708	30	0.349	0.449
11	0.553	0.684	35	0.325	0.418
12	0.532	0.661	40	0.304	0.393
13	0.514	0.641	45	0.288	0.372
14	0.497	0.623	50	0.273	0.354
15	0.482	0.606	60	0.250	0.325
16	0.468	0.590	70	0.232	0.302
17	0.456	0.575	80	0.217	0.283
18	0.444	0.561	90	0.205	0.267
19	0.433	0.549	100	0.195	0.254
20	0.423	0.537	200	0.133	0.181

由于回归方程并不能百分之百地精确反映变量 x 与变量 y 之间的关系，因此，对于任意的 $x = x_0$，我们只能得到相应的 y_0 的近似值，及 y_0 的值落入某一区间的概率。在样本数为 n、置信度为 $1 - \alpha$ 的条件下，y_0 的置信区间为：

$$\hat{y}_0 \pm t(\alpha/2, n-2) \cdot S(y)$$

式中，$\hat{y}_0$ 表示根据回归方程由 x_0 计算的 y_0 的估计值；$t(\alpha/2, n-2)$ 表示自由度为 $n-2$、置信度为 $1-\alpha$ 时 t 分布的临界值；$S(y)$ 表示经过修正的因变量 y 的标准差。

$$S(y) = \hat{\sigma} \cdot \sqrt{1 + \frac{1}{n} + \frac{(x_0 - \overline{x})^2}{\sum (x_i - \overline{x})^2}} \qquad (2\text{-}39)$$

式中，$\hat{\sigma} = \sqrt{\dfrac{\sum (y_i - \hat{y}_i)^2}{n-2}}$；$\overline{x} = \dfrac{1}{n} \sum x_i$。

当置信度取 $1 - \alpha = 0.95$ 时，$t(\alpha/2, n-2)$ 约等于 2，y_0 的置信区间近似为 $\hat{y}_0 \pm 2\sigma$，这意味着 y_0 的真值落入 $(\hat{y}_0 - 2\sigma, \hat{y}_0 + 2\sigma)$ 的概率为 95%。当置信度取 $1 - \alpha = 0.99$ 时，$t(\alpha/2, n-2)$ 约等于 3，y_0 的置信区间近似为 $\hat{y}_0 \pm 3\sigma$。

由于回归方程是根据历史数据建立的，因此，当变量间的关系和环境因素发生变化时，应对预测模型做适当的修正后再进行预测。

▶ 例 2-6 有关部门曾用一元线性回归分析法对我国卫生陶瓷的销售量进行预测。根据对已收集数据的分析，历年卫生陶瓷的销售量与同期全国竣工城镇楼房住宅面积有相关关系，经过筛选后的 19 对有关历史数据如表 2-7 所示。

表 2-7　例 2-6 的数据

年份	卫生陶瓷销售量 y_i/万件	竣工城镇楼房住宅面积 x_i/万平方米	年份	卫生陶瓷销售量 y_i/万件	竣工城镇楼房住宅面积 x_i/万平方米
1953	46.6	939.4	1964	71.2	1 073.9
1954	61.3	928.9	1965	111.4	1 209.3
1955	46.3	1 012.2	1971	59.5	1 440
1957	53.4	1 971.2	1973	105.8	2 164
1958	79.9	1 849.4	1974	146.5	2 055.2
1959	102.9	2 272.2	1975	222.1	2 215.2
1960	141.1	2 285.3	1976	202.4	2 178
1961	109.1	963.9	1977	242	2 880
1962	49.2	537.6	1978	227.8	3 377.3
1963	51.4	706.2			

设卫生陶瓷销售量为 y，同期全国竣工城镇楼房住宅面积为 x，回归方程为 $y = a + bx$。

求回归系数：

$$b = \frac{n \sum x_i y_i - \sum x_i \cdot \sum y_i}{n \sum x_i^2 - \left(\sum x_i \right)^2} = 0.686\,6, \quad a = \frac{\sum y_i - b \sum x_i}{n} = -3.622\,3$$

由此可得

$$\hat{y} = -3.622\,3 + 0.068\,6x$$

求相关系数：

$$r = \frac{n\sum x_i y_i - \sum x_i \cdot \sum y_i}{\sqrt{\left[n\sum x_i^2 - \left(\sum x_i\right)^2\right] \cdot \left[n\sum y_i^2 - \left(\sum y_i\right)^2\right]}}$$

$$= 0.803\,3$$

已知 $n-2=17$，取 $\alpha = 0.05$，由表 2-6 可查得相关系数临界值 $r_0 = 0.456$，$r > r_0$，说明本例中的回归模型具有显著性，可用于预测。

求置信区间：

$$\hat{\sigma} = \sqrt{\frac{\sum (y_i - \hat{y}_i)^2}{n-2}} = 40.964\,5$$

对于给定的 $x = x_0$：

$$S(y) = \hat{\sigma} \cdot \sqrt{1 + \frac{1}{n} + \frac{(x_0 - \overline{x})^2}{\sum (x_i - \overline{x})^2}}$$

$$= 40.964\,5 \times \sqrt{1 + \frac{1}{19} + \frac{(x_0 - 1\,687.326\,3)^2}{11\,031\,139.8}}$$

由上述回归方程和置信区间计算公式，根据全国城镇住宅建设规划即可对未来若干年内我国卫生陶瓷的销售量做出预测。例如，按照规划，某年全国城镇楼房住宅竣工面积为 $x_0 = 7\,500$ 万平方米，代入回归方程，可求得 $\hat{y}_0 = -3.622\,3 + 0.068\,6 \times 7\,500 = 510.88$（万件），$S(y) = 40.964\,5 \times 2.03 = 83.1$，置信区间为 $\hat{y}_0 \pm 2S(y) = 510.88 \pm 166.2$。也就是说，有 95% 的可能性，该年份卫生陶瓷的销售量为（510.88 ± 166.2）万件。

（2）多元线性回归法。当影响预测对象变动的主要因素不止一个时，可以采用多元线性回归预测法。多元线性回归的原理与一元线性回归基本相同，但运算较为复杂，一般要借助计算机完成。

多元线性回归方程的一般形式为：

$$y = b_0 + b_1 x_1 + b_2 x_2 + \cdots + b_m x_m \tag{2-40}$$

式中，y 表示因变量（预测对象）；$x_1, x_2, \cdots, x_m$ 表示一组互不相关的变量；$b_0, b_1, \cdots, b_m$ 表示回归系数，其中 b_i（$i = 1, 2, \cdots, m$）是 y 对 $x_1, x_2, \cdots, x_m$ 的偏回归系数，其含义是当其他自变量保持不变时，x_i 变化一个单位所引起的 y 的平均变化量。

设有一组反映因变量 y 与自变量 $x_1, x_2, \cdots, x_m$ 相关关系的数据：

$$
\begin{array}{llllll}
y: & y_1 & y_2 & \cdots & y_n \\
x_1: & x_{11} & x_{12} & \cdots & x_{1n} \\
x_2: & x_{21} & x_{22} & \cdots & x_{2n} \\
\vdots & \vdots & \vdots & & \vdots \\
x_m: & x_{m1} & x_{m2} & \cdots & x_{mn}
\end{array}
$$

则 $b_0, b_1, \cdots, b_m$ 可根据以上数据按残差平方和最小的原则确定。

4．时间序列法

时间序列法是根据预测对象历年按时间排列的序列数据，找出预测对象的发展规律，推测未来的一种方法。

所谓时间序列数据，是指变量按照时间顺序排列起来的一组连续的观察值，且序列值的时间间隔是相等的。例如，某产品1980—1990年的销售量时间序列数据如表2-8所示。

表2-8 某产品1980—1990年的销售量时间序列数据

时间周期/年	1980	1981	1982	1983	1984	1985	1986	1987	1988	1989	1990
销售量/万只	121	140	153	224	299	289	282	310	398	607	1 240

时间序列法适用于数据周期性变动较稳定与周期长的情况。但观测到的时间序列数据或多或少地会受到随机因素的影响，因此，在应用数据进行预测时，首先要进行数据处理，设法消除随机变动，找出时间序列数的长期发展趋势和周期性变动的规律，并建立相应的预测模型。寻找时间序列数据长期变动规律的常用方法有平均法和平滑法。下面将着重介绍移动平均法和指数平滑法。

（1）移动平均法。移动平均法是用前几个时期的实际数据的平均值作为下一期的预测值。视需要这种移动平均处理过程可多次进行。

一次移动平均值的计算公式为：

$$\hat{y}_{n+1} = \frac{1}{k} \sum_{i=n-k+1}^{n} y_i \tag{2-41}$$

式中，y_i 表示实际值；$\hat{y}_{n+1}$ 表示 $n+1$ 期的预测值；k 表示所取期数。

可以看出，k 值的大小对平滑效果影响很大。k 值取得小，平滑曲线灵敏度高，但没有注意数据的演变规律，预测值忽略了历史数据，预测值抗随机干扰性能差；k 值取得大，预测值抗随机干扰的性能好，但灵敏度低，对新的变化趋势不敏感，即不能反映出数据变化的近期规律。针对具体的预测问题，选择 k 值时，应考虑预测对象时间序列数据点的多少和预测期的长短。通常 k 值的取值范围可在 3~20 之间。

▶ 例2-7 已知某产品15个月内每月的销售量（见表2-9），因时间序列数据点少，取 $k=3$，计算一次移动平均值。

表2-9 某产品15个月内每月的销售量

月	1	2	3	4	5	6	7	8
销售量/万件	10	15	8	20	10	16	18	20
$\hat{y}_{n+1}$	—	—	—	11.0	14.3	12.7	15.3	14.7

月	9	10	11	12	13	14	15
销售量/万件	22	24	20	26	27	29	29
$\hat{y}_{n+1}$	18.0	20.0	22.0	22.0	22.3	24.3	27.3

解： 取 $k=3$：

$$\hat{y}_4 = \frac{1}{3}(8+15+10) = 11.0$$

$$\hat{y}_5 = \frac{1}{3}(20+8+15) = 14.3$$

依次类推，可得到一个移动平均值序列（见表2-9的第三行）。可以看出，经过一次移动平均处理，预测数据明显地反映出了预测对象的历史变化趋势。但应该注意到，一次移动平均值的变化总是落后于实际数据的变化，存在着滞后偏差。

二次移动平均值要在一次移动平均值序列的基础上计算，计算方法同上。

如果实际的时间序列数据周期变动不明显，移动平均值序列近期没有明显的增长或下降趋势，则可以直接用最近一个周期的一次移动平均值进行预测。如果实际的时间序列数据周期变动明显，且近期的移动平均值序列有明显的增长或下降趋势，就不能直接将一次移动平均值作为下一周期的预测值，而是需要建立其他预测模型。例如，在这种情况下，如果预测对象的变化趋势呈线性，可以通过建立线性预测模型进行预测。

（2）指数平滑法。指数平滑法考虑到时间序列数据中各远期数据与近期数据的差异，把它们分别乘以不同的指数，采用加权平均的方法，以使预测值受近期影响较大，而受远期影响较小。

假设时间序列数据是一个无穷序列，即 $y_t, y_{t-1}, y_{t-2}, \cdots$，其加权平均值为：

$$\hat{y}_{i+1} = \alpha y_i + (1-\alpha)\hat{y}_i, \alpha \in [0, 1] \tag{2-42}$$

式中，$\hat{y}_{i+1}$ 表示下期预测数；y_i 与 $\hat{y}_i$ 表示本期实际值和预测值。

式（2-42）经过迭代，得到一次指数平滑法的递推公式[①]，即：

$$\hat{y}_{i+1} = \alpha y_i + \alpha(1-\alpha)y_{i-1} + \alpha(1-\alpha)^2 y_{i-2} + \cdots + \alpha(1-\alpha)^{i-1} y_1 + (1-\alpha)^i \hat{y}_0, \quad \alpha \in [0, 1] \tag{2-43}$$

式（2-43）表明，当实际数据较多时，初期值对预测结果的影响不会很大，由于实际数据较多时，初期值对预测结果的影响不会很大，所以可以避免使用烦琐的递推公式，使用简单公式有利于计算，此时，可以取近期的几个数据的平均值作为本期的预测值；若实际数据较少，就取全部实际数据的平均值作为本期的预测值，从而利用简单公式计算下一期的预测值；此外，α 的取值越小，表明预测值受历史数据的影响越大；α 的取值越大，表明预测值受近期数据的影响越大。

📖 **例 2-8**　某产品的月销售量如表 2-10 所示，取 $\alpha=0.1$，根据一次指数平滑法计算预测值。

表 2-10　某产品的月销售量

时间周期/月	1	2	3	4	5	6	7	8
销售量/万只	50	52	47	51	49	48	51	40

解：
$$\hat{y}_0 = y_1 = 50$$
$$\hat{y}_1 = \alpha y_1 + (1-\alpha)\hat{y}_0 = 0.1 \times 50 + 0.9 \times 50 = 50$$
$$\hat{y}_2 = \alpha y_2 + (1-\alpha)\hat{y}_1 = 0.1 \times 52 + 0.9 \times 50 = 50.2$$

依次类推，可得到其他数据的预测值。

类似于移动平均法，如果实际时间序列数据的变动主要是随机变动而没有明显的周期变动和增长或下降趋势，则可以直接用最近一个周期的一次指数平滑值作为下一周期的预测值。如果求得的一次指数平滑值时间序列数据不够平滑，具有明显的线性增长或下降趋势，由于一次

---

① 指数平滑法的递推公式：

$F_2 = \alpha Y_1 + (1-\alpha)F_1 = \alpha Y_1 + (1-\alpha)Y_1 = Y_1$

$F_3 = \alpha Y_2 + (1-\alpha)F_2 = \alpha Y_2 + (1-\alpha)Y_1$

$F_4 = \alpha Y_3 + (1-\alpha)F_3 = \alpha Y_3 + \alpha(1-\alpha)Y_2 + (1-\alpha)^2 Y_1$

依次类推，得：$F_{t+1} = \alpha Y_t + (1-\alpha)F_t = \alpha Y_t + \alpha(1-\alpha)Y_{t-1} + \cdots + (1-\alpha)^{t-2}Y_1$

指数平滑值序列相对于实际数据序列存在着滞后偏差，此时，可进行二次指数平滑。二次指数平滑法是对一次指数平滑得到的数据再做一次指数平滑，方法同上。

移动平均法和指数平滑法对时间序列数据的转折点缺乏鉴别能力。如果遇到时间数据序列出现转折点的情况，需要根据外部影响因素的分析判断对预期值进行修正。

5. 增（生）长曲线法

增（生）长曲线法是用已有的函数描述事物发展的规律并进行预测。在经济发展过程中，许多事物的发展规律类似于生物的自然生长过程，如新技术、新产品的发展和更新换代过程，其需求增长的规律大多数时候都可以用增长曲线即一条近似 S 形的曲线来描述：发展初期增长速度较慢，一段时间后，增长速度会逐渐加快，到接近于某一增长极限时，增长速度又会变慢。

增长曲线的基本类型有很多种，如多项式曲线、简单指数曲线、修正指数曲线、双指数曲线、戈珀兹曲线（Gompertz Curve）与逻辑曲线（Logistic Curve）等。

（1）戈珀兹曲线预测模型。戈珀兹曲线的数学形式为：

$$y = ka^{b^t} \tag{2-44}$$

式中，y 表示函数值；t 表示时间变量；k 表示渐近线值（极限值）；a 和 b 表示函数模型的参数。

图 2-3 所示为几种典型的戈珀兹曲线。

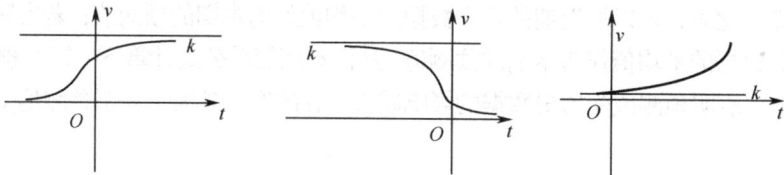

图 2-3　几种典型的戈珀兹曲线

（2）逻辑曲线预测模型。逻辑曲线的数学形式为：

$$y = \frac{k}{1 + ae^{-bt}} \tag{2-45}$$

式中，y 表示函数值；t 表示时间变量；k 表示渐近线值（极限值）；a 和 b 表示函数模型的参数；e 表示自然对数的底。

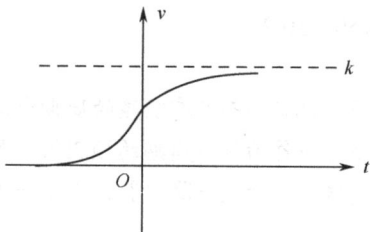

图 2-4　逻辑曲线的形状

图 2-4 所示为逻辑曲线的形状，调整 a、b 和 k 可得到不同的曲线。

应用增（生）长曲线进行预测时，其步骤为：

① 曲线识别。可以用目估法、误差平方和最小法、增长特征法分析观测数据的散点图的分布规律，选定拟合曲线。

② 对所选曲线方程中的参数进行估计。不同曲线参数估计有其特有的方法，原理类似于回归分析法中的参数估计法。

③ 进行预测。

例 2-9　根据国家统计局 1970—1982 年的统计数据，关于我国家庭缝纫机普及率建立如下增长曲线：

$$y = \frac{k}{1 + ae^{-bt}}$$

k=0.70，a=11.630 4，b=0.176 662。以 1970 年为起点，即 t=0，1971 年取 t=1，1972 年取 t=2，……请预测 1983 年（t=13）的需求量。

解：普及率为：

$$y_{1983} = \frac{0.70}{1 + 11.630\ 4e^{-0.176\ 662 \times 13}} = 0.322\ 6$$

据统计资料，1982 年的实际普及率为 0.312 3，所以 1983 年的预测普及率净增额为：

$$0.322\ 6 - 0.312\ 3 = 0.010\ 3$$

我国当时有 2.2 亿个家庭，于是 1983 年需求量预测值为：

$$0.010\ 3 \times 2.2 \times 10^8 = 226.6\ （万台）$$

本章小结

本章介绍了项目评价中所使用的各种基础数据、资料，如投资、成本、销售收入、利润、税金和折旧等经济要素的概念，它们是构成经济系统现金流量的基本要素，务求准确理解，以避免造成评价结论失误。通过本章的学习，应能够区分投资与资产的概念，掌握项目投资后资金的价值是如何转移的，理解折旧的含义，理解经营成本与总成本的区别，理解沉没成本与机会成本在投资决策中的作用。由于是对未实施的项目进行评价与决策，因此，在项目评价中所用到的各种基础数据都是未知的，需要评价者去预测与估计。本章还介绍了这些基本要素的估计方法和预测方法。

复习思考题

（1）简述固定资产投资与流动资金的概念及其主要区别。

（2）支出、费用与成本的主要区别是什么？常用的成本指标有哪些？

（3）构成产品成本的费用要素有哪些？

（4）在工程经济学中为什么要引入经营成本的概念？

（5）简述机会成本、沉没成本的概念，并分别举例说明其在决策中的作用。

（6）简述税收的性质、特点和分类。增值税、资源税和所得税的征收对象分别是什么？

（7）什么是折旧？折旧的计算方法有哪些？

（8）某设备的购置成本为 40 000 元，使用年限为 10 年，残值为 4 000 元。试用直线折旧法、年限总和法、余额递减法和双倍余额递减法计算第 5 年年末的折旧费用和账面价值。

（9）一项资产于 6 年前以 6 400 元购进，在那时它的使用年限与期末余值分别为 10 年和 1 400 元。假设现在以 1 500 元出售，如果分别用直线折旧法和年限总和法计算折旧，那么 1 500 元市场价值和现在的账面价值有何区别？

（10）根据预测的特点和技术经济预测的一般步骤，分析影响技术经济预测精确度的主要因素有哪些。

（11）简述德尔菲法预测的实施步骤。在每个实施步骤中分别应注意哪些问题？试分析影响德尔菲法预测准确性的关键因素有哪些。

（12）什么情况下可以采用一元线性回归预测法？什么情况下可以采用多元线性回归预测法？一元线性回归中的相关系数和多元线性回归中的全相关系数意义何在？如何确定预测值的置信区间？

（13）用时间序列法进行预测的假设前提是什么？移动平均法和指数平滑法各有什么特点？说明一次、二次移动平均法和一次、二次指数平滑法分别在哪些情况下适用。

（14）移动平均法中参数 k 的大小对预测结果有何影响？选择参数 k 应考虑哪些问题？

（15）指数平滑法中平滑系数 α 的大小对预测结果有何影响？选择 α 应考虑哪些问题？选择指数平滑的初始值应考虑哪些问题？

（16）举出一个其发展规律可用 S 形曲线描述的事例，简述用戈珀兹曲线和逻辑曲线拟合时间序列数据的步骤。

（17）某工厂拥有役龄不等的某种型号的机床 14 台。这些机床上一年的维修费与役龄的关系如表 2-11 所示，试建立回归方程，预测这种型号的机床役龄为 10 年和 11 年时的维修费用。

表 2-11　题（17）表

役龄/年	维修费/（元/年）	役龄/年	维修费/（元/年）
6	126	2	68
2	49	4	82
7	181	1	64
5	63	8	105
3	110	5	117
1	23	9	141
6	92	3	40

（18）某种商品上一年各月份在某市的销售量如表 2-12 所示。试分别用移动平均法和指数平滑法建立线性预测模型并预测本年 1 月和 2 月的商品销售量（取 $k=3$，$\alpha=0.6$）。

表 2-12　题（18）表

时间周期/月	1	2	3	4	5	6	7	8	9	10	11	12
销售量/万只	8.8	9.3	10.2	11.2	12.1	12.7	12.8	13.3	15.1	16.8	18.3	17.8

（19）某塑料厂的 A 产品前 10 年各年的销售额（万元）如表 2-13 所示，请用三次指数平滑法预测第 11 年和第 12 年的销售额。

表 2-13　题（19）表

时间周期/年	1	2	3	4	5	6	7	8	9	10
销售量/台	858	806	795	821	859	888	907	982	1 032	1 117

第3章

现金流量与资金等值计算

本章学习目标

掌握现金流量的概念和构成，掌握资金等值的相关概念，熟练应用资金等值计算公式。

3.1 现金流量

3.1.1 现金流量概述

每个个人或企业都有其现金进款——收入和其他收益（现金流入）及现金支出款项——花费和成本（现金流出）。这些收入和支出即各个时间点上实际发生的资金流入或资金流出称为现金流量。流出系统的资金称为现金流出，流入系统的资金称为现金流入。现金流量发生在特定的时间段内，如1个月、1个季度或1年。

对于一项经济活动，由于考察的主体所研究系统的范围不同及考察现金流量的角度不同，因此会得到不同的分析结果。例如，税金对于企业来说是现金流出，对于国家来说只是资金分配权与使用权的一种转移，从整个国民经济的角度看税金既不是现金流出又不是现金流入。所以，在工程经济分析中，必须在明确考察角度和系统范围的前提下分析现金流入与现金流出。

在所有工程经济学研究方法（见图 1-1）的要素中，现金流量的估计可能是最困难和最不精确的。它就好像是在对一个不确定的未来进行估计。对方案的现金流入和流出的估计精度决定着经济分析及其结论的质量。

现金流入，或进款，按计划的活动和所包括的业务类型分，可能包含以下几种：收益（通常是一项方案的增值结果）；财产挽回值；贷款本金收入；股票和债券销售收入；合作资本基金的补贴或返还等。

现金流出，或出账，按计划的活动和所包括的业务类型分，可能包含以下几种：资产的初始成本；工程设计成本；运营成本（年金和增值部分）；阶段性维护和重建费用；贷款利息和本金支付；重大的预期/未预期花费增加；所得税；合作资本基金的支出款项等。

进行评估的背景资料可以从以下部门得到，包括会计、财务、市场、销售、工程、设计、制造、生产、区域服务和计算机服务等。评估的精确度在很大程度上取决于评估人员在相似情形下进行评估的经验。通常使用点估计，即对方案的每个经济要素产生单值估计。如果对经济要素应用统计方法，也可以产生区间估计或分布估计。由于计算机的大量应用，当估计值的预期在较宽范围内变化时应用统计研究可以提供更完美的结果。在本书中，始终使用点估计。

一旦产生现金流入和现金流出的估计值，就可以确定净现金流量。

$$净现金流量=收入-支出=现金流入-现金流出 \qquad (3-1)$$

现金流量图是一种在经济分析中非常重要的工具，特别是当现金流量系列比较复杂时。它将现金流量用图示方法画在一个时间刻度尺上（见图 3-1）。图中包含现金流量的已知量、待评估量和需要量。即，当现金流量图完成时，其他人应该能够通过看图来了解项目的现金流量情况，并根据图中所提供的信息进行项目的经济分析。

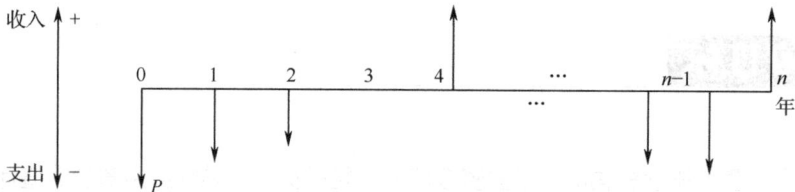

图 3-1　现金流量图

在现金流量图中，横坐标表示时间，用带箭头的垂直于时间轴的线段表示现金的流量，指向上的垂直箭头线代表正的现金流量。相反地，指向下的箭头线表示负的现金流量。由于现金流量通常发生在一个利率期内不同的时间点，因此，做如下期末约定假设。

期末约定，意味着假设所有现金流量都发生在一个利率期末。当若干收入和支出发生在一个给定的利率期内时，假设其净现金流量发生在此利率期末。

期末泛指交易发生日起的一个时间段。期末日期不必都是 12 月 31 日。

现金流量图中，时间 $t=0$ 表示现在，$t=1$ 表示第一个时间周期末。一般假设时间轴上的时间表示年。由于年末约定把现金流量放在这些年的年终，因此，1 表示第一年的年末。

在现金流量图上不必用精确的刻度，但箭线长度最好成比例。

由于现金流的观察角度不同，现金流量图的画法不是唯一的。例如，如果为了用现金购买一辆 25 000 元的二手汽车而借了 30 000 元，并且使用剩下的 5 000 元做了新的喷漆，这将会产生若干不同的未来现金流量，可能的观察角度、现金流量如表 3-1 所示。

表 3-1　不同的观察角度对应的现金流量　　　　　　　　　　　　　　单位：元

观察角度	现金流量
贷方	−30 000
你作为借方	+30 000

续表

观 察 角 度	现 金 流 量
你作为购买者	−25 000
及喷漆的顾客	−5 000
二手车卖主	+25 000
喷漆店主	+5 000

注："+"表示现金流入；"−"表示现金流出。

3.1.2　现金流量的构成与计算

工程项目所涉及的各种经济要素在工程经济评价中大都转化为货币的表现形式，并以现金流量图的形式表现出来。这些经济要素大致可分为投入、产出、使用寿命与折旧等几个方面。如第 2 章所述，这些相关数据要由评价者自己去预测和估计（在进行方案论证时，数据是未知的）。一般的工程项目寿命周期内的现金流量图如图 3-2 所示，图中的箭线表示的是周期末的净现金流量。

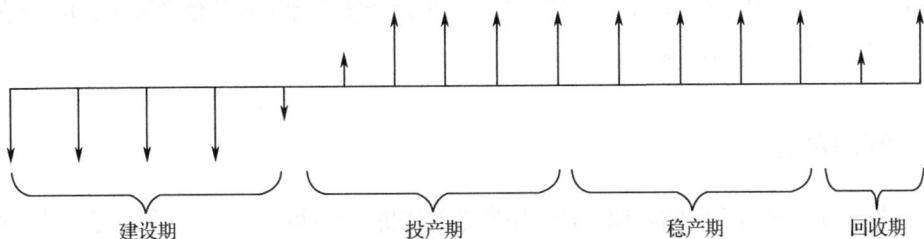

图 3-2　一般工程项目寿命周期内的现金流量图

投入方面的经济要素主要是基本建设投资、原料和劳动力等。产出方面的经济要素主要是产品、服务、生活的改善、时间的节省和自然环境的改善等。这些要素的状况取决于两个方面：一是项目将来所处的环境；二是项目本身的技术方案。依赖未来环境的经济要素，如产品产量、价格和需求量等，要由正确的预测来得到量化的数据。依赖方案本身的经济要素，如投资、寿命、成本和折旧等，也要进行正确的估计，这样才能保证技术经济分析结果的可靠性、科学性，才能为正确的决策提供有力的支持。

经济要素的预测与估计在本书的第 2 章已经详细介绍，这里不再赘述。要注意的是，虽然在会计中折旧费与摊销费被计入费用和成本，但在进行现金流量分析时，折旧费与摊销费既不属于现金流出也不属于现金流入。

3.2　资金时间价值及其等值计算

3.2.1　资金时间价值

在分析投资方案的经济效果时，能否将不同时期发生的现金流量直接相加（求代数和）呢？先看下面的例子。

↘ 例3-1 设有 A 和 B 两种投资方案，寿命期相同，均为 5 年，初始投资相同，均为 10 000 元，实现收益的总额相同，但每年数值不同，如表3-2所示。

表3-2 A 和 B 两种投资方案的现金流量

方 案	年 末					
	0	1	2	3	4	5
A	-10 000	5 000	4 000	3 000	2 000	1 000
B	-10 000	1 000	2 000	3 000	4 000	5 000

如果其他条件相同，那么应该选择哪个方案呢？凭直觉和经验，人们会选择方案 A。因为方案 A 获取收益比方案 B 早，先到手的资金可以用来再投资从而产生新的价值。即，资金的价值不仅与资金量的大小有关，而且与发生的时间有关。这里隐含着资金具有时间价值的观念。

资金在使用过程中由于时间的因素而产生的差额价值称为资金的时间价值。资金增值的原因在于资金的投资和再投资。

资金时间价值也体现在银行的利息中。例如，今天存入 100 元，按年利率 10% 计算，一年后本利和为 110 元。其中的 10 元利息就是在不考虑通货膨胀和风险价值情况下，100 元资金在一年时间内产生的"时间价值"。

3.2.2 利息的概念

利息是金钱的时间价值的表现，是使用资金的代价。从计算上来说，利息是金钱在期末与期初的差额部分。如果这部分差额为零或负的，那就没有利息。一般对于一笔利息有两种观点——应付利息和挣得利息。当个人或企业借钱（获得一笔贷款）和偿还贷款时，就需要支付利息。就像下面公式显示的那样，利息的两种叫法在计算上和数字所表示的价值本质上是一样的，只是在解释上有些不同。偿付所借款项（贷款）的利息由下面的关系式确定：

$$利息 = 当期所欠的金额 - 初始金额 \qquad (3-2)$$

当在一个特定的时间单位内将所偿付的利息以占初始金额的百分比的形式来表示时，利息在这里称为利率。

$$利率（\%）= 每个时间单位内所增加的利息/初始金额 \times 100\% \qquad (3-3)$$

利率的时间单位称为利息周期。到目前为止，用来表示利率的利息周期一般为一年。有时也用一些较短的周期，如每月利率 1%。因此，利率的利息周期应该包括进来。如果仅仅是表示出利率如 8.5%，一般都假定利息周期为一年。

从一个储户、贷方或投资者的角度来看，挣得利息是最终的金额减去初始金额或者资本，即：

$$利息 = 当期总金额 - 初始金额 \qquad (3-4)$$

当在一个特定时期内将应付的利息以占初始金额的百分比的形式表示时，应付的利息称为收益率。

$$收益率（\%）= 每个单位时间内所增加的利息/初始金额 \times 100\% \qquad (3-5)$$

和从借款者的角度来看待利息一样，收益率的时间单位称为利息周期。同样，最常用的周期为一年。

术语"投资回报率"和"投资收益率"在不同的工业和设置中是同等使用的，特别是大批资金投入有关工程项目时。

利息、利息周期和利率这些术语在计算现金在过去的一个计息周期或将来的一个计息周期的等价数量时是十分有用的。然而，当涉及的问题超过一个计息周期时，单利和复利的术语就变得十分重要。

1. 单利

单利是在计算的过程中只有原始资本计算利息，而利息不再计算利息。在几个利息周期中单利的计算如下：

$$利息 = 资本 \times 周期数 \times 利率 \tag{3-6}$$

在这里，利率以小数的形式表示。

➥ 例 3-2 一个工程师向一个信用卡联盟借贷了一笔资金用于购买汽车无线控制模型。这笔贷款为 1 000 元，时间 3 年，年利率为 5%，单利计息。那么在第 3 年的年末，这个工程师将要偿还多少现金？

解： 3 年中每年的利息为：　　　　　　$1\,000 \times 0.05 = 50$（元）

　　　3 年的总利息为：　　　　　　　$1\,000 \times 3 \times 0.05 = 150$（元）

　　　3 年后到期的总资金为：　　　　$1\,000 + 150 = 1\,150$（元）

第一年增加的 50 元利息与第二年增加的 50 元利息没有产生利息。每年应得的利息仅仅是在 1 000 元本金的基础上进行计算的。

从还贷人的角度，这笔贷款偿还的具体细节如表 3-3 所示。其中，"0"年代表现在，也就是贷款的时候。直到第 3 年年末才偿还所有的欠款。因为单利的计算都只在贷款本金基础上进行的，所以每年增加的欠款数一律为 50 元。

表3-3 单利计算　　　　　　　　　　　　　　　　　　　　单位：元

年　　末	贷 款 额	利　　息	年末欠款额	到期还款额
0	1 000			
1	—	50	1 050	0
2	—	50	1 100	0
3	—	50	1 150	1 150

2. 复利

对于复利计算，每个利息周期增加的利息是在本金加所有以前累计的利息的基础上进行计算的。因此，复利意味着利息的最大化。复利反映了资金的时间价值，同时也包括利息的时间价值。复利每个周期的利息计算如下：

$$利息 = （本金 + 所有增值的利息）\times 利率 \tag{3-7}$$

➥ 例 3-3 如果一个工程师从一家借贷联盟公司借了 1 000 元，按年利率 5% 复利计息，计算在 3 年后到期时所应偿还的总金额。画图并比较复利和单利的结果。

解： 每年应偿还的利息和总利息为：

　　　　　　第 1 年利息 $= 1\,000 \times 0.05 = 50.00$（元）

　　　　1 年后偿还的总金额 $= 1\,000 + 50.00 = 1\,050.00$（元）

　　　　　　第 2 年利息 $= 1\,050 \times 0.05 = 52.50$（元）

2 年后偿还的总金额=1 050+52.50=1 102.50（元）

第 3 年利息=1 102.50×0.05=55.13（元）

3 年后偿还的总金额=1 102.50+55.13=1 157.63（元）

所有具体细节都显示在表3-4 中。这个偿还计划像在单利计算中一样，在第 3 年的年末将所有的本金加上利息一并偿还。

表3-4 复利计算

单位：元

年　　末	贷 款 额	利　　息	年末欠款额	到期还款额
0	1 000			
1	—	50.00	1 050.00	0
2	—	52.50	1 102.50	0
3	—	55.13	1 157.63	1 157.63

不同之处是由复利计算中对资金的时间价值计算的不同引起的。在 3 年期间，与单利相比，在按复利计算时需要支付一笔额外利息 1 157.63-1 150=7.63（元）。

单利和复利的不同在于每年计算利息方式的不同。如果计算的时间跨度包括多年，如 10年，那么两种计息的差距将达到 128.90 元；在 20 年后，复利将会比单利多出 653.30 元。

7.63 元相对于初始本金 1 000 元在 3 年的时间里看起来似乎并不是一个明显的差异。但是如果将同样的计算建立在初始本金为 100 000 元或 1 000 000 元的基础上，那么将确确实实地感受到差额的显著。这些表明复利计算在基础经济的分析中起着相当重要的作用。

在例 3-3 中，另外一种简便的计算总金额的方法是合并计算，而不是将它们在每年的基础上算出来。每年到期的总金额如下。

第 1 年：　　　　　　　　　　$1\ 000 \times (1.05)^1 = 1\ 050.00$（元）

第 2 年：　　　　　　　　　　$1\ 000 \times (1.05)^2 = 1\ 102.50$（元）

第 3 年：　　　　　　　　　　$1\ 000 \times (1.05)^3 = 1\ 157.63$（元）

这 3 年的总金额可以直接计算出来，而不需要前一年的总金额。总的计算公式形式为：

$$在 n 年后到期的总金额=本金 \times （1+利率）^n \qquad (3\text{-}8)$$

结合利率、单利、复利和等价的概念可以证明不同的偿还计划是等价的，但是在年与年之间货币的数量实际上是不同的。这表明可以有很多方法来解释资金的时间价值。下面的这个例子就是 5 种不同的偿还计划的等价。

↘ 例3-4　　（1）使用 5 种不同偿还计划按照如下的表述来证明等价的概念。每个方案都要在 5 年内按照年利率 8% 偿还一笔金额为 5 000 元的贷款。

方案 1：单利计息，期末偿还。在期末偿还所有的本金和利息。每年利息的累计仅在本金的基础上进行。

方案 2：复利计息，期末偿还。在期末偿还所有的本金和利息。每年利息的累计在本金和所增加的利息的和的基础上进行。

方案3：每年支付单利利息，期末偿还本金。每年偿还增加的利息，在第 5 年年末偿还本金。

方案4：每年偿还复利和本金的一部分。每年偿还增加的利息和本金的 1/5（即 1 000 元）。由于未偿还的贷款余额每年递减，所以利息也逐年减少。

方案 5：每年偿还相等的复利和本金。每年偿还一部分本金和应付利息，偿还的数量是相同的。由于方案 5 年末还款额相同，贷款余额的下降速度就比方案 4 慢，利息也逐年递减，但是速率较慢。

（2）以 8% 的单利或复利对每个方案的相同之处进行适当的解释。

解：

（1）表 3-5 显示了年末的利息、每年年末欠款额和 5 年中的总支出。

利息是按以下的计算方法确定的。

方案 1：单利 = 初始本金 ×0.08。

方案 2：复利 = 前一年的总欠款额 ×0.08。

方案 3：单利 = 初始本金 ×0.08。

方案 4：复利 = 前一年的总欠款额 ×0.08。

方案 5：复利 = 前一年的总欠款额 ×0.08。

注意到对于每个还款计划，每年支付的本金和利息是不同的，总还款额也是不同的，尽管每个还款方案都需要 5 年。总还款额的不同可由以下因素来解释：①资金的时间价值；②单利还是复利；③第 5 年前偿还的本金。

表 3-5　以 8% 的复利偿还 5 000 元的不同的还款计划　　　　单位：元

方　　案	年　　末	利　　息	年末欠款额	年末还款额	还款后的总负债
1. 单利，全部在年末支付	0				5 000.00
	1	400.00	5 400.00	—	5 400.00
	2	400.00	5 800.00	—	5 800.00
	3	400.00	6 200.00	—	6 200.00
	4	400.00	6 600.00	—	6 600.00
	5	400.00	7 000.00	7 000.00	
	全部			7 000.00	
2. 复利，全部在年末支付	0				5 000.00
	1	400.00	5 400.00	—	5 400.00
	2	432.00	5 832.00	—	5 832.00
	3	466.56	6 298.56	—	6 298.56
	4	503.88	6 802.44	—	6 802.44
	5	544.20	7 346.64	7 346.64	
	全部			7 346.64	
3. 每年支付单利利息，最后偿还本金	0				5 000.00
	1	400.00	5 400.00	400.00	5 000.00
	2	400.00	5 400.00	400.00	5 000.00
	3	400.00	5 400.00	400.00	5 000.00
	4	400.00	5 400.00	400.00	5 000.00
	5	400.00	5 400.00	5 400.00	
	全部			7 000.00	

方案	年末	利息	年末欠款额	年末还款额	还款后的总负债
4. 复利，每年偿还部分本金	0				5 000.00
	1	400.00	5 400.00	1 400.00	4 000.00
	2	320.00	4 320.00	1 320.00	3 000.00
	3	240.00	3 240.00	1 240.00	2 000.00
	4	160.00	2 160.00	1 160.00	1 000.00
	5	80.00	1 080.00	1 080.00	
	全部			6 200.00	
5. 每年偿还相等的复利和本金	0				5 000.00
	1	400.00	5 400.00	1 252.28	4 147.72
	2	331.82	4 479.54	1 252.28	3 227.25
	3	258.18	3 485.43	1 252.28	2 233.15
	4	178.65	2 411.80	1 252.28	1 159.52
	5	92.76	1 252.28	1 252.28	
	全部			6 261.41	

（2）表3-5表示在0时刻，5 000元对以下方案是相等的。

方案1：以8%的单利在第5年年末共还款7 000元。

方案2：以8%的复利在第5年年末共还款7 346.64元。

方案3：以8%的单利4年中每年还400元，第5年年末还款5 400元。

方案4：以8%的复利每年支付的利息和本金从第1年的1 400元到第5年的1 080元逐渐递减。

方案5：以8%的复利，5年中每年支付1 252.28元 $\left[5\,000 \times \dfrac{0.08 \times (1+0.08)^5}{(1+0.08)^5 - 1}\right]$。

工程经济学中一般使用方案5，复利计算，每个时期的还款额相同。需要偿还的欠款包括应支付的利息和部分需要偿还的本金。

3.2.3　资金等值计算

1. 现值、将来值（终值）和折现的概念

现值一般指发生或折算为投资系统初期的资金价值，但不一定是今天的价值。将来值（终值）一般指发生或折算为投资系统末期的资金价值。现值与将来值（终值）的概念相对，广义的现值概念是相对于将来值（终值）的任何较早时间的价值，广义的将来值（终值）概念是相对于现值的任何以后时间的价值。

折现又称贴现，指把终值折算成与之等价的现值的计算过程。

例如，以定期一年的方式存入100元，按年利率10%计算，一年后本利和为110元。这100元就是现值，110元就是一年后的终值。终值和现值可以等价换算，把一年后的110元换算成现在的100元的折算过程为：

$$\frac{110}{1+10\%} = 100$$

2. 资金等值的概念

等值是工程经济分析中的基本概念。这个概念可以帮助我们更好地了解利息结构。例 3-4 给出了 5 个方案来偿还借款,这 5 个方案都要在 5 年内按照年利率 8%偿还一笔金额为 5 000 元的贷款。从等值的角度去分析,这 5 个方案的还款总金额虽然不同,但价值是相同的,都是 5 000 元的现值。由此可知,由于资金具有时间价值,两笔数额相同的资金,即使年利率相同,若投入的时间不同,其经济价值也不一定相等。一般地,早投资早获益。反之,发生在不同时间点的数额不同的两笔资金,由于利率和时间的关系,其经济价值却有可能相等。等值性技术是我们在进行方案比较和选择时的关键技术。例如,在两个可比方案之间做选择时,如果能在某个时点或某些时点上用数学方法确定 A 方案的等值和 B 方案的可比等值,那么就能够判断这两个方案的相对吸引力,而不是简单地根据它们的现金流出量来判断。

在不同时间点上,不同数额的资金可能具有相同的价值,称为资金等值。资金等值实质上是一种等价折算,资金是否等值受资金金额、资金发生的时间和利率 3 个因素的影响。如果两个现金流量等值,那么它们折算到任一时点的价值必相等。

3. 复利等值的计算公式

工程经济学中的公式所采用的基本符号规定如下。

P 表示在一个指定时间点如当前或时间点 0 处的货币价值或数量。P 也指现在价值(Present Worth, PW)、现值(Present Value, PV)、净现值(Net Present Value, NPV)、按现值计算的现金流量(Discounted Cash Flow, DCF)和资本化费用(Capitalized Cost, CC)。

F 表示未来某个时间的货币价值或总数。同样,F 也被称作将来值(Future Worth, FW)或未来财产(Future Value, FV)。

A 表示一系列连续的、等额的、相同时间间隔末的现金流量。另外,A 也指年值(Annual Worth, AW)、年金和月金。

n 表示每期的利息额,周期可以是年、月、天等。

i 表示每期的利息率和返还率,可以用年百分比、月百分比等表示。

t 表示时间,常用周期数表示,可以是年、月、天等。

符号 P 和 F 代表一次支付事件,A 代表连续利息周期中一个固定的总数(如每期的相同总数)。利率被假定为复利,除非特定的定期的单利。利率 i 在每个利息周期中用百分比表示,如每年 12%。除非定期的,否则假定利率在整个 n 年或利息周期中使用。

所有的工程经济学问题都同时间要素 t 相关。对于其他的 5 个符号,每个计算模型将至少涉及其中的 4 个符号,P、F、A、n 和 i 中至少 3 个被估计或知道。

根据资金的不同支付方式,下面介绍几个主要的资金等值计算公式。

(1)一次支付终值公式。一次支付终值公式用来计算现在时点发生的一笔资金 P 的将来值 F。其现金流量图如图 3-3 所示。

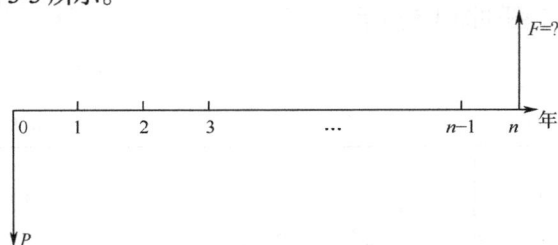

图 3-3　一次支付终值现金流量图

设年利率为 i，其计算公式为：

$$F = P(1+i)^n \qquad (3\text{-}9)$$

式中，$(1+i)^n$ 表示一次支付终值系数，记为：

$$(1+i)^n = (F/P, i, n) \qquad (3\text{-}10)$$

为了计算方便，可以根据不同的利率 i 和计息期数 n 计算出 $(1+i)^n$ 的值，列成便于查询的表格。

📎 例3-5　一名大学毕业生获得波音公司的一份工作。她打算借 10 000 美元来买车，并计划 5 年后偿还所有的本金外加每年 8% 的利息。求 5 年产生的总欠款额。

解： 未来总量 F 是未知数。

$$F = P(1+i)^n = 10\,000(F/P, 8\%, 5) = 14\,690 \ (\text{美元})$$

（2）一次支付现值公式。一次支付现值公式用来计算将来某时点发生的一笔资金 F 的现在值 P。其现金流量图如图 3-4 所示。

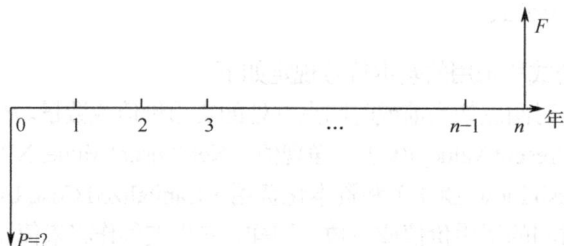

图 3-4　一次支付现值现金流量图

设年利率为 i，其计算公式为一次支付终值公式（3-9）的逆运算，即：

$$P = F(1+i)^{-n} \qquad (3\text{-}11)$$

式中，$(1+i)^{-n}$ 表示一次支付现值系数，记为：

$$(1+i)^{-n} = (P/F, i, n) \qquad (3\text{-}12)$$

📎 例3-6　去年 Jane 的祖母把足够的钱放到一个储存账户中，打算在今年能有 10 000 元来帮助 Jane 支付学校的学费。如果年利率是 6%，为了现在能够得到 10 000 元的本利和，计算一年前要存储的资金总数。

解：

$$P = F(1+i)^{-n} = 10\,000(P/F, 6\%, 1) = 9\,434 \ (\text{美元})$$

（3）等额支付系列终值公式。等额支付系列终值公式用来计算一系列期末等额现金流量 A 的将来值 F。其现金流量图如图 3-5 所示。

图 3-5　等额支付系列终值现金流量图

设年利率为 i，如果把每次的等额支付看作一次支付，则利用一次支付终值公式有：

$$F = A + A(1+i) + A(1+i)^2 + \cdots + A(1+i)^{n-2} + A(1+i)^{n-1} \quad （3\text{-}13）$$

等式两边同乘以 $(1+i)$，有：

$$F(1+i) = A(1+i) + A(1+i)^2 + \cdots + A(1+i)^{n-1} + A(1+i)^n \quad （3\text{-}14）$$

式（3-14）减式（3-13）有：

$$F(1+i) - F = -A + A(1+i)^n \quad （3\text{-}15）$$

整理得：

$$F = A\left[\frac{(1+i)^n - 1}{i}\right] \quad （3\text{-}16）$$

式中，$\left[\dfrac{(1+i)^n - 1}{i}\right]$ 表示等额支付系列终值系数，记为：

$$\left[\frac{(1+i)^n - 1}{i}\right] = (F/A, i, n) \quad （3\text{-}17）$$

↘ 例3-7　你打算从今年开始每年年底将 1 000 元存款放到一个每年有 6% 收益的投资账户中，存入 5 年的时间，则在第 5 年年末，你的账户中共有多少资金？

解：

$$F = A\left[\frac{(1+i)^n - 1}{i}\right] = 1\,000(F/A, 6\%, 5) = 5\,637 \text{（元）}$$

（4）等额支付系列偿债基金公式。等额支付系列偿债基金公式用来计算将来值 F 的等额年值 A。其现金流量图如图 3-6 所示。

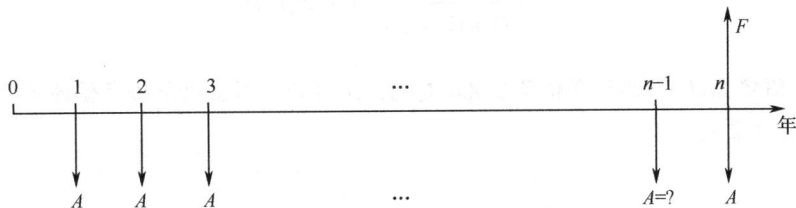

图 3-6　等额支付系列偿债基金现金流量图

设年利率为 i，其计算公式与等额支付系列终值公式是逆运算。

$$A = F\left[\frac{i}{(1+i)^n - 1}\right] \quad （3\text{-}18）$$

式中，$\left[\dfrac{i}{(1+i)^n - 1}\right]$ 表示等额支付系列偿债基金系数，记为：

$$\left[\frac{i}{(1+i)^n - 1}\right] = (A/F, i, n) \quad （3\text{-}19）$$

↘ 例3-8　假定 10 年后你要还给银行 10 000 美元，设年利率为 7%，则从今年年底开始你每年应等额地存入银行多少钱，10 年后刚好还清借款？

解：

$$A = F\left[\frac{i}{(1+i)^n - 1}\right] = 10\,000(A/F, 7\%, 10) = 724 \ （美元）$$

（5）等额支付系列资金回收公式。等额支付系列资金回收公式用来计算现值 P 的一系列期末等额支付的金额 A。其现金流量图如图 3-7 所示。

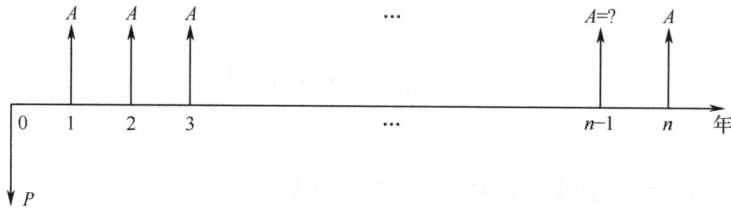

图 3-7　等额支付系列资金回收现金流量图

设年利率为 i，由式（3-9）与式（3-18）知：

$$A = F\left[\frac{i}{(1+i)^n - 1}\right] = P(1+i)^n\left[\frac{i}{(1+i)^n - 1}\right] \tag{3-20}$$

整理后有：

$$A = P\left[\frac{i(1+i)^n}{(1+i)^n - 1}\right] \tag{3-21}$$

式中，$\left[\dfrac{i(1+i)^n}{(1+i)^n - 1}\right]$ 表示等额支付系列现值系数，记为：

$$\left[\frac{i(1+i)^n}{(1+i)^n - 1}\right] = (A/P, i, n) \tag{3-22}$$

例 3-9　假定你以 7% 的利率借了 2 000 美元，10 年期，并且必须每年偿还等额的贷款，求每年偿还的贷款数额。

解：

$$A = P\left[\frac{i(1+i)^n}{(1+i)^n - 1}\right] = 2\,000(A/P, 7\%, 10) = 284.8 \ （美元）$$

（6）等额支付系列现值公式。等额支付系列现值公式用来计算一系列期末等额支付金额 A 的现值 P。其现金流量图如图 3-8 所示。

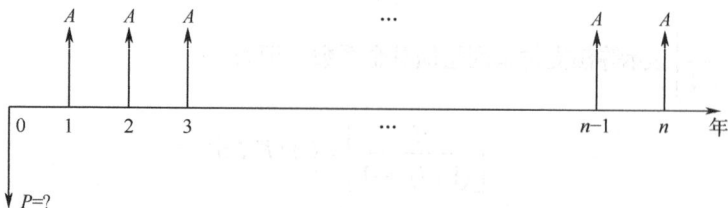

图 3-8　等额支付系列现值现金流量图

设年利率为 i，由式（3-21）知：

$$P = A\left[\frac{(1+i)^n - 1}{i(1+i)^n}\right] \qquad (3\text{-}23)$$

式中，$\left[\dfrac{(1+i)^n - 1}{i(1+i)^n}\right]$ 表示等额支付系列资金回收系数，记为：

$$\left[\frac{(1+i)^n - 1}{i(1+i)^n}\right] = (P/A, i, n) \qquad (3\text{-}24)$$

↘ 例 3-10 　某项目投资，要求连续 6 年内连本带利全部收回，且每年年末等额收回本利和为 100 万元，年利率 10%。问期初投资是多少？

解：

$$P = A\left[\frac{(1+i)^n - 1}{i(1+i)^n}\right] = 100(P/A, 10\%, 6) = 435.53 \text{（万元）}$$

（等差支付系列终值公式）

（7）等差支付系列终值公式。在经济管理工作中，常有某项费用属于逐年等差递增或等差递减一个相对稳定的常数的情况，形成一个等差支付系列，也称为均匀梯度系列。其现金流量图如图 3-9 所示。

由现金流量图可以看出，我们可以把等差支付系列 $0, G, 2G, \cdots, (n-1)G$ 分解成 $(n-1)$ 个年末支付值为 G 的等额支付系列，应用等额支付系列终值计算公式，逐一计算，累计求得该等差支付系列的终值。

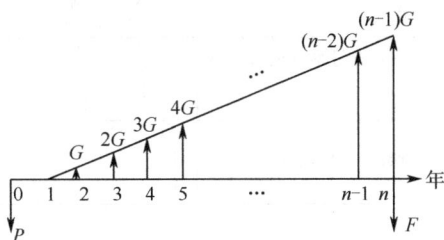

图 3-9　等差支付系列终值现金流量图

$$F = G(F/A, i, n-1) + G(F/A, i, n-2) + \cdots + G(F/A, i, 2) + G(F/A, i, 1)$$

$$= G\left[\frac{(1+i)^{n-1} - 1}{i}\right] + G\left[\frac{(1+i)^{n-2} - 1}{i}\right] + \cdots + G\left[\frac{(1+i)^2 - 1}{i}\right] + G\left[\frac{(1+i)^1 - 1}{i}\right]$$

$$= \frac{G}{i}\left[(1+i)^{n-1} + (1+i)^{n-2} + \cdots + (1+i)^2 + (1+i) + (n-1)(-1)\right] \qquad (3\text{-}25)$$

$$= \frac{G}{i}\left[(1+i)^{n-1} + (1+i)^{n-2} + \cdots + (1+i)^2 + (1+i) + 1\right] - \frac{nG}{i}$$

$$= \frac{G}{i}\left[\frac{(1+i)^n - 1}{i}\right] - \frac{nG}{i}$$

即

$$F = \frac{G}{i}\left[\frac{(1+i)^n - 1}{i} - n\right] \qquad (3\text{-}26)$$

式中，$\dfrac{1}{i}\left[\dfrac{(1+i)^n - 1}{i} - n\right]$ 表示等差支付系列（复利）本利和系数，记为：

$$\frac{1}{i}\left[\frac{(1+i)^n - 1}{i} - n\right] = (F/G, i, n) \qquad (3\text{-}27)$$

↘ 例 3-11 　某人在 10 年内采用等额递增 300 美元的方式支付每年的保险金，若其第 1 年免付保险金，$i=15\%$，求到第 10 年年末时其支付的保险金的总数。

解：

$$F = \frac{G}{i}\left[\frac{(1+i)^n - 1}{i} - n\right] = 300(F/G, 15\%, 10) = 20\,607.44 \ \text{（美元）}$$

复利计算的基本公式汇总表如表 3-6 所示。

表 3-6　复利计算的基本公式汇总表

公 式 名 称	现金流量图	公 式
一次支付终值公式		$F = P(1+i)^n = P(F/P, i, n)$
一次支付现值公式		$P = F(1+i)^{-n} = F(P/F, i, n)$
等额支付系列终值公式		$F = A\left[\dfrac{(1+i)^n - 1}{i}\right] = A(F/A, i, n)$
等额支付系列偿债基金公式		$A = F\left[\dfrac{i}{(1+i)^n - 1}\right] = F(A/F, i, n)$
等额支付系列资金回收公式		$A = P\left[\dfrac{i(1+i)^n}{(1+i)^n - 1}\right] = P(A/P, i, n)$
等额支付系列现值公式		$P = A\left[\dfrac{(1+i)^n - 1}{i(1+i)^n}\right] = A(P/A, i, n)$
等差支付系列终值公式		$F = \dfrac{G}{i}\left[\dfrac{(1+i)^n - 1}{i} - n\right] = G(F/G, i, n)$

4．名义利率和实际利率

以上讨论的是计息周期为 1 年、每年复利一次的复利计算公式。但在实践中，计息周期有时可能大于或小于 1 年，当计息周期与付息周期不一致时，就产生了名义利率和实际利率。

名义利率的计算与单利相同，公式为：

$$r = i_c m \tag{3-28}$$

式中，i_c 表示实际计息期利率；m 表示（1 年内的）计息期数。

实际利率为按复利计算 1 年内的利息额与原始本金的比值，即：

$$i = \frac{F - P}{P} \tag{3-29}$$

例 3-12　存款 100 元，每月计息一次，月利率为 1%。求 1 年后的本利和。

解：按名义利率计算，相当于单利计算，即：

$$r = i_c m = 1\% \times 12 = 12\%$$

$$F = P(1+r) = 100 \times (1 + 12\%) = 112 \ \text{（元）}$$

按实际利率计算，相当于计息且付息，复利计算，即：

$$F = P(1+i)^n = 100 \times (1+1\%)^{12} = 112.68 \text{（元）}$$

本章小结

对每个方案都要估计现金流入（收益）和流出（费用），当现金从一个企业或个人转移到另一个企业或个人时就会产生现金流，现金流入（收益）和现金流出（费用）称为现金流量。现金流以现金收支形式体现了方案的经济影响。没有一定时期内的现金流量的估计就不可能进行项目的经济特性的研究。本章介绍了现金流量的概念和构成。借助现金流量图，人们可以方便地表达项目在各个时间点上的现金流量。由于不同时间点上发生的现金流量不具有可比性，因此，在项目评价中常需要将现金流量在不同时间点上进行换算，这就需要学生掌握资金等值的相关概念，并熟练应用资金等值的计算公式。

复习思考题

（1）一家贷款公司以每月 1.5% 的复利利率提供贷款。求：

① 名义利率是多少？

② 年实际利率是多少？

（2）一家商店为你提供一种信用卡，每月 0.95% 的复利利率，则这张信用卡的名义利率（年度百分率）是多少？年实际利率是多少？

（3）詹姆斯·霍根打算购买一辆 24 000 美元的汽车，在 24 个月内以每月 1 417.10 美元分期付款。这种资金筹集方式的月、年实际利率是多少？

（4）以下的当前投资在未来的累计总额是多少？

① 投资 4 638 美元，10 年中每半年 6% 的复利利率。

② 投资 6 500 美元，每季度 8% 的复利利率，共 15 年。

③ 投资 283 000 美元，在 7 年中每月 9% 的复利利率。

（5）你打算为了退休后的生活开始一项存款计划。你可以考虑以下两个方案。

方案 1：在前 10 年内每季度存款 1 000 美元，然后不再存款，但是之后的 15 年内，你不能取钱。

方案 2：在前 10 年内什么都不做，然后在接下来的 15 年内每年年末存入 6 000 美元。

如果你的储蓄或投资有每季度 6% 的复利利率，你会选择哪个方案？

（6）你已经收到了 A 和 B 两家银行的信用卡申请，未付余额的利息规定如下。

银行 A：每季度 15% 的复利；银行 B：每天 14.8% 的复利利率。下面哪个表述是不正确的？

① 银行 A 的实际利率是 15.865%。

② 银行 B 的名义利率是 14.8%。

③ 银行 B 的条款规定更好一些，因为你会为你的未付余额支付较少的利息。

④ 银行 A 的条款规定更好一些，因为你会为你的未付余额支付较少的利息。

（7）一笔汽车贷款为 15 000 美元，在 48 个月中以每月 9%的名义利率需要每月支付 373.28 美元。请问在前 6 次付款时，每月银行是怎样计算的。

（8）一个餐馆正在考虑购买旁边的土地从而为它的顾客提供足够的停车位。这家餐馆需要借 35 000 美元来获得这块地皮。餐馆向当地银行贷款，将以以下的形式分 5 年偿还贷款：在第 1、2、3、4、5 年年末分别偿还初始贷款的 10%、15%、20%、25%和 30%。

① 银行在这笔交易中获得的利率是多少？

② 在 5 年中餐馆共支付了多少利息？

（9）假设你要买一辆价值 18 000 美元的新车。你可以首付 1 800 美元，剩余的钱可以在 48 个月中每月等额偿还 421.85 美元。考虑以下情况：

① 你没有接受经销商的资金支持，首付 1 800 美元后，以每月 11.75%的复利利率取得贷款。4 年还清贷款每月需要偿还多少钱？

② 如果你接受了经销商的资金支持，经销商每月获得的实际利率是多少？

（10）假设你要在 4 年内按照年利率 10%偿还一笔金额为 8 000 元的贷款，有以下 4 个方案。

方案 1：每年年末等额偿还本金及当年到期的利息。

方案 2：每年年末只偿还到期的利息，不还本金，第 4 年年末偿还所有本金。

方案 3：每年年末偿还等额的本金及利息。

方案 4：第 4 年年末一次性偿还所有本金及利息。

请分别计算 4 个方案的还款总额。

第4章

工程项目评价指标与方法

理解经济性评价的目的与意义；掌握时间型、价值型和比率型经济评价指标的计算；掌握备选方案的经济性评价方法；了解社会效益评价和生态效益评价，以及经济效益、社会效益和生态效益的综合权衡等知识。

4.1 工程项目评价指标概述

工程项目建设的重要财务目标是盈利。工程项目的盈亏水平可通过一系列的经济效益指标衡量。尽管不同工程项目的功能各异、规模不同、形式千差万别，但评价它们的经济效益指标是相同的。工程项目经济效果评价的指标又是多种多样的，不同指标考察问题的角度和侧重点不同，适用范围和应用条件也不同。因此，工程项目的经济效果分析和评价仅用某一指标衡量是不够全面的，需要用指标体系来描述。

工程项目经济效果的评价指标通常从投资回收时间、投资盈利能力和投资使用效率三方面进行分类。①以时间为计量单位的时间型指标，如投资回收期和借款偿还期等。在这些指标中，也可按是否考虑资金的时间价值，将其分为静态评价指标和动态评价指标两类。②以货币单位计量的价值型指标，如净现值、净年值、费用现值和费用年值等。③反映资源利用效率的比率型指标，如内部收益率和净现值率等。工程项目经济指标分类如图4-1所示。

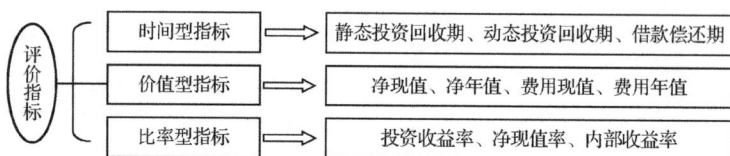

图 4-1　工程项目经济指标分类

4.2　时间型指标分析法

时间型指标从时间角度评价项目的回收投资能力，即全部投资回收所需要的时间（称为投资回收期）。如果工程项目预测的投资回收期小于或等于行业基准投资回收期，则项目可行；否则项目不可行。投资回收期又可分为静态投资回收期和动态投资回收期。

4.2.1　静态投资回收期

投资回收期是指以项目的净收益抵偿全部投资所需要的时间，一般从项目开始投资之年算起；如果从投产年或达产年算起时，应予以注明。

静态投资回收期是在不考虑资金时间价值的条件下，考察项目的投资回收能力，它用回收投资的速度反映项目的经济效益。计算公式为：

$$\sum_{t=0}^{P_t}(CI-CO)_t = 0 \tag{4-1}$$

式中，CI 表示现金流入量；CO 表示现金流出量；$(CI-CO)_t$ 表示第 t 年的净现金流量；P_t 表示静态投资回收期（年），反映回收项目全部投资需要的时间。

以上是静态投资回收期的理论公式，但在实际应用中常感不便，因为使式（4-1）成立的 P_t 值一般并不总是整数。对于非整数的 P_t 值，式（4-1）未指明净现金流量如何计算。在实际计算中，一般根据投资项目财务分析中使用的现金流量表来进行计算，公式如下：

$$P_t = (T-1) + \frac{第(T-1)年的累积净现金流量的绝对值}{第\ T\ 年的净现金流量} \tag{4-2}$$

式中，T 表示项目各年累计净现金流量首次出现正值或零的年份。

关于式（4-2）可以做如下解释：当 $t=(T-1)$ 年时，累计净现金流量小于零；当 $t=T$ 年时，累计净现金流量大于零。因此，投资回收期 P_t 必定在 $(T-1)$ 年和 T 年之间。式（4-2）中的分数项是假定第 T 年净现金流量随时间线性增加，从而可估算出补偿第 $(T-1)$ 年负的累计净现金流量所需的时间。

假设行业基准投资回收期为 P_c（财务评价投资回收期指标的行业基准判据），在项目评价中，项目的投资回收期必须小于或等于行业基准投资回收期；否则，表示项目未满足行业项目投资盈利性和风险性的要求。

因此，静态投资回收期的判别准则为：若 $P_t<P_c$，则可以考虑接受项目；若 $P_t>P_c$，则应拒绝项目。

📥 例 4-1　某工程项目各年净现金流量如表 4-1 所示。

表 4-1　净现金流量表

年　份	0	1	2～9
净现金流量/万元	−25	−20	12

如果行业的基准投资回收期为 8 年，试用静态投资回收期指标分析该项目的可行性。

解：用静态投资回收期指标判别项目可行性的方法是计算项目的投资回收期，将其与行业基准投资回收期比较，然后做出判别。现已知行业的基准投资回收期为 8 年，需计算项目的实际投资回收期。项目现金流量图如图 4-2 所示。

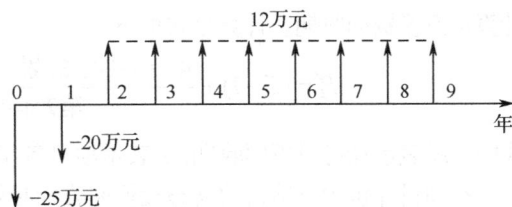

图 4-2　项目现金流量图

计算各年的累计净现金流量：

$$(CI-CO)_{t=0}=-25（万元）$$

$$\sum_{t=0}^{1}(CI-CO)_t=-25+(-20)=-45（万元）$$

$$\vdots$$

$$\sum_{t=0}^{9}(CI-CO)_t=-25+(-20)+8\times12=51（万元）$$

累计净现金流量表如表 4-2 所示。

表 4-2　累计净现金流量表

年　份	0	1	2	3	4	5	6	7	8	9
净现金流量/万元	−25	−20	12	12	12	12	12	12	12	12
累计净现金流量/万元	−25	−45	−33	−21	−9	3	15	27	39	51

各年累计净现金流量首次出现正值的年份为 $T=5$ 年，该年对应的净现金流量为 12 万元，$(T-1)=4$ 年对应的累计净现金流量为−9 万元，代入式（4-2）得静态投资回收期为：

$$P_t=5-1+\frac{|-9|}{12}=4.75（年）$$

由于 $P_t<P_c$，因此，可以考虑接受该项目。

静态投资回收期指标概念易于理解，计算方法简便，而且在一定程度上反映了项目的经济性和风险性。一般而言，P_t 越长，项目风险越大，因为时间越长，人们所能确知的东西就越少，不确定性所带来的风险就越大。因此，作为能够反映一定经济性和风险性的投资回收期指标，在项目评价中具有一定作用。

但是，静态投资回收期指标也有缺陷，它没有反映资金的时间价值，而且舍弃了回收期以后的收入与支出，不能全面反映项目在寿命期内的真实效益。因此，一般用作项目经济评价的辅助性指标。

4.2.2　动态投资回收期

动态投资回收期是指在考虑资金时间价值的条件下，按设定的行业基准收益率收回投资所需的时间。计算公式为：

$$\sum_{t=0}^{P_t'}(CI-CO)_t(1+i_c)^{-t}=0 \tag{4-3}$$

式中，P_t' 表示动态投资回收期；i_c 表示行业基准收益率。

与静态投资回收期类似，在实际计算中，一般用财务现金流量表中的累计净现金流量现值计算动态投资回收期。计算公式如下：

$$P_t'=(T-1)+\frac{\text{第}(T-1)\text{年的累计净现金流量现值的绝对值}}{\text{第}T\text{年的净现金流量现值}} \tag{4-4}$$

式中，P_t' 表示动态投资回收期；T 表示项目各年累计净现金流量现值开始出现正值或零的年份。

在项目评价中，项目的动态投资回收期必须小于或等于行业基准投资回收期。对于投资者而言，自然是投资回收的速度越快越好。因此，动态投资回收期的判别准则为：若 $P_t'<P_c$，项目可以被接受，否则应予以拒绝。

→ 例 4-2 仍以例 4-1 中的数据为例。设行业基准收益率为 10%，计算该项目的动态投资回收期。

解： 计算各年净现金流量现值和各年累计净现金流量现值，以 $n=3$ 年为例。

$$\text{净现金流量现值}=(CI-CO)_{t=3}(P/F,i,n)$$
$$=12(P/F,10\%,3)$$
$$=9.015\ 6（万元）$$

$$\text{各年累计净现金流量现值}=\sum_{t=0}^{3}(CI-CO)_t(P/F,i,n)$$
$$=25+(-20)(P/F,10\%,1)+12(P/A,10\%,2)(P/F,10\%,1)$$
$$=-24.24（万元）$$

通过类似计算，可以得到各年净现金流量现值和累计净现金流量现值，结果如表 4-3 所示。累计净现金流量现值首次出现正值的年份为 $T=7$ 年，该年对应的净现金流量现值为 6.158 4 万元，$T-1=6$ 年对应的累计净现金流量现值绝对值为 1.82 万元，代入式（4-4）得动态投资回收期为：

$$P_t'=7-1+\frac{|-1.82|}{6.158\ 4}=6.30（年）$$

表 4-3　累计净现金流量的现值表

年　　份	0	1	2	3	4	5	6	7	8	9
净现金流量/万元	-25	-20	12	12	12	12	12	12	12	12
折现系数 $i=10\%$	1	0.91	0.826	0.75	0.68	0.62	0.56	0.51	0.47	0.42
净现金流量现值/万元	-25	-18.18	9.92	9.015	8.20	7.45	6.77	6.16	5.6	5.09
累计净现金流量现值/万元	-25	-43.18	-33.26	-24.24	-16.04	-8.6	-1.82	4.34	9.94	15.0

与静态投资回收期指标相比，动态投资回收期指标的优点在于考虑了资金的时间价值，但计算步骤变得复杂一些。

4.2.3　借款偿还期

借款偿还期是指以工程项目投产后可用于还款的资金偿还固定资产投资所需要的时间，它反映了工程项目偿还借款的能力。计算公式为：

$$借款偿还期=\dfrac{借款偿还后开始}{出现盈余的年份}-开始借款年份+\dfrac{当年偿还借款额}{当年可用于还款的资金额} \quad （4-5）$$

式（4-5）中的数据可通过资金来源与运用表和国内借款还本付息计算表得到。当借款偿还期满足贷款机构的要求期限时，即认为项目具有还贷能力。

4.3　价值型指标分析法

价值型指标用于评价项目的盈利能力，用项目寿命期内的净现值或净年值表示。如果项目寿命期内的净现值或净年值大于或等于零，则项目可行；如果项目寿命期内的净现值或净年值小于 0，则项目不可行。

4.3.1　净现值

净现值（Net Present Value, NPV）是指按一定的折现率，如行业的基准收益率，将方案寿命期内各年的净现金流量折现到计算基准年（通常是期初）的现值之和。计算公式为：

$$\begin{aligned} \text{NPV} &= \sum_{t=0}^{n}(\text{CI}-\text{CO})_t(1+i_c)^{-t} \\ &= \sum_{t=0}^{n}(\text{CI}-\text{CO})_t(P/F,i,t) \end{aligned} \quad （4-6）$$

式中，NPV 表示净现值；i_c 表示基准收益率（基准折现率）；n 表示项目寿命期。

若 NPV=0，表示方案刚好达到规定的基准收益率水平；

若 NPV>0，表示方案除能达到规定的基准收益率水平外，还能得到超额收益；

若 NPV<0，表示方案达不到规定的基准收益率水平。

因此，用净现值指标评价单一方案的判别准则是：如果 NPV>0，则方案可行；如果 NPV<0，则方案不可行。

用净现值指标评价多个方案时，比较各方案的净现值，以净现值最大且非负的方案为最优方案。

对于用净现值指标评价方案的准则，初学者往往对于 NPV=0 的方案也可行感到不理解。他们误以为 NPV=0 就是表示"不盈不亏"。其实，从式（4-6）可以看出，在 n 年内方案的净现值表示投资在 n 年内按照基准收益率 i_c"连本带利"回收。也就是说，方案正好达到基准收益率水平。而 NPV>0 表示方案在 n 年内按照基准收益率回收投资还有盈余，或者说，方案的实际收益率大于设定的基准收益率；相反，NPV<0 表示方案达不到设定的基准收益率（不一定说明方案亏损）。

➲ 例 4-3　仍以例 4-1 中的投资项目为例，用净现值法判别项目的可行性。

解：用净现值法判别项目可行性，就是根据项目寿命期内的净现值是否大于或等于零进行判别。现已知基准收益率 i_c=10%，项目寿命期内各年净现金流量如表 4-1 所示，现金流量图如图 4-2 所示。项目净现值为：

$$NPV= -25-20(P/F, 10\%, 1)+12(P/A, 10\%, 8)(P/F, 10\%, 1)$$
$$= -25-20\times0.909\ 1+12\times5.335\times0.909\ 1$$
$$=15.02（万元）$$

由于 NPV>0，说明项目在寿命期内能得到超额收益，因此项目可行。

净现值法的主要优点：首先是考虑了资金的时间价值因素，并全面考虑了方案在整个寿命期的经营情况；其次是直接以货币额代表项目的收益大小（净现值并不直接代表利润），经济意义明确直观。

净现值是动态评价方法中普遍使用的指标，它既可用于单一方案的评价，也可用于多个互斥方案的评价与优选。但在计算净现值时，须事先给定行业基准收益率 i_c。此外，当净现值指标用于多个方案的比较时，由于未考虑各方案投资额，因而不能直接反映资金的利用效率。为了考察资金的利用效率，通常在对多个互斥方案进行评价与优选时，除使用净现值指标外，还使用净现值率 NPVR 作为辅助指标。关于净现值率指标将在 4.4 节介绍。

4.3.2　净年值

净年值（Net Annual Value，NAV）是通过资金等值换算将项目净现值分摊到寿命期内各年的等额年值。计算公式为：

$$NAV=NPV(A/P, i_c, n)=\sum_{t=0}^{n}(CI-CO)_t(P/F, i_c, t)(A/P, i_c, n) \tag{4-7}$$

式中，NAV 表示净年值。

若 $NAV \geq 0$，意味着项目在整个寿命期内平均净年值大于或等于零，即年均现金流入大于或等于现金流出。所以，若 $NAV \geq 0$，则项目在经济效果上可以接受；若 NAV<0，则项目在经济效果上不可接受。

➜ 例 4-4　仍以例 4-1 的投资项目为例，用净年值法判别项目的可行性。

解：用净年值法判别项目可行性，是根据项目寿命期内的净年值是否大于或等于零进行判别。将项目的净现值进行资金等值换算，换算为寿命期内各年的等额年值，即：

$$NAV=NPV(A/P, 10\%, 9)=15.02\times0.173\ 64=2.61（万元/年）$$

由于 $NAV \geq 0$，说明项目在寿命期内年均现金流入大于流出，可以考虑接受项目。

比较净年值和净现值的计算公式及其判别准则可知，净年值和净现值在项目评价的结论上是一致的，故净年值和净现值在方案评价时是一对等价的评价指标。当用于寿命期相同的多个方案比较优选时，两种方法等价。但用于寿命期不同的多个方案优选时，使用净现值评价方法就不大方便。因为项目寿命期不等，净现值不具有可比性。为此，需对寿命期进行等同化。例如，取各方案寿命期的最小公倍数作为分析期，在这个共同的时间段内，各方案分别以原来同样的规模重复投资多次，据此算出在相同分析期内各方案的净现值，然后进行比较。这样使计算变得非常麻烦。而净年值法反映的是各方案寿命期内每年的平均收益，它不需要对寿命期进行等同化。所以，对于寿命期不等的多个互斥方案进行优选时，净年值法比净现值法更方便。

4.3.3　费用现值和费用年值

对多个方案进行比选时，如果各方案的产出价值相同，或各方案能满足同样的需要，但产出效益难以用价值形态计量（如教育、环保和国防等），则可以通过各方案的费用现值（Present Value of Cost, PC）或费用年值（Annual Value of Cost, AC）来优选。显然，费用最少的方案为最优方案。计算公式如下。

费用现值的表达式：
$$PC = \sum_{t=0}^{n} CO_t(P/F, i_c, t) \tag{4-8}$$

费用年值的表达式：
$$AC = PC(A/P, i_c, n) = \sum_{t=0}^{n} CO_t(P/F, i_c, t)(A/P, i_c, n) \tag{4-9}$$

式中，PC 表示费用现值；AC 表示费用年值。

费用现值和费用年值指标只适用于产出价值相同或能满足同样需要的多方案的比较。其判别准则是：费用现值或费用年值最小的方案为最优方案。

例 4-5 有 A 和 B 两个产出价值相同的方案，其各项费用和计算期如表 4-4 所示，基准收益率为 10%，试用费用现值和费用年值法比较方案的优劣。

表 4-4 A 和 B 两个方案的费用与寿命期

方 案	A	B
投资/万元	150	100
年经营成本/（万元/年）	15	20
寿命期/年	15	10

解：这是寿命期不等但产出价值相同的两个方案的优选问题。由于产出价值相同，只需比较两个方案的费用现值，因此采用费用现值法计算。由于寿命期不等，用费用现值法优选，需进行项目寿命期等同化。本例两个方案寿命周期的最小公倍数为 30 年，A 方案原寿命期 15 年，令其重复投资两次，寿命期变成 30 年；B 方案原寿命期 10 年，令其重复投资三次，寿命期也变成 30 年。变换后 A 和 B 两方案具有相同寿命期 30 年，具有可比性。寿命期等同化后，A 和 B 两方案现金流量图如图 4-3 所示。

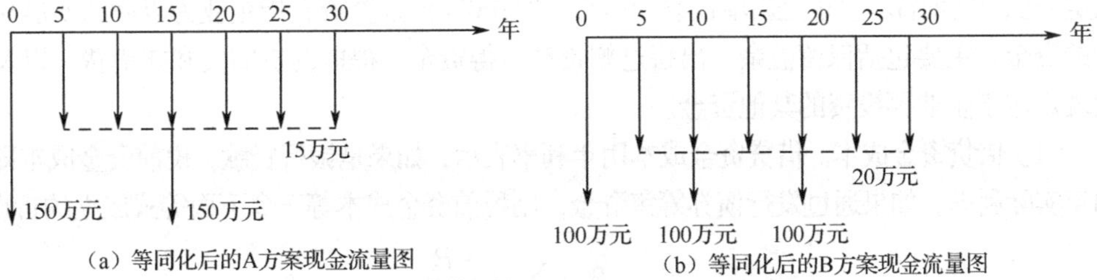

（a）等同化后的A方案现金流量图 　　（b）等同化后的B方案现金流量图

图 4-3 等同化后 A 和 B 两方案现金流量图

A 和 B 两方案的费用现值：

$PC_A = 150 + 150(P/F, 10\%, 15) + 15(P/A, 10\%, 30)$

$\quad = 150 + 150 \times 0.239\ 4 + 15 \times 9.427$

$\quad = 327.32$（万元）

$PC_B = 100 + 100(P/F, 10\%, 10) + 100(P/F, 10\%, 20) + 20(P/A, 10\%, 30)$

$\quad = 100 + 100 \times 0.385\ 5 + 100 \times 0.148\ 6 + 20 \times 9.427$

$\quad = 341.95$（万元）

由于两个方案产值相同，但 PC$_A$ < PC$_B$，故方案 A 优于方案 B。

此例也可用费用年值法比较。若用费用年值法，则方案的寿命期可以不同，只需直接计算各方案的费用年值，然后进行比较即可。

$$AC_A=15+150(A/P, 10\%, 15)=15+150×0.131\,47=34.72（万元）$$
$$AC_B=20+100(A/P, 10\%, 10)=20+100×0.162\,75=36.28（万元）$$

由于 AC$_A$ < AC$_B$，因此方案 A 优于方案 B。

可见，对于寿命期不同的比较方案的优选，费用年值法比费用现值法简便。

费用现值和费用年值指标都适用于产出效益相同的多个互斥方案的比选，以费用最小者为优，但不能进行单一方案的可行性评价。因为费用法只考虑了方案的一方面，即费用，而没有考虑收益，是不全面的。费用现值是净现值的特例，费用年值是净年值的特例，从方案评价的结论来看，费用现值和费用年值又是一对等效的评价指标。同样，由于不需要进行寿命期等同化，在多方案优选中，费用年值法比费用现值法更方便。

4.3.4 基准折现率的选择

基准折现率（i）是反映投资决策者对资金时间价值估计的一个参数，恰当地确定基准折现率是一个重要却困难的问题。它不仅取决于资金来源的构成和未来的投资机会，还受项目风险和通货膨胀等因素的影响，通常需要考虑如下几个因素。

1. 资金成本

资金成本就是用资金进行投资活动的代价。通常所说的资金成本指单位资金成本，用百分数表示。

企业投资活动有三种资金来源：借贷资金、新增权益资本和再投资资金。借贷资金是以负债形式取得的资金，如银行贷款和发行债券筹集的资金等。新增权益资本指企业通过扩大资本金筹集的资金，增加权益资本的主要方式有接纳新的投资合伙人和增发股票等，按照国家规定将法定公积金转增资本金也是新增权益资本的一种方式。再投资资金指企业为以后的发展从内部筹措的资金，主要包括保留盈余、出售过剩资产所得资金、提取的折旧费和摊销费，以及会计制度规定用于企业再投资的其他资金。

（1）借贷资金成本。借贷资金成本用年利率表示，如果是银行贷款，税前资金成本即为贷款的年实际利率。如果通过发行债券筹集资金，则税前资金成本等于令下面等式成立的折现率 i：

$$P_0 = \sum_{t=1}^{n} \frac{I_t + P_t}{(1+i)^t} \tag{4-10}$$

式中，P_0 表示发行债券所得的实际收入；I_t 表示第 t 年支付的利率；P_t 表示第 t 年归还的本金；n 表示债券到期的年限。

通常债券到期才按票面额归还本金，所以式（4-10）中的 P_t 一般情况下除了 P_n 一项外，其余各项皆为零。

借贷资金的利息可以用所得税税前利润支付，所以如果忽略债券发行费用，借贷资金的税后资金成本可由下式求得：

$$K_d = K_b(1-t) \tag{4-11}$$

式中，K_d 表示借贷资金税后资金成本；K_b 表示借贷资金税前资金成本；t 表示所得税税率。

（2）权益资金成本。权益资金指企业所有者投入的资本金，对于股份制企业而言即为股东的股本资金。股本资金分优先股和普通股，优先股股息相对稳定，支付股息需要用所得税税后利润。这种股本资金的税后资金成本可用下式估算：

$$K_s = \frac{D_P}{P_0} \qquad (4\text{-}12)$$

式中，K_s 表示优先股股本资金的税后成本；D_P 表示优先股年股息总额；P_0 表示发行优先股筹集的资金总额。

由于普通股股东收入是不确定的，普通股股本资金的资金成本较难计算。从概念上讲，普通股股本资金的资金成本应当是股东进行投资所期望得到的最低收益率。这种期望收益率可以由股东在股票市场根据股票价格、预计的每股红利和公司风险状况所做的选择来反映。普通股股本资金的资金成本可以用下面两种方法进行估算。

① 红利法。假定普通股账面价值的收益率为 r，公司每年支付红利后的保留盈余占税后盈利的比例为 b，则普通股股本资金的税后成本可由下式求得：

$$K_e = \frac{D_0}{P_0} + rb \qquad (4\text{-}13)$$

式中，K_e 表示普通股股本资金的税后成本；D_0 表示基期每股红利；P_0 表示基期股票的市场价格。

式（4-13）更一般的形式为：

$$K_e = \frac{D_0}{P_0} + g \qquad (4\text{-}14)$$

式中，g 表示预计每股红利的年增长率。

② 资本资产定价模型。其常见的形式为：

$$K_e = R_f + \beta(R_m - R_f) \qquad (4\text{-}15)$$

式中，R_f 表示无风险投资收益率；R_m 表示整个股票市场的平均投资收益率；β 表示本公司相对于整个股票市场的风险系数。

一般可将国库券利率作为无风险投资收益率。β 反映了本公司股票收益率相对于市场平均收益率的能力。其中，$\beta=1$ 表示公司风险相当于市场平均风险，$\beta>1$ 表示公司风险大于市场平均风险，$\beta<1$ 表示公司风险小于市场平均风险。由此可见，用式（4-15）估算的股本资金成本包含了对公司整体风险的考虑。

在投资活动中使用借贷资金意味着企业要承担归还本金并支付利息的法定义务。通过增加权益资本筹集投资活动所需资金虽然不必归还本金，但企业经营者有责任尽量满足股东的盈利期望。在这个意义上，对于企业经营者来说，借贷资金和股本资金的资金成本都是实际成本。

（3）再投资资金成本。企业再投资资金是企业经营过程中积累起来的资金，它是企业权益资金的一部分。这部分资金表面上不存在实际成本，但是用这部分资金从事投资活动要考虑机会成本。投资的机会成本是指在资金供应有限的情况下，由于将筹集到的有限资金用于特定投资项目而不得不放弃其他投资机会所造成的损失，这个损失等于所放弃的投资机会中的最佳机会能获得的风险与拟投资项目相当的收益。例如，某企业若因拟投资项目 A 而不得不放弃与项目 A 风险相当的项目 B 和其他投资机会，在所放弃的投资机会中项目 B 最佳，内部收益率可达 16%，则认为投资项目 A 的资金机会成本为 16%。

这里所说的投资机会成本有两个层次的含义。第一个层次是股东投资的机会成本，是指股东投资于某公司实际上意味着放弃了投资于其他公司的机会和相应的投资收益。所以，股东所期望的最低投资收益率包含了对投资机会成本的考虑。第二个层次是企业进行项目投资决策时考虑的投资机会成本，在资金有限的情况下，选择某些投资项目意味着放弃其他一些投资项目和相应的投资收益。从原理上讲，在进行项目投资决策时，企业再投资资金的资金成本应该是第二个层次意义上的机会成本，但是当再投资资金只是项目总投资的一部分时，为了便于分析，可以将再投资资金视同于新增普通股本资金，即用股东期望的最低投资收益作为其资金成本，这样做不会影响最终分析结果。

（4）加权平均资金成本。为一项投资活动筹措的资金，往往不止一种资金来源。各种来源资金的资金成本的加权平均值即为全部资金的综合成本。综合资金成本中各种单项资金成本的权重是各种来源的资金分别在资金总额中所占的比例。税后加权平均资金成本的计算公式为：

$$K^* = \sum_{j=1}^{m} P_{dj}K_{dj} + P_s K_s + P_e K_e \qquad (4\text{-}16)$$

式中，K_{dj} 表示第 j 种借贷资金的税后成本；K_s 表示优先股股本资金的税后成本；K_e 表示普通股股本资金的税后成本；K^* 表示全部资金税后加权平均成本；P_{dj} 表示第 j 种借贷资金在资金总额中所占的比例；P_s，P_e 表示优先股和普通股股本资金在资金总额中所占的比例。

2. 最低希望收益率

最低希望收益率又称最低可接受收益率或最低要求收益率。它是投资者从事投资活动可接受的下临界值。确定一笔投资的最低希望收益率，必须对该项投资的各种条件做深入的分析，综合考虑各种影响因素。主要考虑以下几个方面。

第一，一般情况下，最低希望收益率应不低于借贷资金的资金成本，不低于全部资金的加权平均成本。对于以盈利为主要目的的投资项目来说，最低希望收益率也不应低于投资的机会成本。

第二，确定最低希望收益率要考虑不同投资项目的风险情况，对于风险大的项目，最低希望收益率要相应提高。一般认为，最低希望收益率应该是借贷资金成本、全部资金加权平均成本和项目投资机会成本三者中的最大值再加上投资风险补偿系数（风险贴水率），即：

$$\text{MARR} = k + h_r \qquad (4\text{-}17)$$

$$k = \max\{K_d, K^*, K_0\} \qquad (4\text{-}18)$$

式中，MARR 表示最低希望收益率；K_d 表示借贷资金成本；K^* 表示全部资金加权平均成本；K_0 表示项目投资的机会成本；h_r 表示投资风险补偿系数。

不同投资项目的风险是不同的。例如，在市场稳定的情况下进行技术改造降低生产费用提高产品质量的项目、现有产品扩大生产规模的项目、生产新产品开拓新市场的项目、高新技术项目等进行比较，显然风险水平是依次递增的。

投资决策的实质是对未来的投资收益与投资风险进行权衡。在确定最低希望收益率时，对于风险大的项目应用较高的风险补偿系数。风险补偿系数反映投资者对投资风险要求补偿的主观判断，由于不同的投资者抗风险能力和对风险的态度可能不同，对于同一类项目，他们所取的风险补偿系数也可能不同。值得指出的是，风险补偿系数是确定最低希望收益率时在资金成本的基础上根据项目风险大小进行调整的一个附加值。在式（4-17）中，如果 k 所代表的资金成本没有考虑任何投资风险，h_r 就应该反映对项目投资全部风险所要求的补偿；如果 k 所代表的资金成本已经考虑了企业整体风险，h_r 所反映的就仅是项目投资风险与企业整体风险之间差异部分所要求的补偿。

第三，在预计未来存在通货膨胀的情况下，如果项目现金流量是按预计的各年即时价格估算的，据此计算出的项目内部收益率中就含有通货膨胀因素。通货膨胀对 IRR 的影响可用下式表示：

$$\text{IRR}_n = (1+\text{IRR})(1+f)-1 \qquad (4-19)$$
$$= \text{IRR}_r + f + \text{IRR}_r \cdot f$$

式中，IRR_n 表示内部收益率名义值，即含通货膨胀的内部收益率；IRR_r 表示内部收益率实际值，即不含通货膨胀的内部收益率；f 表示通货膨胀率。

因 IRR_r 与 f 一般均为小数，其积 $\text{IRR}_r \cdot f$ 很小，若将其忽略，则式（4-19）变成：

$$\text{IRR}_n = \text{IRR}_r + f \qquad (4-20)$$

显然，在这种情况下，在确定最低希望收益率时就不能不考虑通货膨胀因素。

考虑通货膨胀因素并不等于在式（4-17）的右端简单地加上一个通货膨胀率 f，具体问题要根据具体情况分析。通常，在据以计算资金成本的银行贷款利率、债券利率和股东期望的最低投资收益率中已经包含了对通货膨胀的考虑，但可能不是通货膨胀的全部。因此，在确定最低希望收益率时，如果项目各年现金流量中含有通货膨胀因素，应在式（4-17）的右端再加上资金成本 k 中未包含的那部分通货膨胀率。如果项目现金流是用不变价格估算的，则据此计算出的项目内部收益率就是实际值，相应的最低希望收益率也不应包含通货膨胀因素。

第四，企业的单项投资活动是为企业整体发展战略服务的，所以单项投资决策应服务于企业全局利益和长远利益。出于对全局利益和长远利益的考虑，对某些有战略意义的单项投资活动（如出于多角化经营战略的考虑对某些项目的投资，为增强竞争优势对先进制造技术项目的投资等）来说，取得直接投资收益只是投资目标的一部分（甚至不是主要目标）。对这类项目，有时应取小的最低希望收益率。

3. 截止收益率

截止收益率（Cut off Rate of Return）是由资金的需求与供给两种因素决定的投资者可以接受的最低收益率。一般情况下，对于一个经济单位（企业、行业、地区或整个国家）而言，随着投资规模的扩大，筹资成本会越来越高。而在有众多投资机会的情况下，如果将筹集到的资金优先投资于收益率高的项目，则随着投资规模的扩大，新增投资项目的收益率会越来越低。当新增投资带来的收益仅能补偿其资金成本时，投资规模的扩大就应停止。使投资规模扩大得到控制的投资收益率就是截止收益率。截止收益率是资金供需平衡时的收益率，它是图 4-4 中的资金需求曲线和资金供给曲线交点所对应的收益率。

从经济学原理的角度看，当最后一个投资项目的内部收益率等于截止收益率时，边际投资收益恰好等于边际筹资成本，企业获得的净收益总额最大。此时资金的机会成本与实际成本也恰好相等。

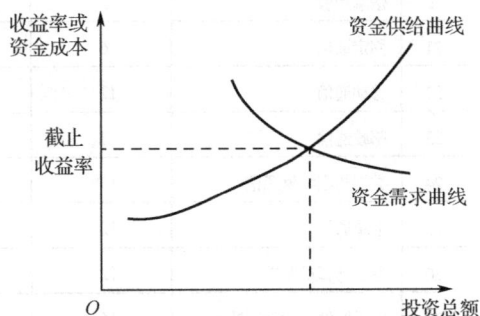

图 4-4　资金供需平衡时的截止收益率

截止收益率的确定需要两个条件：第一，企业明确全部的投资机会，能正确估算所有备选投资项目的内部收益率并将不同项目的收益率调整到同一风险水平上；第二，企业可以通过各种途径筹集到足够的现金，并能正确估算出不同来源资金的资金成本。

4．基准折现率

基准折现率是投资项目经济效果评价中的重要参数。可以分别从两个角度提出确定基准折现率的原则：一是从具体项目投资决策的角度，所取基准折现率应反映投资者对资金时间价值的估计；二是从企业（或其他经济单位）投资计划整体优化的角度，所取基准折现率应有助于做出使企业全部投资净收益最大化的投资决策。从前面的分析可以看出，最低希望收益率主要体现投资者对资金时间价值的估计，而截止收益率则主要体现投资计划整体优化的要求。如果企业追求投资净收益总额最大化的假定成立，由于在确定最低希望收益率时考虑了投资的机会成本，在信息充分、资金市场发育完善的条件下，对于企业全部投资项目选择的最终结果来说，在项目评价中以最低希望收益率为基准折现率和以截止收益率为基准折现率效果是一样的。

在实际的投资项目评价活动中，要满足确定截止收益率所需要的两个条件并非易事，所以通常以最低希望收益率为基准折现率。

还需说明的是，最低希望收益率是针对具有特定资金结构和投资风险的具体项目而言的。在投资项目评价实践中，常有人将行业平均投资收益率或企业投资收益率作为基准折现率（见表 4-5）。严格地讲，这是不恰当的。但行业平均投资收益率和企业历史投资收益率可以在某种程度上反映企业投资的机会成本（并非严格意义上的边际投资机会成本），当企业难以确定具体项目的投资机会成本时，如果行业平均投资收益率或企业历史收益率高于项目筹资成本，也可以作为确定基准折现率的参考值。

表 4-5　部分行业建设项目财务基准收益率测算与协调

序号	行业名称	财务基准收益率（融资前税前指标）			财务基准收益率（项目资本金税后指标）		
		专家调查结果	行业测算结果	协调结果	专家调查结果	行业测算结果	协调结果
1	**建材**						
11	水泥制造业	12	11	11	13	12	12
12	玻璃制造业	12	13	13	13	14	14
2	**信息产业**						
21	固定通信	6	5	5	6	5	5
22	移动通信	12	9	10	13	12	12
23	邮政通信	3	2.5	3	3	—	3
24	数据与因特网通信	12	—		13		
25	卫星通信	12	—		13		
26	电子计算机制造	12			13		
27	电子器件、元件制造	15			18		
3	**铁路**						
31	铁路网既有线改造					6	6
32	铁路网新线建设					2.5	3

续表

序号	行业名称	财务基准收益率（融资前税前指标）			财务基准收益率（项目资本金税后指标）		
		专家调查结果	行业测算结果	协调结果	专家调查结果	行业测算结果	协调结果
4	**民航**						
41	大中型（干线）机场建设	7	5	5	8	4	4
42	小型（支线）机场建设	—	1	1	—	—	—
5	**机械设备**						
51	金属制品	12	—		13	—	
52	通用设备制造	12	—		13	—	
53	专用设备制造	12	—		13	—	
54	汽车制造	12	—		13	—	
6	**公路与水运交通**						
61	公路建设	6	—		7	—	
62	独立公路桥梁、隧道	6	—		7	—	
63	泊位	8	—		8	—	
64	航道	4	—		6	—	
65	内河港口	8	—		8	—	
66	通航枢纽	4	—		6	—	
7	**房地产开发项目**	12			13		

4.4　比率型指标分析法

比率型指标用来评价项目的投资报酬率。它有多个指标，其中最重要的是项目的内部收益率。如果项目预测的内部收益率大于或等于行业基准投资收益率，则项目可行；如果项目预测的内部收益率小于行业基准投资收益率，则项目不可行。

4.4.1　投资收益率

投资收益率（ROI）是指技术方案投产后的年净收益与初始投资之比，属于静态指标。计算公式为：

$$\text{ROI} = \frac{R}{K_0} \times 100\% \tag{4-21}$$

式中，R 表示年净收益；K_0 表示初始投资。

当 R 或 K_0 的取值不同时，投资收益率对应有几种不同的内涵。

对于年净收益（R）：

（1）当 R 取投产后各年的平均净收益时，ROI 就是平均投资收益率；

（2）当 R 取投产后某一具体年份的净收益时，ROI 就是该年份的投资收益率；

（3）当 R 取达到设计生产能力后的一个正常生产年份的净收益额时，ROI 就是正常生产年份的投资收益率。

对于初始投资（K_0）：

（1）若将固定资产投资与流动资金之和作为初始投资 K_0，则 ROI 就是全部投资收益率；

（2）若仅将固定资产投资作为初始投资 K_0，则 ROI 就是固定资产投资收益率。

因为 ROI 有不同的含义，在进行方案比较时，一定要考虑指标的可比性问题，即它们必须是相同意义的投资收益率才能进行比较。

ROI 是衡量技术方案单位投资盈利能力的静态指标之一，它适用于简单而且产出变化不大的技术方案的初步经济评价和优选。判别方法是，当 ROI≥i_0（行业或部门的基准收益率）时，认为该方案初步可行。

4.4.2 净现值率

由于净现值指标在进行多方案比较时未考虑各方案投资额的大小，因而不能直接反映资金的利用效率。为了考察资金的利用效率，通常用净现值率（Rate of Net Present Value, NPVR）指标作为净现值指标的辅助性指标。净现值率是按基准收益率求得方案计算期内的净现值与其全部投资现值的比率。计算公式为：

$$NPVR = \frac{NPV}{K_P} = \frac{\sum_{t=0}^{n}(CI-CO)_t(P/F,i_c,t)}{\sum_{t=0}^{n}K_t(P/F,i_c,t)} \qquad (4\text{-}22)$$

式中，NPVR 表示净现值率；K_P 表示项目总投资现值。

净现值率的经济含义是单位投资现值所能产生的净现值。因此，净现值率的最大化将有利于实现有限投资的净贡献最大化。用净现值率法进行项目评价时，若 NPVR≥0，则方案可行；若 NPVR<0，则方案不可行。用净现值率法进行多方案比较时，以净现值率较大的方案为优，该指标主要适用于多方案的优劣排序。

⏩ 例 4-6 某工程有 A 和 B 两个方案，现金流量如表 4-6 所示，当基准收益率为 12% 时，试用净现值法和净现值率法比较择优。

表4-6　A 和 B 两方案的现金流量表　　　　　　　　单位：万元

方　案	前5年现金流量					
	0	1	2	3	4	5
A	−2 000	600	1 000	1 000	1 000	1 000
B	−3 000	500	1 500	1 500	1 500	1 500

解： 作现金流量图，如图 4-5 所示。

净现值法比较：

$$NPV_A = -2\ 000 + 600(P/F, 12\%, 1) + 1\ 000(P/A, 12\%, 4)(P/F, 12\%, 1)$$
$$= 1\ 247.5\ （万元）$$

$$NPV_B = -3\ 000 + 500(P/F, 12\%, 1) + 1\ 500(P/A, 12\%, 4)(P/F, 12\%, 1)$$
$$= 1\ 514.1\ （万元）$$

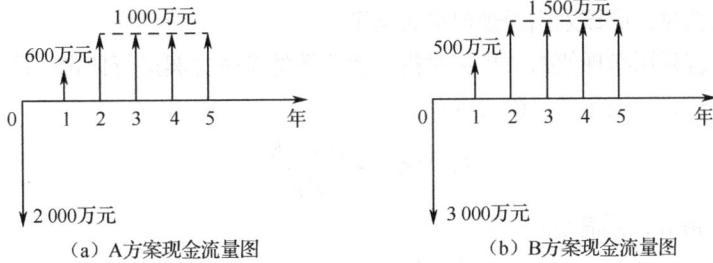

（a）A方案现金流量图　　　　（b）B方案现金流量图

图 4-5　A 和 B 方案现金流量图

由于 $NPV_B > NPV_A$，所以方案 B 较优。

净现值率法比较：

$$NPVR_A = \frac{1\ 247.5}{2\ 000} = 0.623\ 75$$

$$NPVR_B = \frac{1\ 514.1}{3\ 000} = 0.504\ 7$$

由于 $NPVR_A > NPVR_B$，故方案 A 较优。

方案 A 的净现值率为 0.623 75，其含义是方案 A 能满足 12% 的基准收益率，每万元投资现值可获得 0.623 75 万元的净收益；而方案 B 虽能满足 12% 的基准收益率，但每万元现值投资能获得 0.504 7 万元的净收益。故方案 A 较方案 B 为优。

由以上计算可见，用净现值率法与净现值法计算的结论有时会出现矛盾，此时应以净现值法为方案决策依据。这是因为，对于工程项目而言，经济效果的好坏与其生产规模有密切的关系，生产规模取决于投资规模，最佳投资规模也就是企业获得最大净现值的投资规模。净现值的表达式可以写成：

$$NPV = 各年净收入的现值之和 - 项目投资现值 = NB_P - K_P$$

式中，NB_P 表示各年净收入的现值之和。NB_P 可以看作 K_P 的函数，按照规模经济原理，随着投资规模的增大，边际投资带来的边际收入现值 NB_P 开始时递增，超过最佳投资规模后递减。NB_P 和 K_P 的关系曲线如图 4-6 所示。

要使企业获得的 NPV 最大，须满足：

$$\frac{dNPV}{dK_P} = \frac{dNB_P}{dK_P} - 1 = 0$$

即：　　　　$$dNB_P = dK_P \qquad (4-23)$$

在图 4-6 中，NB_P 为纵坐标，K_P 为横坐标，与横坐标成 45° 的直线是 $NPV=0$（$NB_P=K_P$）的方案

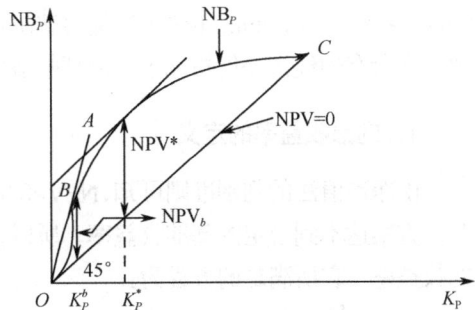

图 4-6　NB_P 和 K_p 的关系曲线

集合。NB_P 曲线上满足式（4-23）的点是 A 点，A 点的切线斜率与净现值为零的直线斜率相同。A 点所对应的投资规模 K_P^* 为最佳规模，这一投资规模下的净现值 NPV^* 最大。

满足式（4-23）表示投资带来的边际净收入现值之和（dNB_P）与边际投资现值（dK_P）相等，对应的 NPV 最大。这实际上是经济学中边际原理的一种具体应用。边际原理认为，边际收入等于边际成本时企业实现的利润最大。因此，从经济学原理的角度看，在对投资额不等的

备选方案进行比选时，应该采用净现值最大准则。

对比而言，若采用净现值指数指标对投资额不等的备选方案进行比选，可能会导致不正确的结论。净现值指数的表达式可以写成：

$$NPVR = \frac{NB_P - K_P}{K_P}$$

要使 NPVR 最大，须满足：

$$dNPVR = \frac{1}{K_P}\left(\frac{dNB_P}{dK_P} - 1\right) - \frac{1}{K_P^2}(NB_P - K_P) = 0$$

$$\frac{dNB_P}{dK_P} = \frac{NB_P}{K_P} \tag{4-24}$$

图 4-6 中，满足式（4-24）的点是 B 点，这一点的切线 OB 的斜率等于 NB_P/K_P，B 点所对应的投资规模为 K_P^b，小于最佳投资规模 K_P^*，相应的净现值 NPV_b 也小于 NPV^*。因此在进行多方案比选时，以 NPVR 最大为准则有利于投资规模偏小的项目。NPVR 指标仅适用于投资额相近的方案比选。

如果将企业的投资活动作为一个整体进行考察，往往需要从众多备选投资项目中选出一批项目进行投资，可以将所有备选项目按其 NPV 的大小依次排列，优先选择 NPV 大的项目进行投资。若把每个项目看作一个边际投资单位，即把 dK_P 看作一个边际项目的投资现值，把 dNB_P 看作一个边际项目的净收入现值的总和，按照边际原理，在资金供应充足的情况下，最后一个被选中的边际项目应近似满足式（4-24），这时企业从全部投资项目中获取的 NPV 总和最大。这就是以 NPV≥0 作为可接受项目标准的道理。

4.4.3　内部收益率

净现值法虽然简单易行，但它只能判断项目是否达到或超过要求的投资报酬率，即行业的基准收益率或投资者的期望收益率，不能求出项目实际达到的报酬（收益）率，而内部收益率（Internal Rate of Return, IRR）法能够解决这个问题，它所求出的是项目实际的投资报酬率。因此，在所有的经济评价指标中，内部收益率是除净现值外最重要的动态评价指标。

1. 内部收益率的定义

由净现值法的判别准则可知，NPV>0 时，方案能达到或超过规定的基准收益率水平；NPV<0 时，方案达不到规定的基准收益率。所以，项目的内部收益率就是净现值（或净年金）为零时的收益率。它所满足的方程为：

$$\sum_{i=0}^{n}(CI - CO)_t(1 + IRR)^{-t} = 0 \tag{4-25}$$

式中，IRR 表示内部收益率，也是方程要求解的变量。

2. 内部收益率的计算

由式（4-25）可知，净现值 NPV 与折现率 i 呈反方向变化。当 i 值较小时，NPV 为正；当 i 值较大时，NPV 为负。因此，必有一个 i 值使 NPV=0。由此得到内部收益率的几何意义：内部收益率就是净现值函数曲线与横坐标轴交点处的折现率。

由于式（4-25）是一个高次方程，不易直接求解，通常采用"线性插值法"求IRR的近似解。其基本思想是：任取图 4-7 中 NPV 曲线上符号相异的两点，如图中 A 点与 C 点，作连线 AC，则 AC 必与横轴相交，相交点记为 i。A 和 C 两点越靠近，i 就越趋近于 NPV 曲线与横轴的交点 IRR，因此可用 i 近似代替 IRR。于是求解式（4-25）的高次方程就转化为用图 4-7 的几何关系求解 i 的问题。由图 4-7 可见，$\triangle ABE$ 相似于 $\triangle CDE$，对应边成比例，于是有：

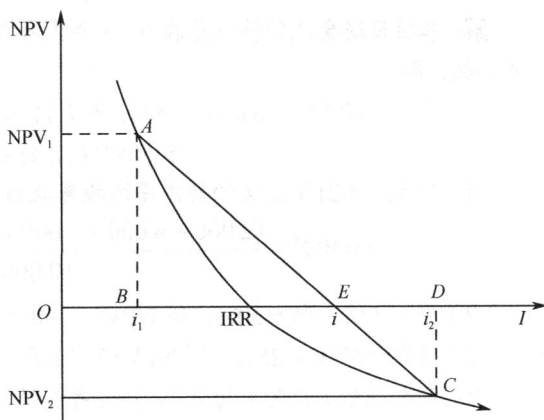

图 4-7　线性插值法求解 IRR

$$\frac{i-i_1}{i_2-i}=\frac{\mathrm{NPV}_1}{|\mathrm{NPV}_2|}$$

经整理得：

$$\mathrm{IRR} \approx i = i_1 + \frac{\mathrm{NPV}_1}{\mathrm{NPV}_1+|\mathrm{NPV}_2|}(i_2-i_1) \qquad （4-26）$$

计算的具体步骤为：

（1）任意设定一个 i 值，代入式（4-6），计算相应的净现值 NPV。通常以静态的投资收益率 ROI 为最大的试验值，因为内部收益率不可能高于静态的投资收益率。

（2）由大到小逐步修正 i 值，反复试算净现值 NPV（i 值修正原则是使 NPV 值趋于零直至改变符号）。

（3）在多个 i 值中，找到两个折现率 i_1 和 i_2，它们对应的净现值符号相异，即 $\mathrm{NPV}_1(i_1) > 0$，$\mathrm{NPV}_2(i_2) < 0$，并且它们的绝对值较接近，然后根据式（4-25）算得 IRR 值。

由图 4-7 可见，用"线性插值法"求 IRR 只能得到近似值，其近似程度依赖 i_2-i_1。为控制误差，一般取 i_2-i_1 不超过 0.05。

3. 内部收益率的意义

内部收益率是净现值（或净年金）为零时的收益率，它对应于项目寿命结束时全部收益正好偿还全部投资费用的折现率。内部收益率是由项目本身的现金流量决定的，即内部决定的，反映了投资的使用效率，内部收益率由此得名。但是，内部收益率所反映的是项目寿命期内没有回收的投资的盈利率。也就是说，在项目的寿命周期内，项目始终处于"偿付"未被回收的投资的状况。内部收益率正反映了项目"偿付"未被回收的投资的能力，它取决于项目内部。我们用下面的例子来说明内部收益率的这一经济含义。

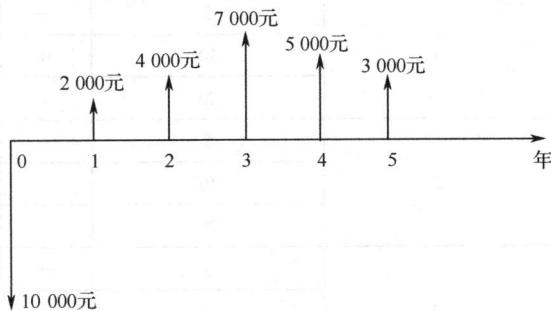

例4-7　某企业用 10 000 元购买设备，寿命为 5 年，各年的现金流量图如图 4-8 所示。求项目的内部收益率，并分析投资的回收过程。

图 4-8　设备现金流量图

解：本项目现金流的特点是在 0～5 年内各年的现金流入或流出的金额不同。净现值是关于 i 的函数，即：

$$NPV = -10\,000 + 2\,000(P/F, i, 1) + 4\,000(P/F, i, 2) + 7\,000(P/F, i, 3) + 5\,000(P/F, i, 4) + 3\,000(P/F, i, 5)$$

（1）取式（4-21）定义的静态平均投资收益率为第一个试算 i 值：

$$i = ROI = \frac{(2\,000 + 4\,000 + 7\,000 + 5\,000 + 3\,000)/5}{10\,000} \times 100\% = 42\%$$

（2）修正 i 值，取 $i = 30\%$，得 NPV = -350 元。

（3）再取试验值 $i = 25\%$，得 NPV = 775.1 元。

上述两个试验 i 值对应的 NPV 值为异号的，且两个试验 i 值之差为 0.05，符合要求。故取 $i_1 = 25\%$，$NPV_1 = 775.1$ 元；$i_2 = 30\%$，$NPV_2 = -350$ 元。代入式（4-26），计算得到内部收益率为：

$$IRR = 25\% + \frac{775.1}{775.1 + |-350|} \times (30\% - 25\%) = 28.44\%$$

按此内部收益率 IRR 计算回收投资的过程如表 4-7 所示。

表 4-7　按内部收益率计算回收投资的过程　　　　　　　　　　单位：元

年限	t 期期初未回收的投资 ①	$t\sim(t+1)$ 期获得的盈利 ②=①×IRR	t 期期末的现金流量 ③	$t+1$ 期期初未回收的投资 ④=①+②+③
0			-10 000	-10 000
1	-10 000	-2 844	2 000	-10 844
2	-10 844	-3 084	4 000	-9 928
3	-9 928	-2 823	7 000	-5 751
4	-5 751	-1 635	5 000	-2 386
5	-2 386	-678	3 000	-64

4. 内部收益率试算初值的选择

采用线性插值法求解 IRR 最困难的是确定修正 i 值的第一个试算值。如果初始试算值偏离最终结果较远，就要反复试算多次才能找出可用插值计算的两个较接近的收益率。利用表 4-8 可以快速找出 IRR 的试算初值，一般进行两次试算即可用插值公式计算 IRR。

表 4-8　内部收益率初始估算值的计算方法

首先确定净现金流量为负值的年数	其次确定净现金流量为正值的年数	最后求 α，根据 α 值选择适当的列							
		0.1	0.2	0.3	0.4	0.5	0.6	0.7	0.8
1	5	—	0	12	22	30	38	>50	>50
	10	0	12	21	28	34	40	50	>50
	20	7	16	23	28	34	38	47	>50
2	5	—	0	10	19	25	30	40	49
	10	0	11	18	24	29	34	42	48
	20	6	14	20	25	29	33	40	46
3	5	—	0	9	15	21	25	33	40
	10	0	10	16	21	26	29	36	41
	20	6	13	18	23	26	29	35	40

首先确定净现金流量为负值的年数	其次确定净现金流量为正值的年数	最后求α，根据α值选择适当的列							
		0.1	0.2	0.3	0.4	0.5	0.6	0.7	0.8
4	5	—	0	7	13	18	22	28	34
	10	0	9	15	19	23	26	31	36
	20	6	12	17	21	24	26	31	35
5	5	—	0	7	12	16	19	25	29
	10	0	8	13	17	21	23	28	32
	20	5	12	16	19	22	24	28	31

下面通过一个实例说明利用表 4-8 进行内部收益率计算的步骤。

例 4-8 某方案在项目计算期内的现金流量如表 4-9 所示。

表 4-9 某方案的现金流量表

年 份	0	1	2	3	4	5	6
净现金流量/万元	−500	−500	500	400	300	200	150

试求该方案的内部收益率 IRR（基准收益率为 10%）。

解： 第一步，确定方案净现金流量为负值的年数。由现金流量表 4-9 可见，本方案净现金流量为负值的年数为 2，由表 4-8 的第一列确定应查该表的第二大行。

第二步，确定方案净现金流量为正值的年数。由现金流量表 4-9 可见，本方案净现金流量为正值的年数为 5（第 2 年至第 6 年）。由表 4-8 的第二大行确定应查该表的第二大行中的第一子行。

第三步，计算系数α（α实际上就是前面所说的平均投资收益率）：

$$\alpha = \frac{净现金流量正值的平均值}{净现金流量负值总和的绝对值}$$

$$= \frac{(500 + 400 + 300 + 200 + 150)/5}{|-500 - 500|}$$

$$= 0.31$$

本例α介于 0.3～0.4 之间。查表 4-8 第二大行中的第一子行，对应α=0.3 值，IRR=10%；对应α=0.4，IRR=19%。所以，估计要求的 IRR 值应在 10%～19% 之间。

先取i_1=12%：

$$\mathrm{NPV}_1 = -500 - 500(P/F, 12\%, 1) + 500(P/F, 12\%, 2) + 400(P/F, 12\%, 3) +$$
$$300(P/F, 12\%, 4) + 200(P/F, 12\%, 5) + 150(P/F, 12\%, 6)$$
$$= 116.99（万元）$$

又取i_2=15%：

$$\mathrm{NPV}_2 = -500 - 500(P/F, 15\%, 1) + 500(P/F, 15\%, 2) + 400(P/F, 15\%, 3) + 300(P/F, 15\%, 4) +$$
$$200(P/F, 15\%, 5) + 150(P/F, 15\%, 6)$$
$$= 42.08（万元）$$

当取i=15% 时，对应的净现值为 42.08 万元，仍然大于零，但较 116.99 万元更接近于 0。

因此，舍弃 $i_1 = 12\%$，重令 $i_1 = 15\%$，相应地有 $NPV_1 = 42.08$ 万元。

再取 $i_2 = 20\%$：

$$NPV_2 = -500-500(P/F,20\%,1)+500(P/F,20\%,2)+400(P/F,20\%,3) +$$
$$300(P/F,20\%,4)+200(P/F,20\%,5)+150(P/F,20\%,6)$$
$$= -65.67（万元）$$

此时，净现值 NPV_2 与 NPV_1 互为异号，且 i_1 与 i_2 之差较小，可用线性插值法求内部收益率。

$$IRR = i_1 + \frac{NPV_1}{NPV_1 + |NPV_2|}(i_2 - i_1)$$
$$= 15\% + \frac{42.08}{42.08 + |-65.67|} \times (20\% - 15\%)$$
$$= 16.95\%$$

由于该方案的 $IRR > i_c$（基准收益率），因此方案的经济效果是可以接受的。

5. 内部收益率的唯一性问题

方程的唯一性指满足方程的解只有一个。由于内部收益率方程式（4-25）是一个可分解为多项式的高次方程，为清楚起见，令 $(1 + IRR)^{-1} = x$，$(CI - CO)_t = a_t (t = 0,1,\cdots,n)$，则式（4-25）可以写成：

$$a_0 + a_1 x + a_2 x^2 + \cdots + a_n x^n = 0$$

这是一个 n 次方程，必有 n 个根（包括复数根和重根），故其正实数根可能不止一个。根据笛卡儿符号法则，若方程的系数序列 $\{a_0, a_1, a_2, \cdots, a_n\}$ 的正负号变化次数为 p，则方程的正根个数（1个 k 重根按 k 个根计算）等于 p 或比 p 少一个正偶数。当 $p=0$ 时，方程无正根；当 $p=1$ 时，方程有且只有一个正根。也就是说，在 $-1 \leqslant IRR \leqslant \infty$ 的域内，若项目净现金流序列 $(CI - CO)_t (t = 0,1,2,\cdots,n)$ 的正负号仅变化一次，则内部收益率方程肯定有唯一一解，而当净现金流序列的正负号多次变化时，内部收益率方程则可能有多个解。

净现金流序列符号只变化一次的项目称作常规项目，净现金流序列符号变化多次的项目称作非常规项目。就典型情况而言，在项目寿命期初（投资建设期和投产初期），净现金流量一般为负值（现金流出大于流入），项目进入正常生产期后，净现金流量就会变成正值。所以，绝大多数投资项目属于常规项目。只要其累计净现金流量大于零，IRR 就有唯一的正数解。在非常规投资项目 IRR 方程可能有多个正实数根的情况下，需要按照内部收益率的经济含义进行检验，即以这些根作为盈利率，看在项目寿命期内是否始终存在未被回收的投资。

可以证明，对于非常规项目，只要 IRR 方程存在多个正根，则所有的根都不是真正的项目内部收益率；但若非常规项目的 IRR 方程只有一个正根，则这个根就是项目的内部收益率。

6. 内部收益率的判别准则

若 $IRR > i_c$（基准收益率），则表明项目实际的投资收益率已达到或超过基准收益率水平，在经济效果上可以接受；若 $IRR < i_c$，则表明项目实际的投资收益率未达到基准收益率水平，在经济效果上不可接受。

◤ 例4-9 某投资方案的现金流量表如表4-10所示。项目投资额为 10 000 元，在第一年年初投入。从第 1 年至第 8 年每年收入 2 500 元，基准收益率为 10%。试计算该方案的静态投资回收期、动态投资回收期、净现值和内部收益率，并评价其可行性。

表 4-10　现金流量表

年　　末	0	1	2	3	4	5	6	7	8
投资额/元	10 000								
年净现金流量/元		2 500	2 500	2 500	2 500	2 500	2 500	2 500	2 500

解： 根据静态投资回收期、动态投资回收期及净现值的定义和计算公式可知，只要计算出项目每年的累计净现金流量、累计净现值，就可以求出静态投资回收期、动态投资回收期和净现值。项目的累计净现值如表 4-11 所示。

表 4-11　项目的累计净现值（基准收益率 10%）

年　　末	0	1	2	3	4	5	6	7	8
投资额/元	10 000								
年净现金流量/元		2 500	2 500	2 500	2 500	2 500	2 500	2 500	2 500
累计净现金流量/元	−10 000	−7 500	−5 000	−2 500	0	2 500	5 000	7 500	10 000
年净现值/元	−10 000	2 250	2 025	1 822.5	1 640.3	1 476.3	1 328.7	1 195.8	1 076.2
累计净现值/元	−10 000	−7 750	−5 725	−3 902.5	−2 262.2	−785.9	542.8	1 738.6	2 814.8

根据表 4-11，计算如下。

（1）静态投资回收期的计算公式为：

$$P_t = (T-1) + \frac{第(T-1)年的累计净现金流量的绝对值}{第T年的净现金流量}$$

式中，T 表示项目各年累计净现金流量首次出现正值或零的年份。该项目中累计净现金流量出现正值或零的年份为第 4 年，故：

$$P_t = 4 - 1 + \frac{|-2\,500|}{2\,500} = 4 \text{（年）}$$

（2）动态投资回收期的计算公式为：

$$P_t' = (T-1) + \frac{第(T-1)年的累计净现金流量现值的绝对值}{第T年的净现金流量现值}$$

式中，P_t' 表示动态投资回收期；T 表示项目各年累计净现金流量现值开始出现正值或零的年份。该项目中累计净现金流量现值开始出现正值的年份为第 6 年，故：

$$P_t' = 6 - 1 + \frac{|-785.9|}{1\,328.7} = 5.59 \text{（年）}$$

（3）净现值的计算公式为：

$$\begin{aligned}
\text{NPV} &= \sum_{t=0}^{n} (\text{CI} - \text{CO})_t (1 + i_c)^{-t} \\
&= \sum_{t=0}^{n} (\text{CI} - \text{CO})_t (P/F, i, t)
\end{aligned}$$

式中，NPV 表示净现值，反映项目寿命期内净收益情况；i_c 表示基准收益率（基准折现率）；n 表示项目寿命期。题中项目的净现值已经在表 4-11 中计算：

$$\text{NPV} = -10\,000 + 2\,500(P/A, 10, 8)(P/F, 10, 1) = 2\,814.8$$

（4）内部收益率。在内部收益率初始估算值无法精确估算的情况下，可以估算两个差距较大的基准收益率，已得到累计净现值分别为正负值两种情况，再运用差值法进行计算。本例中，由表4-11的计算可知，当 $i_1=10\%$ 时，净现值为正值。可以设想，如果 $i_2=20\%$ 时，净现值可能小于零，验证过程如表4-12所示。

表4-12　项目的累计净现值（基准收益率20%）

年　　末	0	1	2	3	4	5	6	7	8
投资额/元	10 000								
年现金流量/元		2 500	2 500	2 500	2 500	2 500	2 500	2 500	2 500
累计净现金流量/元	-10 000	-7 500	-5 000	-2 500	0	2 500	5 000	7 500	10 000
年现值/元	-10 000	2 000	1 600	1 280	1 024	819.2	655.4	524.3	419.4
累计现值/元	-10 000	-8 000	-6 400	-5 120	-4 096	-3 276.8	-2 621.4	-2 097.1	-1 677.7

如上述预测一致，则当基准收益率为20%时，累计净现值小于零，根据内部收益率的计算公式：

$$\text{IRR}=i_1+(i_2-i_1)*\frac{\text{NPV}_1}{\text{NPV}_1+|\text{NPV}_2|}$$

进行计算：　$\text{IRR}=10\%+(20\%-10\%)\times\dfrac{2\,814.8}{2\,814.8+|-1\,677.7|}=16.27$

因为项目的净现值大于零，且 $\text{IRR}>i_c$，所以该项目是可行的。

4.4.4　外部收益率

内部收益率计算隐含着一个基本假定：项目寿命期内所获得的净收益可全部用于再投资，再投资的收益率等于项目的内部收益率。下面的推导可以使我们看清这一隐含假定。

将IRR的方程改写成净投资与净收益的形式：

$$\sum_{t=0}^{n}(\text{CI}-\text{CO})_t(1+\text{IRR})^{-t}=\sum_{t=0}^{n}(\text{NB}_t-K_t)(1+\text{IRR})^{-t}=0 \tag{4-27}$$

式中，K_t 表示第 t 年的净投资；NB_t 表示第 t 年的净收益。

上式两端同乘终值系数 $(1+\text{IRR})^n$，即将上式左端的现值折算成 n 年年末的终值，得到：

$$\sum_{t=0}^{n}(\text{NB}_t-K_t)(1+\text{IRR})^{n-t}=0$$

整理得：

$$\sum_{t=0}^{n}\text{NB}_t(1+\text{IRR})^{n-t}=\sum_{t=0}^{n}K_t(1+\text{IRR})^{n-t} \tag{4-28}$$

该式意义很明确，即每年的净收益以IRR为收益率进行再投资，到 n 年年末历年净收益的终值和与历年投资按IRR折算到 n 年年末的终值和相等。

不过通常情况是，已回收的资金用于再投资的收益率往往低于初期投资的收益率。为了反映这一差别，给出一个回收资金再投资的收益率（通常取基准收益率 i_c），于是就产生了外部收益率（External Rate of Return，ERR）。

外部收益率是对内部收益率的一种修正。计算外部收益率 ERR 时，假定项目寿命期内所获得的净收益全部可用于再投资，不同的是假定再投资的收益率等于基准收益率。

外部收益率的计算公式如下：

$$\sum_{t=0}^{n}NB_t(1+i_c)^{n-t} = \sum_{t=0}^{n}K_t(1+ERR)^{n-t} \qquad (4\text{-}29)$$

式中，ERR 表示外部收益率；K_t 表示第 t 年的净投资；NB_t 表示第 t 年的净收益。

判别准则：若 ERR$>i_c$，则项目可行；若 ERR$<i_c$，则项目不可行。

外部收益率指标的应用虽然并不广泛，但对于非常规项目评价却有明显的优越性。

4.5　经济评价指标的关系与方案选择

4.5.1　各种评价指标与方法的比较

投资项目的经济评价以动态指标为主，静态指标只起辅助作用。在动态指标中，净年值和净终值可以看作净现值中派生出来的判据，它们之间只差一个系数。因此，性质上不同的指标主要有 5 个：净现值、内部收益率、动态投资回收期、费用-效益率和现值率。

当采用行业基准收益率 i_c 或 MARR 为计算折现率或评价判据时，因为 NPV$(i_c)\geq0$ 则必然有 IRR$\geq i_c$，$N/K(i_c)\geq1$，NPVR$(i_c)\geq0$ 和 $B/C(i_c)\geq1$，故用任何一个指标都会得出相同的项目可行或不可行的结论。

至于用哪一个指标则因不同的机构而异。例如，世界银行倾向把 IRR 作为主要评价指标，而美国国际开发署则规定采用 NPV，发达国家对公用项目的经济评价常用 B/C，但 B/C 在发展中国家却使用不多，我国则规定主要的评价指标是 IRR。

对于一个独立项目而言，内部收益率一般与净现值的结论完全一致，即项目的内部收益率大于基准折现率时净现值必然大于零。内部收益率判据的优点是可以在不预先给出基准折现率的条件下求出来，IRR 的值不受外部参数（折现率）的影响而完全取决于工程项目本身的现金流量。内部收益率的缺点是：并不是在所有情况下都给出唯一的确定值。

净现值指标没有内部收益率的这一缺点，但净现值只能表示投资项目在经济净贡献上是否达到了要求的基准收益率，无法表示项目的净贡献比要求的收益率高出多少。此外，用净现值评价项目时并不考虑投资额，因此容易忽视有限资金的最优利用。

当给定的基准折现率刚好等于项目的内部收益率时，动态投资回收期就等于项目的工程寿命期或计算期。一般情况下，若给定的基准折现率小于内部收益率，则必有小于工程寿命期的动态投资回收期。因此，动态投资回收期与内部收益率是等价的。

我国一直把静态投资回收期指标作为筛选项目的一个主要指标，各部门积累了不少数据。考虑到资金的短缺会长期存在，投资回收期的长短有着较大的意义。因此，在《建设项目经济评价方法与参数》中把静态投资回收期也列为计算指标，供项目决策时参考。

工程方案经济性评价中，除采用前述评价指标（如投资回收期 T_p、净现值 NPV、内部收益率 IRR）分析该方案评价指标值是否达到了标准的要求（如 $T_p < T_b$，NPV$_{(i_0)} > 0$，ΔIRR$ > i_0$）外，往往需要在多个备选方案中进行比选。多方案比选的方法与备选方案之间关系的类型有关。

因此，本节在分析备选方案及其类型的基础上讨论如何正确运用各种评价指标进行备选方案的评价与选择。

4.5.2　备选方案及其类型

在工程和管理中，人们经常会遇到决策问题，因为设计或计划通常总会面对几种不同的情况，又可能采取几种不同的方案，最后总要选定某一个方案。所以，决策是工程和管理过程的核心。

合理的决策过程包括两个主要阶段：一是探寻备选方案，这实际上是一项创新活动；二是对不同备选方案进行衡量和比较，称为决策分析。由于经济效果是评价和选择的主要依据，所以决策过程的核心问题就是对不同备选方案经济效果的衡量和比较问题。

备选方案是由各级组织的操作人员、管理人员和研究开发人员制定的。在收集、分析和评价方案的同时，分析人员也可以提出实现目标的备选方案。备选方案不仅要探讨现有工艺技术，在有些情况下还应探讨新工艺技术的研究和开发，或者改进现有工艺技术。例如，某种专用零件常规采用铝或黄铜制作，此时的备选方案有两个，即仅需比较使用铝的方案和使用黄铜的方案就可以了。但是作为工程师还应考虑其他可能性，如用塑料的方案也许比用铝和黄铜的方案更为可取。

对备选方案经济差别的认识，可加强探求备选方案的能力。事实上经济差别正是创造备选方案的一种动力。工程或管理人员在观察某项工程或业务时，必定会不断地观察其中的一些经济差别，有计划地寻求备选方案。

只有在已经建立了一些备选方案的条件下才能进行经济决策。同时，也只有了解了备选方案之间的相互关系，才能掌握正确的评价方法，达到正确决策的目的。

通常，备选方案之间的相互关系可分为如下三种类型。

（1）独立型。各方案的现金流量是独立的，不具有相关性，且任一方案的采用与否都不影响其他方案是否采用的决策。例如，个人投资，可以购买国库券，也可以购买股票，还可以购房增值等。可以选择其中一个方案，也可选择其中两个或三个，方案之间的效果与选择不受影响，互相独立。

独立方案的特点是具有"可加性"。例如，X与Y两个投资方案，只选择X方案时，投资30万元，净收益36万元；只选择Y方案时，投资40万元，净收益47万元；当X与Y一起选择时，共需投资70万元（30+40），得到净收益共为83万元（36+47）。那么，X与Y具有可加性，在这种情况下，认为X和Y之间是独立的。

（2）互斥型。各方案之间具有排他性，在各方案中最多只能选择一个。例如，同一地域的土地利用方案是互斥方案，是建居民住房还是建写字楼等，只能选择其中之一；厂址问题，也是互斥方案的选择问题；杭州新机场建在萧山、余杭，还是建德，只能选择其中之一；建设规模问题也是互斥方案的选择问题。

（3）混合型。独立方案与互斥方案混合的情况。例如，在有限的资源制约条件下有几个独立的投资方案，在这些独立方案中又分别包含着若干互斥方案，那么所有方案之间就是混合型的关系。比如，某公司有两个投资领域，一个是现有工厂的技术改造，另一个是新建一企业，这两个投资领域是互相独立的，但是现有工厂技术改造有两个互斥的工艺方案，新建一企业也有三个厂址可供选择，因此组合起来的方案就是混合方案。

4.5.3　独立方案的经济评价方法

独立方案的采用与否只取决于方案自身的经济性，且不影响其他方案的采用与否。因此在无其他制约条件下，多个独立方案的比选与单一方案的评价方法是相同的，即用经济效果评价标准（如 $NPV_{(i_0)} \geq 0$、$NAV \geq 0$、$\Delta IRR \geq i_0$、$T_p \leq T_b$）直接判别该方案是否可行。

例 4-10　某公司做设备投资预算，有 U、V、W、X、Y 和 Z 共 6 个独立方案可供选择，寿命均为 8 年。各方案的现金流量和 IRR 如表 4-13 所示，基准收益率为 12%，判断其经济性。

表 4-13　各方案的现金流量和 IRR

方　案	各年现金流量/万元		IRR%
	0 年	1~8 年	
U	−100	34	29.8
V	−140	45	27.6
W	−80	30	33.9
X	−150	34	15.6
Y	−180	47	20
Z	−170	32	10.1

解：如果以 IRR 为评价指标，各方案的 IRR 计算结果列于表 4-13 中，如对于 Y 方案，由方程式 $-180+47(P/A, IRR_Y, 8)=0$ 解得 $IRR_Y=20.1\%$。其他方案的 IRR 用同样方法求得。从表 4-13 可见，IRR_Z 小于 i_0（12%），其他方案的 IRR 均大于 i_0。由于各方案独立，因此应拒绝 Z 方案，可以接受其他 5 个方案。

独立方案的比选，最常见的是受资源限制的情况。

例 4-11　同上例，若资金预算不超过 400 万元，则如何选择方案？

解：此时，不可能接受所有经济合理的方案，即存在资源的最佳利用问题。

将表 4-13 中的 IRR 按大小排序，排成图 4-9。由图 4-9 可见，当投资额不超过 400 万元时，可接受的方案为 W、U 和 V 共 3 个，合计投资额 320 万元。

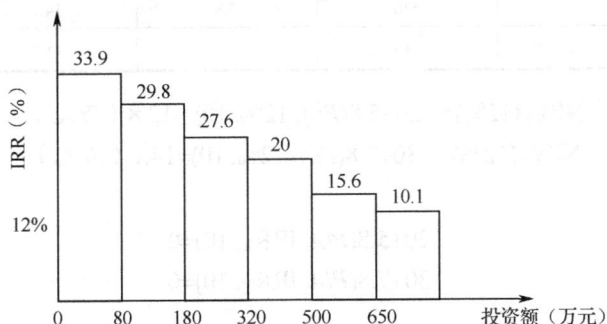

图 4-9　独立方案排序

进一步分析：①总资金如果减少 80 万元，即 320 万元，预算方案不变。可接受 W、U 和

V；②如果在 400 万元的基础上再融资 100 万元，即总资金到 500 万元，只要融资的资金成本小于 20%，预算方案可以增加 Y 方案。

上述分析并没有保证制约资源的最佳利用。在存在着资源约束的条件下，各个独立方案的选择不能简单地用一个评价准则（如 NPV 或 IRR）来确定，这是由方案的不可分性（一个方案只能作为一个整体而发挥效益）决定的。

例如，独立方案 X、Y 和 Z 的投资分别是 I_X、I_Y 和 I_Z，且 $I_Y=I_X+I_Z$，而方案的净现值大小依次是 NPV_X、NPV_Y 和 NPV_Z，如果投资约束不超过 I_Y，那么决策只能在 Y 和 X+Z（同时选择方案 X 和 Z）两个互斥方案之间选择，要么接受 Y 而放弃 X+Z，要么接受 X+Z 而放弃 Y，而不能按 NPV 的大小次序，先接受 X，再选择部分 Y，因为 Y 是不可分的。

从中可以受到启发，有资源制约条件下独立方案的比选，可将可行的方案组合列出来，每个方案组合可以看作一个满足约束条件的互斥方案，这样用互斥方案的经济评价方法可以选择一个符合评价准则的方案组合。该方案组合就是独立方案的一个选择。因此，有约束条件的独立方案的选择可以通过方案组合转化为互斥方案的比选。

4.5.4 互斥方案的经济评价方法

对于互斥方案决策，要求选择方案组中的最优方案，且最优方案要达到标准的收益率，这就需要进行方案的比选。比选的方案应具有可比性，主要包括计算的时间具有可比性、计算的收益与费用的范围和口径一致、计算的价格可比。

互斥方案的比选可以采用不同的评价指标，有多种方法。其中，通过计算增量净现金流量评价增量投资经济效果，也就是增量分析法，是互斥方案比选的基本方法。

➤ 例 4-12 现有 X 和 Y 两个互斥方案，寿命相同，各年的现金流量如表 4-14 所示，试评价选择方案（$i_0=12\%$）。

解： 分别计算 X 和 Y 方案与增量投资的 NPV 和 IRR，计算结果如表 4-14 所示。

表 4-14　互斥方案 X 和 Y 的净现金流量与评价指标

评价指标	各年净现金流量		NPV/万元	IRR/%
	0 年	1~10 年		
方案 X 的净现金流量/万元	-20	5.8	12.8	26
方案 Y 的净现金流量/万元	-30	7.8	14.1	23
增量净现金流量（Y-X）	-10	2	1.3	15

$$NPV_X(12\%)=-20+5.8(P/A, 12\%, 10)=12.8（万元）$$
$$NPV_Y(12\%)=-30+7.8(P/A, 12\%, 10)=14.1（万元）$$

由方程式：

$$-20+5.8(P/A, IRR_X, 10)=0$$
$$-30+7.8(P/A, IRR_Y, 10)=0$$

可求得：

$$IRR_X=26\%, IRR_Y=23\%$$

由于 NPV_X 和 NPV_Y 均大于零，IRR_X 和 IRR_Y 均大于基准收益率 12%，所以方案 X 和 Y 都达到了标准要求，就单个方案评价而言，二者都是可行的。

　　问题在于 X 与 Y 是互斥方案，只能选择其中一个。按 NPV 最大准则，由于 $NPV_X < NPV_Y$，故 Y 优于 X。但如果按 IRR 最大准则，由于 $IRR_X > IRR_Y$，则 X 优于 Y。两种指标评价的结论是矛盾的。

　　实际上，投资额不等的互斥方案比选的实质是判断增量投资的经济效果，即投资额大的方案相对于投资额小的方案多投入的资金能否带来满意的增量收益。

　　显然，若投资额小的方案达到了标准的要求，增量投资又能带来满意的增量收益（也达到标准的要求），那么增加投资是有利的，投资额大的方案（可以看作投资额小的方案与增量投资方案的组合）为优；反之，增量投资没有达到标准的要求，则投资额小的方案优于投资额大的方案。

　　表 4-14 也给出了 Y 相对于 X 方案的增量现金流，同时计算了相应的增量净现值（ΔNPV）与增量内部收益率（ΔIRR）。

$$\Delta NPV_{Y-X}(12\%) = -10 + 2(P/A, 12\%, 10) = 1.3（万元）$$

　　由方程式：

$$-10 + 2(P/A, \Delta IRR, 10) = 0$$

可解得：

$$\Delta IRR = 15\%$$

　　从表 4-14 中可见，$\Delta NPV_{Y-X} > 0$，$\Delta IRR > 12\%$，因此，增加投资有利，投资额大的 Y 方案优于 X 方案。

　　上例表明了互斥方案比选的基本方法，即采用增量分析法，计算增量现金流量的增量评价指标，通过增量指标的判别准则，分析增量投资是否有利，从而确定两方案的优劣。实际上，增量分析法是经济学中边际原理的一种具体应用。边际原理认为，边际收入等于边际成本时企业实现的利润最大。在互斥方案比选时，如何体现边际收入等于边际成本呢？

↘ 例 4-13　某投资者想开一家小饭店，预计毛利（经常收入减去经常费用，未扣除雇用人员费用）与雇用人员数（规模）有关。也就是说，规模大时毛利增加，但增加的比例是下降的（规模报酬递减），预测数据如表 4-15 所示。如果雇用人员费每人每月 250 元，问雇用几人为好。

表 4-15　雇用人数与毛利

方　案	雇用人数/个	毛利/（元/月）
X	1	800
Y	2	1 200
Z	3	1 400

　　解：X、Y 和 Z 是互斥方案。如果采用效率指标，如劳动生产率（此例是单位雇用人员的毛利）来分析，则各方案的效率如下：

$$X 方案单位人员毛利 = 800/1 = 800（元/人）$$
$$Y 方案单位人员毛利 = 1\ 200/2 = 600（元/人）$$
$$Z 方案单位人员毛利 = 1\ 400/3 = 467（元/人）$$

　　如果采用投资者的纯利（毛利减去人工费用）来分析，则各方案的纯利为：

$$X 方案的纯利 = 800 - 250 \times 1 = 550（元/月）$$
$$Y 方案的纯利 = 1\ 200 - 250 \times 2 = 700（元/月）$$
$$Z 方案的纯利 = 1\ 400 - 250 \times 3 = 650（元/月）$$

显然，两种指标评价的结论不一样。也就是说，劳动生产率高的方案并非一定给投资者带来最大的纯利。互斥方案比选的核心是评价追加资源（雇用人员）的效益。采用增量分析法分析增量资源（雇用人数）的效益（毛利）是否大于增量资源的费用（人工费用）。

从雇用人数 0 到 1，即 X 方案与 0 方案（假定不雇用人员作为一个方案）相比，增加的毛利是 800 元，增加的人工费是 250 元，增量效益大于增量费用，X 方案优于 0 方案。

同样，从 X 到 Y 方案，增量效益为 400 元（1 200-800），增量费用为 250 元，故 Y 优于 X。从 Y 到 Z 方案，增量效益为 200 元（1 400-1 200），增量费用为 250 元，故 Y 优于 Z。因此，Y 方案为最优，雇用两个人最好。增量效益曲线如图 4-10 所示。

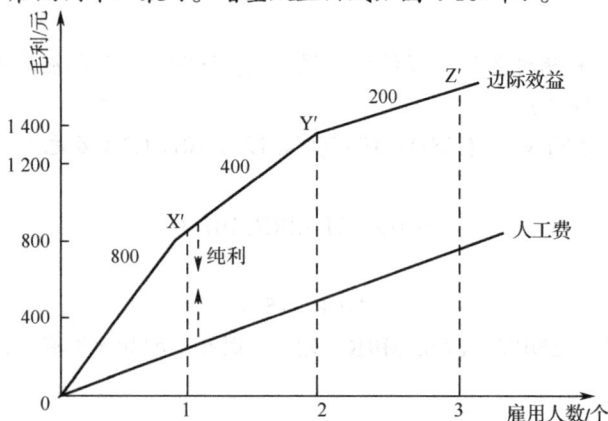

图 4-10　增量效益曲线

由图 4-10 可知，从原点出发，连接各方案毛利的折线，表明追加雇用人员各 1 人时的增量效益，被称为追加资源的边际效益曲线。边际效益曲线用于互斥方案的比选时，其准则为：边际效益曲线的斜率与边际费用曲线的斜率（如单位人工费用）比较，从前者大于后者到小于后者的转折点（此例为 Y′ 点）所对应的方案（Y 方案），是纯利最大的方案。这一准则，实际上是边际收入等于边际成本时利润最大的具体体现。这个结论适用于边际效益曲线单调减小（向上凸）的状态。当边际效益曲线并非单调下降时，需要对方案加以调整，去掉经济上不合适的所谓无资格方案（即向下凹点所对应的方案），使边际效益曲线单调减小。

例 4-14　某公司为了增加生产量，计划进行设备投资，有 3 个互斥的方案，寿命均为 6 年，不计残值，基准收益率为 10%，各方案的投资和现金流量见表 4-16，试进行方案选优。

表 4-16　互斥方案的现金流量和评价指标

方　案	各年现金流量/万元		NPV/万元	IRR/%
	0 年	1~6 年		
X	-200	70		
Y	-300	95		
Z	-400	115		

解：分别计算各方案的 NPV 与 IRR，计算结果分别为：X 的 NPV=104.9，IRR=26.4；Y 的 NPV=113.7，IRR=22.1；Z 的 NPV=100.9，IRR=18.2。由于各方案的 NPV 均大于零，IRR 均大于 10%，故从单个方案看均是可行的。互斥方案比选采用增量分析法，分别采用增量净现值 ΔNPV 和增量内部收益率 ΔIRR 来分析，计算过程和结果如表 4-17 所示。

表 4-17　增量现金流量与评价指标

方　案	各年现金流量/万元		ΔNPV/万元	ΔIRR/%
	0 年	1~6 年		
X-0	-200	70	104.9	26.4
Y-X	-100	25	8.8	13.0
Z-Y	-100	20	-12.8	5.5

0 方案是假如不投资的方案。根据计算结果，由于方案（X-0）的 ΔNPV > 0, ΔIRR>10%,可知 X 方案优于 0 方案；同理可知，Y 方案优于 X 方案，Y 方案优于 Z 方案。因此，Y 方案较优。在 ΔNPV 的判别准则与 ΔIRR 的判别准则下，评价结论是一致的。

实际上，ΔNPV 判别准则可以简化。设 X 和 Y 为投资额不等的互斥方案，X 方案比 Y 方案投资额大，则：

$$\Delta NPV_{X-Y} = \sum_{i=0}^{n}[(CI_X - CO_X)_t - (CI_Y - CO_Y)_t](1+i_0)^{-i}$$

$$= \sum_{i=0}^{n}(CI_X - CO_X)_t(1+i_0)^{-i} - \sum_{i=0}^{n}(CI_Y - CO_Y)_t(1+i_0)^{-i}$$

$$= NPV_X - NPV_Y$$

计算 ΔNPV 时，表 4-17 的结果为：

$$\Delta NPV_{Y-X} = NPV_Y - NPV_X = 113.7 - 104.9 = 8.8（万元）$$

$$\Delta NPV_{Z-Y} = NPV_Z - NPV_Y = 100.9 - 113.7 = -12.8（万元）$$

当 $\Delta NPV_{Y-X} > 0$ 时，$NPV_Y > NPV_X$，则 Y 优于 X；当 $\Delta NPV_{Y-X} < 0$ 时，$NPV_Y < NPV_X$，则 X 优于 Y。显然，用增量分析法计算 ΔNPV 进行互斥方案比选，与分别计算 NPV，根据 NPV 最大准则进行互斥方案比选，其结论是一致的。

因此，采用净现值指标比选互斥方案时，判别准则为：净现值最大且大于零的方案为最优方案。

类似的等效指标有净年值，即净年值最大且大于零的方案为最优方案。当互斥方案的效果一样或满足相同需要时，仅需计算费用现金流，采用费用现值或费用年值指标。其判别准则为：费用现值或费用年值最小的方案为最优方案。

对于增量内部收益率指标，由于它并不等于内部收益率之差，所以内部收益率最大准则并不能保证比选结论的正确性。采用 ΔIRR 的判别准则是：若 ΔIRR>i_0（基准收益率），则投资额大的方案为优；若 ΔIRR < i_0，则投资额小的方案为优。当互斥方案的投资额相等时，ΔIRR 判别准则失效。

当互斥方案多于两个时，可采用 ΔIRR 进行比选，步骤如下：

（1）对多个方案，按投资额大小排序，并计算第一个方案（投资额最小）的 ΔIRR，若 ΔIRR>i_0，则该方案保留；若 ΔIRR<i_0，则该方案淘汰，以此类推。

（2）将保留的方案与下一个方案进行比较，计算 ΔIRR，若 ΔIRR>i_0，则保留投资额大的方案；若 ΔIRR < i_0，则保留投资额小的方案。

（3）重复步骤（2），直到最后一个方案被比较为止，找出最后保留的方案为最优方案。

对于例 4-14，比选的步骤为：

（1）3 个方案按投资额大小排序为 X、Y 和 Z；计算 $IRR_X=26.4\% >10\%$，保留 X。

（2）计算$\Delta IRR_{Y-X}=13\%>10\%$，则保留 Y。

（3）计算$\Delta IRR_{Z-Y}=5.5\%<10\%$，则最后保留的 Y 方案为最优方案。

以上分析互斥方案的评价方法，都是在各方案寿命期相同的情况下进行的。这样，评价各方案的经济效果在时间上具有可比性。当各方案的寿命不等时，要合理选择评价指标或计算期的办法，使之具有时间上的可比性。

例4-15 X 和 Y 两个互斥方案各年的现金流量如表 4-18 所示，基准收益率 $i_0=10\%$，试比选方案。

表4-18 寿命不等的互斥方案的现金流量

方 案	投资/万元	年净现金流量/万元	残值/万元	寿命/年
X	10	3	1.5	6
Y	15	4	2	9

解： X 与 Y 的寿命不相等，要使方案在时间上可比，常用两种方法。

（1）以寿命期最小公倍数为计算期，采用方案重复型假设。以 X 与 Y 的最小公倍数 18 年为计算期，X 方案重复实施 3 次，Y 方案 2 次。此时，如果以净现值为评价指标，则 18 年的各方案净现值为：

$$NPV_X = {}^-10[1+(P/F, 10\%, 6)+(P/F, 10\%, 12)]+3(P/A, 10\%, 18)+$$
$$1.5[(P/F, 10\%, 6)+(P/F, 10\%, 12)+(P/F, 10\%, 18)]$$
$$=7.37（万元）$$

$$NPV_Y = {}^-15[1+(P/F, 10\%, 9)]+4(P/A, 10\%, 18)+2[(P/F, 10\%, 9)+(P/F, 10\%, 18)]$$
$$=12.65（万元）$$

因为 $NPV_Y > NPV_X > 0$，所以 Y 方案较优。

（2）用年值法进行比选，此时，以净年值（NAV）为评价指标，则各方案的 NAV 为：

$$NAV_X = 3+1.5(A/F, 10\%, 6)^-10(A/P, 10\%, 6)$$
$$=0.90（万元）$$

$$NAV_Y = 4+2(A/F, 10\%, 9)^-15(A/P, 10\%, 9)$$
$$=1.54（万元）$$

因为 $NAV_Y > NAV_X > 0$，所以 Y 方案优于 X 方案。

年值法实际上假定了各方案可以多次重复实施，使其年值不变。

例4-16 X 和 Y 两个互斥方案各年的现金流量如表 4-19 所示，基准收益率 $i_0=10\%$，求方案重复无数次后的最优方案。

表4-19 寿命不等的互斥方案的现金流量

方 案	投资/万元	年净现金流量/万元	寿命/年
X	6 000	2 500	5
Y	8 000	2 800	7

解： 某方案重复无限次致使寿命无穷之后的总净现值为：

$$NPV = NAV(P/A, i_0, n) = NAV \frac{(1+i_0)^n - 1}{i_0(1+i_0)^n}$$

当 $n \to \infty$ 时，有：
$$NPV = \frac{NAV}{i_0}$$

分别计算方案 X 和 Y 寿命无穷大的净现值：
$$NPV_{\infty X} = [2\,500 - 6\,000 \times (A/P, 10\%, 5)](P/A, 10, \infty) = 9\,172.18$$
$$NPV_{\infty Y} = [2\,700 - 8\,000 \times (A/P, 10\%, 5)](P/A, 10, \infty) = 5\,896.24$$

因为 $NPV_{\infty X} > NPV_{\infty Y}$，故方案 X 为最佳方案。

4.5.5　混合方案的经济评价方法

混合方案的选择，是实际工作中常遇到的一类问题。例如，某些公司实行多种经营，投资方向较多，这些投资方向就业务内容而言是互相独立的，而对每个投资方向又可能有几个可供选择的互斥方案，这样就构成了混合方案的选择问题。这类问题选择方法复杂。下面通过一个设备投资预算分配问题加以说明。

↘ 例 4-17　某公司有三个下属部门，分别是 X、Y 和 Z，各部门提出了若干投资方案，如表 4-20 所示。三个部门之间是独立的，但每个部门的投资方案之间是互斥的，寿命均为 10 年，$i_0 = 10\%$。试问：

（1）若资金供应没有限制，如何选择方案？

（2）若资金限制在 500 万元之内，如何选择方案？

（3）假如由于资金供应渠道不同，资金成本有差别，现有三种来源分别是：甲供应方式的资金成本为 10%，最多可供应 300 万元；乙供应方式的资金成本为 12%，最多可供应 300 万元；丙供应方式的资金成本为 15%，最多也可供应 300 万元，此时如何选择方案？

（4）若 Y 部门的投资方案是与安全有关的设备更新，不管效益如何，Y 部门必须优先投资，此时如何选择方案？资金供应同（3）。

表 4-20　混合方案的现金流量

部　门	方　案	各年现金流量/万元		IRR/%
		0 年	1～10 年	
X	X_1	−100	27.2	24
	X_2	−200	51.1	22.1
Y	Y_1	−100	12.0	3.5
	Y_2	−200	30.1	12
	Y_3	−300	45.6	8.5
Z	Z_1	−100	50.9	50
	Z_2	−200	63.9	28.8
	Z_3	−300	87.8	26.2

解： 采用内部收益率指标来分析上述问题。

（1）因为资金供应无限制，X、Y 和 Z 部门之间独立，此时实际上是各部门内部互斥方案的比选，分别计算 ΔIRR 如下。

对于 X 部门：

$$-100+27.2(P/A, \ IRR_{X_1},10)=0$$

对于 X_2 方案相对 X_1 方案的增额：

$$-100+(51.1-27.2)(P/A,\Delta IRR_{X_2-X_1},10)=0$$

解得：

$$IRR_{X_1}=24\%>i_0(10\%); \quad \Delta IRR_{X_2-X_1}=20\%>i_0(10\%)$$

所以，X_2 方案优于 X_1 方案，应选择 X_2 方案。

对于 Y 部门，用同样的方法可求得 $IRR_{Y_1}=3.5\%<i_0$，故 Y_1 是无资格方案；$IRR_{Y_2}=12\%>i_0$，$\Delta IRR_{Y_3-Y_2}=9.1\%<i_0$。所以，$Y_2$ 方案优于 Y_3 方案，应选 Y_2 方案。

对于 Z 部门，求得 $IRR_{Z_1}=50\%$，$\Delta IRR_{Z_2-Z_1}=5\%<i_0$，故 Z_1 方案优于 Z_2 方案；$\Delta IRR_{Z_3-Z_1}=13.1\%>i_0$。所以，$Z_3$ 方案优于 Z_1 方案，应选 Z_3 方案。

因此，资金没有限制时，应分别选择 $X_2+Y_2+Z_3$ 方案，即 X 与 Y 部门分别投资 200 万元，Z 部门投资 300 万元。

（2）由于存在资金限制，三个部门投资方案的选择过程如图 4-11 所示。

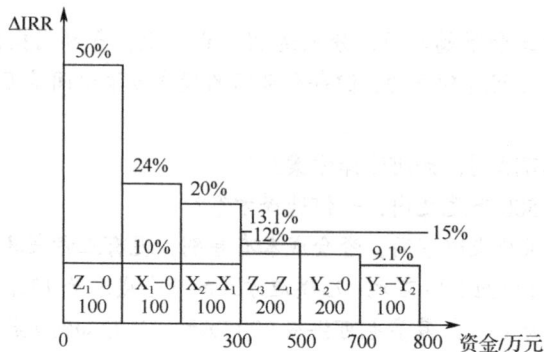

图 4-11 混合方案的 ΔIRR

从图 4-11 可见，当资金限制在 500 万元之内时，可接受的方案为 X 部门的 X_2 方案和 Z 部门的 Z_3 方案，即 X_2+Z_3 方案（X 部门投资 200 万元，Z 部门投资 300 万元，Y 部门不投资）。

（3）由于不同的资金供应存在资金成本的差别，把资金成本低的资金优先投资于效率高的方案，即在图 4-11 上将资金成本从小到大画成曲线。当增量投资方案 ΔIRR 小于资金成本时，该方案不可接受。从图 4-11 可见，投资额在 500 万元之前的增量投资方案的 ΔIRR 均大于所对应资金供应的资金成本（10% 和 12%）。因此，这些方案均可接受，三个部门的选择方案为 X_2+Z_3，而且应将甲供应方式的资金 200 万元投资于 X_2，甲供应方式的其余 100 万元和乙供应方式的 200 万元投资于 Z_3 方案。

对于方案 Z_3-Z_1 的舍去理由分析如下：

方案 Z_3-Z_1 的投资额为 200 万元，收益率为 13.1%。此时，乙种贷款还可以再贷 100 万元，资金成本为 12%，低于 13.1%，还缺 100 万元，只能通过丙种方式解决，其成本为 15%，高于 13.1%，还难以判断。

乙：由 $-100+A(P/A,12\%,10)=0$，得出 $A=17.70$。

丙：由 $-100+A(P/A,15\%,10)=0$，得出 $A=19.92$。

此时，每年所还利息为 17.7+19.92=37.62（万元）。

再由$-200+37.62(P/A,\text{IRR},10)=0$得出 IRR=13.52%（总贷款成本）>13.1%（Z_3-Z_1 方案的收益率），所以舍去。

（4）Y 部门必须投资，即 Y 部门必须优先选择（此时图 4-11 变成图 4-12）。

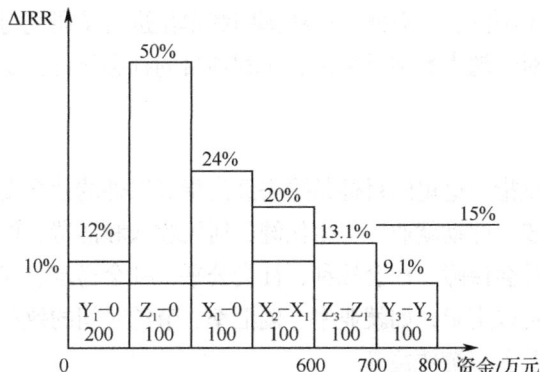

图 4-12　有优先选择的混合方案的ΔIRR

同理，从图 4-12 可见，三个部门的方案为 $Y_2+Z_1+X_2$，即 Y 部门投资 200 万元，X 部门投资 200 万元，Z 部门投资 100 万元，而且甲方式的 300 万元投资于 Y 部门（200 万元）和 Z 部门（100 万元），乙方式的 200 万元投资于 X 部门。

4.6　社会效益评价的内容与方法

4.6.1　社会效益评价概述

工程项目的社会效益评价是指该项目对实现社会发展目标的影响及所做的贡献，或者说该项目为实现社会发展目标所做贡献与所付代价的评价。这个概念包含三层意思：一是社会生活领域的发展目标，它包括社会经济、政治、文化、艺术和教育等各个社会生活领域的发展目标；二是对社会发展目标的贡献，是指由于项目存在使整个社会得到的好处；三是项目对社会发展目标的影响，包括自然影响（对生态环境的影响）和社会影响（对社会人口、劳动形式、劳动组织和社会文化艺术的影响）。当然，对社会评价概念的理解也有不同的看法。有一种意见认为，社会评价不仅包括经济评价，还包括一些非经济评价；既要评价收入、效益和成本等，又要评价生态、环境、国防、社会安全和人的精神状态等。

20 世纪 50～60 年代，工程项目着重于财务评价，70 年代开始重视从经济评价来选择项目；70 年代以后，工业社会发展带来的社会不良后果日趋严重，受到了各国的普遍重视，人们认识到在工程项目的可行性研究预测评估中，仅从财务与经济分析评价，不足以对项目做出全面的最佳选择，还必须根据国家的社会发展目标来分析评价项目的利弊得失，选择社会效益好的工程项目以提高投资效益。近几年来，世界银行对发展中国家的开发性投资项目中，就十分重视项目的社会评价，以解决项目本身与各方面社会关系的相互协调。可以说，对社会影响的评价，是人类文明与工业发展的必然趋向，它与原来的过分强调经济影响评价的导向是大有区别的，甚至是截然不同的。因此，开展工程建设项目的社会评价，特别是大型工程项目，已越来越成为人们关注的中心。

目前在我国，对工程项目的经济效益评价已有一套方法。对于社会效益评价，1983 年制定的《关于建设项目可行性研究试行管理办法》中也明确提出要进行社会效益评价，并已把它列为可行性研究报告的第十项内容，对此，一些部门和单位进行了研究与探索。

按国际通行做法，对于超大型项目来说，工程项目的社会评价至少应包括下述三项内容。

1. 社会发展目标

社会发展目标主要是指（这里的目标是除去经济指标以外的社会发展目标）人口、生态环境、自然资源、科技进步、劳动就业、卫生保健、居民收入和消费、住房与生活服务、教育、文化生活、体育，以及社会保障、社会福利、社会公平、社会稳定、安全、民族团结等。有些指标不仅可以定性，还可以定量，如就业率、创汇率、节约时间的效益、事故的减少、土地使用价值的增值、环境效益和旅游效益等。

评价社会发展目标效益的主要问题是如何划分经济效益与社会效益。有三个原则可供参考：第一，项目的直接经济效益与一次性间接经济效益应列入经济效益范畴，不列入社会评价；第二，项目的社会经济效益即宏观经济效益和间接经济效益，如项目对全社会经济效益的影响，对国民经济发展远景的影响，对部门经济的影响，对其他部门经济效益、地区经济效益的影响等也应属经济评价范围，而不列入社会评价（当然有些工程项目是以提供社会效益为主的公共事业项目，通常以其他部门的经济效益反映其社会效益，如交通和城市基础设施项目等，均应根据各行各业具体情况来划定）；第三，经济效益与社会效益难以划分清楚地列入社会评价范围。

2. 项目的分配效益

评价项目的分配效益，根本在于分配是否公平。这不仅是一个经济问题，还是一个社会问题。对这一原则尚存在不同意见。一种意见认为应增强社会公平分配方面的评价指标，如结合实际计算项目收益中对中央、地方财政收入和职工收入的分配效益，并给予相应的权重等。另一种意见认为政府可以采取直接的行政与财政手段来解决收入的公平分配问题，不必在项目社会评价中考虑收入分配指标。

3. 项目与社会生态环境的协调程度

项目与社会生态环境的协调程度的评价是极其重要的。在一个地区，建设项目特别是大型和超大型项目，项目所在地区的各种社会因素，如当地的文化水平、风俗习惯、人口结构、卫生、生产的社会组织、家庭结构、劳动力状况、各种资源的取得与控制等，都将对项目的设计与实施产生不同程度的影响。根据国际经验，项目社会分析的主要目的是使项目适合"人"，适合所处的社会环境和生态环境，并促使地区社会经济的进步与变革，以适合该项目的生存与发展。因此，这种项目的社会动态分析应与项目的技术、财务和经济等分析放在一个系统内，处于同等重要的位置，并贯穿在项目从立项到实施完成的整个项目周期中。

4.6.2　社会评价方法

对社会效益评价远比对经济效益评价要复杂和困难得多，其原因是，社会效益及其成本有很多是难以用市场价格或货币单位计量的，即缺乏共度性。社会效益往往不是直接地体现出来的，有些影响不是有形的而是无形的；社会效益往往是一个长期过程，甚至有些项目的影响要到下一代或更长的时间才能体现出来；不同的工程项目有不同的短期利益和长期利益，从理论上可以证明或找到一个各方都认为最优的方案，但很难使人相信有一种各方都承认的全面准确的计算口径与实施办法。因此，社会评价的困难在于它比经济评价更难摆脱主观判断带来的片面性，还包括不同价值标准带来的各类矛盾。这也体现在社会评价计算范围的定界划限的难度上。无论评价内容的取舍，还是时间的限定，都需要按照具体情况权衡。当然，社会评价的"价值倾向"也是不可忽视的，它不仅涉及评价内容和利益主体，还涉及法律道德和民风民俗。

　　社会评价的具体方法，目前普遍采用成本效益分析法，主要从经济性投入、经济性产出和非经济性产出三方面考核。现实经济活动中，经济性投入一般会获得经济性产出，但也可能获得非经济性产出，或者获得部分经济性与部分非经济性产出。由于非经济性产出往往无法定量计算或无法用价值形式表达，所以对它的衡量只能是进行定性评价，或比较性描述，或用指标与指标体系进行描述。据此，可以把社会评价的方法分为三大类：第一类是借用技术经济分析方法，把费用-效益分析方法扩大到社会评价的某些内容中，即将经济性投入和经济性产出进行比较；第二类则借用指标与指标体系进行评价，主要用于非经济性产出；第三类是同时用费用-效益分析法与指标法，即从定量与定性两方面进行评价。

1. 社会评价指标设置原则

　　设置社会评价指标应遵循下述四项基本原则：

　　（1）科学性原则，即有科学内涵，概念清楚，符合经济学与社会学原理。

　　（2）可比性原则，即建立的指标有比较性基础，并可用相同的方法进行比较。

　　（3）实用性原则，既可用来评价过去，又可用来评价现在和未来。

　　（4）通用性原则，即有普遍性意义，既可纵向应用，又能横向应用。

　　按照上述原则，充分运用指标与指标体系的比较功能、评价功能、评选功能和控制功能，才能使项目的社会评价真正成为决策者的参考依据。

2. 通用社会评价初步设计

　　结合我国的实际及未来发展方向，以下几个方面的指标是非常重要的。

　　（1）就业效果指标。目前就业问题比较突出，实现社会充分就业已成为社会发展的重要目标，从这个目标考察项目的社会效果是必要的。就业效果可以采用单位投资就业效果与单位投资非熟练劳动力就业效果两项指标。单位投资总就业效果计算如下：

$$\frac{\text{单位投资总}}{\text{就业效果}} = \frac{\text{新增总就业人数（包括本项目与相关项目）}}{\text{项目总投资（包括直接投资与间接投资）}} \tag{4-30}$$

　　总就业效果可分为直接投资所产生的直接就业效果和与该项目直接相关的项目投资产生的间接就业效果，即可由国家根据该地区人均国民收入或消费水平与全国人均国民收入或消费水平之比，结合国家投资长远计划的地区布局原则加以确定，一般应大于1。

　　（2）节能效果指标——项目的综合能耗水平。节约能源既是近期也是长期的重要政策目标，因而有必要设置节约能源效果指标考察项目能源消耗是否达到国家规定的节约要求。

$$项目的综合能耗水平=\frac{项目的综合能耗}{项目的净产值} \qquad （4-31）$$

各种能耗可以折合成"吨标煤消耗/万元"计算。

（3）节约用地效果。一种是设置土地占用量指标，另一种是设置节约用地效果，即：

$$单位投资占地=\frac{项目土地占用量}{项目总投资} （平方米/百万元） \qquad （4-32）$$

（4）节约水资源效果。节约用水是全社会长期的任务，特别是工农业用水占总耗水量比重很大，有的地区往往与生活用水相矛盾。节约水资源效果指标，可以促进全国和各地加速研究制定节约用水定额。设立项目人均耗水量指标与国家和地区规定的定额比较，以考察项目是否达到要求的定额。计算公式为：

$$项目人均耗水量=\frac{项目总耗水量}{项目设计总人数}\left[立方米/（人·日）\right] \qquad （4-33）$$

生产性项目应分别计算单位生产用水与项目人均生活耗水量，单位产品耗水应按行业规定的定额考核。

（5）节约时间效果指标。交通运输项目、邮政通信、商业项目和社会饮食服务业等投资的社会效益，能使人们由于利用这些项目的服务节约时间，从而提高劳动生产率或增加休息和文体活动时间，从而增进健康，提高文化素质。这种时间节约对社会经济发展、提高人民文化水平、延长寿命等社会发展目标都是有利的。

4.6.3 项目社会评价定性分析

前面已经谈到项目的社会效果范围很广，许多社会效果不能定量计算，只能进行定性分析。有些学者根据过去已有的一些对社会效果进行定性分析的经验，并参考世界银行等对项目社会动态分析的规定，整理出下面一些定性分析的要点：

（1）对环境保护与生态平衡的影响。

（2）对提高国家、部门、地区科学技术水平的影响。

（3）对普及科学知识、提高人民科学水平的影响。

（4）对国防安全的影响。

（5）对民族政策、风俗习惯、民族团结的影响。

（6）对提高人民教育水平的影响（如普及义务教育，增加大学、中专以上学历的人数，降低文盲、半文盲人数等）。

（7）对繁荣当地文化生活、提高人民文化水平的影响。

（8）对增进人民健康、延长寿命的影响（如增加医院病床床位，增加营养品的供应，增加防疫保健设施，增加文化娱乐体育设施等）。

（9）对美化环境、提高森林覆盖率的影响。

（10）受益对象、程度与受益方式。

（11）受损对象与补偿方式。

（12）监测项目寿命期内对人民生活影响的措施。

（13）迁移或重新安置的必要性与措施。

（14）对当地劳动力状况的调查及其对性别的考虑。

（15）项目对当地现有资源分配和居民家庭内部收入支出的影响。

（16）项目对当地土地使用的影响（如大坝、人工湖、灌溉规划、新建城镇、高速公路、机场、铁路、矿山、工厂建设等）及其补偿。

（17）项目的取水方案（包括供水量与水质）对当地水资源和人民生活的影响及其解决措施。

（18）项目对人群与动物健康、卫生习惯的影响及其解决措施等。

需要说明的是，定性分析与定量分析的区分不是绝对的，定性分析往往也需要数量指标说明。例如，在评价项目对卫生水平的影响时，就可采用卫生部门的标准指标，如医生比例、病床床位和某些疾病的发病率等。如果需分析项目对某些地区人们卫生习惯的影响，还要采取更具体的指标（如洗澡次数）来说明。这一切都取决于要评价项目的环境特点。

4.7　生态效益评价的内容与方法

4.7.1　生态服务功能

生态服务功能是指生态系统与生态过程所形成与维持的人类赖以生存的自然环境条件与效用。生态系统为人类提供了食物、医药和其他工农业生产的原料，更重要的是支撑与维持了地球的生命支持系统，维持生命物质的生物地球化学循环与水循环，维持生物物种与遗传的多样性，净化环境，维持大气化学的平衡与稳定。人们已经认识到，生态服务功能是人类生存与现代化文明的基础。研究发现，科学技术能影响生态服务功能，但不能替代自然生态系统的服务功能。由于人类对生态服务功能及其重要性的认识不足，导致了生态环境的破坏，从而对生态服务功能造成了明显的损害，威胁人们的安全与健康，危及社会经济的发展。随着对可持续发展机制研究的深入，人们发现维持与保育生态服务功能是实现可持续发展的基础。

科学家卢伯钦科（Lubchenco）于 1998 年在世界著名杂志《科学》上发表了《进入环境的新世纪》一文，其中对生态服务及其价值进行了精辟的阐述。很多环境变化都给人类带来了严重后果，例如气候变化、紫外线增加、饮用水不足等。人类及其经济社会系统密切依赖着这个目前正发生迅速变化的生态系统。

生态系统（湿地、森林、珊瑚礁、冻土、草地、藻床、河口和海洋）给人类提供广泛的必需品和服务，它们是地球上所有生命的生存支持系统。生态产品和服务是我们理解生物多样性、气候、土地转化、同温层臭氧、水、氮等变化对人类中长期影响的关键环节。道理很简单，人类社会及其繁荣依赖多样性和起调节作用的生态系统，而这种作用机理我们刚开始了解到。

大多数人都能意识到人类对自然的索取，如海产品、家畜、饲料、木材、药品和基因等。我们一直在购买、销售和经营这些物品。而直到最近，人们才稍稍意识到我们还受益于自然生态系统所给予的另一种恩惠——基本生存支持服务，没有它，人类文明就会停滞。这种"生态服务"包括空气和水的净化，旱涝的缓解，废弃物的去毒和分解，土壤及其肥力的增加和恢复，作物和天然植物的授粉，对多数潜在农业害虫的控制，种子的传播和养分的调节，生物多样性的维护。它提供了工业、医药和农业得以进行和发展的要素，防止太阳紫外线的有害作用，气候的局部稳定，调节温度、风力和潮汐，支撑人类文化的多样性，满足人类审美和益智的需要。

这些服务是人类社会所必需的，但它们的持续存在却被错误地认为是理所当然的。人类活动在前所未有的规模上威胁着自身的生活供给。因为这些服务并非一定在经济市场上交易，对于这些服务供给量的改变及产生这些服务的生态系统的恶化，社会还没有反馈机制来给出信号和警戒。人们尝试着用各种办法来计算全球生态服务的价值，所有的估算结果都在万亿美元数量级上。

美国生态协会最近提供的综合信息包括：

（1）生态服务是人类文明所必需的。

（2）生态服务的作用范围如此之大，运作方式如此之复杂，因此其绝大部分不能为技术所替代。

（3）人类活动已经在大范围内危害了生态服务的流动。

（4）如果这种势头继续下去，人类在数代以内就会对现有的生态系统形成某些显著的实质性改变。

此外，基于已有的科学证据，我们还可以确信：

（1）很多人类活动改变或破坏了自然生态系统，导致了生态服务的退化，所带来的损失，从长期来看，减少了其带给社会的短期利益。

（2）从全球来看，丰富的物种和众多的生物物质是维持生态服务所必需的。

（3）如果采取适当的行动，很多生态系统的功能将被恢复。

我们相信，资源利用和开发的政策会有力地维持至关重要的生态服务，并追求与有价值的经济发展目标之间的平衡。

4.7.2　自然资源的价值

由于生态系统提供的服务并未完全进入商业市场，或者没有把它和经济服务及制造业资本进行量化比较，因此在决策过程中往往不考虑它的权重。这种忽略可能最终使人类在生物圈中存在的持续性方面付出代价。

自然资源有多种价值，它们的内容、作用领域和对象不同，因而具有不同的表达方式。自然资源的存在价值是它以天然方式存在时表现出的价值，这是一种生态领域的价值。在生命支持能力的意义上，这种价值的受益者是地球的全部生物，而不只是人类。在资源持续能力的意义上，这种价值的受益者是从过去到未来的整个人类，而不只是当代人类。存在价值的表达方式应是生态学的，具体地说，应将自然资源作为生态系统成分时的特征量来进行实物型表示。

自然资源的经济价值是它作为生产要素被人类利用（主要是消耗性利用）所具有的价值。这些利用从最简单的到最复杂的，从它们自然生态功能延续到完全根据人类的意愿加以改造。这些利用最终使自然资源以商品的方式进入经济领域，消费于人类的经济和社会活动中。这样，自然资源的经济价值可以以货币方式表达。它将和其他生产要素一样，遵循着具体的经济价值规律。在市场经济中，它由资源的稀缺性、附加的劳动和消费者对产品的偏好等决定。

自然资源的环境价值是指它对人类排放的废弃物的接纳量。纯粹生态学意义上的接纳量应由自然资源（土地、水体、大气等生态系统）对废弃物的分解能力（或称净化能力）决定。这在环境科学中通常称为环境容量。因此，自然资源的环境价值的表达方式，应是实物型的环境容量。通常，实用的环境容量大小的决定，除依据生态系统对废弃物的分解速率和耐受时间外，还考虑人类在一定时空条件下为自己确定的环境质量标准。当环境容量与一个具体经济活动的废弃物排放相联系时，这一由环境容量表示的环境价值可能同时具有货币型的表达方式。但在很多情况下，特别是污染排放超过环境容量而表现出破坏性影响时，单纯的经济估价往往是不充分和不全面的。因此，对自然资源环境价值的表达，常采用货币型和实物型两种方式。

这样，一种自然资源的总价值（Total Value，TV）可以形式化地表示为它的存在价值（Existence Value，EXV）、经济价值（Economic Value，ECV）和环境价值（Environmental Value，ENV）之和，即：

$$TV=EXV+ECV+ENV \tag{4-34}$$

式（4-34）只有概念上的意义，因为它的各个分量并没有统一的计量单位。但是，式（4-34）说明了这样一种思想，即当扩大资源的某一价值时必然会限制它应具有的其他类型价值。因此，在追求自然资源的最佳价值发挥时，应当注意三种价值的统一。

当把自然资源概念与经济学相联系时，式（4-34）并不具有操作意义。我们必须进一步讨论自然资源的总体货币价值（Total Monetary Value，TMV）的表达。式（4-34）中的 ECV 无疑是 TMV 的主要部分，它代表着自然资源的消耗性使用产生的价值，即用户经济价值（User's Economic Value，UEV）。然而 TMV 也同时包括存在价值和环境价值所引起的经济价值问题。

自然资源的天然存在也会产生某些经济学价值。例如，它会成为人类进行科学知识探求的场所，它会成为人类进行观赏性活动的地点，绿水青山就是金山银山。这些活动的特点是在对自然资源非消耗性利用的前提下，获得经济投资或直接产生经济收入。西方资源经济学家提出了"选择价值"（Option Value，OPV）的概念，它可一般化地解释为"为保护一种自然资源或它的潜在用处而做出的预先支付"。这样，我们可以将这一概念稍加扩展，把自然资源天然存在所涉及的各种经济价值都纳入 OPV 之中，即它可包括为科学目的而支付的保护费用，甚至为未来潜在的经济使用而预支的保存费用等。

自然资源环境价值的经济学含义，尽管长期以来一直是环境经济学家研究的主题，但从表达方式到参数选择尚未得到统一和规范。问题的复杂性在于：这里不仅有获利问题（如环境治理工程、生态恢复工程），而且有代价问题。具体地说，污染排放量在超过环境容量时与不超过环境容量时的情况不同。在超过环境容量的情况下，污染影响得到控制的情况下，对人类健康的破坏与对自然生态系统的破坏的评估不同，其中还涉及近期影响与长期影响的估计问题等。尽管如此，我们不妨将这些经济学含义称为环境经济价值（Environmentally Economic Value，EEV）。

这样，自然资源的总货币价值则为选择价值、用户经济价值和环境经济价值之和，即：

$$TMV=OPV+UEV+EEV \tag{4-35}$$

式（4-35）在资源经济学和环境经济学上是可操作的。它说明，在追求自然资源的经济学最优时，不能像传统经济学那样只考虑用户经济价值，还应同时考虑选择价值和更为重要的环境经济价值。

4.8　经济效益、社会效益和生态效益的综合与权衡

在不断开发和利用自然资源的过程中，人类社会不断向前发展。在此过程中，人类在利用

自然资源的同时也在破坏周围的自然环境。如今，人类已经面临许多问题，如人口的过度膨胀、自然资源的严重短缺、生态环境的破坏等，这些问题又有不断恶化的趋势。人类不得不重新审视人与自然之间的关系，寻求经济、社会与环境、生态之间的协调与可持续发展。

现有的可持续发展的各种指标及其计算方法都是通过评价自然环境、经济和人文系统的表现来反映一定的政策对环境、经济、社会的影响。目前国际和国内采用系统理论和方法指导构建的指标体系有很多，如联合国可持续发展委员会（1996 年，2001 年）建立的"驱动力-状态-响应"（DSR）指标体系。它依据《21 世纪议程》，把整个指标体系分为经济、环境、社会和制度四大类，1996 年提出的初步指标体系共有 134 个指标，2001 年确定的核心指标体系有 58 个核心指标，其分析可持续发展体系的框架是压力—状态—反映。它表明了系统的自然属性，是目前较有影响且得到较广泛应用的可持续发展评价工具。还有 Prescott-Allen（1995 年）提出的"可持续性的晴雨表"（Barometer of Sustainability）模型。中国科学院可持续发展研究组（1999 年）提出的"中国可持续发展指标体系"也采用系统理论和方法指导构建指标体系。但目前以系统理论为指导的可持续发展指标体系存在着结构复杂、操作性不强等问题。

由于可持续发展评价涉及社会、经济、自然环境系统的方方面面，因此从系统角度来评价可持续发展有很好的应用前景。可持续发展评价的系统属性细分化理论、绿色国内生产净值核算、生态足迹理论和能值分析理论都是可持续发展系统评价的新理论，多用于国家和地区层面的分析，但是针对项目层面的经济效益、社会效益和生态效益的综合与权衡分析方法远不成熟。

本章小结

工程项目评价指标是多种多样的，它们从不同的角度反映项目的经济性。本书所讨论的仅是那些重要而又常用的指标。这些指标主要可以分为两大类：一类是以货币单位计量的价值型指标，如净现值、净年值、费用现值、费用年值等；另一类是反映资金利用效率的效率型指标，如投资收益率、内部收益率、净现值率等。由于这两类指标是从不同角度考察项目的经济性的，所以在对项目方案进行经济效果评价时，应当尽量同时选用这两类指标而不仅是单一指标。各类指标的适用范围和应用方法也是不同的。本章结合各种不同的决策结构特征讨论了评价方法。

如果对于任何投资决策都能简单地采用前述经济评价指标来以决定项目的取舍，投资决策就会变得简单易行。可是在实践中，由于决策结构的复杂性，如果仅掌握集中评价指标，而不掌握正确的评价方法，就不能达到正确的决策目的。因此，在划分决策类型的基础上，讨论如何正确运用各种评价指标进行项目评价与选择。

复习思考题

（1）工程项目方案比选有什么意义？
（2）怎样用内部收益率法进行方案比选？

（3）在方案比选中怎样选择指标?

（4）简述基准折现率的含义及其确定依据。

（5）某投资项目投资 1 万元，在 5 年内平均收入每年为 5 500 元，并且有残值 2 000 元，每年支出的经营和修理费是 3 000 元。若基准收益率为 10%，用净现值法判断这个方案是否是一项理想的投资方案。

（6）某工厂有两个设计方案，第一个方案采用半自动化生产，总投资额为 2 500 万元，年经营费用为 1 500 万元；第二个方案采用自动线，总投资额为 3 000 万元，年经营费用为 1 300 万元。问采用哪个方案较为合理。设标准投资回收期 T_0 为 5 年。

（7）某新建企业，期初用于厂房的投资为 2 000 万元，以后每年用于厂房和其他公用设施的投资量平均为 1 000 万元，另外，在第 3 年年末和第 4 年年末因购买设备又各投资 1 000 万元和 1 500 万元，工程在第 5 年年末建成并交付使用，资金年利率以 10% 计算。问第 5 年年末该企业的投资总额的复利本利和为多少。该工程投产后，每年可获平均利润 2 000 万元，问全部投资几年后可以回收。（从投产后算起）

（8）某钢铁厂投资工程，建设期为 3 年，第一年投资 600 万元，第二年投资 400 万元，第三年投资 200 万元。若投产后年平均收益 200 万元，$i_c=14\%$，试回答：①项目是否可行? ②项目的 IRR 是多少?

（9）某水泵厂欲生产矿山用污水泵。具体数据如表 4-21 所示。求其内部收益率。假如同行业平均收益率为 15%，问该项目效益如何。

表 4-21　题（9）表

年　　末	0	1	2	3	4	5	6	7
净现金流量/万元	-2 000	-780	900	1 360	2 000	1 950	2 000	1 000

（10）为了引进外资和先进技术，拟与外商合资经营。已知总投资为 10 亿元，其中外方投资 4 亿元，我方投资 6 亿元（折算成人民币，下同），生产出来的产品销售收入为 6 亿元，销售利润为 1.5 亿元/年。企业应缴所得税税率为 35%，利息率为 7.5%。问这个合资经营项目在经济上是否可行。

第5章

工程项目的风险分析与决策

本章学习目标

工程经济学的效益评价主要定位于事前评价，其功能是服务于投资决策。而投资决策又是收益与风险之间的权衡。因此，本章的学习，一方面是熟悉工程项目整体风险的分析评价，重点掌握盈亏平衡分析的原理、敏感性分析的原理和概率分析的原理；另一方面是熟练掌握风险型决策和不确定型决策的决策方法。本章的这种内容安排不同于传统工程经济学教材，非常适合工程管理硕士生对知识体系系统性和学以致用的需要。

5.1 工程项目风险分析概述

工程经济学的效益评价对象主要是拟议中的方案，效益评价是在投资前进行的。因此，分析所用的数据（如投资额、寿命、销售收入、成本和固定资产残值等）都是通过预测和估计取得的。在进行投资方案财务评价和国民经济评价时，我们又以这些预测和估计数据为基础，并依此得出方案的经济评价结论。实际上，由于项目的内部条件、外部环境的变化，项目在实施中实际发生的数据与经济分析所用的数据不可能完全一致，甚至有较大的偏差，使投资及其决策潜伏风险。所以，在进行工程经济分析时，进行不确定性分析十分必要。

不确定性分析通常是在对投资方案进行了财务评价和国民经济评价的基础上进行的，旨在用一定的方法考察不确定性因素对方案实施效果的影响程度，分析项目运行风险，以完善投资方案的评价结论，提高投资决策的可靠性和科学性。

1．不确定性分析的概念

所谓不确定性分析，就是分析项目在经济运行中存在的不确定性因素对项目经济效果的影响，预测项目承担和抗御风险的能力，考察项目在经济上的可靠性，以避免项目实施后造成不必要的损失。

不确定性因素可分为两种：一种是完全不确定型的，也就是不可测定的不确定性；一种是风险型的，也就是可测定的不确定性。完全不确定型是指方案实施后可能出现的结果是不确定的，并且结果出现的概率分布也全然未知；风险型是指虽然方案实施后出现的结果是不确定的，但这些结果出现的可能性即概率分布状况是已知或可估计的。对这两种因素的分析统称为不确定性分析。

2．产生不确定性的原因

（1）国家政策和法规、政治和经济形势的变化。

（2）生产工艺和技术装备的发展和变化。

（3）通货膨胀和物价的变化。

（4）产品市场供求结构的变化。

（5）建设条件和生产条件的变化。

（6）项目数据的预测、估计、统计的误差。

3．不确定性分析的步骤

（1）鉴别不确定性因素。尽管项目运行中涉及的所有因素都具有不确定性，但它们在不同条件下的不确定性程度是不同的。对项目进行不确定性分析时没有必要对所有的不确定性因素进行分析，而应找出不确定性程度较大的关键因素作为分析的重点。

（2）界定不确定性的性质。不确定性包括不可测定的不确定性与可测定的不确定性。对不可测定的不确定性因素，应界定其变化的幅度、变化的范围，确定其边界值；对可测定的不确定性因素，应确定其概率分布状况。

（3）选择不确定性分析的方法。根据不确定性因素的性质，选择不确定性分析的方法。一般情况下，盈亏平衡分析与敏感性分析适用于不可测定的不确定性分析；概率分析适用于可测定的不确定性分析。

（4）确定分析的结果。不确定性分析中，根据分析的需要和依据的指标不同，其分析的结果可以为平衡点确定、不同区间的方案选择、不同方案的比选、敏感度与敏感因素的界定、风险预测等。

5.2　工程项目风险性评价

5.2.1　工程项目风险评价的作用和步骤

1．工程项目风险评价的作用

在工程项目管理中，项目风险评价是一个必不可少的环节，其作用主要表现在：

（1）通过风险评价确定风险的大小排序。对工程项目中各类风险进行评价，根据它们对项目目标的影响程度，包括风险出现的概率和后果，确定它们的排序，为考虑风险控制措施提供依据。

（2）通过风险评价确定各风险事件间的内在联系。工程项目中各种各样的风险事件乍看是互不相干的，但当进行详细分析后，便会发现某些风险事件的风险源是相同的或相互之间有着密切的关联。例如，某工程由于使用了不合格的材料，承重结构强度远远达不到规定值，引发了不可预见的重大质量事故，造成了工期拖延、费用失控，以及工程技术性能或质量达不到设计要求等多种后果。对这种情况，从表面上看，工程进度、费用和质量均出现了风险，但其根源只有一个，即材料质量控制不严格，在以后的管理中只要注重材料质量控制就可消除此类风险。

（3）通过风险评价把握风险之间的相互关系，将风险转化为机会。例如，承包商对工程项目施工总承包，和分项施工承包相比，存在较大的不确定性，即具有较大的风险。若对某些子项目没有施工经验，可将这部分不熟悉的施工子项目分包给某一个有经验的专业施工队伍，对总包而言，这可能会赚得更多的利润。当然还要注意到，原认为是机会的东西，在某些条件下也可能转化为风险。

（4）通过风险评价可进一步认识已估计的风险发生的概率和引起的损失，降低风险估计过程中的不确定性。当发现原估计和现状出入较大、必要时，可根据工程项目进展现状，重新估计风险发生的概率和可能的后果。

2. 工程项目风险评价的步骤

工程项目风险评价的步骤如下。

（1）确定项目风险评价标准。工程项目风险评价标准就是工程项目主体针对不同的项目风险确定的可以接受的风险率。一般而言，对单个风险事件和工程项目整体风险均要确定评价标准，分别称为单个评价标准和整体评价标准。

（2）确定评价时的工程项目风险水平。其包括工程项目单个风险水平和整体风险水平。工程项目整体风险水平是综合了所有风险条件之后确定的。要注意的是，确定工程项目整体风险水平的方法很有讲究。确定工程项目整体风险水平后，总是要和工程项目的整体评价标准相比较，因此整体风险水平的确定方法要和整体评价标准的确定原则和方法相适应，否则两者就缺乏可比性。

（3）风险评价。即将工程项目单个风险水平和单个评价标准、整体评价标准和整体风险水平进行比较，进而确定它们是否在可接受的范围之内，或者考虑采取什么样的风险应对措施。

5.2.2　工程项目风险评价标准和整体风险水平

1. 工程项目风险评价标准

工程项目风险评价标准具有下列特性：

（1）不同项目主体有不同的项目风险评价标准。就同一个工程项目，对不同的项目主体，也有不同的项目管理目标，如工程项目业主，其对工程项目的工期、投资和质量有一个整体的目标；在此基础上，对各子项目工程在工期、投资和质量方面有较为具体的目标，同样是这一工程项目。而承担其施工的承包人，对其就有不同的管理目标。因此对于同一工程项目，不同的项目主体有不同的风险评价标准。

（2）项目风险评价标准和项目目标的关联性。工程项目风险评价标准总是和项目的目标相关的，显然，不同的项目目标也应具有不同的风险评价标准。

（3）工程项目风险评价标准的层次性。项目风险的概念总是与概率相关，因此将百分之百实现项目目标作为风险评价的标准并不是科学的。工程项目风险评价标准应分为计划风险水平和可接受风险水平两个层次：

1）计划风险水平，即在项目实施前分析估计得到的或根据以往的管理经验得到的，并认为是合理的风险水平。这一风险水平下，在不需采取特别控制措施的条件下，工程项目目标基本上能得以实现。

2）可接受风险水平，即项目主体可以接受的，经过一定的努力，采取适当的控制措施，项目目标能够实现的风险水平。

（4）工程项目风险评价标准的形式。工程项目的具体目标多种多样，因此，项目风险评价标准的形式也有风险率、风险损失、风险量等。例如，工程项目施工进度风险常用风险率（将不能按目标工期完工的概率）作为评价标准；质量风险可用质量事故发生后费用损失或工期损失作为评价标准；费用风险可以风险量为评价标准。

2. 工程项目整体风险水平

工程项目整体风险水平对项目管理者而言是一个相当重要的概念，但合理地加以衡量却不是一件简单的事。工程项目风险可按工程结构分解，整体风险一般由工程项目子项工程的风险构成，而子项工程风险又可按工程项目目标进行分类。因此，对工程项目整体风险水平的描述相当复杂。

对工程项目整体风险水平的描述可分两步进行：

（1）按工程项目目标风险的分类方法，分析实现项目整体目标的风险。对同一类的风险，其属性相同，因此，通过一定的运算，得到各目标的整体风险水平。例如，工程项目工期风险，是由完成各子项目时间的不确定而造成的，因此可以在进度网络计划的基础上，采用 MC 方法或其他方法分析工程项目的工期风险。

（2）综合不同目标风险，得到项目整体风险水平。不同目标的风险，一般而言，其属性是不一样的，因此做简单的算术运算是没有实际意义的。所以，需要采用其他一些数学处理，将各种目标的风险有机地综合起来，科学地描述项目整体风险水平。

在分析工程项目整体风险水平时，特别要注意到不同风险间的依赖关系和因果关系，这是在风险决策过程中十分有用的信息。

5.3　工程项目风险决策

5.3.1　决策概述

1. 决策的概念

所谓决策，是指在现代社会和经济活动中，针对某些宏观和微观问题，按照预定的目标，采用一定的科学理论、方法和手段，制定若干可供选择的行动方案并从中选定最满意的方案和实施方案，直到目标实现的动态工作过程。这一定义包括三个要点：① 决策要有明确的目标；

② 决策要有两个或两个以上的可行方案以供选择；③ 决策要有分析、评价和选择过程。

2. 决策问题的分类

决策问题按不同的分类标准，可以分为不同的类型，由此产生了不同的分类方法。

决策由三个要素构成，即决策方案（$a_i, i = 1, \cdots, m, m \geq 2$，决策变量是由决策者控制的要素，并构成策略集合 $A = \{a_1, a_2, \cdots, a_m\}$）、自然状态（$\theta_j, j = 1, 2, \cdots, n$，状态变量不是决策者可以控制的要素，并构成状态集合 $\Theta = \{\theta_1, \theta_2, \cdots, \theta_n\}$）和收益（损失）（$C(a_i, \theta_j)$，$i = 1, 2, \cdots, n$），对应于每个方案，在每种自然状态下，决策者都有确定的收益或损失，并构成收益（损失）矩阵：

$$D = \begin{pmatrix} a_1 \\ \vdots \\ a_m \end{pmatrix} \begin{pmatrix} \theta_1 & \cdots & \theta_n \\ c_{11} & \cdots & c_{1n} \\ \vdots & \vdots & \vdots \\ c_{m1} & \cdots & c_{mn} \end{pmatrix}$$

按决策所处自然状态的不同，决策问题可分为确定型决策问题、风险型决策问题和不确定型决策问题。

（1）确定型决策问题。所谓确定型决策问题，是指自然状态是完全确定的决策问题。对于确定型决策问题，每个方案只有一个确定的结果，决策者或分析人员只需按既定的目标和评价准则选定行动方案即可。

（2）风险型决策问题。所谓风险型决策问题，是指自然状态有两种或两种以上，每种自然状态产生的概率已知的决策问题。

（3）不确定型决策问题。所谓不确定型决策问题，是指决策所面临的自然状态有两个或两个以上，但各自然状态发生的概率无法准确估计和预测的决策问题。

➲ 例5-1 生产某一产品的工厂有两个建厂方案（大、小）。估计产品销路好的概率为 0.7，不好的概率为 0.3，建大厂投资 300 万元，建小厂投资 150 万元，预计生产 10 年，其每年收益如表 5-1 所示。试选择应该采用哪个方案。

表 5-1 某产品生产的年收益 　　　　　　　　单位：万元

收 益		自 然 状 态	
		销路好 θ_1	销路差 θ_2
概率		0.7	0.3
方案	大厂 a_1	100	−20
	小厂 a_2	40	20

这是一个风险型决策问题。但是，若只考虑一种状态，则成为确定型决策问题；若考虑两种状态，但概率不知，则成为不确定型决策问题。对于确定型决策问题，方法比较简单，如果只考虑 θ_1，则表 5-1 简化为表 5-2。

表 5-2 某产品生产的年收益 　　　　　　　　单位：万元

方 案	状态 θ_1 下的收益
a_1	100
a_2	40

对于方案 a_1：$100×10–300=700$（万元）；对于方案 a_2：$40×10–150=250$（万元）。

显然，最优方案 $a^*=a_1$。

5.3.2　风险型决策方法

风险型决策是在有明确目标的情况下，依据预测得到的不同自然状态下的经济效果（损益值）和不同自然状态发生的概率做出的决策。由于自然状态并非决策者所能控制的，决策结果要承担一定的风险，故称为风险型决策。

关于风险型决策问题的决策方法，通常有如下几种。

1. 最大可能法

即在诸多状态中，选一个概率值最大的状态作为决策状态，使风险型问题变为确定型问题。这实际上是把 $p(\theta_i)$ 中最大的一个变为 1，其余的变为 0。当某个 $p(\theta_i)$ 比其他状态概率大很多时，该方法很有效。

2. 最大期望值决策法

最大期望值决策法是通过计算各可行方案的收益期望值，并以收益期望值最大的方案为最优方案的一种决策方法。最大期望值决策法的决策过程如下。

（1）计算各可行方案的收益期望值 $E(a_i)$。

$$E(a_i) = \sum_{j=1}^{n} P_j c_{ij} \quad (i=1,2,\cdots,m) \tag{5-1}$$

（2）计算最大收益期望值，并确定最优决策方案。

若 $E(a_k) = \max\limits_{1 \leqslant i \leqslant m} \{E(a_i)\}$，则按最大收益期望决策法进行决策的最优决策方案为 a_k。

对于例 5-1，方案 a_1 和 a_2 的年期望收益分别为：

$$a_1 : E[C(a_1,\theta)] = 100 \times 0.7 - 20 \times 0.3 = 64 \quad （万元）$$
$$a_2 : E[C(a_2,\theta)] = 40 \times 0.7 + 20 \times 0.3 = 34 \quad （万元）$$

方案 a_1 和 a_2 的期望总收益分别为：

$$a_1 : 64 \times 10 - 300 = 340 \quad （万元）$$
$$a_2 : 34 \times 10 - 150 = 190 \quad （万元）$$

显然，最优方案 $a^*=a_1$。

3. 决策树法

这也是一种基于期望值的方法，但它所用的不是决策表，而是图（树）。每个决策树由如下四部分组成：

（1）决策点，用□表示。由决策点引出若干分支，每一分支代表一个方案。在分支上标明方案，有几个可行方案就有几条分支。

（2）方案节点，用○表示。由方案节点引出的分支叫概率分支，每个分支代表一个自然状态，在分支上标明自然状态 θ_t 及其发生的概率 P_t。

（3）树枝，每个树枝表示一个方案或事件。

（4）结果节点，用△表示。它旁边的数字表示每个方案在相应自然状态下的收益值。

通常称初始决策点为树根，结果节点为树叶，由树根到树叶就构成了一棵决策树。

利用决策树进行决策的步骤如下：

（1）画决策树。把决策问题未来发展情况的可能性和对可能结果所做的预测或估计用树状图形反映出来。

（2）计算期望值。由树叶向树根方向，逐步计算各个方案节点和决策点的收益期望值，并将其数值标在各节点上方。

（3）从树叶向树根的方向，在每层决策点上对各种可行方案进行优选，保留该层次收益期望值最大的方案，对其他方案进行"剪枝"，标明"×"号，直到树根为止。最后未被剪掉的各级分支便构成了多级决策的最优决策方案。

例 5-1 的决策树及其分析结果如图 5-1 所示。

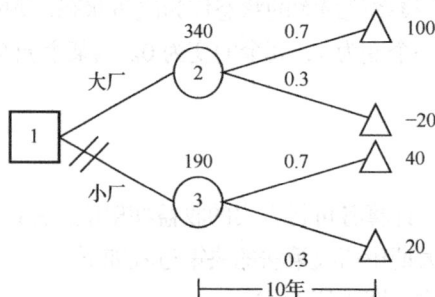

图 5-1 例 5-1 的决策树及其分析结果

决策树法的基本原理仍以计算损益期望值为依据，所不同的是在作图的基础上计算损益期望值。这种方法能够直接、形象地反映决策的过程，尤其适合解决复杂的决策（如多阶段决策）问题；画出了决策问题的决策树之后，就可以根据期望值来进行决策。

例 5-2 把例 5-1 改为：若前 3 年销路好，则后 7 年销路好的概率为 0.8；若前 3 年销路不好，则后 7 年销路好的概率为 0.1。此时如何决策？

解：根据题意绘制的决策树如图 5-2 所示，决策结果也标注在此决策树中。

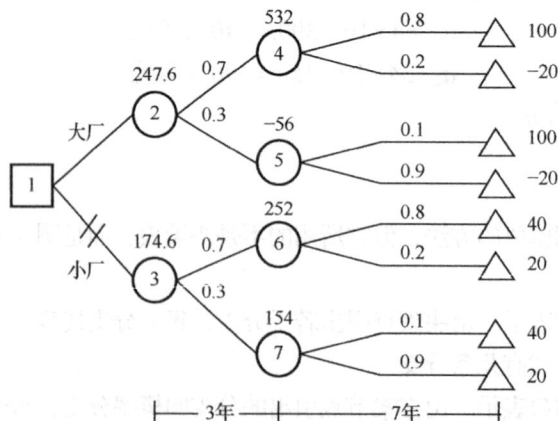

图 5-2 例 5-2 的决策树及其分析结果

其中（4）、（2）两点的期望收益分别为：

$$100 \times 0.8 \times 7 + (-20) \times 0.2 \times 7 = 532（亿元）$$

$$532 \times 0.7 + (-56) \times 0.3 + 100 \times 0.7 \times 3 + (-20) \times 0.3 \times 3 - 300 = 247.6（亿元）$$

其他点的期望收益计算仿此进行。由图 5-2 所示的决策树可知，应选择投资大厂。

4. 矩阵法

对于复杂问题，当计算量很大时，可用矩阵法。

对于方案集：$\qquad\qquad \boldsymbol{A} = (a_1, a_2, \cdots, a_m)$

对于状态集：$\qquad\qquad \boldsymbol{\theta} = (\theta_1, \theta_2, \cdots, \theta_n)$

对于概率向量：$\boldsymbol{P} = (p_1, p_2, \cdots, p_n)$，其中，$p_j = p(\theta_j)$，$j = 1, \cdots, n$；$\sum\limits_{j=1}^{n} p_j = 1$，$E(\boldsymbol{A}) = (E(a_1,$
$\theta), E(a_2, \theta), \cdots, E(a_m, \theta))^{\mathrm{T}}$。

因为 $E(a_i, \theta) = \sum\limits_{j=1}^{n} p_j c_{ij}$，所以期望值法可用下式表示：

$$E(\boldsymbol{A}) = \boldsymbol{D}\boldsymbol{P}^{\mathrm{T}} = \begin{pmatrix} c_{11} & c_{12} \cdots c_{1n} \\ c_{21} & c_{22} \cdots c_{2n} \\ \vdots & \qquad \vdots \\ c_{m1} & c_{m2} \cdots c_{mn} \end{pmatrix} \begin{pmatrix} p_1 \\ p_2 \\ \vdots \\ p_n \end{pmatrix} = \begin{pmatrix} \sum\limits_{j=1}^{n} p_j c_{1j} \\ \sum\limits_{j=1}^{n} p_j c_{2j} \\ \vdots \\ \sum\limits_{j=1}^{n} p_j c_{mj} \end{pmatrix} \qquad （5\text{-}2）$$

令 $a^* \Leftrightarrow \max\{E(a_i, \theta)\}$，则 a^* 是最优决策方案。

例 5-3　某项目的收益矩阵为 $\boldsymbol{D} = \begin{pmatrix} 4 & 5 & 6 & 7 \\ 2 & 4 & 6 & 9 \\ 5 & 7 & 3 & 5 \\ 4 & 5 & 4 & 8 \\ 3 & 5 & 5 & 5 \end{pmatrix}$，状态概率向量 $\boldsymbol{P}^{\mathrm{T}} = \begin{pmatrix} 0.2 \\ 0.4 \\ 0.1 \\ 0.3 \end{pmatrix}$。试确定其最优方案。

解： 该项目的期望值为：

$$E(\boldsymbol{A}) = \boldsymbol{D}\boldsymbol{P}^{\mathrm{T}} = \begin{pmatrix} 4 & 5 & 6 & 7 \\ 2 & 4 & 6 & 9 \\ 5 & 7 & 3 & 5 \\ 4 & 5 & 4 & 8 \\ 3 & 5 & 5 & 5 \end{pmatrix} \begin{pmatrix} 0.2 \\ 0.4 \\ 0.1 \\ 0.3 \end{pmatrix} = \begin{pmatrix} 5.5 \\ 5.3 \\ 5.6 \\ 5.6 \\ 4.6 \end{pmatrix}$$

最大的收益期望值为 5.6，对应的方案为 a_3 和 a_4，由于最优方案的选择最多选一，因此需要进一步比较方案 a_3 和方案 a_4，这在理论上可以分析两个方案收益分布的方差特征。但是，方差的计算相对复杂，在实际应用中，可计算期望与下界差（或上界与期望差）：

$$\bar{D}(a_i, \theta) = E(a_i, \theta) - \min_k (c_{ik})$$

在例 5-3 中，方案 a_3 和方案 a_4 的收益期望与其下界差分别为：

$$\bar{D}(a_3,\theta)=5.6-3=2.6$$
$$\bar{D}(a_4,\theta)=5.6-4=1.6$$

选择最优方案 a^* 的原则为：

（1）$\bar{D}(a_i,\theta)=\bar{D}(a_j,\theta)$ 时，任选一个均可；

（2）$\bar{D}(a_i,\theta)\neq\bar{D}(a_j,\theta)$ 时，取较小者对应的行动方案为 a^*。

5. 期望机会损失值法（Cost Opportunity Lost，COL）

期望机会损失值法，是根据各可行方案的最小后悔期望值，确定最优方案的一种决策方法。其决策步骤如下：

（1）在损益矩阵中，从自然状态列中找出最大损益值。

（2）从找出的最大损益值中减去每个可行方案在自然状态 θ_j 的损益值，即计算 $\max\limits_{1\leqslant i\leqslant m}c_{ij}-c_{ij}(1\leqslant i\leqslant m,1\leqslant j\leqslant n)$，记 $b_{ij}=\max\limits_{1\leqslant i\leqslant m}c_{ij}-c_{ij}$。

（3）计算各可行方案的后悔期望值 $\bar{E}(a_i)$。

$$\bar{E}(a_i)=\sum_{j=1}^{n}P_{ij}b_{ij}\quad(i=1,2,\cdots,m)\tag{5-3}$$

（4）求最小后悔期望值，并确定最优决策方案。若 $\bar{E}(a_k)=\min\limits_{1\leqslant i\leqslant m}\{\bar{E}(a_i)\}$，则按期望机会损失值法进行决策的最优决策方案为方案 a_k。

对于例5-1，如果采用期望机会损失值法决策，对应于年收益的机会损失如表5-3所示。

表5-3　某产品生产的机会损失　　　　　　　　单位：万元/年

机 会 损 失		自 然 状 态	
		销路好 θ_1	销路差 θ_2
概率		0.7	0.3
方案	大厂 a_1	0	40
	小厂 a_2	60	0

$$\bar{E}(a_1)=0.7\times0+0.3\times40=12\text{（万元）}$$
$$\bar{E}(a_2)=0.7\times60+0.3\times0=42\text{（万元）}$$

考虑10年，并加上投资损失，两个方案的期望总损失分别为：

$$a_1:12\times10+300=420\text{（万元）}$$
$$a_2:42\times10+150=570\text{（万元）}$$

显然，方案 a_1 优于方案 a_2。

5.3.3　不确定型决策方法

不确定型决策是针对自然状态出现的概率无法估计情况的决策。

例 5-4　某产品生产有3个方案，产品未来的销售状况有4种可能：销量大、一般、较小和很小，3种方案对应于4种市场状况下的收益如表5-4所示，试决定应该选择哪个方案。

表5-4 生产某产品的收益一   单位: 万元

收　　益		销　　量			
		大	一般	较小	很小
生产方案	1	600	400	0	−150
	2	800	350	−100	−300
	3	400	250	90	50

不确定型决策主要有以下几种决策方法。

1. 等概率决策法

等概率决策法又称平均值决策法，或拉普拉斯决策准则（Laplace Decision Criterion）。它的基本思路是：当决策者在决策过程中没有充足的理由说明哪种自然状态容易出现、哪种自然状态不容易出现时，一种常用的处理手段就是认为它们发生的可能性相同，是等概率事件，即 $P_1 = P_2 = \cdots = P_n$。由此可以将不确定型决策问题转化为风险型决策问题，并按风险型决策方法进行决策。

在例 5-4 中，方案 1、方案 2 和方案 3 的期望收益分别为：

方案 1：(600+400+0−150)/4=212.5（万元）。

方案 2：(800+350−100−300)/4=187.5（万元）。

方案 3：(450+250+90+50)/4=210（万元）。

比较各值大小，应取方案 1 为最优方案。

2. 小中取大法（悲观决策法）

悲观决策法又称瓦尔德准则（Wald Decision Criterion）。这种方法的思路是，决策者对客观情况总是抱悲观的态度，总认为每个方案都取最坏结果，然后从这些最坏结果中挑选一个最好的作为行动方案。具体方法是，首先求每个方案的最小收益，再在这些最小收益中找出最大值，该值所对应的方案为入选方案，即：

$$a^* \Leftrightarrow \max_a \left\{ \min_\theta [c(a_i, \theta)] \right\} \qquad (5\text{-}4)$$

仍以例 5-4 为例，3 个方案最小收益分别为−150 万元、−300 万元和 50 万元，依此方法，决策的最优方案为方案 3，如表 5-5 所示。

表5-5 生产某产品的收益二   单位: 万元

收　　益		销　　量				各方案 最小收益
		大	一般	较小	很小	
生产方案	1	600	400	0	−150	−150
	2	800	350	−100	−300	−300
	3	400	250	90	50	50
最优方案 $a^* \Leftrightarrow \max\limits_a \left\{ \min\limits_\theta [c(a_i, \theta)] \right\} = \max\{-150, -300, 50\}$						方案 3

3. 大中取大法（乐观决策法）

运用乐观决策法进行决策的决策者与悲观决策者不同，他敢于冒风险，绝不放弃任何一个获得最好结果的机会，时刻争取好中之好。具体方法是，首先求每个方案的最大收益，再在这

些最大收益中找出最大值，该值所对应的方案为入选方案，即

$$a^* \Leftrightarrow \max_a \left\{ \max_\theta [c(a_i, \theta)], i = 1, \cdots, m \right\} \qquad (5\text{-}5)$$

仍以例 5-4 为例，3 个方案最大收益分别为 600 万元、800 万元和 400 万元，依此方法决策的最优方案为方案 2，如表 5-6 所示。

表 5-6　生产某产品的收益三　　　　　　　　　　　　　　　单位：万元

收　益		销　量				各方案
		大	一般	较小	很小	最大收益
生产方案	1	600	400	0	−150	600
	2	800	350	−100	−300	800
	3	400	250	90	50	400
最优方案 $a^* \Leftrightarrow \max_a \left\{ \max_\theta [c(a_i, \theta)] \right\} = \max\{600, 800, 400\}$						方案 2

4. 乐观系数决策法

乐观系数决策法又称赫尔维茨决策准则（Huriwicz Decision Criterion）。这种决策方法的思路是：对客观条件的估计既不乐观也不悲观，用一个数字表示乐观程度，这个数字称为乐观系数，记以 α。通常，规定 α 满足 $0 \leq \alpha \leq 1$。

其计算步骤是：

（1）计算各个方案的最大收益（ $\max_\theta [c(a_i, \theta)]$，$i = 1, 2, \cdots, m$ ）和最小收益（ $\min_\theta [c(a_i, \theta)]$，$i = 1, 2, \cdots, m$ ）。

（2）通过下式对每个方案进行计算：

$$H_i = \alpha \max_\theta [c(a_i, \theta)] + (1 - \alpha) \min_\theta [c(a_i, \theta)] \quad (i = 1, 2, \cdots, m) \qquad (5\text{-}6)$$

（3）求 H_i 的最大值，若 $H_k = \max_{1 \leq i \leq m} H_i$，则选取方案 a_k。

显然，当 $\alpha = 1$ 时，乐观系数决策法就是乐观决策法；当 $\alpha = 0$ 时，乐观系数决策法就是悲观决策法。

仍以例 5-4 为例，3 个方案最大收益分别为 600 万元、800 万元和 400 万元，3 个方案最小收益分别为 −150 万元、−300 万元和 50 万元。若取 $\alpha = 0.2$，则 3 个方案 H_i 值分别为：

方案 1：600×0.2+（−150）×0.8=0（万元）。

方案 2：800×0.2+（−300）×0.8=−80（万元）。

方案 3：400×0.2+50×0.8=120（万元）。

按照 $H_k = \max_{1 \leq i \leq m} H_i$，最优方案为方案 3。

5. 大中取小法（后悔值决策法）

后悔值决策法又称沙万奇（Savage）准则。这种决策方法的基本思路是：将每种自然状态下的最优值（考虑收益时，取最大值；考虑损失时，取最小值）看作该自然状态下的理想目标，并将该自然状态下的其他值与最优值相减所得之差称为机会损失或后悔值。为了决策之后尽量不后悔，就应使最大机会损失最小。

在例 5-4 中，与表 5-4 相对应的后悔值如表 5-7 所示，3 个方案的最大后悔值分别为 200 万

元、350 万元和 400 万元，因此，依此方法决策的最优方案为方案 1。

表 5-7　生产某产品的收益四

单位：万元

后　悔　值		销　量				各方案最大后悔值
		大	一般	较小	很小	
生产方案	1	200	0	90	200	200
	2	0	50	190	350	350
	3	400	150	0	0	400
最优方案 $a^{*} \Leftrightarrow \min_{a}\{H_i\} = \min\{200,350,400\}$						方案 1

5.4　不确定性分析方法

技术经济分析就是对可能采用的技术方案进行分析和比较、评价和优选，评价的基础数据大都来自预测或估算。无论采用何种方法进行预测或估算，初始数据必然源于种种假设或推断，从而会导致未来结果的不确定性。这些因素的不确定性通常会带来经济效益的变动，使技术方案具有较大的潜在风险，容易导致决策上的失误。为了提高经济效益评价的可靠性和经济决策的科学性，需要进一步对技术方案进行不确定性分析。所谓不确定性分析，主要是分析技术方案中某些不确定性因素对其经济效益的影响。这对投资额较大、寿命较长的重大项目来说尤为重要。常用的不确定性分析方法有盈亏平衡分析、敏感性分析和概率分析。

5.4.1　盈亏平衡分析

盈亏平衡分析又叫损益平衡分析，也称为本量利分析，它是研究产品成本、产量、利润三者之间内在联系，并为决策者提供科学依据的现代化管理方法。各种不确定性因素的变化均会影响投资方案的经济效果，当某些因素的变化达到某一临界值时，甚至会影响方案的取舍。盈亏平衡分析就是根据方案的成本与收益关系确定盈亏平衡点（保本点），进而判断投资方案对不确定性因素变化的承受力，为决策者提供决策依据。

1. 盈亏平衡分析的重要性

有些企业为了研制某种新产品，投入大量资金，花费很多精力，寄予莫大希望。但新产品投放市场后，发现需求量并不大，销售收入不能抵偿总成本费用，发生亏损，使企业经营陷于被动局面。产生这一结果的一个重要原因就是企业经营者对总成本费用、销售量和利润三者之间存在的相互依存关系重视不够。

2. 盈亏平衡分析的目的

（1）求出企业不亏损的最低年产量，即平衡点产量。

（2）确定企业的最佳年产量。

（3）通过盈亏平衡分析，控制企业的盈亏平衡形势，以便针对企业出现的不同情况采取相应的对策，从而保证企业获得较好的经济效益。

3. 盈亏平衡分析的基本原理

（1）销售收入与产品产量（销售量）的关系。企业的销售收入与产品产量的关系有两种情况：

1）在完全竞争条件下，企业销售收入 S 与产品产量 Q（销售量）呈线性关系。此时销售收入 S 为：

$$S=PQ \qquad (5\text{-}7)$$

2）在不完全竞争条件下，产品价格是一个变量，常因需求或生产的增长而变化。此时销售收入 $S(x)$ 为：

$$S(x)=P(x)Q \qquad (5\text{-}8)$$

（2）总成本费用与产品产量的关系如图5-3所示。

1）线性关系：$C=B+VQ$。

2）非线性关系：$C_{cx3}=B+V_{(x)}Q$。

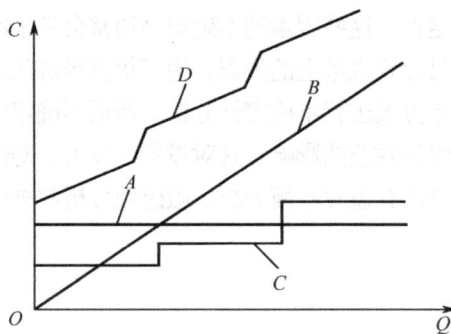

图5-3　总成本费用与产品产量的关系

4. 盈亏平衡点的确定

（1）图解法。根据产品产量（销售量）、产品价格及固定总成本费用和可变总成本费用等，以产品产量（或销售量）为横坐标，以总成本费用或销售收入的金额为纵坐标，分别作出总成本费用与产量、销售收入与产量的关系曲线，如图5-4所示，两线相交于 G 点，G 点即为所求的盈亏平衡点。

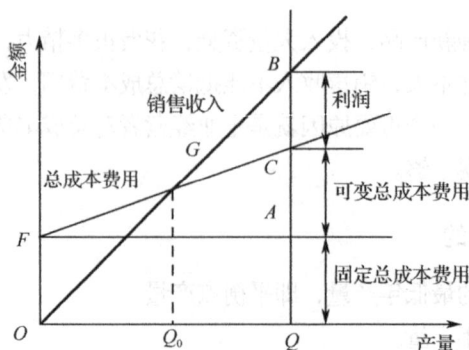

图5-4　盈亏平衡图的绘制

（2）计算法。在线性盈亏平衡模型中，方案的总成本费用、销售收入与产量（销售量）呈线性关系，即：

$$S_0 = PQ - DQ \tag{5-9}$$

$$C = B + VQ \tag{5-10}$$

根据盈亏平衡点的定义，$S_0 = C$，即：

$$PQ_0 = B + VQ_0 + DQ \tag{5-11}$$

$$Q_0 = \frac{B}{P - V - D} \tag{5-12}$$

例 5-5　有一新建厂方案，设计能力为年产某产品 4 200 台，预计售价为 6 000 元/台，固定总成本费用为 630 万元，单台产品可变成本费用为 3 000 元（本例未考虑销售税金及附加），试对此方案做出评价。

解： 盈亏平衡点产量 Q_0 为：

$$Q_0 = \frac{B}{P - V} = \frac{6\,300\,000}{6\,000 - 3\,000} = 2\,100 \text{（台）}$$

可见，该方案的盈亏平衡点产量为设计能力的一半，盈利潜力很大。如果建成后满负荷生产，则每年可获利 I 为：

$$\begin{aligned}
I &= S - C = PQ - (B + VQ) = (P - V)Q - B \\
&= (6\,000 - 3\,000) \times 4\,200 - 6\,300\,000 \\
&= 6\,300\,000 \text{（元）} \\
&= 630 \text{（万元）}
\end{aligned}$$

在非线性平衡模型中，方案的总成本费用、销售收入与产量（销售量）呈非线性关系，即：

$$S(x) = P(x)Q - DQ \tag{5-13}$$

$$C(x) = B + V(x)Q \tag{5-14}$$

式中，$S(x)$ 表示扣除销售税金及附加后的销售收入函数；$P(x)$ 表示产品单价；Q 表示产品产量；$C(x)$ 表示成本函数；B 表示固定总成本费用；$V(x)$ 表示单位产品可变成本费用。

根据盈亏平衡点的定义，当 $C(x) = S(x)$ 时，两条曲线相交，相交点即为盈亏平衡点。

例 5-6　某企业生产某种产品，已知年固定成本为 10 000 元，可变成本为（30－0.001x）元/件，销售价格为（50－0.005x）元/件，其中 x 为生产量。试求企业的盈亏平衡点产量和最佳产量。

解： 已知 $S(x) = (50-0.005x)x$，$C(x) = 10\,000 + (30-0.001x)x$，令 $B(x) = S(x) - C(x) = 0$，得：

$$(50-0.005x)x - [10\,000 + (30-0.001x)x] = 0$$

解得：$Q_{01} = 550$（件），$Q_{02} = 4\,450$（件）。

令：

$$\frac{dB(x)}{dx} = 0$$

得：

$$-0.008x + 20 = 0$$

解得 $x^* = 2\,500$ 件，且有 $\dfrac{d^2 B(x)}{dx^2} = -0.008 < 0$。

故 $x^* = 2\,500$ 件即为企业的最佳产量。此时企业的利润为：

$$\begin{aligned}
B(x) &= S(x) - C(x) \\
&= -0.004 \times 2\,500^2 + 20 \times 2\,500 - 10\,000 \\
&= 15\,000 \text{（元）}
\end{aligned}$$

综上所述，企业的盈亏平衡点产量为550件或4450件，企业的最佳产量为2500件。

由盈亏平衡点的概念和例5-5、例5-6可见，实际产销量大于盈亏平衡点产销量是项目盈利的基本条件，在线性平衡模型中，实际产销量超过盈亏平衡点产销量的幅度不仅体现了项目的获利水平，而且能体现项目承担风险的能力，可以借助经营安全系数（率）来刻画这一特征。我们将经营安全系数（率）S定义为：

$$S = \frac{\overline{Q} - Q_0}{\overline{Q}} \times 100\% = 1 - \frac{Q_0}{\overline{Q}} \times 100\% \qquad (5-15)$$

S越高，即期望产量$\overline{Q}$大于盈亏平衡点产销量Q_0越多，经营越安全，项目风险越小。经营安全性的判定标准参见表5-8。

表5-8　经营安全性的判定标准

S值	10%以下	10%~15%	15%~20%	20%~30%	30%以上
判定	危险	应警惕	不太安全	较安全	安全

➥ 例5-7　某公司生产某型飞机整体壁板的方案中，设计生产能力为100件/年，每件售价P为6万元，方案年固定成本F为80万元，单位可变成本V为每件4万元，销售税金Z为每件200元。公司要求经营安全率在55%以上，试评价该技术方案。

解： 盈亏平衡方程为：

$$P_x = F + V_x + Z_x$$

$$x_0 = \frac{F}{P - V - Z} = \frac{80}{6 - 4 - 0.02} = 40.4 \text{（件）}$$

$$S = \frac{\overline{x} - x_0}{\overline{x}} \times 100\% = \frac{100 - 40.4}{100} \times 100\% = 59.6\% > 55\%$$

所以，方案可行。

不确定性分析也可以换个角度去考虑。原则上讲，尽管要素的变化既可能带来有益的影响，又可能带来不利的影响，但从不确定性分析方面讲，决策者更加关注各种不确定性因素变化为其带来的不利影响，因此，如果各要素在最不利的情况下仍能保证项目盈利，则说明项目是安全的。

➥ 例5-8　某生产手表的方案中，设计生产能力为年产8万只，年固定成本为200万元，单位可变成本为100元，产品售价150元/只，税金平均每只2元。经预测，投产后固定成本可能增长10%，单位可变成本可能增加10元，售价可能下降10元，生产能力可能增加5000只。问此方案经营是否安全？

解： 显然，固定成本和可变成本的增长、售价的下降对项目投资是不利的，几个事件同时发生则是最不利的情况。此时 $F=200\times(1+10\%)=220$（万元），$V=100+10=110$（元），$P=150-10=140$（元），$Q=8$（万只），经营安全率为：

$$S' = 1 - \frac{Q_0}{Q} \times 100\% = 1 - \frac{\dfrac{F}{Q(P - V - Z)}} \times 100\% = 1 - \frac{220 \times 10^4}{8.5 \times 10^4 \times (140 - 110 - 2)} \times 100\% = 7.56\% > 0$$

在此，如果按照最可能的情况考虑，则经营安全率为：

$$S = 1 - \frac{200 \times 10^4}{8 \times 10^4 \times (150 - 100 - 2)} \times 100\% = 48\% > 30\% \text{ 的安全标准}$$

以上两方面均说明本项目是安全的。

5. 盈亏平衡用于工艺方案选择

可利用盈亏平衡点来评价各对比方案之间的相对优劣，并以此为依据进行工艺方案的选择。

例 5-9 某厂生产线有 4 个方案，经济效益相当，其成本结构如表 5-9 所示。问采用哪个方案经济合理。

表 5-9　某厂生产线方案成本结构　　　　　　　　　　单位：元

方　案	F	V
A	5 000	6
B	10 000	4
C	13 000	2.5
D	18 000	1.25

解： 各方案的总成本分别为：

$$C_A = 5\,000 + 6x \; ; \quad C_B = 10\,000 + 4x \; ; \quad C_C = 13\,000 + 2.5x \; ; \quad C_D = 18\,000 + 1.25x$$

4 个方案的成本曲线如图 5-5 所示。

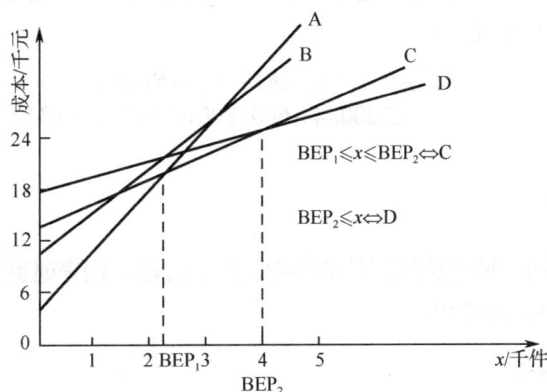

图 5-5　某厂生产线方案成本曲线

由于 4 个方案的经济效益相当，因此，方案的选择应以成本最小化为原则。但是，从图 5-5 可以直观地看到，对于不同的实际产量，最优方案也不同。在 BEP_1 点应有 A 和 C 方案平衡，令 $5\,000 + 6x = 13\,000 + 2.5x$，解出 $x_1 = BEP_1 = 2\,286$ 件；同理，在 BEP_2 点应有 C 和 D 方案平衡，令 $13\,000 + 2.5x = 18\,000 + 1.25x$，解出 $x_2 = BEP_2 = 4\,000$ 件。

即，$x = 2\,286$，用方案 A 或方案 C；$x = 4\,000$，用方案 C 或方案 D。

例 5-10 某车间生产工程零件，提出了 Ⅰ 和 Ⅱ 两个工艺方案。工艺成本中单位产品可变费用分别为 $V_1 = 10$ 元/件，$V_2 = 6$ 元/件，而相应的固定费用分别为 $B_1 = 600$ 元/年，$B_2 = 800$ 元/年。若车间生产任务为 $Q = 2\,000$ 件/年，问采用哪个工艺方案更经济，节约多少。

解： 其图解如图 5-6 所示。由图可见，当实际生产量 Q 小于临界产量 Q_0 时，则采用工艺方案 Ⅰ 有利。反之，当实际生产量 Q 大于临界产量 Q_0 时，则采用工艺方案 Ⅱ 有利。设有某一产量 Q_1，此时工艺方案 Ⅰ 与工艺方案 Ⅱ 的工艺成本差额为：

$$\Delta C_m = C_{m2} - C_{m1} = Q_1(V_2 - V_1) + (B_2 - B_1)$$

即工艺方案 II 较工艺方案 I 的工艺成本超支了 ΔC_m 元/年，故在此区域内，工艺方案 I 较经济。

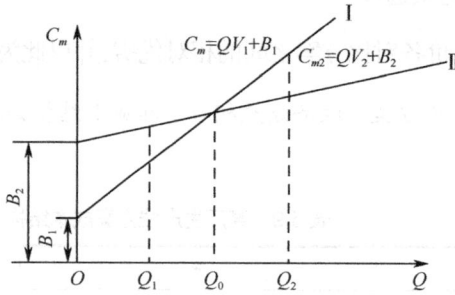

图 5-6　对比两方案工艺成本与产量的关系

同理，当生产量为 Q_2 时，I 和 II 两个工艺方案的工艺成本差额为：

$$\Delta C_m = C_{m1} - C_{m2} = Q_2(V_1 - V_2) + (B_1 - B_2)$$

即工艺方案 II 较工艺方案 I 节约了 ΔC_m 元/年，故当实际产量 $Q > Q_0$ 时，工艺方案 II 较经济。

为此，先计算临界产量 Q_0：

$$Q_0 = \frac{B_2 - B_1}{V_1 - V_2} = \frac{800 - 600}{10 - 6} = 50 \quad （件/年）$$

因生产任务 $Q = 2\,000$ 件/年，远远大于临界产量 $Q_0 = 50$ 件/年，故应采用工艺方案 II 进行生产。此时较方案 I 的节约量 ΔC_m 为：

$$\begin{aligned}
\Delta C_m &= C_{m1} - C_{m2} = Q(V_1 - V_2) + (B_1 + B_2) \\
&= 2\,000 \times 4 + (600 - 800) = 7\,800 \quad （元/年）
\end{aligned}$$

5.4.2　敏感性分析

敏感性分析是常用的一种评价经济效益不确定性的方法，用来研究和预测不确定因素对技术方案经济效益的影响和影响程度。

1. 敏感性分析的概念

所谓敏感性分析（亦称灵敏度分析），就是通过对比研究某些不确定性因素（如销售收入、成本、投资、生产能力、价格、寿命、建设期、达产期等）对经济效益评价值（如投资收益率、净现值、净年值、内部收益率等）的影响程度，从许多不确定性因素中找出敏感因素，并提出相应的控制对策，供决策者分析研究。

图 5-7 是一个敏感性分析示意图，图中表示出某技术方案的某些不确定性因素对投资收益率的影响。从图中可以看到，如果销售收入增加 5%，则将影响投资收益率从目标值 20% 增加到 28%；如果生产能力下降 10%，则影响投资收益率从目标值 20% 下降到 14%。事实上，任何一个不确定性因素的变动，都必然影响经济效益的评价目标值，只是影响的程度不同而已。由图可知，销售收入的变化对投资收益率的影响较大，而投资额的变动对投资收益率的影响较小。也就是说，投资收益率对销售收入的变化反应敏感，对投资的变化反应不敏感。通常，将那些使经济效益评价值产生强敏感性的不确定性因素称为敏感因素。反之，则称为非敏感因素。

敏感性分析的核心问题，就是从许多不确定性因素中找出敏感因素，因为敏感因素的不确定性给项目带来的风险性会更大。然后针对敏感因素，采用相应的对策和措施，力求使风险减至最低限度，提高分析可靠性。

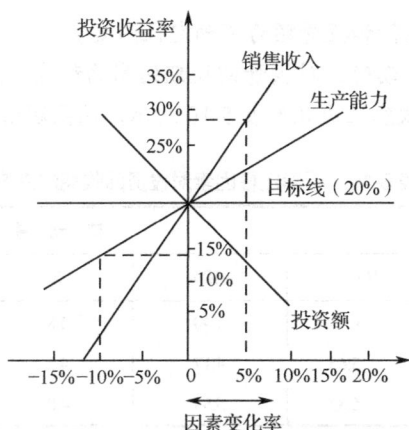

图 5-7 敏感性分析示意图

2．敏感性分析的作用

敏感性分析具有如下几个方面的作用：

（1）通过敏感性分析可以研究影响因素的变动将引起经济效益评价值的变动范围。

（2）找出影响技术方案经济效益的敏感因素，并进一步分析与之有关的预测或估算数据可能产生不确定性的根源。

（3）通过多方案敏感性对比，选取敏感性小的方案，即风险小的替代方案。

（4）通过对可能出现的最有利与最不利情况的经济效益分析，来寻找替代方案或对原方案采取某些控制措施。

3．敏感性分析的基本步骤

敏感性分析的基本步骤可归纳如下：

（1）确定敏感性分析指标。敏感性分析指标应该是技术方案的经济效益评价指标，如投资回收期、投资收益率、净现值和内部收益率等。

（2）计算目标值，即计算该方案在确定性情况下的经济效益评价指标数值。

（3）选取不确定性因素。在进行敏感性分析时，不需要也不可能对所有的不确定性因素都进行考虑和计算，而应根据方案的具体情况选几个变化可能性较大且对经济效益影响较大的因素，如产品售价的变动、产量规模变动、投资额变化、建设期缩短、达产期延长等。

（4）计算不确定性因素变动对分析指标的影响程度。

（5）找出敏感因素。

（6）综合其他对比分析结果采取措施。

4．敏感性分析举例

例 5-11 有一投资方案，其设计能力为年产某产品 1 500 台，预计产品售价 1 800 元/台，单位经营成本为 700 元/台，估算投资额为 800 万元，方案寿命为 8 年，试对此方案的投资回收期做敏感性分析。

解：（1）由题可知敏感性分析指标为投资回收期：

$$P_t = \frac{投资总额}{年净收益} = \frac{投资总额}{产量 \times （售价-经营成本）} = \frac{8\ 000\ 000}{1\ 500 \times （1\ 800 - 700）} \approx 4.8（年）$$

（2）选产品产量、产品售价和投资额为不确定性因素。

（3）计算不确定性因素变动时，对投资回收期的影响程度，分别按±10%和±20%的变动量考虑，其投资回收期 P_t 的敏感性状况如表 5-10 所示。用图解法表示如图 5-8 所示。

表 5-10　不确定性因素对投资回收期的影响

序　号	变 动 因 素	变　动　量				
		+20%	+10%	0	−10%	−20%
1	产品产量	4	4.40	4.8	5.39	6.06
2	产品售价	3.65	4.17	4.8	5.80	7.21
3	投资额	5.82	5.33	4.8	4.40	3.88

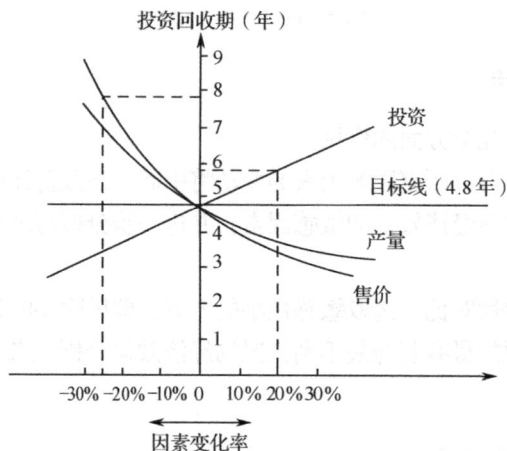

图 5-8　某投资方案敏感性分析

（4）找出敏感因素。由图 5-8 不难看出，方案的投资回收期对产品售价最敏感，在其他因素不变的情况下，只要售价降低幅度超过 24%（售价降至 1 367 元/台以下），投资回收期超过方案的寿命，表明售价低于此价格时，将无利可图。因此，售价是一个敏感因素，也是一个风险因素，必须做进一步研究，以便采取有效措施。

⬊ 例 5-12　某工程方案用于确定性经济分析的现金流量表如表 5-11 所示，所采用的数据是按未来最可能出现的情况预测的。由于对未来影响经济环境的某些因素把握不大，投资额、经营成本和产品价格均有可能在±20%的范围内变动。设基准折现率为 10%，不考虑所得税，试分别就上述三个不确定因素做敏感性分析。

表 5-11　某工程方案用于确定性经济分析的现金流量表

年份	0	1	2~10	11
投资/元	16 000			
销售收入/元			20 000	20 000
经营成本/元			15 000	15 000
期末资产残值/元				2 000

解： 设投资额为 K，年销售收入为 R，年经营成本为 C，期末资产残值为 L。用净现值指标评价本方案的经济效果，计算公式为：

$$NPV=-K+(R-C)(P/A,10\%,10)(P/F,10\%,1)+L(P/F,10\%,11)=12\,628.55$$

用净现值指标就投资额、产品价格和经营成本三个不确定因素进行的敏感性分析如下。

设投资额变动百分比为 x，分析投资额变动对方案净现值影响的计算公式为：

$$NPV=-K(1+x)+(R-C)(P/A,10\%,10)(P/F,10\%,1)+L(P/F,10\%,11)$$

设经营成本变动百分比为 y，分析经营成本变动对方案净现值影响的计算公式为：

$$NPV=-K+[R-C(1+y)](P/A,10\%,10)(P/F,10\%,1)+L(P/F,10\%,11)$$

设产品价格变动百分比为 z，分析产品价格变动将导致销售收入的变动，销售收入变动的比例与产品价格变动的比例相同，故产品价格变动对方案净现值影响的计算公式为：

$$NPV=-K+[R(1+z)-C](P/A,10\%,10)(P/F,10\%,1)+L(P/F,10\%,11)$$

分别按 $\pm 5\%$、$\pm 10\%$、$\pm 15\%$ 和 $\pm 20\%$ 的变动量考虑，其净现值的敏感性状况如表 5-12 所示。用图解法表示如图 5-9 所示。

表 5-12　不确定性因素对净现值的影响

不确定因素	不同变动率下的数据/元								
	−20%	−15%	−10%	−5%	0	5%	10%	15%	20%
投资额	15 828	15 028	14 228	13 428	12 628	11 828	11 028	10 288	9 428
经营成本	29 384	25 195	21 006	16 817	12 628	8 439	4 250	61	−4 128
产品价格	−9 714	−4 128	1 457	7 043	12 628	18 214	23 799	29 385	34 969

采取逐点计算并在此基础上绘制曲线的方法具有直观和易于理解的优点，但是计算过程相对复杂，如果能够判断出影响因素的变化与评价指标的变化呈线性关系（如本例），则可以采取相对简单的方法。

在本例中，当 NPV=0 时 $x=78.9\%$，$y=15.1\%$，$z=-11.3\%$。

也就是说，如果投资额与产品价格不变，年经营成本高于预期值 15.1% 以上，或者投资额与经营成本不变，产品价格低于预期值 11.3% 以上，则方案变得不可行。如果经营成本与价格不变，投资额增加 78.9% 以上，则方案不可行。这同样可以比较出几个因素的敏感程度，并能绘制出图 5-9 所示的曲线。

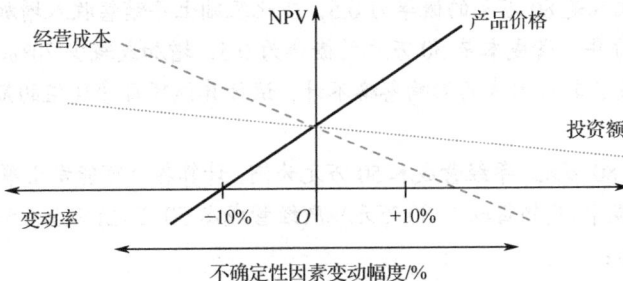

图 5-9　某工程方案敏感性分析

敏感性分析有助于找出影响工程项目经济效益的敏感因素及其影响程度，对提高项目的经济效益评价有现实意义。但敏感性分析对不确定性因素造成的风险难以做出定量的分析，而对风险的定量分析则有赖于不确定性因素的概率分析。

5.4.3 概率分析

概率分析（Risk Analysis）又叫风险分析，是一种利用概率值定量研究不确定性的方法。它是研究不确定性因素按一定概率值变动时，对项目经济评价指标影响的一种定量分析方法。概率值的确定是很复杂的，需要大量的资料和从事专门的研究。根据技术方案的特点和实际需要，有条件时应进行概率分析。

概率分析方法是在已知概率分布的情况下，通过计算期望值和标准差（或均方差）表示其特征。

1. 根据期望值评价方案

期望值可用下式计算：

$$E(X) = \sum X_i P_i \tag{5-16}$$

式中，$E(X)$ 表示随机变量 X 的数学期望；X_i 表示随机变量 X 的各种可能取值；P_i 表示对应出现 X_i 的概率。

2. 根据方差评价方案

方差公式为：

$$\delta(x_i) = \sqrt{E(x_i^2) - [E(x_i)]^2} \tag{5-17}$$

式中，$\delta(x_i)$ 表示随机变量 x_i 的均方差或标准差；$E(x_i)$ 表示随机变量 x_i 的数学期望；$E(x_i^2)$ 表示随机变量 x_i^2 的数学期望。

根据方差评价决策项目方案时，一般认为如果两个方案的某个指标期望值相等，则方差小者风险小，所以，若期望值相同，则选方差小的。

如果期望值不相等，则还需要计算它们的变异系数——单位期望值的方差。

$$V = \delta(x) / E(x) \tag{5-18}$$

➲ 例 5-13 某项目年初投资 140 万元，建设期 1 年，生产经营 9 年，$i=10\%$，经预测，在生产经营期每年销售收入是 80 万元的概率为 0.5，在此基础上年销售收入增加或减少 20% 的概率分别为 0.3 和 0.2，每年经营成本是 50 万元的概率为 0.5，增加或减少 20% 的概率分别为 0.3 和 0.2。假设投资额不变，其他因素的影响忽略不计，试计算该项目净现值的期望值及净现值不小于 0 的概率。

解： 以销售收入 80 万元、年经营成本 50 万元为例，计算各个可能发生事件的概率和净现值：

发生概率 = P(销售收入 80 万元) × P(经营成本 50 万元) = 0.5 × 0.5 = 0.25

相应的净现值为：

$$\text{NPV} = -140 + (80 - 50)(P/A, 10\%, 9)(P/F, 10\%, 1) = 17.08 \text{（万元）}$$

采用相同的方法计算其他状态的概率及其相应的净现值，如图 5-10 所示。

$$\text{净现值期望值} = -14.336 \times 0.04 + \cdots + 48.496 \times 0.09 = 20.222 \text{（万元）}$$

$$P(\text{NPV} < 0) = 0.04 + 0.1 + 0.06 + 0.15 = 0.35$$

所以 $P(\text{NPV} \geq 0) = 1 - P(\text{NPV} < 0) = 0.65$。

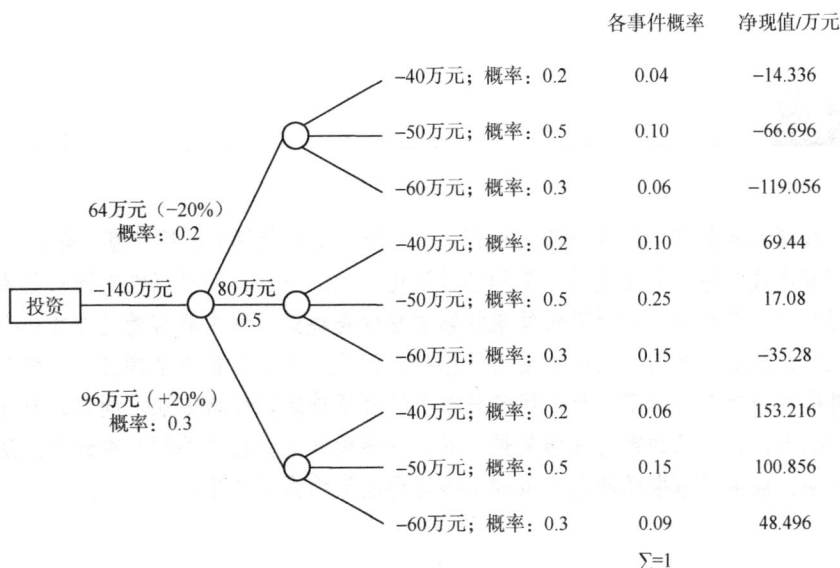

图 5-10 各种状态的概率及其相应的净现值

由此可见，投资风险还是很大的，有 35% 的亏损可能性。

例 5-14 假定某企业要从三个互斥方案中选择一个投资方案，如表 5-13 所示。

表 5-13 某企业的三个方案

市 场 销 路	概　　率	方案净现值/万元		
		A	B	C
销售差	0.25	2 000	0	1 000
销售一般	0.50	2 500	2 500	2 800
销售好	0.25	3 000	5 000	3 700

解： 计算各方案净现值的期望值和方差。

$$E_A(x_i) = \sum_{i=1}^{n} x_i P_i = 2\,000 \times 0.25 + 2\,500 \times 0.5 + 3\,000 \times 0.25 = 2\,500 \text{（万元）}$$

$$E_A(x_i^2) = \sum_{i=1}^{n} x_i P_i = 2\,000^2 \times 0.25 + 2\,500^2 \times 0.5 + 3\,000^2 \times 0.25 = 6\,375\,000 \text{（万元）}$$

则
$$\delta_A(x_i) = \sqrt{E_A(x_i^2) - [E_A(x_i)]^2} = \sqrt{6\,375\,000 - 2\,500^2} = 353.55$$

同理 $E_B(x_i) = 2\,500$；$E_C(x_i) = 2\,575$；$\delta_B(x_i) = 1\,767.77$；$\delta_C(x_i) = 980.75$

因为 A 与 B 净现值期望值相等，而方差 $\delta_A(x_i) < \delta_B(x_i)$，A 优。

A 与 C 期望值不等，因为 A 与 C 比较，$E_A(x_i) < E_C(x_i)$，C 优；$\delta_A(x_i) < \delta_C(x_i)$，A 优。

故计算变异系数：

$$V_A = \delta_A / E_A = 0.141$$
$$V_C = \delta_C / E_C = 0.381$$
$$V_A < V_C$$

故方案 A 风险小。

本章小结

由于工程项目效益评价是在投资前进行的，分析所用的数据（如投资额、寿命、销售收入、成本和固定资产残值等）只能通过预测和估计取得，预测与估计的准确性对评价结果与决策直接相关，因此相关参数的变动对评价结果的影响程度是决策过程中非常受关注的一个问题，进行不确定性分析就是针对这一实际需要而提出的。因此，本章要重点掌握盈亏平衡分析、敏感性分析（灵敏度分析）和概率分析（风险分析）三种不确定性分析方法。同时，有些参数的变动范围可能很大，如产品的市场销售前景，对这些参数的把握程度不同，决策的方法也应当不同。在此方面，应重点掌握风险型决策和不确定型决策的常用方法。

复习思考题

（1）为什么要进行风险分析？

（2）有哪几种主要的不确定性因素？

（3）什么是盈亏平衡分析？

（4）怎样选择敏感性因素？

（5）概率分析需要哪些步骤？

（6）某乡拟建一个棉纺织厂，在对同类乡镇企业的详细调查及市场预测的基础上，得出了产量与收入及生产成本的函数关系如下：

年总销售收入：$S=300x-0.02x^2$（元）

年总固定成本：$F=160\,000$（元）

年总生产成本：$C=160\,000+100x+0.02x^2$（元）

问年产量为多少时，企业才能盈利（$1\,000<x<4\,000$）。

（7）某工业项目年设计生产能力为生产某种产品3万件，单位产品售价为3 000元，总成本费用为7 800万元。其中，固定成本3 000万元，总变动成本与产品产量呈正比例关系。试求盈亏平衡价格及产量。

（8）某企业产品单位售价为8元，其成本y是销售量x的函数，即该企业总成本为$y=50\,000+5x$，试求盈亏平衡点的销售量。

（9）一投资项目的数据如表5-14所示，其中销售税金占销售收入的10%，标准折现率为10%，用净现值分别对投资额、销售收入和经营成本这三个不确定性因素做敏感性分析，设这三个不确定性因素变动范围为-10%～+10%。

表5-14　题（9）表

年数	0	1	2~10	11
投资额/万元	15 000			
销售收入/万元			22 000	22 000
经营成本/万元			15 200	15 200
销售税金/万元			2 200	2 200
期末残值/万元				2 000
净现金流量/万元	−15 000	0	4 600	4 600+2 000

（10）某拟建钢铁厂设计生产规模为年产钢材 20 万吨，销售价格为 600 元/吨，预计基建投资 7 000 万元，流动资金为基建投资的 20%，经营成本为 300 元/吨，销售税金为销售收入的 10%，试对此项目进行敏感性分析。（销售价格为最敏感因素）

（11）某产品的生产方案有 A、B 和 C 三种，有关数据如表 5-15 所示。试进行方案选择和风险分析。

表5-15　某产品生产方案的数据估计表

方　案	各状态及概率下的净现值/万元		
	好	中	差
	$P_1=0.3$	$P_2=0.5$	$P_3=0.2$
A	20	12	8
B	16	16	10
C	12	12	12

（12）某食品厂生产的产品，每箱成本 50 元，售价 100 元，每箱销出去后可获利 50 元，如果当天卖不掉，每剩一箱就要损失 30 元，今年市场销售情况与去年相同，去年夏季日销售量的统计资料如表 5-16 所示。问该厂日产计划多少能使工厂获利最大。

表5-16　题（12）表

日销售量/箱	完成该销量日数/天	概　率
100	18	0.2
110	6	0.4
120	27	0.3
130	9	0.1
Σ	60	1.0

（13）某企业打算生产一种节能灯管，每根灯管的成本为 30 元，批发价格为 35 元，每月的灯管销售数量有 0、1 000、2 000、3 000 和 4 000 五种情况。若每月生产的产品当月销售不完，则每根灯管损失 1 元（库存费用）。该企业每生产一批的灯管数量是 1 000 根，每月的最大生产能力是 4 000 根。可能的生产方案为 0、1 000、2 000、3 000 和 4 000 五种。

① 假设决策者对产品的需求情况一无所知，试问这时决策者应该如何决策。（请用后悔值法进行决策。）

② 若各种销售情况的概率如表 5-17 所示，则工厂每月应该生产多少根灯管？

表 5-17 题（13）表

销售数量/根	0	1 000	2 000	3 000	4 000
概　率	0.1	0.2	0.4	0.2	0.1

（14）某商场经销某种商品，进货成本为 6 元/千克，销售价格为 8 元/千克，如果在一周内不能销售，由于质量降低和部分霉烂等原因要降价出售，平均收回 4 元/千克。根据历史资料分析估计，这种商品的周销售量概率如表 5-18 所示。

表 5-18 题（14）表

周销售量/千克	概　率
10 000	0.06
11 000	0.16
12 000	0.28
13 000	0.38
14 000	0.12

试用期望矩阵决策法为该商场做出最佳进货方案。

（15）某公司有 5 万元资金，若用于某项开发事业，估计成功率为 96%，成功时一年可获利 12%，但是一旦失败，有丧失全部资金的危险；若把资金存放在银行里，则可稳得年利 6%。为获得更多情报，该公司求助于咨询服务，咨询费用为 500 元，但咨询意见只能提供参考。据咨询公司过去类似 200 例咨询意见的实施结果，情况如表 5-19 所示。

表 5-19 题（15）表

咨询意见	投资成功/次	投资失败/次	合计/次
可以投资	154	2	156
不宜投资	38	6	44
合计	192	8	200

试用决策树法分析：

① 该公司是否值得求助于咨询服务？

② 该公司的资金应如何合理使用？

（16）某厂要确定下一个计划期内产品的生产批量，通过市场调查和预测，已知产品销路有好、一般、差三种情况，它们各自的发生概率分别为 0.3、0.5 和 0.2。产品采用大、中、小批量生产，可能获得的收益值也可以相应地计算出来，其结果如表 5-20 所示。

表 5-20 题（16）表

方　案	各自然状态下的净现值		
	S_1（销路好）	S_2（销路一般）	S_3（销路差）
A_1（大批量生产）	20	12	8
A_2（中批量生产）	16	16	10
A_3（小批量生产）	12	12	12
发生概率	0.3	0.5	0.2

试用最大可能法、期望值法、期望机会损失值法求此风险型决策问题的最优生产批量。

（17）设某一决策问题有五个可行方案 A_1、A_2、A_3、A_4 和 A_5，四个自然状态 S_1、S_2、S_3 和 S_4（它们的概率不知道），各方案相应的收益值如表 5-21 所示。

表 5-21　题（17）表

方　案	各自然状态下的收益			
	S_1	S_2	S_3	S_4
A_1	4	5	6	7
A_2	2	4	6	9
A_3	5	7	3	5
A_4	3	5	6	8
A_5	3	5	5	5

试用等概率法、小中取大法、大中取大法、乐观系数法和大中取小法进行方案选择。

第6章

工程项目的财务评价与优化设计

本章学习目标

了解工程项目财务评价的基本内容；掌握财务评价的基本方法。

6.1 财务评价概述

6.1.1 财务评价的内容

财务评价就是根据国家现行财务制度、价格体系和项目评价的有关规定，从项目的财务角度分析计算项目直接效益和直接费用，编制财务报表和计算财务评价指标。通过对项目的盈利能力、清偿能力和外汇平衡能力的分析，考察项目在财务上的可行性，为投资决策提供科学的依据。

财务评价主要包括以下几方面内容。

1. 盈利能力分析

盈利能力分析主要考察工程项目的盈利水平，它直接关系到项目投产后能否生存和发展，是评价项目在财务上可行性程度的基本指标。应从两个方面进行评价：

（1）项目达到设计生产能力的正常生产年份可能获得的盈利水平，即主要通过计算投资利润率、投资利税率、资本金利税率和资本金利润率等静态指标，考察项目在正常生产年份年度投资的盈利能力，以及判别是否达到行业的平均水平。

（2）项目整个寿命期内的盈利水平，即主要通过计算财务净现值、财务内部收益率、财务净现值率、投资回收期等动态指标和静态指标，考察项目在整个计算期内的盈利水平和投资回收能力，判别工程项目的可行性。

2. 清偿能力分析

清偿能力分析主要考察项目的财务状况和按期偿还债务的能力。清偿能力直接关系到企业面临的财务风险和企业的财务信用程度。清偿能力是企业进行筹资决策的重要依据，应从两方面进行评价：

（1）考察项目偿还固定资产投资国内借款所需要的时间，即通过计算借款偿还期，考察项目的还款能力，判别项目是否能满足贷款机构的要求。

（2）考察项目资金的流动性水平，即通过计算流动比率、速动比率和资产负债率等各种财务比率指标，对项目投产后的资金流动情况进行比较分析，用于反映项目寿命期内各年的利润、盈亏、资产和负债、资金来源和运用、资金的流动和负债运用等财务状况及资产结构的合理性，考察项目的风险程度和偿还流动负债的能力与速度。

3. 外汇平衡分析

对于产品出口创汇等涉及外汇收支的项目，通过计算财务外汇净现值、换汇成本和结汇成本，进行外汇平衡分析，以考察项目在计算期内各年的外汇余缺程度，衡量项目实施后对国家外汇状况的影响。

6.1.2　财务评价的方法

财务评价主要有现金流量分析、静态和动态获利性分析及财务报表分析等方法。

1. 现金流量分析

现金流量分析是以项目为一个独立系统，反映项目在建设期与生产经营期内各年流入和流出的现金活动，即工程项目寿命期内各年现金流入与现金流出的数量。在项目经济评价前，必须尽可能准确地估计出切合实际的各项现金流入量和现金流出量，做好财务和经济效益预测工作，这是项目评价的基础和起点。

2. 静态和动态获利性分析

静态获利性分析是一种简单分析法。它的计算特点是：

（1）不计算资金的时间价值，所采用的年度资金流量是当年的数值，而不是折现值。

（2）计算现金流量时，只计算某一个典型年份的净现金流量或取年平均值。

动态获利性分析采用折现现金流量的分析方法，它比静态获利性分析复杂。其计算特点是：

（1）考虑资金的时间价值，根据资金占用的时间长短，按照指定的利息率计算资金的时间价值。

（2）计算项目整个寿命期内的总收益，能如实反映资金实际运行情况和全面体现项目整个寿命期内的经济活动和经济效益，从而能正确地对项目财务做出符合实际的评价。

3. 财务报表分析

财务报表分析根据项目的具体财务条件及国家有关财税制度和条例规定，把项目在建设期内的全部投资和投产后的经营费用与收益逐年进行计算和平衡，用报表格式来反映。通过财务报表分析，可以预计项目寿命期内各年的利润和资金盈缺情况，选择合适的资金筹措方案，制定资金筹措和偿还计划，进行偿债能力分析和预测项目总的获利能力。

6.1.3 财务评价的基本步骤

财务评价有以下几个基本步骤。

（1）进行财务基础数据预测，编制财务评价辅助报表。通过项目的市场调查预测分析和技术与投资方案分析，确定产品方案和合理的生产规模，选择生产工艺方案、设备选型方案、工程技术方案、建设地点和投资方案，制订项目实施进度计划等，据此进行财务预测，获得项目投资、生产成本、销售收入和利润等一系列财务基础数据。在对这些财务数据进行分析、审查、鉴定和评估的基础上，完成财务评价辅助报表的编制工作。

（2）编制和评估财务评价的基本报表。将上述辅助报表中的基础数据进行汇总，编制出现金流量表、损益表、资金来源与运用表、资产负债表及外汇平衡表 5 类主要财务基本报表，并对这些报表进行分析评估。一是审查基本报表的格式是否符合规范要求，二是审查所填列的数据是否准确。为了保证辅助报表与基本报表数据的一致性和联动性，可使用专门的指标工具（Excel）完成表格间的数据链接。

（3）计算财务评价的各项指标，分析工程项目的财务可行性。利用各基本报表，可直接计算出一系列财务评价的指标，包括反映项目盈利能力、清偿能力和外汇清偿能力等的静态指标与动态指标。将这些指标与国家有关部门规定的基准值进行对比，就可得出项目在财务上是否可行的评价结论。

6.2 财务基础数据的估算

财务基础数据估算是指在经过项目建设必要性审查、生产建设条件评估和技术可行性评估之后，在市场需求调查、销售规划、技术方案和规模经济分析论证的基础上，从项目评价的要求出发，按照现行财务制度规定，对项目有关的成本和收益等财务基础数据进行收集、估算，并编制财务评价辅助报表等一系列工作。

财务基础数据估算应包括项目计算期内各年经济活动情况及全部财务收支结果。具体应包括五方面的内容：

（1）项目总投资的构成与估算。项目总投资是指一次性投入项目的固定资产投资（含建设期利息）和流动资金的总和。投资的估算包括项目总投资估算和项目建设期间各年度投资支出的测算，并在此基础上制订资金筹措和使用计划，指明资金来源和运用方式，进行筹资方案分析论证。

（2）成本费用的构成与估算。成本费用是企业生产经营过程中发生的各种耗费及其补偿价值。可采用制造成本法或要素分类法进行估算。经营成本是由总成本费用中扣除折旧费、摊销费、维简费和利息支出而得的。

（3）销售收入、销售税金与附加的估算。销售收入与税金是指在项目生产期的一定时间内，对产品各年的销售收入和税金进行的测算。销售收入和税金是测算销售利润的重要依据。

（4）利润及其分配的估算。销售利润是指项目的销售收入扣除销售税金及附加和总生产成本费用后的盈余，它综合反映了企业生产经营活动的成果，是贷款还本付息的重要来源。

（5）工程项目借款还本付息的估算。还本付息是指项目投产后，按国家规定的资金来源和贷款机构的要求偿还固定资产投资借款本金，而利息支出列入当年的生产总成本费用。

6.2.1 项目总投资的构成与估算

项目总投资是投资项目在筹建期、建设期和生产期所发生的全部投资费用，由建设期的建设投资和投资建设投产后所需的流动资金两大部分构成。根据国家对投资规模控制的要求，计算投资规模的项目总投资是固定资产投资和铺底流动资金（30%流动资金）之和。而计算项目投资需要量和投资效益的项目总资金，是固定资产投资和全部流动资产之和，需要分别列出，以免混淆。

项目总投资指投资项目从前期准备工作开始到项目全部建成投产为止所发生的全部投资费用。建设项目总投资包括建设投资和流动资金投资两大部分，如图 6-1 所示。

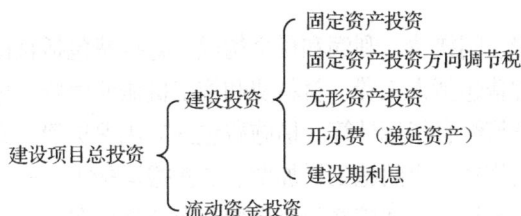

图 6-1 建设项目总投资构成

（我国现行建设项目总投资构成）

1. 建设投资的估算

（1）固定资产投资的估算

1）固定资产投资构成。固定资产投资是为形成固定资产所花费的全部费用，按照费用的性质，可以划分为工程费用、工程建设其他费用、预备费和建设期利息等。其中固定资产投资估算的内容按照费用的性质划分，包括建筑和安装工程费、设备及工器具购置费、工程建设其他费用（此时不含流动资金）、基本预备费、涨价预备费、建设期利息、固定资产投资方向调节税等。其中，建筑和安装工程费、设备及工器具购置费形成固定资产；工程建设其他费用可分别形成固定资产、无形资产和其他资产。在财务评价阶段，为简化计算，基本预备费、涨价预备费、建设期利息一并计入固定资产。

根据国家发改委对固定资产投资实行静态控制、动态管理的要求，固定资产投资又可分为静态部分和动态部分。其中，固定资产投资静态部分包括建筑和安装工程费、设备及工器具购置费、工程建设其他费用和基本预备费等内容；固定资产投资动态部分包括涨价预备费、建设期利息和固定资产投资方向调节税等内容，如图 6-2 所示。

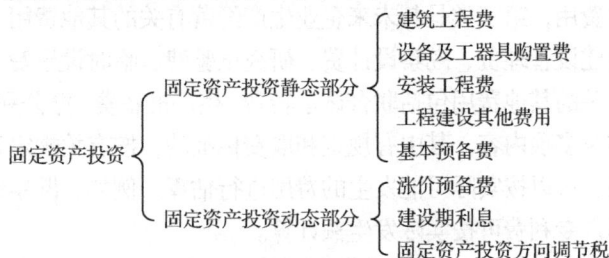

图 6-2 固定资产投资构成

2）固定资产投资的估算。固定资产投资的估算方法很多，国内外常用的方法不下几十种，但大体上可分为三类：

① 不需要计算设备单项费用的简单快速估算方法，如资金周转率法、单位生产能力投资估算法和生产能力指数法。

② 需要进行工艺计算和选材选型，确定设备尺寸大小以便计算其设备费用，进而以设备费为基础乘以一定系数估算装置投资，如朗格因子法和设备成本百分率法等，也就是常说的工程系数估算法。

③ 以国家和地方编制的概算定额为基础进行扩大归并来估算工程投资，此类方法俗称概算指标法。我国目前项目评价中的投资估算一般参照概算指标法进行。

固定资产投资由工程费用、工程建设其他费用和预备费用三部分构成。

① 工程费用。工程费用直接构成固定资产的项目费用。工程费用又可分为建筑工程费、设备购置费和安装工程费。

● 建筑工程费。

建筑工程费由直接费、间接费、利润和税金构成。直接费包括直接工程费和措施费，其中直接工程费包括人工费、材料费和施工机械使用费，可按建筑工程量和当地建筑工程概算综合指标计算。措施费包括环境保护费、文明施工费、安全施工费、临时设施费、夜间施工增加费、二次搬运费等，一般以直接工程费为基数，按措施费率计算。间接费包括规费和企业管理费，一般以直接工程费为基数，按间接费率计算。利润以建筑工程的直接费与间接费之和为基数，按照规定的费率计取。税金包括营业税、城市维护建设税和教育费附加等。建筑工程费一般包括地基工程、土建工程、管道工程、电气照明工程等的费用。

（建标〔2013〕44号文）

● 设备及工器具购置费。

设备是各类机械的总称，分为生产设备、辅助设备和服务设备。设备购置费一般按设备原价和运杂费估算。

$$设备购置费=设备原价×（1+运杂费率）\qquad（6\text{-}1）$$

式（6-1）中，运杂费率依据各部门的费率标准确定，具体项目可查阅相关行业的数据手册和规定。

（设备购置费的构成）

● 安装工程费。

此项费用指对购置设备的就位、装配和各种辅助设施的铺设费用，一般按下式估算：

$$安装工程费=\sum 设备原价×设备安装费率\qquad（6\text{-}2）$$

关于设备安装费率，各行业也有规定，可参照选用。

② 工程建设其他费用。这方面费用大体可以分为三类：第一类是土地征用费，第二类是与项目建设有关的其他费用，第三类是与未来企业生产经营有关的其他费用。其中，与项目建设有关的其他费用包括建设管理费、勘察设计费、研究试验费、临时设施费、工程监理费等，与未来企业生产经营有关的其他费用包括联合试运转费、生产准备费、办公和生活家具购置费等。工程建设其他费用涉及多项内容，其中有规定和取费标准的，按有关规定和取费标准估算；没有规定和取费标准的，可以按实际可能发生的费用进行估算。例如，勘察设计费可以根据国家规定的收费标准估算；专利费可按实际发生额计算。

③ 预备费用。预备费用也称不可预见费，包括基本预备费和涨价预备费。基本预备费是指

在投资估算时无法预见今后可能出现的自然灾害、设计变更和工程内容增加等情况而需要增加的投资额。其估算方法为：

$$基本预备费=（工程费用+其他费用）×基本预备费率 \tag{6-3}$$

基本预备费率按部门规定执行，但会因可行性研究精度的提高而降低，一般情况下，基本预备费率在 8%~15%。

涨价预备费是指项目在建设期内，由于物价上涨因素的影响而需要增加的投资额。对于大型新建项目，由于程序上的原因，从编制总概算到项目正式开工，往往要间隔几年时间，所以此类项目的涨价预备费应分为建设前期涨价预备费和建设期涨价预备费两部分。建设前期是指总概算编制年到开工年的年份；建设期是指项目从开工到竣工投产的年份。其计算方法可以根据部门和行业的具体规定进行，一般按复利计算。

建设前期涨价预备费的计算公式为：

$$R_0 = P[(1+r_0)^n - 1] \tag{6-4}$$

式中，R_0 表示建设前期涨价预备费；P 表示总概算编制年的固定资产投资；r_0 表示年涨价率（或物价上涨指数）；n 表示开工年与编制年的时间差（年）。

建设期涨价预备费的计算公式为：

$$R = \sum_{t=1}^{n} P_t[(1+r)^t - 1] \tag{6-5}$$

式中，R 表示建设期涨价预备费；P_t 表示总概算编制年的固定资产投资；r 表示年涨价率；n 表示建设期（年）。

（2）固定资产投资方向调节税的估算。固定资产投资方向调节税是国家为了贯彻产业政策，控制投资规模，引导投资方向，调整投资结构，加强重点建设，促进国民经济持续、稳定、协调发展而开征的税种。凡是用各种资金进行固定资产投资的各级政府、机关团体、部队、国有企事业单位、集体企事业单位、私营企业、个人独资企业等单位和个人，都应缴纳投资方向调节税。

（固定资产投资方向调节税暂停征收）

国家按差别税率对固定资产投资征收税金，其调节幅度分为 0、5%、10%、15% 和 30% 五挡。计税依据分为两类：基本建设投资项目为固定资产投资额；更新改造投资项目为建筑工程完成投资额。

固定资产投资方向调节税的计算公式为：

$$固定资产投资方向调节税=\sum_{i=1}^{n}\sum_{j=1}^{m} 应计税项目的单位工程年度投资完成额×适应税率 \tag{6-6}$$

式中，i 表示第 i 个年度投资完成额，$i = 1, 2, \cdots, n$；j 表示第 j 个计税项目的单位工程，$j = 1, 2, \cdots, m$。

（3）无形资产投资的估算。无形资产是指企业能长期使用（一般为一年以上），但没有实物形态的资产，它包括土地使用权、知识产权、专有技术和其他无形资产四部分，如图 6-3 所示。

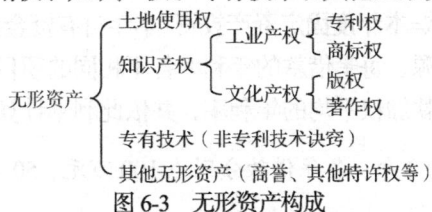

图 6-3　无形资产构成

估算无形资产投资，原则上可按取得该项无形资产时的实际成本计价。无形资产可通过购入、自创和外单位投入等途径取得。

用货币购入的无形资产，应当按实际支付的价款计价作为投资。

通过自创并依法申请取得的无形资产，需要按照开发过程中的实际支出进行估算，估算方法一般采用完全重置成本法。如果自创无形资产有账面价值，则使用物价指数调整到现价即可；但大多数自创无形资产没有账面价值，此时可用细节调整法或市价调整法估算。

1）细节调整法。此法将无形资产创建时实际发生的材料和工时消耗量，按现行价格和费用标准计算汇总，以得出无形资产重置成本。具体计算公式为：

$$无形资产重置成本 = \sum（材料物资实际消耗 \times 现行价格）+$$
$$\sum（实耗工时 \times 现行费用标准） \tag{6-7}$$

2）市价调整法。如果在市场上有与自创无形资产类似的无形资产出售，则可根据类似无形资产的市场售价及无形资产自创成本与市场售价的一般比率来确定无形资产重置成本。计算公式为：

$$无形资产重置成本 = 类似无形资产市场售价 \times 成本市价系数 \tag{6-8}$$
$$成本市价系数 = 同行业一组无形资产的成本 \div 相应的无形资产售价 \tag{6-9}$$

市价调整法主要是将无形资产的市场价格调整为现行成本。自创无形资产的价值要按实际支出估算，而不能按市价估算，须剔除市场售价中的利润和税金。

商誉只能与企业整体同时存在，故只有在企业合并的情况下才能估算入账。当需要估算专有技术和商誉时，应通过法定评估机构评估确认。

（4）开办费的估算。开办费是指企业在筹建期间发生的、除应计入有关固定资产和无形资产价值的费用外，其他实际发生的各类费用支出，包括项目筹建期间的咨询调查费、人员工资、办公费、培训费、差旅费、印刷费、广告费、注册登记费，以及不计入固定资产和无形资产的汇兑损益与利息支出等。开办费是企业递延资产的一部分。按财务管理制度的规定，应在项目竣工投产后按不少于5年的期限分期摊入企业管理费用。

投资项目的开办费应当按实际可能发生的支出估算。例如，咨询调查费应根据需要咨询调查的内容和咨询机构的收费标准进行估算；人员培训费须按照培训人员的数量、培训项目和费用标准等进行估算；筹建人员的工资应按照筹建人员数量、工资等级标准、奖金水平等情况予以估算；不计入资产价值的利息支出和汇兑损益应按实际可能发生的利息支出与汇率变动趋势做出估算。

（5）建设期利息的估算。建设期利息是指项目借款在建设期内发生并计入固定资产投资的利息。计算建设期利息时，为了简化计算，通常假定当年借款按半年计息，以上年度借款按全年计息。计算公式为：

$$各年应计利息 = \left(年初借款本息累计 + \frac{当年借款额}{2}\right) \times 年利率 \tag{6-10}$$
$$年初借款本息累计 = 上一年年初借款本息累计 + 上年借款 + 上年应计利息 \tag{6-11}$$
$$本年借款 = 本年度固定资产投资 - 本年自有资金投入 \tag{6-12}$$

对于有多种借款资金来源、每笔借款的年利率各不相同的项目，既可分别计算每笔借款的利息，又可先计算出各笔借款加权平均的年利率，并依此利率计算全部借款的利息。

◥ 例 6-1 某项目建设期为 3 年，各年借款分别为 100 万元、50 万元和 80 万元，借款年利率为10%。计算该项目建设期借款利息。

解：根据利息估算的公式，计算结果如表6-1所示。

表6-1　建设期借款利息计算　　　　　　　　　单位：万元

借　款　年	年初借款	年末借款利息	本息合计
第1年	100	5	105
第2年	50	13	168
第3年	80	20.8	268.8

2. 流动资金投资的估算

流动资金是指项目投产后维持正常生产经营活动必不可少的周转资金。项目建成投产后，由于生产经营的需要，必须有一定的流动资金维持其周转，如用于购买原材料、燃料、动力等劳动对象，支付职工工资及生产中以周转资金形式被占用在在产品、产成品上的资金。从采购到生产，再到销售，流动资金在项目生产经营过程中的各个环节上不断地改变其自身的形态，其价值也随着形态的变化从原材料等转移到产品中去，并随着销售收入的实现而得到。

流动资金投资估算一般采用分项详细估算法。个别情况或小型项目可采用扩大指标估算法。

（1）分项详细估算法。流动资金的显著特点是在生产过程中不断周转，其周转额的大小与生产规模及周转速度直接相关。分项详细估算法是根据周转额与周转速度之间的关系，对构成流动资金投资的各项流动资产和流动负债分别进行估算。在财务评价中，为简化计算，仅对存货、现金、应收账款和应付账款四项内容进行估算。计算公式为：

（流动资金的估算）

$$流动资金投资=流动资产-流动负债 \tag{6-13}$$
$$流动资产=应收账款+存货+现金 \tag{6-14}$$
$$流动负债=应付账款 \tag{6-15}$$
$$应收账款=年销售收入/周转次数 \tag{6-16}$$
$$流动资金本年增加额=本年流动资金-上年流动资金 \tag{6-17}$$

估算的具体步骤：首先计算各类流动资产和流动负债的年周转次数，然后分项估算占用资金额。

1）周转次数计算。周转次数是指流动资金的各个构成项目在一年内完成多少个生产过程。

$$周转次数=360÷最低周转次数 \tag{6-18}$$

存货、现金、应收账款和应付账款的最低周转天数，可参照同类企业的平均周转天数并结合项目特点确定。又因为：

$$周转次数=周转额/各项流动资金平均占用额 \tag{6-19}$$

如果周转次数已知，则：

$$各项流动资金平均占用额=周转额/周转次数 \tag{6-20}$$

2）应收账款估算。应收账款是指企业对外赊销商品、劳务而占用的资金。应收账款的周转额应为全年赊销销售收入。在可行性研究时，用销售收入代替赊销收入。计算公式为：

$$应收账款=年销售收入/应收账款周转次数 \tag{6-21}$$

3）存货估算。存货是企业为销售或生产耗用而储备的各种物资，主要有原材料、辅助材料、燃料、低值易耗品、维修备件、包装物、在产品、自制半成品和产成品等。为简化计算，仅考虑外购原材料、外购燃料、在产品和产成品，并分项进行计算。计算公式为：

$$存货=外购原材料+外购燃料+在产品+产成品 \qquad (6-22)$$
$$外购原材料占用资金=年外购原材料总成本/原材料周转次数 \qquad (6-23)$$
$$外购燃料=年外购燃料/按种类分项周转次数 \qquad (6-24)$$
$$在产品=（年外购材料和燃料+年工资及福利费+年修理费+年其他制造费）/在产品周转次数$$
$$(6-25)$$
$$产成品=年经营成本/产成品周转次数 \qquad (6-26)$$

4）现金需要量估算。项目流动资金投资中的现金是指货币资金，即企业生产运营活动中停留于货币形态的那部分资金，包括企业库存现金和银行存款。计算公式为：

$$现金需要量=（年工资及福利费+年其他费用）/现金周转次数 \qquad (6-27)$$
$$年其他费用=制造费用+管理费用+销售费用-（以上三项费用中所含的工资$$
$$及福利费、折旧费、维简费、摊销费、修理费） \qquad (6-28)$$

5）流动负债估算。流动负债是指在一年或者超过一年的一个营业周期内，需要偿还的各种债务。在可行性研究中，流动负债的估算只考虑应付账款一项。计算公式为：

$$应付账款=（年外购原材料+年外购燃料）/应付账款周转次数 \qquad (6-29)$$

根据流动资金各项估算结果编制流动资金投资估算表，如表6-2所示。

表6-2　流动资金投资估算表　　　　　　　　　　　　　　　　单位：万元

序号	项　　目	最低周转天数	周转次数	投产期估算金额		达到设计生产能力生产期估算金额					合计
				4	5	6	7	8	...	n	
1	流动资产										
1.1	应收账款										
1.2	存货										
1.2.1	原材料										
1.2.2	燃料										
1.2.3	在产品										
1.2.4	产成品										
1.2.5	其他										
1.3	现金										
2	流动负债										
2.1	应付账款										
3	流动资金										
4	流动资金本年增加额										

（2）扩大指标估算法。扩大指标估算法又称粗略估算法或比例估算法，是根据流动资金与某经济指标的比例关系来估算流动资金投资的方法。其基本公式为：

$$流动资金投资=拟建项目某经济指标×流动资金投资与该指标的比例 \qquad (6-30)$$

式中，拟建项目某经济指标指销售收入、经营成本、总成本费用、固定资产投资和单位产量等。流动资金投资与这些指标的比例关系，应根据同行业平均先进水平确定。

用扩大指标估算法估算流动资金投资简便、快速，但估算精度不高，也不能反映流动资金投资的结构和形成，该法可在项目初选阶段使用。

（3）估算流动资金投资应注意的问题

1）在采用分项详细估算法时，应根据项目实际情况分别确定现金、应收账款、存货和应付账款的最低周转天数，并考虑一定的保险系数。

2）在不同生产负荷下的流动资金投资，应根据不同生产负荷所需的各项费用金额，分别按照上述计算公式进行估算，而不能直接按照 100%生产负荷下的流动资金投资乘以生产负荷百分比求得。

3）流动资金投资属于长期性（永久性）流动资产，流动资金的筹措可通过长期负债和资本金（一般要求占30%）的方式解决。

6.2.2 成本费用的构成与估算

产品成本在项目评价中有重要作用，它不仅是流动资金预测的依据，也是利润估算的基础。成本费用估算的正确与否将直接影响项目的财务评价和可行性分析等重要决策参数的确定。

1. 成本费用的构成

我国现行财务制度参照国际惯例，将成本估算方法由原来的完全成本法改成制造成本法。制造成本法是在估算产品成本时，只分配与生产经营最直接、关系最密切的费用，而将与生产经营没有直接关系和关系不密切的费用计入当期损益，即直接材料、直接工资、其他直接支出和制造费用计入产品制造成本，管理费用、财务费用和销售费用则直接计入当期损益，不要求计入产品的总成本费用。

总成本费用是指项目在一定时间为生产和销售产品而花费的全部费用。单位产品成本是将总成本按不同消耗水平分摊到单位产品的费用。总成本费用的计算公式为：

$$总成本费用=制造成本+期间费用=直接费用+制造费用+间接费用 \qquad (6-31)$$

$$制造成本=直接材料支出+直接燃料及动力支出+直接工资+其他直接支出+制造费用 \qquad (6-32)$$

$$期间费用=管理费用+财务费用+销售费用 \qquad (6-33)$$

也可以按照生产费用的各要素进行计算：

$$总成本费用=外购原材料费+外购燃料及动力费+工资及福利费+折旧费+摊销费+$$
$$修理费+维简费+其他费用+利息支出 \qquad (6-34)$$

2. 成本费用的估算

（1）总成本费用的估算。总成本费用的构成见表6-3。

表6-3 总成本费用估算表   单位：万元

序号	项 目	投产期费用		达到设计能力生产期费用				合计
		3	4	5	6	...	n	
1	外购原材料							
	......							
2	外购燃料及动力							
	......							
3	工资及福利费							
4	修理费							

序号	项 目	投产期费用		达到设计能力生产期费用				合计
		3	4	5	6	…	n	
5	固定资产折旧费							
6	矿山维简费							
7	摊销费							
8	财务费用							
9	其他费用							
	其中：土地使用费							
10	总成本费用							
	（1+2+…+9）							
	其中：1. 固定成本							
	2. 可变成本							
11	经营成本							
	（11-5-6-7-8）							

具体估算方法为：

1）外购原材料费。原材料费是总成本费用的重要组成部分。外购原料及主要材料，按不同规格、不同来源（不同到厂价格）分别计算。其计算公式为：

$$外购原材料费 = \sum 车间和装置产品年产量 \times 单位原材料消耗量 \times 原材料单价 \qquad (6\text{-}35)$$

车间和装置产品年产量可根据测定的设计生产能力和投产期各年的生产负荷确定。一般工业项目生产需要的原材料种类繁多，在分析评价时，可以根据具体情况，选取耗用量较大和主要的原材料作为估算对象。

2）外购燃料及动力费。外购燃料及动力，按外购油、煤、电、水、气等分别填列，将各车间、装置耗量加总乘以到厂价格。

$$外购燃料及动力费 = \sum 车间和装置产品年产量 \times 单耗量 \times 燃料和动力单价 \qquad (6\text{-}36)$$

（外购原材料、燃料动力费估算表）

3）工资及福利费。

$$全厂职工工资 = 年人均工资 \times 职工总数 \qquad (6\text{-}37)$$

职工福利费主要用于职工的医药费、生活困难补助及其他国家规定开支的职工福利支出，不包括职工福利设施的支出。一般按照工资总额的 14% 提取。

4）固定资产折旧费。固定资产折旧费的估算如表 6-4 所示。

表6-4　固定资产折旧费估算表　　　　　　　　　　单位：万元

序号	项 目	折旧年度	投产期费用		达到设计能力生产期费用				合计
			3	4	5	6	…	n	
	固定资产合计								
	原值								
	折旧费								
	净值								

序号	项　目	折旧年度	投产期费用		达到设计能力生产期费用				合计
			3	4	5	6	…	n	
1	房屋及建筑物								
	原值								
	折旧费								
	净值								
2	××设备								
	原值								
	折旧费								
	净值								
3	××设备								
	原值								
	折旧费								
	净值								
4	……								

5）修理费。修理费包括大修理费和中小修理费。在项目评价中，由于无法确定修理费发生的时间和金额，一般按照折旧费的一定比例计算。修理费可按下列公式之一估算：

$$修理费＝固定资产原值×计提比率（\%）　　　　（6\text{-}38）$$
$$修理费＝固定资产折旧额×计提比率（\%）　　　　（6\text{-}39）$$

6）摊销费。摊销费是无形资产和递延资产在收益期间的平均分摊，无形资产按规定期限分期摊销，无规定期限的，按不少于 10 年分期摊销。递延资产从生产经营之日起按不少于 5 年的期限平均摊销。无形资产及递延资产可以按无形资产及递延资产摊销费估算表计算，如表 6-5 所示。

表 6-5　无形资产及递延资产摊销费估算表　　　　单位：万元

序号	项　　目	摊销年份	原值	投产期费用		达到设计能力生产期费用				合计
				3	4	5	6	…	n	
1	无形资产小计									
1.1	土地使用权									
	摊销									
	净值									
1.2	专有技术和专利权									
	摊销									
	净值									
1.3	其他无形资产									
	摊销									
	净值									
2	递延资产（开办费）									
	摊销									
	净值									
3	无形及递延资产合计									

续表

序号	项　目	摊销年份	原值	投产期费用		达到设计能力生产期费用				合计
				3	4	5	6	…	n	
3	（无形资产+递延资产）摊销　净值									

7）矿山维简费的计算公式为：

$$矿山维简费（或油田维护费）=出矿量×计提标准（元/吨） \tag{6-40}$$

8）利息支出：建设投资借款利息和流动资金借款利息支出。

9）其他费用。其他费用是指在制造费用、管理费用、财务费用和销售费用中扣除工资及福利费、折旧费、修理费、摊销费和利息支出后的费用。一般是根据总成本费用的外购原材料成本、外购燃料及动力成本、工资及福利费、折旧费、摊销费、修理费和矿山维简费之和的一定比例计算的，其比例应按照同类企业的经验数据加以确定。

$$投产期各年总成本=可变成本×生产负荷+固定成本 \tag{6-41}$$

（2）单位产品成本的估算。

1）如果项目只生产单一产品，可按制造成本法直接计算出该产品的单位成本，或按完全成本法求出总成本，再除以年产量。

2）如果项目生产多种产品，则可采用以下两种方法进行估算：

① 先将总成本采用系数法在各种产品之间进行分配，确定各种产品的总成本，然后除以各种产品的年产量，便求得各产品的单位成本。

② 运用产品制造成本法按各种产品分别测算各车间单位产品的生产成本，再逐步结转为各种产品的单位成本。

单位产品成本估算表见表6-6。

表6-6　单位产品生产成本估算表　　　　　　　单位：元

序　号	项　目	规　格	单　位	消费定额	单　价	金　额
1	原材料 ……					
2	燃料和动力 ……					
3	工资和福利费					
4	制造费用					
5	副产品回收费用					
6	生产成本 （6=1+2+3+4-5）					

6.2.3　销售收入、销售税金及附加的估算

1. 销售收入的估算

销售收入是指拟建项目建成投产后，出售各种产品和副产品所获得的收入，一般以年为单

位计算。产品销售收入取决于两个因素，一是产品销售量，二是产品售价。产品销售量和产品售价是通过市场需求研究，对各种产品的供求情况和价格趋势进行分析与预测确定的。产品年销售收入的估算公式为：

$$产品年销售收入=\sum 产品年销售量×产品售价 \tag{6-42}$$

2. 销售税金及附加的估算

销售税金及附加的计征依据是项目的销售收入。销售税金及附加中不含有增值税，因为增值税是价外税。建设期的投资中应包含增值税。

对销售收入和销售税金及附加的估算，应编制"销售收入和销售税金及附加估算表"。

6.2.4　利润及其分配的估算

1. 利润总额的估算

利润是项目建成投产后在一定期间生产经营活动的最终财务成果，也就是收入与费用相抵后的差额。利润总额的估算公式为：

$$利润总额=产品销售（营业）收入-销售税金及附加-总成本费用 \tag{6-43}$$

根据利润总额可计算所得税和税后利润的分配。在财务效益分析中，利润总额还是计算投资利润率和投资利税率的基础数据。

2. 所得税及税后利润分配的估算

根据税法的规定，企业取得利润后，先向政府缴纳所得税，剩余部分在企业、投资者和职工之间分配。

（1）所得税的估算。凡在我国境内实行独立经营核算的各类企业或组织者，来源于我国境内与境外的生产、经营所得和其他所得，均应依法缴纳企业所得税。

企业所得税以应纳税所得额为计税依据。纳税人每一纳税年度的收入总额减去准予扣除项目的余额，为应纳税所得额。在项目财务评价中，应纳税所得额主要按减免所得税及用税前利润弥补上年度亏损的有关规定进行调整。按现行《工业企业财务制度》的规定，企业发生的年度亏损，可以用下一年度的税前利润等弥补，下一年度利润不足以弥补的，可以在 5 年内延续弥补，5 年内不足弥补的，用税后利润弥补。

企业所得税的应纳税额按照应纳税所得额和 25% 的税率计算。应纳税额计算公式如下：

$$应纳税额=应纳税所得额×25\% \tag{6-44}$$

在工程项目财务评价中，一般是按利润总额和 25% 的税率计算的。

（2）税后利润的分配顺序。在项目评价中，税后利润一般即为可供分配利润，可按照下列顺序分配。

1）提取盈余公积金。一般企业提取的盈余公积金分为两种。一是法定盈余公积金。按照税后利润扣除用于弥补损失的金额后的 10% 提取，盈余公积金已达注册资金 50% 时可以不再提取。二是公益金。公益金主要用于企业职工集体福利设施支出，按可供分配利润的 5% 提取。

（《中华人民共和国企业所得税法》）

2）应付利润，即向投资者分配利润。企业以前年度未分配利润，可以并入本年度并向投资者分配。

3）未分配利润，主要是指向投资者分配完利润后剩余的利润，可用于偿还固定资产投资借款和弥补以前年度的亏损。

6.2.5 工程项目借款还本付息的估算

借款还本付息的估算主要是测算还款期的利息和偿还贷款的时间，从而观察项目的偿还能力和收益，为财务评价和项目决策提供依据。

1. 还本付息的资金来源

根据国家现行财税制度的规定，贷款还本的资金来源主要包括可用于归还借款的利润、固定资产折旧、无形资产及递延资产摊销费和其他还款资金来源。

（1）利润。用于归还贷款的利润，一般应是提取了盈余公积金、公益金后的未分配利润。如果是股份制企业，需要向股东支付股利，那么应从未分配利润中扣除分配给投资者的利润，然后用来归还贷款。

（2）固定资产折旧。鉴于项目投产初期尚未面临固定资产更新的问题，作为固定资产重置准备金性质的折旧基金，在被提取以后暂时处于闲置状态。

（3）无形资产及递延资产摊销费。摊销费按现行的财务制度计入项目的总成本费用，但是项目在提取摊销费后，这笔资金没有具体的用途规定，具有"沉淀"性质，因此可以用来归还贷款。

（4）其他还款资金。这是指按有关规定，可以将减免的销售税金来作为偿还贷款的资金来源。进行预测时，如果没有明确的依据，可以暂不考虑。

项目在建设期借入的全部固定资产投资贷款本金及其在建设期的借款利息（资本化利息）两部分构成了固定资产投资贷款总额，在项目投产后可通过上述资金来源偿还。

按现行的财务制度，在生产期内，固定资产投资和流动资金的贷款利息均应计入项目总生产成本费用中的财务费用。

2. 还款方式和还款顺序

项目贷款的还款方式应根据贷款资金来源所要求的还款条件来确定。

（1）国外（含境外）借款的还款方式。按照国际惯例，债权人一般对贷款本息的偿还期限均有明确的规定。要求借款方在规定的期限内按规定的数量还清全部贷款的本金和利息。因此，需要利用资本回收系数计算出在规定的期限内每年需归还的本息总额，然后按协议的要求分别采用等额还本付息，或者等额还本和利息照付两种方法。

（2）国内借款的还款方式。目前虽然借贷双方在有关的借贷合同中规定了还款期限，但在实际操作过程中，主要还是根据项目的还款资金来源情况进行测算。一般情况下，先偿还当年所需的外汇借款本金，然后按照"先贷先还、后贷后还，利息高的先还、利息低的后还"的顺序归还国内借款。

按固定资产投资贷款还本付息的计算结果编制借款还本付息计算表，见表 6-7。

表6-7　借款还本付息计算表　　　　　　　　　　单位：万元

序号	项　　目	利率	建设期金额		投产期金额		达到设计能力生产期金额					合计
			1	2	3	4	5	6	7	⋯	n	
1	借款											
1.1	年初借款本金累计											
1.1.1	本金											
1.1.2	建设期利息											
1.2	本年借款											
1.3	本年应计利息											
1.4	本年偿还本金											
1.5	本年支付利息											
2	偿还借款本金的资金来源											
2.1	利润											
2.2	折旧费											
2.3	摊销费											

6.3　财务评价报表的编制与评价指标的计算

6.3.1　财务评价报表的编制

1. 财务评价辅助报表的编制

根据财务基础数据估算的五方面内容，可以编制出财务评价辅助报表。为满足项目财务评价的要求，必须具备下列 10 种辅助报表：

（1）建设投资估算表/固定资产投资估算表。该表反映了引进和非引进工程项目的建设投资组成和各类固定资产的内容，以及建设投资和固定资产投资总估算值。

（2）流动资金投资估算表。该表反映了流动资产和流动负债各项构成及金额，为生产期的资金筹措提供了依据，见表 6-2。

（3）投资计划与资金筹措表。该表用于对各年投资进行规划，以及进一步制定资金筹措方案，确定资金的来源。

（4）主要产出物和投入物使用价格依据表。该表反映了投入物和产出物的规格、产地、生产单位和单价情况，为计算产品成本和销售收入提供依据。

（5）单位产品生产成本估算表。该表反映了不同生产负荷下单位产品生产成本及其构成，反映了产品生产所需的物质资料和劳动力消耗的主要指标,也是预测项目获利能力的重要依据，见表 6-6。

（6）固定资产折旧费估算表。该表反映了各类固定资产的原值及在不同的折旧年限下各年的折旧费和净值，见表 6-4。

（7）无形资产及递延资产摊销费估算表。该表反映了无形资产和递延资产的原值及按摊销年限计算的摊销费，见表6-5。

（8）总成本费用估算表。该表反映了项目投产后产品的销售收入、销售税金和附加情况，是衡量项目财务效益和经济效益的决定因素，见表6-3。

（9）销售收入及销售税金估算表。该表也反映了项目投产后产品的销售收入、销售税金及附加情况，同样是衡量项目财务效益和经济效益的决定因素。

（10）借款还本付息计算表。该表反映了项目投产后各年偿还借款的资金来源和偿还借款本息的情况，见表6-7。

上述估算表可归纳为三大类：

第一类，预测项目建设期间资金流动状况的报表，如投资计划与资金筹措表、固定资产投资估算表。

第二类，预测项目投产后资金流动状况的报表，如流动资金投资估算表、总成本费用估算表、销售收入及税金估算表、损益表等。为编制生产总成本费用估算表，还附设了材料、能源成本预测及固定资产折旧和无形资产与递延资产摊销费三张估算表。

第三类，预测项目投产后用规定的资金来源归还固定资产借款本息的情况，即借款还本付息计算表，它反映了项目建设期和生产期内资金流动情况和项目投资偿还能力与速度。

财务基础数据估算的五个方面内容是连贯的，其中心是将投资成本（包括固定资产投资和流动资金投资）、产品成本与销售收入的预测数据进行对比，求得项目的销售利润，又在此基础上测算贷款的还本付息情况。因此，编制上述三类估算表应按一定程序使其相互衔接起来。第一类估算表是根据项目可行性研究报告及调查收集到的补充资料，经过项目概况的审查、市场和规模分析，结合技术可行性研究，加以判别调查后计算编制的，并在编制投资计划与资金筹措表之前，首先预测固定资产投资和流动资金投资。第二类的生产总成本费用估算表所需的三张附表，只要能满足财务和国民经济评价对基本数据的需求即可，有的附表也可合并列入生产总成本费用估算表之中，或做简单文字说明，然后根据生产成本费用表和销售收入及销售税金估算表的数据，综合测算出项目销售利润，列入损益表。第三类估算表是把前两类表中的主要数据经过综合计算，按照国家现行规定，综合编制成项目固定资产投资贷款还本付息计算表。

2. 财务评价基本报表的编制

（1）现金流量表。现金流量表反映项目计算期内各年的现金收支（现金流入及流出），用以计算各项动态和静态评价指标，进行项目财务能力分析。按投资计算基础的不同，现金流量表又可分为全部投资现金流量表和自有资金现金流量表。

1）全部投资现金流量表。全部投资现金流量表如表6-8所示。

表6-8　全部投资现金流量表　　　　　　单位：万元

序号	项　目	各计算期金额						合计
		0	1	2	3	···	n	
1	现金流入							
1.1	产品销售（营业）收入							
1.2	回收固定资产余值							
1.3	回收流动资金							

续表

序号	项 目	各计算期金额						合计
		0	1	2	3	...	n	
2	现金流出							
2.1	固定资产投资							
2.2	流动资金							
2.3	经营成本							
2.4	销售税金及附加							
2.5	所得税							
3	净现金流量（1-2）							

全部投资现金流量表是站在项目全部投资的角度，或者说不区分投资资金来源，是在设定项目全部投资均为自有资金条件下的项目现金流量系统的表格式反映。该表以全部投资为计算基础来计算全部投资所得税前及所得税后的财务内部收益率、净现值及投资回收期等评价指标，考察项目全部投资的盈利能力，为对各个投资方案进行比较建立共同基础。表中计算期的年序为 $1,2,\cdots,n$，建设开始年作为计算期的第一年，年序为 1。当项目建设期以前所发生的费用占总费用的比例不大时，为简化计算，这部分费用可列入年序 1。若需单独列出，可在年序 1 前另加一栏"建设起点"，年序填 0，将建设期以前发生的现金流出填入该栏。

① 现金流入为产品销售（营业）收入、回收固定资产余值和回收流动资金三项之和。

② 现金流出包含固定资产投资、流动资金、经营成本、销售税金及附加。固定资产投资和流动资金的数额分别取自固定资产投资估算表及流动资金投资估算表。

③ 项目计算期各年的净现金流量为各年现金流入量减对应年份的现金流出量，各年累计净现金流量为本年及以前各年净现金流量之和。

④ 所得税前净现金流量为上述净现金流量加所得税之和，即在现金流出中不计入所得税时的净现金流量。

2）自有资金现金流量表。该表从直接投资者角度出发，以投资者的出资额为计算基础，把借款本金偿还和利息支付作为现金流出，用于计算自有资金内部收益率和净现值等评价指标，考察项目自有资金的盈利能力，如表 6-9 所示。

表 6-9　自有资金现金流量表　　　　　单位：万元

序号	项 目	各计算期金额						合计
		0	1	2	3	...	n	
1	现金流入							
1.1	产品销售（营业）收入							
1.2	回收固定资产余值							
1.3	回收流动资金							
2	现金流出							
2.1	自有资金							
2.2	借款本金偿还							
2.3	借款利息支付							

续表

序号	项 目	各计算期金额						合计
		0	1	2	3	...	n	
2.4	经营成本							
2.5	销售税金及附加							
2.6	所得税							
3	净现金流量（1-2）							

从项目投资主体的角度看，建设项目投资借款是现金流入，但又同时将借款用于项目投资，则构成同一时点、相同数额的现金流出，二者相抵，对净现金流量的计算无影响。因此表中投资只计自有资金。另外，现金流入又是因项目全部投资所获得的，故应将借款本金的偿还及借款利息支付计入现金流出。

① 现金流入各项的数据来源与全部投资现金流量表相同。

② 现金流出项目包括自有资金、借款本金偿还、借款利息支出、经营成本及税金。借款本金偿还由两部分组成：一部分为借款还本付息计算表中本年还本额；另一部分为流动资金借款本金偿还，一般发生在计算期最后一年。借款利息支付数额来自总成本费用估算表中的利息支出项。现金流出中其他各项与全部投资现金流量表中的相同。

③ 项目计算期各年的净现金流量为各年现金流入量减去对应年份的现金流出量。

（2）损益和利润分配表。该表反映项目计算期内各年的利润总额、所得税和税后利润的分配情况，用于计算投资利润率、投资利税率和资本金利润率等指标，如表6-10所示。

表6-10 损益与利润分配表 单位：万元

序 号	项 目	各计算期金额						合计
		0	1	2	3	...	n	
1	产品销售（营业）收入							
2	销售税金及附加							
3	总成本费用							
4	利润总额							
5	所得税							
6	税后利润							
7	盈余公积金							
8	应付利润							
9	未分配利润							
10	累计未分配利润							

损益和利润分配表的编制以利润总额的计算过程为基础。利润总额的计算公式为：

$$利润总额=营业利润+投资净收益+营业外收支净额 \qquad (6\text{-}45)$$

式中，营业利润=主营业务利润+其他业务利润-管理费-财务费；

主营业务利润=主营业务收入-主营业务成本-销售费用-销售税金及附加；

营业外收支净额=营业外收入-营业外支出。

在测算项目利润时，投资净收益一般属于项目建成投产后的对外再投资收益，这类活动在项目评价时难以估算，因此可以暂不计入。对于营业外收支净额，除非已有明确的来源和开支项目需单独列出，否则也暂不计入。

① 产品销售（营业）收入、销售税金及附加和总成本费用的各年度数据分别取自相应的辅助报表。

② 利润总额等于产品销售（营业）收入减销售税金及附加再减总成本费用。

③ 所得税=应纳税所得额×所得税税率。

④ 税后利润=利润总额−所得税。

⑤ 弥补损失主要是指支付被没收的财物损失，以及支付各项税收的滞纳金和罚款，以弥补以前年度亏损。

⑥ 税后利润按法定盈余公积金、公益金、应付利润和未分配利润等项进行分配。

（3）资金来源与运用表。编制该表（见表6-11）时，首先要计算项目计算期内各年的资金来源与资金运用金额，然后通过资金来源与资金运用的差额反映项目各年的资金盈余或短缺情况。项目资金来源包括利润、折旧费、摊销费、长期借款、短期借款、自有资金、其他资金、回收固定资产余值和回收流动资金等；项目资金运用包括固定资产投资、建设期利息、流动资金投资、所得税、应付利润、长期借款还本和短期借款还本等。项目的资金筹措方案和借款及偿还计划应能使表中各年度的累计盈余资金额始终大于或等于零；否则，项目将因资金短缺而不能按计划顺利运行。

表6-11　资金来源与运用表

单位：万元

序号	项目	各计算期金额						合计
		0	1	2	3	…	n	
1	资金流入							
1.1	销售（营业）收入							
1.2	长期借款							
1.3	短期借款							
1.4	发行债券							
1.5	项目资本金							
1.6	其他							
2	资金流出							
2.1	经营成本							
2.2	销售税金及附加							
2.3	增值税							
2.4	所得税							
2.5	建设投资（不含建设期）							
2.6	流动资金							
2.7	各种利息支出							
2.8	偿还债务本金							
2.9	分配股利或利润							
2.10	其他							
3	资金盈余							
4	累计资金盈余							

资金来源与运用表反映项目计算期内各年的资金盈余或短缺情况，用于选择资金筹措方案，制订适宜的借款和偿还计划，并为编制资产负债表提供依据。

① 利润总额、折旧费、摊销费数据分别取自损益表、固定资产折旧费估算表、无形资产及递延资产摊销估算表。

② 长期借款、流动资金借款、其他短期借款、自有资金及"其他"项的数据均取自投资计划与资金筹措表。

③ 回收固定资产余值及回收流动资金见全部投资现金流量表编制中的有关说明。

④ 固定资产投资、建设期利息及流动资金数据取自投资计划与资金筹措表。

⑤ 所得税及应付利润数据取自损益表。

⑥ 长期借款本金偿还额为借款还本付息计算表中的本年还本数；流动资金借款本金一般在项目计算期末一次偿还；其他短期借款本金偿还额为上年度其他短期借款额。

⑦ 盈余资金等于资金来源减去运用资金。

⑧ 累计盈余资金各年数额为当年及以前各年盈余资金之和。

（4）资产负债表。资产负债表综合反映项目计算期内各年年末资产、负债和所有者权益的增减变化及对应关系，以考察项目资产、负债、所有者权益的结构是否合理，用于计算资产负债率、流动比率及速动比率，进行清偿能力和资金流动性分析，如表6-12所示。

表6-12 资产负债表　　　　　　　　　　　　　单位：万元

序号	项　目	各计算期金额						合计
		0	1	2	3	...	n	
1	资产							
1.1	流动资产总额							
1.1.1	应收账款							
1.1.2	存货							
1.1.3	现金							
1.1.4	累计盈余资金							
1.2	在建工程							
1.3	固定资产净值							
1.4	无形资产及递延资产净值							
2	负债及所有者权益							
2.1	流动负债总额							
2.1.1	应付账款							
2.1.2	短期借款							
2.2	长期负债							
	负债合计							
2.3	所有者权益							
2.3.1	资本金							
2.3.2	资本公积金							
2.3.3	累计盈余公积金							
2.3.4	累计公益金							
2.3.5	累计未分配利润							

资产负债表的编制依据是"资产=负债+所有者权益"。

1）资产由流动资产、在建工程、固定资产净值、无形资产及递延资产净值四项组成。

① 流动资产总额为应收账款、存货、现金、累计盈余资金之和。前三项数据来自流动资金投资估算表；累计盈余资金数额则取自资金来源与运用表，但应扣除其中包含的回收固定资产余值和自有流动资金。

② 在建工程是指投资计划与资金筹措表中的年固定资产投资额，其中包括固定资产投资方向调节税和建设期利息。

③ 固定资产净值和无形资产及递延资产净值分别从固定资产折旧费估算表和无形资产及递延资产摊销费估算表取得。

2）负债包括流动负债和长期负债。流动负债中的应付账款数据可由流动资金投资估算表直接取得。流动资金借款和其他短期借款两项流动负债及长期借款均指借款余额，需根据资金来源与运用表中的对应项及相应的本金偿还项进行计算。

① 长期借款及其他短期借款余额按下式进行计算：

$$第\,T\,年借款余额= \sum_{t=1-T} (借款–本金偿还)_t \tag{6-46}$$

式中，$(借款–本金偿还)_t$ 表示资金来源与运用表中第 t 年借款与同一年度本金偿还之差。

② 按照流动资金借款本金在项目计算期末用回收流动资金一次偿还的一般假设，流动资金借款余额按下式进行计算：

$$第\,T\,年借款余额= \sum_{t=1-T} (借款)_t \tag{6-47}$$

式中，$(借款)_t$ 表示资金来源与运用表中第 t 年流动资金借款额。若为其他情况，可参照长期借款的计算方法计算。

3）所有者权益主要包括资本金、资本公积金、累计盈余公积金和累计未分配利润。其中，累计未分配利润可直接取自损益表；累计盈余公积金也可由损益表中盈余公积金项计算各年份的累计值，但应根据有无用盈余公积金弥补亏损或转增资本金的情况进行相应调整。资本公积金为项目投资中累计自有资金（扣除资本溢价），当存在由资本公积金或盈余公积金转增资本公积金的情况时，应进行相应调整。资本公积金为累计资本溢价和赠款，转增资本公积金时相应地调整资产负债表，使其满足等式：

$$资产=负债+所有者权益 \tag{6-48}$$

6.3.2 财务评价指标的计算

利用财务评价的基本报表可以计算一系列财务评价指标，这些指标如表 6-13 所示。

表6-13 财务评价的指标体系

评价内容	基本报表	静态指标	动态指标
盈利能力分析	财务现金流量表（全部投资）	投资回收期	财务内部收益率 财务净现值 财务净现值率
	财务现金流量表（自有资金）	投资回收期	财务内部收益率 财务净现值

续表

评价内容	基本报表	静态指标	动态指标
盈利能力分析	损益表	投资利润率 投资利税率 资本金利润率	
偿债能力分析	资金来源与运用表 借款还本付息计算表	借款偿还期	
	资产负债表	资产负债率 流动比率 速动比率	
外汇平衡分析	财务外汇平衡表		
其他		价值指标或实物指标	

1．盈利能力分析的静态指标

（1）投资回收期。项目的全部投资包括自有资金出资部分和债务资金（包括借款、债券发行收入和融资租赁）的投资。对应的投资收益是税后利润、折旧费与摊销费及利息。其中利息可以看作债务资金的盈利。在研究全部投资的盈利能力时，按前面介绍的全部投资现金流量表计算投资回收期，根据基准投资回收期做出可行与否的判断。

全部投资的盈利能力指标基本不受融资方案的影响，可以反映项目方案本身的盈利水平。投资回收期有静态和动态之分，具体计算见第 4 章。

（2）投资利润率。投资利润率是指项目达到设计生产能力后的一个正常生产年份的年利润总额与项目总投资的比率，它是考察项目单位投资盈利能力的静态指标。对于生产期内各年的利润总额变化幅度较大的项目，应计算生产期年平均利润总额与项目总投资的比率。其计算公式为：

$$投资利润率=\frac{年利润总额（或年平均利润总额）}{项目总投资}\times100\% \qquad (6-49)$$

投资利润率可根据损益与利润分配估算表中的有关数据求得，与行业平均投资利润率对比，以判断项目的单位投资盈利能力是否达到本行业的平均水平。

（3）投资利税率。投资利税率是指项目达到设计生产能力后的一个正常生产年份的年利税总额或项目生产期内的年平均利税总额与项目总投资的比率。其计算公式为：

$$投资利税率=\frac{年利税总额（或年平均利税总额）}{项目总投资}\times100\% \qquad (6-50)$$

$$年利税总额=年利润总额+年销售税金及附加$$
$$=年销售收入-年总成本费用 \qquad (6-51)$$

投资利税率可由损益与利润分配估算表中的有关数据求得。与行业平均投资利税率对比，以判别项目的单位投资对国家积累的贡献水平是否达到本行业的平均水平。

（4）资本金利润率。资本金利润率是指项目正常年份利润总额或项目生产期内年平均利润总额与资本金的比率，有所得税前与所得税后之分。它衡量了投资者投入项目的资本金的获利能力。其计算公式为：

$$资本金利润率=\frac{利润总额}{资本金总额}\times100\% \qquad （6-52）$$

式中，资本金是指新建设项目设立企业时，在工商行政管理部门登记的注册资金。该指标可根据损益表和资产负债表中的有关数据计算求得。

在市场经济条件下，投资者关心的不仅是项目全部资金所提供的利润，更关心投资者投入的资本金所创造的利润。资本金利润率指标越高，反映投资者投入项目资本金的获利能力越大。资本金利润率还是向投资者分配股利的重要参考依据。一般情况下，向投资者分配的股利率要低于资本金利润率。

例 6-2　某项目建设期为 2 年，第一年年初投入 1 500 万元，全部是自有资金；第二年年初投入 1 000 万元，全部是银行贷款。固定资产投资包含了固定资产投资方向调节税。固定资产贷款利率为 10%。该项目可使用 20 年。从投产第一年开始，就达到设计生产能力的 100%。正常年份生产某产品 10 000 吨，总成本费用 1 500 万元。销售税金为产品销售收入的 10%。产品售价为 2 500 元/吨，并假定当年生产当年销售，没有库存。流动资金为 500 万元，在投产期初由银行贷款解决。试计算该项目的静态盈利指标。

解： 总投资=固定资产投资+固定资产投资方向调节税+建设期利息+流动资金

$$=1\ 500+1\ 000+\frac{1}{2}\times1\ 000\times10\%+500=3\ 050（万元）$$

正常年份利润=年产品销售收入−年总成本费用−年销售税金

$$=2\ 500-1\ 500-2\ 500\times10\%=750（万元）$$

正常年份利税=年产品销售收入−年总成本费用

$$=2\ 500-1\ 500=1\ 000（万元）$$

因此，静态盈利指标分别为：

$$投资利润率=\frac{正常年份利润总额}{总投资}\times100\%$$

$$=\frac{750}{3\ 050}\times100\%=24.59\%$$

$$投资利税率=\frac{正常年份利税总额}{总投资}\times100\%$$

$$=\frac{1\ 000}{3\ 050}\times100\%=32.79\%$$

$$资本金利润率=\frac{正常年份利润总额}{资本金}\times100\%$$

$$=\frac{750}{1\ 500}\times100\%=50\%$$

盈利能力分析的静态指标的意义不在其本身，而是比较效应。在项目的财务评价中，这些效益指标一般要高于同行业的平均效益指标，从而有利于做出选择这一项目的决策。假若给定项目所在行业盈利能力分析的静态指标参数分别为：投资利润率 15%、投资利税率 20%、资本金利润率 30%，比较下来，由于上述项目的投资利润率、投资利税率和资本金利润率均高于同行业水平，则认为，从静态的角度看，该项目在财务上是可行的。

2. 盈利能力分析的动态指标

（1）财务内部收益率（FIRR）。财务内部收益率（包括全部投资内部收益率和自有资金内部收益率）是指项目在整个计算期内各年净现金流量现值累计等于零时的折现率，它反映了项目所占用资金的盈利率：

$$\sum_{t=0}^{n}(CI-CO)_t(1+FIRR)^{-t} = 0 \tag{6-53}$$

式中，CI 表示现金流入量；CO 表示现金流出量；$(CI-CO)_t$ 表示第 t 年的净现金流量；n 表示计算期。

从财务净现值的计算中可以看出，一个项目的净现值与计算时采用的折现率有关。折现率越大，被看作由于时间变化而产生的资金增值越大，而被看作由项目本身所产生的资金增值越小，即净现值越小；反之，折现率越小，净现值越大。因此，我们可以定性地看出，对于确定的各年净现金流量而言，其财务净现值与财务内部收益率之间存在对应的关系。

财务内部收益率可根据财务现金流量表（全部投资现金流量表和自有资金投资现金流量表）中的净现金流量数据，用线性插值法计算求得。与行业的基准收益率或设定的折现率 i_0 比较，当 FIRR$\geqslant i_0$ 时，即认为其盈利能力已满足最低要求，财务上是可以考虑接受的。

（2）财务净现值（FNPV）。财务净现值是指按行业的基准收益率或设定的折现率，将项目计算期内各年净现金流量折现到建设期初的现值之和，其表达式为：

$$FNPV = \sum_{t=1}^{n}(CI-CO)_t(1+i_0)^{-t} \tag{6-54}$$

式中，i_0 表示基准收益率或设定的折现率。

财务净现值的实质可以理解为一旦投资该项目，就能立即从该项目获得的净收益。折现的意义在于：从现实立场来看，扣除掉由于资金的时间价值所带来的那一部分收益，剩余部分才真正反映了投资该项目的收益。因此，财务净现值可以作为判别该项目经济上是否可行的依据。

财务净现值可根据财务现金流量表中的数据计算求得。项目财务净现值计算的结果有三种情况：① FNPV>0，说明项目在整个寿命期内的盈利能力超过基准收益率或设定的获利水平，财务净现值越大，说明项目收益越好；② FNPV=0，说明项目在整个寿命期内的盈利水平正好等于基准收益率或设定折现率的获利水平；③ FNPV<0，说明项目在整个寿命期内的获利能力达不到基准收益率或设定折现率的获利水平。一般情况下，FNPV$\geqslant 0$ 的项目是可以考虑接受的。

财务净现值指标能够反映项目在整个计算期内的绝对效果，但不能反映单位投资的效果，尤其对多方案的选优，在不同方案的投资额不一样时，还需要利用财务净现值率指标。

（3）财务净现值率（FNPVR）。财务净现值率是财务净现值与全部投资现值之比，即单位投资现值的净现值。其表达式为：

$$FNPVR = \frac{FNPV}{I_p} \tag{6-55}$$

式中，I_p 表示全部投资（包括固定资产投资和流动资金投资）现值。

当 FNPVR$\geqslant 0$ 时，项目可行；当 FNPVR< 0 时，项目不可行。

财务净现值率是在财务净现值基础上发展起来的，可作为财务净现值的补充指标，它反映了财务净现值与投资现值的关系。财务净现值率的最大化，有利于实现有限投资的净贡献最大化，它在多方案选择中有重要作用。

例 6-3 某项目有两个建设方案，其现金流量如表 6-14 所示。试计算两个方案的财务净现值及财务净现值率（设折现率为 10%）。

表6-14　两个方案的现金流量表

年　　末	方案 A 现金流量/万元	方案 B 现金流量/万元	现 值 系 数
0	−500	−400	1.000 0
1	−400	−280	0.909 1
2	300	250	0.826 4
3	400	300	0.751 3
4	400	300	0.683 0
5	400	300	0.620 9

$$\text{FNPV}_A=-500-400(P/F,10\%,1)+300(P/F,10\%,2)+400(P/A,12\%,3)(P/F,10\%,2)$$
$$=-500-400\times0.909\ 1+300\times0.826\ 4+400\times2.486\ 9\times0.826\ 4=206.36\text{（万元）}$$

同理，求得 $\text{FNPV}_B=168.61$（万元）。

两个方案总投资现值分别为：
$$I_{pA}=500+400\times0.909\ 1=863.64\text{（万元）}$$
$$I_{pB}=400+280\times0.909\ 1=654.55\text{（万元）}$$

由财务净现值率的计算公式知：
$$\text{FNPVR}_A=\frac{\text{FNPV}_A}{I_{pA}}=\frac{206.36}{863.64}=0.239$$
$$\text{FNPVR}_B=\frac{\text{FNPV}_B}{I_{pB}}=\frac{168.61}{654.55}=0.258$$

如果对例中两个方案进行比较，用财务净现值作为判断依据，则方案 A 优于方案 B；用财务净现值率作为判断依据，则方案 B 优于方案 A，比选结论相反。由此可见，当投资额不同的多方案比选时，往往需要计算财务净现值率指标，只有这样才能做出正确的评价结论。通常，用财务净现值选择方案，往往选中的是盈利较高但投资也较大的方案；用财务净现值率选择方案，则往往倾向于选择投资小、单位投资效益高的方案。在资金短缺的情况下，财务净现值率具有相当重要的意义。因此，在选择方案时，两项指标可以根据具体情况结合使用。

从例 6-3 可以看出，在计算财务净现值和财务净现值率等指标时，折现率是一个重要的参数，折现率又称为基准贴现率或投资收益率。它是由投资决策部门决定的重要决策参数。基准贴现率如果定得太高，则可能会使许多经济效益好的方案被否决；如果定得太低，则可能导致接受方案的数量太多，质量参差不齐。

在采用现行价格时，基准贴现率可以按部门或行业来确定。依据某一部门或行业的历来投资效果，大致上可以算出一个最低的可接受的贴现率水平，有时也称其为最低的有吸引力的收益率（Minimum Attractive Rate of Return, MARR），如果按这种贴现率算出的某投资方案的净现值等指标为负值，则表示该方案并没有达到该部门或行业应该达到的最低经济效果水平，资金就不应该投在这个方案上，而应投向其他方案。

当采用某种调整后的合理价格时，就有可能把不同部门和不同行业的项目用同一尺度进行比较。这就意味着存在一个对整个国民经济而言的统一的基准折现率。在宏观分析中，用这种贴现率来计算各种评价指标，以确定项目方案的经济性，可以使资金投向经济效益最高的部门和行业。

还要指出，不要把标准投资收益率同贷款利率混淆起来。通常，标准投资收益率 i（或 MARR）应高于贷款利率。例如，贷款的利率若是 9%，则 i 可能要选定为 15%。这是因为投资方案大多带有一定的不确定性和风险，具备较高的投资收益率才具有吸引力。

3. 偿债能力分析

（1）资产负债率。资产负债率是负债与资产之比，它衡量企业利用债权人提供的资金进行经营活动的能力，反映项目各年所面临的财务风险程度和债务清偿能力，因此也反映债权人发放贷款的安全程度。计算资产负债率所需要的相关数据可在资产负债表中获得。其计算公式为：

$$资产负债率 = \frac{负债合计}{资产合计} \times 100\% \qquad (6\text{-}56)$$

一般认为资产负债率在 0.5～0.8 是合适的。由于财务杠杆效应的存在，权益的所有者从盈利出发，希望保持较高的债务比，赋予资本金较高的杠杆力，用较少的资本金来控制整个项目。但是，资产负债比越高，项目风险也越大。当资产负债率太高时，可通过增加自有资金出资和减少利润分配等途径来调节。

（2）流动比率。流动比率是反映项目各年偿付流动负债能力的指标，衡量项目流动资产在短期债务到期以前可以变为现金的用于偿还流动负债的能力。所需相关数据可在资产负债表中获得。其计算公式为：

$$流动比率 = \frac{流动资产总额}{流动负债总额} \times 100\% \qquad (6\text{-}57)$$

存货是一类不易变现的流动资产，所以流动比率不能确切反映项目的瞬时偿债能力。

（3）速动比率。速动比率反映项目快速偿付（用可以立即变现的货币资金偿付）流动负债的能力。其计算公式为：

$$速动比率 = \frac{速动资产}{流动负债} = \frac{流动资产总额 - 存货}{流动负债总额} \times 100\% \qquad (6\text{-}58)$$

速动资产是指容易转变为现金的流动资产，如现金、有价证券和应收账款。

流动比率和速动比率应与同行业的平均水平或其他参照物相比较。一般认为，流动比率应不小于 1.2～2.0；速动比率应不小于 1.0～1.2。

当流动比率和速动比率过小时，应设法减少流动负债，通过减少利润分配、减少库存等办法增加盈余资金。例如，采用增加长期借款（负债）等方法加以调整。

例 6-4 某项目在某一财务年度的总资产为 50 000 万元，短期借款为 2 500 万元，长期借款为 32 000 万元，应收账款为 1 200 万元，存货为 5 200 万元，现金为 1 000 万元，累计盈余资金为 500 万元，应付账款为 1 500 万元。那么，该项目财务状况指标分别为：

$$资产负债率 = \frac{负债合计}{资产合计} \times 100\%$$

$$= \frac{32\,000 + 2\,500 + 1\,500}{50\,000} \times 100\%$$

$$= \frac{36\,000}{50\,000} \times 100\% = 72\%$$

$$流动比率 = \frac{流动资产总额}{流动负债总额} \times 100\%$$

$$= \frac{应收账款 + 存货 + 现金 + 累计盈余资金}{短期借款 + 应付账款} \times 100\%$$

$$= \frac{1\,200 + 5\,200 + 1\,000 + 500}{2\,500 + 1\,500} \times 100\%$$

$$= \frac{7\,900}{4\,000} \times 100\% = 197.5\%$$

$$速动比率 = \frac{速动资产}{流动负债} \times 100\%$$

$$= \frac{流动资产 - 存货}{流动负债总额} \times 100\%$$

$$= \frac{7\,900 - 5\,200}{4\,000} \times 100\% = 67.5\%$$

（4）借款偿还期（P_d）。借款偿还期是指在国内财政规定和项目具体财务条件下，以项目投产后可用于还款的资金偿还建设投资国内借款本金和建设期利息（不包括已用自有资金支付的建设期利息）所需要的时间。

原理公式：

$$I_t = \sum_{t=0}^{P_d} R_t \qquad (6\text{-}59)$$

式中，I_t 表示建设投资国内借款本金和建设期利息之和；P_d 表示建设投资国内借款偿还期，从借款开始年计算；R_t 表示第 t 年可用于还款的资金，包括税后利润、折旧费、摊销费和其他还款额。

在实际工作中，借款偿还期可直接根据资金来源与运用表或借款偿还计划表推算，其具体推算公式如下：

$$P_d = \left(\begin{matrix} 借款偿还后出现 \\ 盈余的年份数 \end{matrix} - 开始借款年份 \right) + \frac{当年应偿还借款额}{当年可用于还款的资金额} \qquad (6\text{-}60)$$

评价准则：满足贷款机构的要求期限时，即认为项目有清偿能力。

➡ 例 6-5　某项目在第 14 年有了盈余资金。在第 14 年中，未分配利润为 7 262.76 万元，可作为归还借款的折旧费和摊销费为 1 942.29 万元，还款期间的企业留利为 98.91 万元。当年归还国内借款本金为 1 473.86 万元，归还国内借款利息为 33.90 万元。项目开始借款年份为第 1 年。求借款偿还期。

$$借款偿还期 = 14 - 1 + \frac{1\,473.86 + 33.90}{7\,262.76 + 1\,942.29 - 98.91} = 13.17（年）$$

=13 年 2 个月（从借款开始年算起）

（5）利息备付率。利息备付率也称已获利息倍数，指项目在借款偿还期内各年可用于支付利息的税息前利润与当期应付利息费用的比值。其计算公式为：

$$利息备付率 = \frac{税息前利润}{当期应付利息费用} \tag{6-61}$$

式中，税息前利润=利润总额+计入总成本费用的利息费用；当期应付利息费用表示计入总成本费用的全部利息费用。

评价准则：利息备付率应当大于 2；否则，表示项目的付息能力保障程度不足。

（6）偿债备付率。偿债备付率指项目在借款偿还期内，各年可用于还本付息的资金与当期应还本付息金额的比值。其计算公式为：

$$偿债备付率 = \frac{可用于还本付息的资金}{当期应还本付息金额} \tag{6-62}$$

式中，可用于还本付息的资金表示包括可用于还款的折旧费和摊销费、成本中列支的利息费用、可用于还款的税后利润等；当期应还本付息金额表示包括当期应还贷款本金及计入成本的利息。

评价准则：正常情况应当大于 1，且越高越好。当指标小于 1 时，表示当年资金来源不足以偿付当期债务，需要通过短期借款偿付已到期债务。

以上指标不仅考虑了资金的时间价值，而且考虑了项目在整个寿命期内的全部经济数据，因此比静态指标更全面、更科学。

6.3.3 财务分析案例

（第 2 版案例）

某健身中心是某市首批政府与社会资本合作项目，采用 BOT 模式，项目实施机构是某市体育局。健身中心共五层，由社会资本负责建设，总建筑面积 10 934 平方米，其中社会资本可以经营一层至四层约 8 602 平方米，特许经营期为 40 年。

由于项目的特殊情况，该项目总投资只包括地上一层至五层的建设投资及相关费用，还有与之相关的一部分室外工程投资，土方、支护、基础、地下室及与健身中心不相关的室外工程建设投资和相关费用不包括在内。

该项目总投资估算为 3 978.92 万元，具体估算结果如表 6-15 所示。

表 6-15　项目总投资估算表

序号	工程或费用名称	基数/万元	费率/%	投资额/万元	占项目总投资的比例/%	估 算 说 明
1	建设投资			3 854.06	96.86	
1.1	建设投资静态部分			3 854.06		
1.1.1	工程费用			3 195.42		详见表 6-16
1.1.2	工程建设其他费用			373.15		详见表 6-17
1.1.3	基本预备费	3 568.57	8	285.49		原国家计委建设银行，计标 (85)352 号，建标〔2007〕164 号

序号	工程或费用名称	基数/万元	费率/%	投资额/万元	占项目总投资的比例/%	估 算 说 明
1.2	建设投资动态部分					
1.2.1	涨价预备费					暂按零计算，原国家计委，计投资［1999］1340 号
2	建设期利息	1 156.22	5.61	64.86	1.63	
3	流动资金			60.00	1.51	
4	项目总投资			3 978.92	100	

表 6-16　工程费用估算表

序号	工 程 名 称	金额/万元	备　　注
1	土建主体工程	1 603.81	数据取自×××设计公司《某健身中心建设设计方案》工程项目概算部分，下同
2	装饰装修	947.40	
3	给排水工程	62.57	
4	热力工程	102.26	
5	空调	80.50	
6	强弱电	111.65	
7	煤气	8.93	
8	电梯扶梯	60.00	
9	消防工程	98.30	
10	其他	120.00	
10.1	室外工程	120.00	与健身中心有关的一部分室外工程费用，包括硬化、绿化、照明工程等，暂估值
10.2	体育经营及服务设施		暂不考虑
合计		3 195.42	

1．投资使用计划与资金筹措

（1）资金结构：出于保守考虑，本项目假设权益资金大于债务资金，确定资本金 2 822.70 万元，其中 2 697.84 万元用于建设投资（占建设投资总额的 70%），其余用于支付全部的流动资金和建设期利息。

（2）建设期利息计算：建设期贷款额为项目建设投资的 30%，贷款利率在现行 5.1% 的基础上再上浮 10%，贷款期限一年，建设期利息用项目资本金偿还。

（3）由于项目法人不用承担权益资金的利息和债务，故投资估算和财务分析时不计算资本金的使用成本。

表6-17　工程建设其他费用估算表

序号	名　　称	基　数	费率或标准	费用/万元	备　　注
1	建设用地费				划拨土地，不考虑征地拆迁补偿费用
2	建设单位管理费			13.91	依据财政部财建〔2002〕394号，省财政厅冀财建〔2003〕3号，财建〔2003〕724号
3	工程建设监理费			59.83	建设工程监理与相关服务收费管理规定发改价格〔2007〕670号
4	前期工作咨询费			14.95	依据国家计委计价格〔1999〕1283号，省物价局、省计委冀价经费字〔2000〕10号
5	勘察费				由于项目特殊情况，不考虑
6	设计费			36.79	工程勘察设计收费管理规定计价格〔2002〕10号
7	施工图审查费			2.63	河北省物价局、河北省建设厅冀价经费字〔2002〕第27号
8	环境影响评价费			2.16	国家计委、国家环保总局计价格〔2002〕125号
9	招标代理服务费			6.91	国家计委计价格〔2002〕1980号
10	工程保险费	3 195.42 万元	0.60%	19.17	按工程费用的0.6%计算
11	城市基础设施配套费	10 934.00 平方米	19.15 元/平方米	20.94	河北省物价局、财政厅冀价经费字〔2002〕29号等对各地批复文件
12	办公及生活家具购置费			1.80	国家计委建设银行计标(85)352号，只考虑项目自身公司管理经营本项目的办公设施及人员
13	人员培训费			1.80	同上
14	电力设施建设费	10 934.00 平方米	90 元/平方米	98.41	河北省设区市市区新建住宅小区电力设施建设管理暂行办法　冀价经费〔2008〕39号
15	集中供热管网工程建设费	10 934.00 平方米	60 元/平方米	65.60	某市人民政府关于将城市集中供热管网工程建设费纳入价格管理的通知冀〔2005〕76号
16	燃气管网工程建设费	20 户	3 200 元/户	6.40	某市物价局关于规范燃气管网工程建设费的通知2009年，按照每户20户考虑
17	文物勘探费				由于项目特殊情况，不考虑
18	临时水电报装费用				暂不考虑
19	其他费用			21.85	现场通平、临时用端道路，城市道路占用挖掘、垃圾清运等不易预测的费用，依据2004年建设厅发改委《河北省建设项目概算其他费用定额》并根据市场收费情况调整
合计				373.15	

该健身中心项目的总投资使用计划与资金筹措表见表 6-18。

表 6-18　项目总投资使用计划与资金筹措表　　　　　　单位：万元

序号	项　　目	合计	建设期金额	经营期金额			
			0	1	2	3	···
			2016 年	2017 年	2018 年	2019 年	···
1	总投资（含全额流动资金）	3 978.92	3 854.06	124.86			
	报批总投资（含铺底流动资金）	3 936.92	3 854.06	82.86			
1.1	建设投资	3 854.06	3 854.06				
1.2	建设期利息	64.86		64.86			
1.3	流动资金	60.00		60.00			
	其中：铺底流动资金	18.00		18.00			
2	资金筹措	3 978.92	3 854.06	124.86			
2.1	项目资本金	2 822.70	2 697.84	124.86			
2.1.1	用于建设投资	2 697.84	2 697.84				
2.1.2	用于流动资金	60.00		60.00			
	其中：铺底流动资金	18.00		18.00			
2.1.3	用于建设期利息	64.86		64.86			
2.2	债务资金	1 156.22	1 156.22				
2.2.1	用于建设投资	1 156.22	1 156.22				
2.2.2	用于流动资金						
2.2.3	用于建设期利息						

2．财务评价基础数据与参数选取

（1）计算期。项目计算期设定为 41 年，其中建设期 1 年，经营期为 40 年。本次测算计算时点为 2016 年年初，2016 年为建设期，2017 年及其以后为经营期。

（2）财务基准收益率设定。由于项目特殊性，我们并没有找到相关行业的基准收益率用于比较。对当前的社会投资人而言，中短期投资项目资本金内部收益率一般应在 12% 以上才可接受。

3．该健身中心毛租金收入

（1）项目以对外出租方式进行经营，以 2016 年租金水平为基准数据，假设经营期间毛租金收入每三年增长一次，增长率为 4%。经营期各年出租率都按 100% 计算，但第一年考虑三个月的免租期。

（2）毛租金收入中，包括租赁区域物业管理费，必要的水、电、暖、空调、通信设施使用费、卫生费排污费，以及其他相关费用。

健身中心的基准年毛租金收入如表6-19所示。

表6-19　健身中心的基准年毛租金收入

名　　称	基数/平方米	单价/（元/平方米/月）	金额/万元	备　　注
一层	2 005.04	60	144.36	体育用品超市
二层	2 232.24	40	107.15	柔道、摔跤、散打、拳击
三层	2 232.24	30	80.36	跆拳道、健美操、武术、举重
四层	2 132.24	25	63.97	棋牌类、台球、瑜伽，本层有约100平方米用于办公，不对外出租经营
五层				综合健身场馆，包括篮球、羽毛球、乒乓球，不对外出租经营
地下及地上车位				不考虑
合计			395.84	一层至四层平均月租金：38.35元/建筑平方米

4．成本费用估算

（1）为使投资估算和财务分析更加符合实际投资和经营情况，本次以收付实现制为基础计算相关财务指标，而不采用计提固定资产折旧的方法，原因如下：

① 根据当地实际情况，服务业租赁经营一般按核定征收，用折旧摊销的方法计算企业所得税已无必要。

② 投资者在经营期内要回收全部投资，BOT项目如果经营期小于折旧年限，就会牵扯到折旧残值归属的问题。

③ 财务分析最重要的是遵循资金时间价值原则，折旧考虑的只是历史成本而不是时间价值因素。对于本项目而言，由于固定资产投入远大于其后每年的经营收益，用计提折旧的方法势必导致计算出的财务指标严重失真，以致失去参考价值。

（2）以2016年为基准数据，假设经营期间经营成本与税费与毛租金同比增长，即每三年增长一次，增长率为4%。

（3）企业所得税根据当地实际情况按服务业租赁经营核定征收考虑。

（4）估算和分析表格中与价格相关的数据皆为含增值税的价格，由于建设和经营期间没有销项增值税可供抵扣，故此次估算分析并未列举应纳增值税额及其相应的附加税。

基准年经营成本和税费如表6-20所示。

5．财务评价报表

（1）财务现金流量。项目资本金投资现金流量表和项目全投资现金流量表如表6-21和表6-22所示。项目财务指标结果如表6-23所示。

表 6-20　基准年经营成本和税费

序号	名　称	基　数	单　价	金额/万元	备　注
1	两税一费	395.84 万元	5.6%	22.17	包括营业税、城市维护建设税、教育费附加和地方教育费附加，按毛租金收入的 5.6%计
2	房产税	395.84 万元	12.0%	47.5	毛租金的 12%
3	土地增值税				无
4	城镇土地使用税	2 240.00 平方米	9 元/平方米	2.02	按用地面积每年 9 元/平方米计
5	企业所得税	395.84 万元	2.5%	9.90	按服务业租赁经营考虑，核定征收，税率为毛租金的 10%×25%
6	人员工资和福利费			28.80	暂按 6 人，每人每月 4 000 元考虑，包括个人工资、津贴、奖励和各种劳保福利等
7	管理费用			15.00	包括经营管理费、非经营区物业管理费
8	修理费用	524.21 万元	2.0%	10.48	暂按除主体工程以外的工程费用的 2%考虑，印花税和必要的卫生费、车船税，主体工程维修计入物业管理费中
9	水电暖费用	2 186.80 平方米	24 元/平方米	5.25	按 20%非经营区面积每月 2 元/平方米计算，经营区域的水电暖燃气费用包括在月租金中
	合计			141.12	暂不考虑改增的情况

单位：万元

表6-21　项目资本金投资现金流量表

序号	年	2016	2017	2018	2019	2020	2021	2022	2023	2024	2025	2026
	期		1	2	3	4	5	6	7	8	9	10
1	租金费率增长系数	1.000	1.000	1.000	1.000	1.040	1.040	1.040	1.082	1.082	1.082	1.125
2	租金流入：租金收入		297	396	396	412	412	412	428	428	428	445
3	资金流出	2 698	1 422									
3.1	资本金（建设投资）	2 698										
3.2	资本金（支付建设期利息）		65									
3.3	资本金（流动资金）		60									
3.4	建设资金贷款本金偿还		1 156									
3.5	经营成本和税费		141	141	141	147	147	147	153	153	153	159
4	净现金流量（税后）	-2 698	-1 125	255	255	265	265	265	276	276	276	287
5	累计（期末回收流动资金）	-2 638	-3 763	-3 508	-3 254	-2 989	-2 724	-2 459	-2 183	-1 908	-1 632	-1 346

序号	年	2027	2028	2029	2030	2031	2032	2033	2034	2035	2036
	期	11	12	13	14	15	16	17	18	19	20
1	租金费率增长系数	1.125	1.125	1.170	1.170	1.170	1.217	1.217	1.217	1.265	1.265
2	租金流入：租金收入	445	445	463	463	463	482	482	482	501	501
3	资金流出										
3.1	资本金（建设投资）										
3.2	资本金（支付建设期利息）										
3.3	资本金（流动资金）										
3.4	建设资金贷款本金偿还										
3.5	经营成本和税费	159	159	165	165	165	172	172	172	179	179
4	净现金流量（税后）	287	287	298	298	298	310	310	310	322	322
5	累计（期末回收流动资金）	-1 056	-773	-475	-177	121	431	741	1 051	1 373	1 696

续表

序号	年	2037	2038	2039	2040	2041	2042	2043	2044	2045	2046
	期	21	22	23	24	25	26	27	28	29	30
1	租金税费增长系数	1.265	1.316	1.316	1.316	1.369	1.369	1.369	1.423	1.423	1.423
2	租金流入：租金收入	501	521	521	521	542	542	542	563	563	563
3	资金流出										
3.1	资本金（建设投资）										
3.2	资本金（支付建设期利息）										
3.3	资本金（流动资金）										
3.4	建设资金贷款本金偿还										
3.5	经营成本和税费	179	186	186	186	193	193	193	201	201	201
4	净现金流量（税后）	322	335	335	335	349	349	349	362	362	362
5	累计（期末回收流动资金）	2 018	2 353	2 688	3 023	3 372	3 721	4 070	4 432	4 795	5 157

序号	年	2047	2048	2049	2050	2051	2052	2053	2054	2055	2056
	期	31	32	33	34	35	36	37	37	39	40
1	租金税费增长系数	1.480	1.480	1.480	1.539	1.539	1.539	1.601	1.601	1.601	1.655
2	租金流入：租金收入	586	586	586	609	609	609	634	634	634	659
3	资金流出										
3.1	资本金（建设投资）										
3.2	资本金（支付建设期利息）										
3.3	资本金（流动资金）										
3.4	建设资金贷款本金偿还										
3.5	经营成本和税费	209	209	209	217	217	217	226	226	226	235
4	净现金流量（税后）	377	377	377	392	392	392	408	408	408	422
5	累计（期末回收流动资金）	5 534	5 911	6 288	6 680	7 072	7 464	77 872	8 280	8 688	9 109

单位：万元

表6-22 项目全投资现金流量表

序号	年	2016	2017	2018	2019	2020	2021	2022	2023	2024	2025	2026
	期		1	2	3	4	5	6	7	8	9	10
1	租金税费增长系数	1.000	1.000	1.000	1.000	1.040	1.040	1.040	1.082	1.082	1.082	1.125
2	租金流入：租金收入		297	396	396	412	412	412	428	428	428	445
3	资金流出											
3.1	建设投资	3 854										
3.2	流动资金		60									
3.3	经营成本利税费（税后）		141	141	141	147	147	147	153	153	153	159
4	净现金流量（税后）	-3 854	96	255	255	265	265	265	276	276	276	287
5	累计（期末回收流动资金）	-3 794	-3 698	-3 444	-3 189	-2 924	-2 659	-2 394	-2 119	-1 843	-1 568	-1 281

序号	年	2027	2028	2029	2030	2031	2032	2033	2034	2035	2036
	期	11	12	13	14	15	16	17	18	19	20
1	租金税费增长系数	1.125	1.125	1.170	1.170	1.170	1.217	1.217	1.217	1.265	1.265
2	租金流入：租金收入	445	445	463	463	463	482	482	482	501	501
3	资金流出										
3.1	建设投资										
3.2	流动资金										
3.3	经营成本利税费（税后）	159	159	165	165	165	172	172	172	179	179
4	净现金流量（税后）	287	287	298	298	298	310	310	310	322	322
5	累计（期末回收流动资金）	-994	-708	-410	-112	186	496	806	1 116	1 438	1 760

续表

序号	年	2037	2038	2039	2040	2041	2042	2043	2044	2045	2046
	期	21	22	23	24	25	26	27	28	29	30
1	租金税费增长系数	1.265	1.316	1.316	1.316	1.369	1.000	1.000	1.000	1.040	1.040
2	租金流入：租金收入	501	521	521	521	542	297	396	396	412	412
3	资金流出										
3.1	建设投资										
3.2	流动资金										
3.3	经营成本和税费	179	186	186	186	193	193	193	201	201	201
4	净现金流量（税后）	322	335	335	335	349	349	349	363	363	363
5	累计（期末回收流动资金）	2 083	2 418	2 753	3 088	3 437	3 786	4 134	44 497	4 859	5 222

序号	年	2047	2048	2049	2050	2051	2052	2053	2054	2055	2056
	期	31	32	33	34	35	36	37	37	39	40
1	租金税费增长系数	1.040	1.082	1.082	1.082	1.125	1.125	1.125	1.170	1.170	1.170
2	租金流入：租金收入	412	428	428	428	445	445	445	463	463	463
3	资金流出										
3.1	建设投资										
3.2	流动资金										
3.3	经营成本和税费	209	209	209	217	217	217	226	226	226	235
4	净现金流量（税后）	377	377	377	392	392	392	408	408	408	424
5	累计（期末回收流动资金）	5 599	5 976	6 353	6 745	7 137	7 529	7 937	8 345	8 753	9 177

表6-23　项目财务指标结果

项目财务指标	数　值
总投资内部收益率（税后）	6.86%
资本金内部收益率	6.89%
总投资收益率	8.51%
资本金净利润率	10.41%
其他：保守贷款偿还期	30.76 年
正常贷款偿还期	5.78 年
静态投资回收期	14.59 年

注：计算项目投资内部收益率时，在每个计算期末回收流动资金60万元；计算总投资收益率时，由于涉及息税前利润，而本项目由于企业所得税是核定征收的，故需要将企业所得税以各年度经营成本和税费中还原到当年的息税前利润中来。

表 6-23 数据中"保守贷款偿还期"是根据项目实施机构要求增加的指标，其计算方法为：假设投资方项目所有资金（包括资本金）都是借债筹集的，以此保守策略来计算贷款偿还期。其他几个财务指标都按正常的投资和经营条件计算。

（2）借款偿还计划。保守贷款的借款偿还计划如表6-24所示。

6. 财务评价结论

投资回收期有静态和动态两种指标，其中静态投资回收期不考虑资金的时间价值，难以正确地辨识项目的优劣。本项目回报周期很长，采用动态投资回收期才合适，但《建设项目经济评价方法》（第三版）中只说明了静态投资回收期的计算，并未要求计算动态投资回收期，这是因为计算动态投资回收期需要事先指定折现率，而折现率是主观性很强的数据。折现率对动态投资回收期的影响非常大，经测算，基准租金水平条件下，当折现率取 7.3%时，动态投资回收期就已经超过了 50 年。而 7.3%的折现率不仅小于 12%的一般行业基准收益率，甚至小于 8%的社会基准折现率。所有这些，表明只根据投资回收期一个标准来确定项目可行性是不合适的。

实际上，以上几个财务指标中，资本金内部收益率才是最重要的，也是按规定唯一必须计算的指标。计算结果表明这一指标也是比较低的。资本金内部收益率低的主要原因是该项目前期投资大而后期经营收入少，回报周期很长；另一个原因是项目要求的资本金比例高，不过对于本项目，正因为回报周期长，所以资本金比例对资本金内部收益率的影响也小，财务杠杆作用不明显。经测算，当资本金比例从 70%降到 30%时，40 年经营期资本金内部收益率仅从 6.89%上升到 6.93%。

单从资本金内部收益率判断，项目并不理想。不过从另外一个角度看，由于是政府与社会资本合作项目，项目最大的优势是经营期间可以获得长期稳定的收益来源。再考虑到项目的公益性质，40 年经营期，项目平均每年资本金净利润率尚可达到 10.41%。此外，正常情况下本项目需要缴纳的房产税太多，几乎占了经营成本和税费的 1/3（见"基准年经营成本和税费"），如果社会投资人有合理的避税措施，或许能够争取到一定的税费减免政策，则实际的资本金内部收益率比估算的要高，或许社会投资人是能接受的。

表6-24　保守贷款的借款偿还计划表

单位：万元

序号	年	2016	2017	2018	2019	2020	2021	2022	2023	2024	2025	2026
	期		1	2	3	4	5	6	7	8	9	10
1	年初借款本息累计	3 854	4 070	4 206	4 187	4 168	4 137	4 103	4 069	4 022	3 972	3 919
2	本年借款		60									
3	本年应付利息	216	232	236	235	234	232	230	228	226	223	220
4	资金流入租金收入		297	396	396	412	412	412	428	428	428	445
5	经营成本和税费		141	141	141	147	147	147	153	153	153	159
6	本年可用于还款资金		156	255	255	265	265	265	276	276	276	287
7	本年偿还本金及利息		156	255	255	265	265	265	276	276	276	287
8	年末借款本息累计	4 070	4 206	4 187	4 168	4 137	4 104	4 069	4 022	3 972	2 919	3 852

序号	年	2027	2028	2029	2030	2031	2032	2033	2034	2035	2036
	期	11	12	13	14	15	16	17	18	19	20
1	年初借款本息累计	3 852	3 782	3 708	3 618	3 523	3 422	3 304	3 180	3 048	2 897
2	本年借款										
3	本年应付利息	216	212	208	203	198	192	185	178	171	163
4	资金流入租金收入	445	445	463	463	463	482	482	482	501	501
5	经营成本和税费	159	159	165	165	165	172	172	172	179	179
6	本年可用于还款资金	287	287	298	298	298	310	310	310	322	322
7	本年偿还本金及利息	287	287	298	298	298	310	310	310	322	322
8	年末借款本息累计	3 782	3 708	3 618	3 523	3 422	3 304	3 180	3 048	2 897	2 737

续表

序号	年	2037	2038	2039	2040	2041	2042	2043	2044	2045	2046
	期	21	22	23	24	25	26	27	28	29	30
1	年初借款本息累计	2 737	2 569	2 377	2 176	1 962	1 724	1 472	1 206	911	600
2	本年借款										
3	本年应付利息	154	144	133	122	110	97	83	68	51	34
4	资金流入租金收入	501	521	521	521	542	542	542	563	563	563
5	经营成本和税费	179	186	186	186	193	193	193	201	201	201
6	本年可用于还款资金	322	335	335	335	349	349	349	363	363	363
7	本年偿还本金及利息	322	335	335	335	349	349	349	363	363	363
8	年末借款本息累计	2 569	2 377	2 176	1 962	1 724	1 472	1 206	911	600	271

序号	年	2047	2048	2049	2050	2051	2052	2053	2054	2055	2056
	期	31	32	33	34	35	36	37	37	39	40
1	年初借款本息累计	271									
2	本年借款										
3	本年应付利息	15									
4	资金流入租金收入	586	586	586	609	609	609	634	634	634	659
5	经营成本和税费	209	209	209	217	217	217	226	226	226	235
6	本年可用于还款资金	377	377	377	392	392	392	408	408	408	424
7	本年偿还本金及利息	286									
8	年末借款本息累计										

6.4　资金规划

项目的资金规划主要是通过项目筹资来实现的。项目筹资是通过多种方式引进资金进行项目建设的重要手段。资金是项目正常开展的血脉，合理的筹资方法对项目的建设和最终完成至关重要。

6.4.1　项目筹资的策略

项目筹资是为项目投资服务的，其成本的高低会影响项目的投资收益；反过来，项目筹资也是受项目投资总量制约的。这是因为，项目筹资收益水平的高低也会直接影响筹资可接受水平和相关的资金结构。所以，树立正确的项目筹资策略，有利于选择合适的筹资方式，有利于项目的投资决策。

1. 确定合理的资金结构

资金结构是指项目投资中各种资金的构成及其比例关系。项目在进行资金筹措时，应结合资金成本和有关政策制度的规定，确定合理的自有资金与负债资金的比例。

2. 选择合适的筹资方式

各种资金筹措时都有其资金成本。所谓资金成本，是指为筹集各使用资金而付出的代价。它一般包括资金筹集费和资金使用费，并用年资金成本率来表示。所以，项目在进行筹资时，应结合筹资方式的资金成本选择最为有利的筹资方式。

3. 选择有利的筹资时机

项目的筹资与投资与国民经济发展状况密切相关。经济增长速度快，经济效益好，一方面为项目的投资创造了良好的时机；另一方面会形成整个社会对资金需求量加大、市场平均利率水平上升的局面，从而会造成项目筹资困难并提高其筹资成本。反之，若经济处于衰退阶段，则可能导致人们对未来投资丧失信心。虽然此时市场资金供应充分，资金成本也相对较低，但由于市场的不景气，则会加大投资风险，致使项目投资不能达到预期收益的目的。所以，项目筹资与投资都有一个最佳时机选择的问题。

4. 合理确定资金需求量与需求时间

筹集多少资金、什么时候需要资金，这是项目筹资首先要考虑和解决的问题。确定项目所需的资金量是筹资的依据和前提。这是因为正确核定项目所需的资金总数，有利于确定正确的筹资方式，避免不必要的资金占用和浪费。另外，确定资金的需求时间也是一个重要的问题，特别是一些大型的建设项目，其建设周期长并且需要巨额的资金筹措，因此，其货币的时间价值会显得比较明显。如果能恰当地计算出资金的需求时间，同样可以节省一笔数量可观的资金成本。

5. 合理组合债务偿还期

项目投资者在筹集资金债务偿还期方面要将长期贷款、中期贷款、短期贷款合理安排，防止还款时间和额度过度集中，为以后还款安排带来困难。

6. 外资与内资相结合

筹集内资与筹集外资相结合的策略适用于多种项目，但应综合考虑国家的宏观经济政策和外汇汇率的变动等因素，以降低筹资风险。

6.4.2 项目资金的来源

1. 项目资金的构成

在资金筹措阶段，项目资金由自有资金和借入资金构成，如图6-4所示。

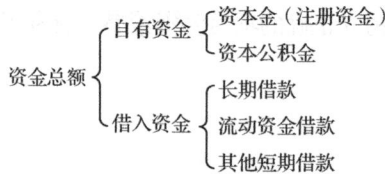

图6-4 项目资金的构成

（1）自有资金。自有资金是指投资人、企业有权支配使用并按规定可用于固定资产投资和流动资金的资金，即在项目资金总额中投资者缴付的出资额，包括资本金和资本溢价。

资本金是指新建项目设立企业时在工商行政管理部门登记的注册资金。根据投资主体的不同，资本金可分为国家资本金、法人资本金、个人资本金和外商资本金。

资本公积金是指企业接受捐赠、财产重估差价、资本折算差额和资本溢价等形成的公积金。接受捐赠资产是指地方政府、社会团体或个人，以及外商赠予企业货币或实物等财产而增加的企业资产。财产重估差价是指按国家规定对企业固定资产重新估价时，固定资产的重估价值与其账面值之间发生的差额。资本折算差额是指汇率不同引起的资本折算差价。资本溢价是指在资金筹集过程中，投资者缴付的出资额超出资本金的差额。最典型的是发行股票的溢价净收入，即股票溢价收入扣除发行费用后的净额。

（2）借入资金。借入资金即企业对外筹措的资金，是指以企业名义从金融机构和资金市场借入，需要偿还的用于固定资产投资的资金，包括国内银行贷款、国际金融机构贷款、外国政府贷款和发行债券等方式筹集的资金。

2. 项目筹资渠道

筹资渠道是指企业筹措资金来源的方向和通道，它体现着企业可利用资金的源泉和流量。筹资渠道是企业筹资的客观条件，为企业筹资提供了各种可能。认识筹资渠道的种类和每种渠道的特点，有利于企业充分开拓和正确利用筹资渠道。目前企业筹资渠道主要有以下几种。

（1）国家财政资金。国家对项目的投资历来是大型项目的主要资金来源。国家按照投资规划对项目进行投资，可以拨款方式投入，也可以基建贷款的形式投入，国家财政资金具有宽阔的源泉和稳固的基础，今后仍然是项目筹集资金的重要渠道。

（2）银行信贷资金。银行对项目的各种贷款是项目重要的资金来源。银行信贷资金有居民储蓄和单位存款等经常性的资金源泉，贷款方式多种多样，可以适应各种项目的多种资金需要。

（3）非银行金融机构资金。非银行金融机构主要有信托投资公司、租赁公司、保险公司、证券公司、企业集团的财务公司等。这些金融机构可以为一些项目直接提供部分资金或为项目筹资提供服务。这种筹资渠道的财力比银行要小，但具有广阔的发展前景。

（4）企业自留资金。企业内部形成的资金，主要有计提折旧形成的临时沉淀资金、提取公积金和未分配利润而形成的资金。随着企业经济效益的提高，企业自留资金的数额将日益增加。项目组织可以通过自留资金为项目筹集资金。

（5）其他企业资金。企业在生产经营过程中，往往形成部分暂时闲置的资金，可在企业之间相互调剂使用。随着横向经济联合的发展，企业与企业之间资金联合和资金融通也有了广泛发展。其他企业投入资金方式包括联营、入股、债券和各种商业信用，既有长期稳定的联合，又有短期临时的融资。项目组织完全可以利用其他企业闲置资金来发展项目。

（6）民间资金。企业职工和城乡居民节余的货币也可以对企业进行投资，形成民间资金渠道。随着证券市场的发展和股份经济的推广，这一筹资渠道将会发挥越来越大的作用。

（7）外商资金。外商资金是外国投资者及我国香港、澳门、台湾地区投资者投入的资金，这是引进外资和外商投资企业的主要资金来源。吸收外资，不仅可以满足项目建设的资金需要，而且能够引进先进技术和管理经验。

3. 项目筹资方式

项目筹资方式有很多种，如股票筹资、银行贷款、发行债券筹资、租赁融资和利用外资等。

（1）股票筹资。股票是股份公司发给股东作为已投资入股的证书，股东据此享有股息收入并取得其他相应的权利和义务。股票可以转让，但不能抽回本金。

股票可分为优先股和普通股两种类型。优先股是指在分配盈余或公司破产清偿时在分割财产等方面享有优先权利的股份，它一般股息率确定、收入稳定，但持有者在股东大会上没有表决权、不参与企业管理；普通股是指在分配盈余或公司破产清偿分割财产时享有普通权利的股份，一般股息不固定、随公司经营业绩而浮动，但持有者在股东大会上有表决权、可参与企业管理。

股票筹资的优点：

1）股票筹资是一种有弹性的融资方式。由于股息或红利不像利息那样必须按期支付，当公司经营不佳或现金短缺时，董事会有权决定不发股息或红利，因而公司融资风险低。

2）股票无到期日。其投资属永久性投资，公司不用为偿还资金而担心。

3）发行股票筹集资金可降低公司负债比率，提高公司财务信用，增加公司今后的融资能力。

股票筹资的缺点：

1）资金成本高。购买股票承担的风险比购买债券高，投资者只有在股票的投资报酬率高于债券的利息收入时，才愿意投资股票。此外，债券利息可在税前扣除，而股息和红利须在税后利润中支付，这样就使股票筹资的资金成本远高于债券筹资的资金成本。

2）增发普通股须给新股东投票权和控制权，从而减弱原有股东的控制权。

（2）银行贷款。银行贷款是银行利用信贷资金所发放的投资性贷款。按贷款提供者的单位不同，分为政策性银行贷款、商业银行贷款和其他金融机构贷款。

政策性银行贷款是指执行国家政策性贷款业务的银行向企业发放的贷款。例如，国家开发银行提供的贷款主要用于满足企业承建国家建设项目的资金需求；中国进出口银行提供的贷款主要用于满足企业进出口方面的资金需求，如满足扩大机电产品、成套设备出口等的资金需求；中国农业发展银行提供的贷款主要用于确保国家对粮、棉、油等政策性收购资金的供应。

商业银行贷款是指由各商业银行向工商企业提供的贷款，主要用于满足企业建设竞争性项目的资金需要。商业银行的贷款长期、短期均有。企业取得贷款后应自主决策、自担风险、到期还本付息。

其他金融机构贷款是指除银行以外的金融机构向企业提供的贷款，如企业向信托投资公司、财务公司、投资公司、保险公司等金融机构借入的款项。其他金融机构的贷款一般比银行贷款的期限长，利率也较高，对借款方的信用要求和限制条件比较严格。

银行资金的发放和使用应当符合国家法律、行政法规和中国人民银行发布的行政规章，应当遵循效益性、安全性和流动性的原则。效益性、安全性和流动性是商业银行经营活动应遵循的基本原则，也是企业及其他借款人使用贷款资金时应遵循的基本原则。效益性是指贷款的发放和使用的结果是积极的而不是消极的，效益可分为社会效益和经济效益；安全性是指贷款在发放和使用的过程中不发生损失的风险，损失包括贷款的呆滞、呆账、挪用、诈骗等；流动性是指金融机构的现金存量和随时可变现的资产存量能够既相互依存，又相互制约、相互矛盾。一般来说，流动性越好，安全性越好，贷款的效益性就越差；相反，效益性越好，流动性和安全性就越差。

（3）发行债券筹资。债券是债务人为筹集债务资金而发行的、约定在一定期限内还本付息的一种有价证券。债券筹资是一种直接融资，面向广大社会公众和机构投资者，公司发行债券一般有发行最高限额、发行公司权益资本最低限额、公司盈利能力和债券利率水平等要求条件。在发行债券筹资过程中，必须遵循有关法律规定和证券市场规定，依法完成债券的发行工作。

债券筹资的优点：

1）筹资成本较低。发行债券筹资的成本要比股票筹资的成本低。这是因为债券发行费用较低，其利息允许在所得税前支付，可以享受扣减所得税的优惠，所以企业实际上负担的债券成本一般低于股票成本。

2）保障股东控制权。债券持有人无权干涉管理事务，因此，发行企业债券不会像增发股票那样可能会分散股东对企业的控制权。

3）可以提高自有资金利润率。如果企业投资报酬率大于利息率，用发行债券的方式筹资可提高股东投资报酬率。

债券筹资的缺点：

1）限制条件较多。发行债券的限制条件一般比长期借款、租赁筹资的限制条件要多而且严格，从而限制了企业对发行债券筹资方式的使用，甚至会影响以后的筹资能力。

2）筹资数量有限。利用债券筹资有一定的限度。当企业的负债比率超过了一定程度后，债券筹资的成本会迅速上升，有时甚至发行不出去。而且国家的有关法规对企业的债券筹资额度也有限制。

3）筹资风险较高。债券有固定的到期日，并定期支付利息。利用债券筹资，要承担还本付息的义务。在企业经营不景气时，向债券持有人还本付息，会给企业带来更大的困难，甚至导致企业破产。

（4）租赁融资。租赁是指出租人以收取租金为条件，在契约或合同规定的期限内，将资产租让给承租人使用的一种经济行为。租赁行为实质上具有借贷

（经营租赁与融资租赁的区别）

性质，但它直接涉及的是实物而不是资金。在租赁业务中，出租人主要是各种专业租赁公司，承租人主要是其他各类企业，租赁的对象大都是机器设备等固定资产。按与租赁资产所有权有关的风险和报酬归属不同可将租赁融资分为以下两种：

1）融资租赁。融资租赁是一种具有融资、融物双重职能的租赁方式，即由出租人购买承租人选定的资产，并享有资产所有权，再将资产出租给承租人在一定期限内有偿使用。它实际上转移了与资产所有权有关的全部风险和报酬。它是由机器设备制造商、租赁公司和使用厂家共同参与的一种租赁方式。

2）经营租赁。经营租赁是为满足经营上的临时性或季节性需要而进行的资产租赁，与所有权有关的风险或报酬实质上并未转移。在这种租赁方式下，出租人不仅提供租赁资产，还提供资产的维修和保险等服务。

（5）利用外资。在项目实施的过程中项目组织对项目建设资金的需求也不断扩大。合理利用外资日益成为一种重要的筹资方式。

目前项目利用外资的主要方式有两种：一是借入外资；二是吸收境外资金直接投资。

1）借入外资。

① 利用外国政府贷款。外国政府贷款是指外国政府提供的一种优惠贷款。这类贷款的特点是利率低、期限长。但这类贷款的附加条件是必须以贷款购买贷出国的机器设备等资本性货物。因此，这种贷款带有促进贷出国贸易的目的。

② 国际金融组织贷款。这类贷款主要是指国际货币基金组织、世界银行、国际开发协会、国际金融公司、亚洲开发银行、欧洲开发银行、非洲开发基金组织等提供的贷款。它的贷款对象一般是该金融机构的会员或其所辖范围内的国家或地区。

③ 外国商业银行贷款。外国商业银行贷款是指在国际金融市场上，由外国商业银行提供的、不指定用途的、由借款人自主支配使用的贷款。这类贷款往往期限较短，利率较高，且采用浮动利率，即随国际金融市场利率的波动而波动。

④ 出口信贷。出口信贷是出口国政府为促进出口，由出口国官方、出口商或银行设立的一种供出口商或外国进口者使用的利率较低的贷款。其利率一般比市场利率低，利差由政府进行补贴。

除以上几种利用外资的方式外，还有混合贷款、涉外租赁和补偿贸易等方式。

2）吸收境外资金直接投资。

① 合资经营。它是指外国企业、经济组织或个人，同中国的企业和经济组织共同投资经营、共享利润并共担风险的经营方式。这种经营方式一般由外商提供先进技术、先进的经营管理经验、外汇资金和先进的机器设备，国内投资者主要提供土地使用权、厂房、设备和劳动力等。合资经营对国外先进技术和管理经验的引进、国内产品的出口、国际销售渠道的开拓和国际市场的进入大有裨益。

② 合作经营。它一般通过协议确定合作双方的责权利和其他经济事务。在这种经营形式中，一般由外商向国内合作者提供资金、技术或一定数量的设备，国内合作者提供场地、原料、劳动力、现存设备、设施等，平等互利地合作开发项目或经营某企业。

③ 合作开发。合作开发是合作经营的一种特殊形式，即利用外商的资金、技术和设备，共同开发我国的自然资源。合作开发主要用于风险大、投资额高的项目。

④ 基础建设项目的 BOT 方式。BOT 是建设（Build）、运营（Operate）、移交（Transfer）三个英文单词的首字母。BOT 方式是吸收国外无须担保的民间资本投资于基础设施建设的一种

筹资和投资方式。它的具体运作是：由一国（或地区）政府确立基础设施建设项目，通过招标或谈判，由谈判成功或中标的外国投资者自行筹措资金并进行建设；招标国政府授予国外投资者在项目建成后通过一定时期的运营收回其投资并取得利润的特许权；在特许权期限结束后，投资建设方将基础设施无条件地移交给招标国政府（或地区）。

6.4.3 项目的资金成本

在筹集项目资金的过程中，有一个必须考虑的因素，就是资金成本。

1. 资金成本的概念与作用

在资金筹集时，资金不能无偿使用。资金成本就是企业取得和使用资金所需支付的费用，包括资金占用费用和资金筹集费用。前者是获取资金使用权的代价，包括利息、股息和资金占用税等；后者是在资金筹集过程中发生的费用，包括手续费、代办费和注册费等。

资金成本通常用资金成本率来反映，在一般分析中，资金成本率就是资金成本。其计算公式为：

$$资金成本率= \frac{资金占用费用}{筹集资金总额-筹集资金费用} \tag{6-63}$$

在市场经济条件下，资金成本是由于资金所有权与使用权分离而形成的一种财务概念。资金成本的基础是资金的时间价值，同时又包含投资的风险因素。正确认识和计算资金成本具有如下作用：

（1）资金成本是投资项目经济评价的主要经济因素之一，它是衡量一个项目是否可行的最起码标准，只有项目的预期收益足以弥补资金成本时，项目才可以考虑接受。

（2）资金成本是选择资金来源、拟订筹资方案的重要依据，不同的筹资方案会有不同的资金成本，比较各种资金来源、合理调整资本结构，就能以最低的综合资金成本达到筹集资金的目的。

2. 个别资金成本计算

（1）债务资金成本计算。债务资金成本和其他形式的资金成本之间的区别在于：为债务支付的利息可以免征所得税，从税前毛利中列支；而其他形式的资金成本则在税后净利中列支所得税。因此，债务资金的成本比其他形式的资金成本要低一些。

① 长期借款的资金成本率。长期借款的占用成本一般是借款利息，取得成本是借款手续费。在分期付息、到期一次还本的普通贷款方式下，资金成本率为通用公式乘以（1-所得税率）。由于借款手续费的数额相对较小，为简化计算，也可忽略不计。这样，长期借款的资金成本率可以简化为：

$$利息率×（1-所得税率）$$

② 公司债券的资金成本率。债券可以溢价、折价、平价发行，但占用成本只能按面值计算。在不考虑资金时间价值情况下，一次还本、分期付息的债券资金成本率计算公式为：

$$K=I（1-T）/B（1-R） \tag{6-64}$$

式中，K 表示资金成本率；I 表示债券利息；T 表示所得税率；B 表示债券面值；R 表示筹资费率。

▶ 例6-6 某公司发行面值800元、发行价格750元、票面利率8%、10年到期的公司债券，发行费率为 4%，所得税率为 25%。该债券每年付息一次，到期一次还本，则该债券的资本成本率为：

$$K=800\times8\%\times(1-25\%)/750\times(1-4\%)=6.67\%$$

（2）自有资金成本计算。自有资金成本的特点是：第一，除优先股以外，向所有者支付的投资报酬不是事先规定的，它是由企业的经营成果和股利政策决定的。因而，在计算上具有较大的不确定性。第二，股利是以税后利润支付的，不会减少企业上缴的所得税，因而自有资金成本通常高于债务资本成本。

① 优先股资本成本率。一般而言，优先股的取得成本也比较高，不能予以忽略。优先股占用成本的表现形式是股息，一般按年支付。按通用公式便可计算出优先股的资金成本率。

② 普通股资本成本率。普通股的占用成本具有很大的不确定性。一般而言，普通股比优先股的风险更大，因而资本成本率更高。普通股资本成本率的计算方法有多种。

第一种，股利折现模型法。当公司发行新股时，发行价格为 P_0（筹资数额），f 为筹资费用率，预期第一年的股利为 D_1 且以后每年以固定的比例 g 增长。根据股票价值计算的固定成长模式，普通股资金成本率的计算公式为：

$$K=D_1/P_0(1-f)+g \tag{6-65}$$

评价法的关键是股利固定增长率 g 的确定。

第二种，资本资产定价模式。资本资产定价模型是计算股票投资者要求收益率的模型，即：

$$K_s=K_{rf}+\beta(K_m-K_{rf}) \tag{6-66}$$

式中，K_{rf} 表示无风险报酬率；K_m 表示股票市场上股票的平均报酬率；β 表示该种股票的贝他系数。

在市场均衡的条件下，投资者要求的收益率与筹资者的资金成本率相等。因此，可以按照资本资产定价模型来估计普通股的资金成本率。

第三种，风险溢价法。由于相对于债券持有者，普通股股东要承担较大的风险，理应得到比债券持有者更高的报酬率。因此，可以在企业发行长期债券利率基础上加上风险溢价率，得到普通股的资金成本率。计算公式为：

$$K_s=k_d+RPS \tag{6-67}$$

式中，K_s 表示股票资金成本；k_d 表示债券资金成本；RPS 表示风险溢价率。

（3）留存收益资金成本率。留存收益资金成本率是一种机会成本率，体现为股东追加投资所要求的报酬率，其计算方法与普通股相似，只是留存收益没有资金取得成本。

3. 综合资金成本计算

一般来说，项目的资金来源不是单一的，可能来自多种渠道。这时就要首先计算各种资金来源下资金的税后成本，再按下式计算综合资金总成本：

$$K_w=\sum_{j=1}^{n}W_jK_j \tag{6-68}$$

式中，K_w 表示综合资金成本；W_j 表示第 j 种资金占全部资金比重；K_j 表示第 j 种资金税后成本；n 表示筹资方式种数。

例 6-7　某公司拟投资建设一项目，其资金来源方式、数量和比例如表 6-25 所示。问其综合资金成本是多少。

表 6-25　某项目资金成本计算表

序　号	资金来源	数量/万元	比例/%	资金成本/%	加权成本/%
1	银行贷款	220	3.67	5.44	0.20
2	债　券	1 000	16.67	7.84	1.31
3	优先股票	980	16.33	9.28	1.52
4	普通股票	3 200	53.33	10.04	5.35
5	保留盈余	600	10.00	10.04	1.00
合计		6 000	100	—	9.38

解： 根据公式（6-68），将各种资金的加权成本分别计算出来，再加总，即得该项目综合资金总成本为 9.38%。

6.4.4　资金结构与财务杠杆效应

使用不同来源的资金所需付出的代价是不同的。资金结构指投资项目的资金来源与数量构成。如何选择资金的来源与数量，不仅与项目所需的资金量有关，而且与项目的经济效益有关。财务风险是指与资金结构有关的风险。获得不同来源的资金所付出的代价是不同的。选择资金来源与数量不仅与项目所需要的资金量有关，还与项目的效益有关。因此有必要对资金结构加以分析。

一般来说，在有借贷资金的情况下，全部投资的效果与自有资金投资的效果是不同的。拿投资利润率指标来说，全部投资的利润率一般不等于贷款利息率。这两种利率差额的后果将为项目所承担，从而使自有资金利润率上升或下降。

设全部投资为 K，自有资金为 K_0，贷款为 K_L，全部投资收益率为 R，贷款利率为 R_L，自有资金收益率为 R_0。由投资收益率公式，有：

$$K = K_0 + K_L \qquad (6\text{-}69)$$

$$R_0 = \frac{KR - K_L R_L}{K_0}$$

$$= \frac{(K_0 + K_L)R - K_L R_L}{K_0} \qquad (6\text{-}70)$$

$$= R + \frac{K_L}{K_0}(R - R_L)$$

当 $R > R_L$ 时，$R_0 > R$；当 $R < R_L$ 时，$R_0 < R$；而且自有资金收益率与全投资收益率的差别被资金构成比放大。这种放大效应称为财务杠杆效应。贷款与全部投资之比 K_L/K 称为债务比。

例 6-8　某项工程有三种方案，全部投资收益率 R 分别为 6%、10%、15%，贷款利息率为 10%，试比较债务比为 0、0.5 和 0.8 时的自有资金收益率，并说明选择不同的资金结构对项目的盈利能力会产生的影响。

解： 全部投资由自有资金和贷款构成，因此，若债务比 $K_L/K=0.5$，$K_L/K_0=1$，余类推。利用公式，计算结果如表 6-26 所示。

表 6-26　不同债务比下的自有资金收益率

方　　案	不同债务比下的自有资金收益率		
	$K_l/K=0$ ($K_l/K_0=0$)	$K_l/K=0.5$ ($K_l/K_0=1$)	$K_l/K=0.8$ ($K_l/K_0=4$)
方案Ⅰ（$R=6\%$）	6%	2%	−10%
方案Ⅱ（$R=10\%$）	10%	10%	10%
方案Ⅲ（$R=15\%$）	15%	20%	35%

① 当项目全部投资收益率大于贷款的资金成本时，财务杠杆的作用使自有资金收益率明显放大。债务所占比率越高，杠杆力越大，自有资金收益率越高。原因是企业对债务的财务负担是固定的，并不因企业经营好、盈利高而增加。此时借贷资金的贡献大于其成本，而我们在计算中把借贷资金的多余贡献都归在自有资金名下了。

② 当项目的全投资收益率等于贷款的资金成本时，借贷资金的贡献刚好等于其成本，财务杠杆作用等于零。这时自有资金收益率不因使用借贷资金而发生变化。

③ 当项目的全部投资收益率小于贷款的资金成本时，财务杠杆作用加大了自有资金收益率下降的幅度。原因也是企业对债务的财务负担是固定的，并不因企业经营差、盈利低而减少。此时借贷资金的贡献小于成本，不得不把一部分自有资金的盈利拿来支付利息。

6.4.5　债务偿还

在我国，项目投资的资金构成中，贷款普遍占有很大比重。就贷款的使用者企业方面来说，自然要关心自身偿还债务的能力；就贷款的提供者银行方面来说，则要关心借出的资金能够如期收回本息。因此，偿债分析是财务分析中的一项重要内容。

1. 偿还借款的资金来源

借款可以是国外借款和国内借款。国外借款通常要用外汇来偿还。外汇比国内借款更为稀缺。

企业偿还国内借款的资金来源通常有所得税后利润、折旧费、摊销费和营业外收入等其他收入。企业必须按照政府部门对偿还借款的资金规定和有关法规，计算出每年可用于还款的资金数额。

2. 还款方式及其计算公式

国内外贷款的还款方式有许多种，其中主要有以下几种。

（1）等额利息法。每期付息额相等，期中不还本，最后一期归还本金和当期利息。它的特点是每年付息的金额较小，适合于盈利能力较弱的项目。

在这种方式下，每年应付利息为：

$$R = P_0 i \tag{6-71}$$

期末共计支付本利和为：

$$F = (1+in)P_0 \tag{6-72}$$

📥 例 6-9　某企业为改扩建从银行贷款 1 500 万元，要求 10 年还清，年利率为 12%。若按等额利息法还贷，每年应付本息和为多少？

解： 每年应付利息为：

$$R=1\,500\times12\%=180（万元）$$

第 10 年应付的本息和为：

$$F_1=1\,500\times（1+12\%）=1\,680（万元）$$

贷款期满，共计偿付的本息和为：

$$F_2=1\,500\times（1+12\%\times10）=3\,300（万元）$$

故第 1～9 年每年只需付利息 180 万元，第 10 年需付本息和 1 680 万元。

（2）等额本金法。每期还相等的本金和相应的利息。就是将贷款的本金分为若干年等额摊还并在年末计息。它的特点是贷款本金逐年减少、利息也随之减少，至贷款期满可全部还清。它适合盈利能力较强的项目。

在这种方式下，每年应计利息为：

$$R_t = P_0\left[1-(t-1)/n\right]i \tag{6-73}$$

则各年应付的本息和为：

$$A_t = P_0/n + R_t \tag{6-74}$$

式中，A_t 表示第 t 年应付本息和；R_t 表示第 t 年应计利息；P_0 表示贷款本金；n 表示贷款偿还年限；i 表示贷款年利率。

例 6-10 仍以例 6-9 中的企业为例，按等额本金法还贷，每年应付本息和为多少？

解： 各年应计利息为：

$$R_1 =1\,500\times[1-（1-1）\div10]\times12\%=180（万元）$$
$$R_2 =1\,500\times[1-（2-1）\div10]\times12\%=162（万元）$$
$$R_3 =1\,500\times[1-（3-1）\div10]\times12\%=144（万元）$$
$$\cdots$$

各年应付本息和为：

$$A_1 =1\,500\div10+180=330（万元）$$
$$A_2 =1\,500\div10+162=312（万元）$$
$$A_3 =1\,500\div10+144=294（万元）$$
$$\cdots$$

将计算结果填入表 6-27 中。可见，10 年合计付出本息和为 2 490 万元。

表 6-27　等额本金法应付本息和计算表　　　　　　　单位：万元

年　　份	年初本金	当年还本	当年计息	当年还贷	年末债务
第 1 年	1 500	150	180	330	1 350
第 2 年	1 350	150	162	312	1 200
第 3 年	1 200	150	144	294	1 050
第 4 年	1 050	150	126	276	900
第 5 年	900	150	108	258	750
第 6 年	750	150	90	240	600
第 7 年	600	150	72	222	450
第 8 年	450	150	54	204	300

续表

年　份	年初本金	当年还本	当年计息	当年还贷	年末债务
第 9 年	300	150	36	186	150
第 10 年	150	150	18	168	0
合　计	—	1 500	990	2 490	—

（3）等额摊还法。每期偿还本息额相等，就是将贷款的本息和在偿还期内的各年平均分摊、每年等额偿还。它的特点是各年还款数额相等，适合前期盈利能力不强且保持稳定收入的项目。

在这种方式下，每年应付的本息和为：

$$A = P_0 i (1+i)^n / [(1+i)^n - 1] \qquad (6\text{-}75)$$

式中，A 表示每年应付本息和，其余符号含义同式（6-73）。

例6-11　仍以例 6-9 中的企业为例，若按本息等额偿还的方式还贷，问每年应付本息和为多少。

解： 根据公式，有：

$A = 1\,500 \times 12\%\times（1+12\%）^{10} \div [（1+12\%）^{10}-1] = 265.5（万元）$

即每年应付本息和为 265.5 万元，则 10 年共计付出本息和为 2 655 万元。

（4）"气球法"。期中任意偿还本息，到期末全部还清。它是指在贷款期限内的各年，根据项目盈利状况决定还款数额，其大小是任意不等的，只需到期满时将余额全部付清即可。

（5）一次性偿付法。最后一期偿还本息，是指在贷款期满之前一直不还款，到期末连本带息全部付清。它的特点是利滚利，最后还贷数额较大。一般情况下不采用此方式。

（6）偿债基金法。每期偿还贷款利息，同时向银行存入一笔等额现金，到期末存款正好偿付贷款本金。

3. 偿债能力分析

（1）贷款偿还期分析。贷款偿还期是指从开始借款到清偿借款本息所经历的时间。贷款的还款方式有许多种，不同的还款方式下每期的还本付息额不同，因而贷款偿还期可能不同。如果计算出的贷款偿还期大于银行规定的期限，则说明企业还贷能力不足。此时，要进行项目分析，并在财务甚至技术方案及投资计划上采取措施，直至偿债能力与银行的限定期限一致。

（2）资产负债比率分析。企业拥有的资产是偿还债务的基础和后盾，通过分析债务占资产的比例，可反映企业偿还债务的能力。主要有以下指标：

1）资产负债比率：

$$资产负债比率=负债总额/资产总额 \qquad (6\text{-}76)$$

资产负债比率反映企业总体偿债能力。这一比率越低，则企业偿债能力越强。

2）流动比率：

$$流动比率=流动资产总额/流动负债总额 \qquad (6\text{-}77)$$

流动比率是指流动资产总额和流动负债总额的比，它是衡量企业的流动资产在其短期债务到期前可以变现用于偿还流动负债的能力，表明企业每元流动负债有多少流动资产作为支付的保障。

3）速动比率：

$$速动比率=速动资产总额/流动负债总额 \qquad (6\text{-}78)$$

速动比率是指速动资产总额与流动负债总额的比，它用于衡量企业流动资产中可以立即变现用于偿还流动负债的能力。速动资产是流动资产中变现最快的部分，通常以流动资产减去存货后的余额计算。速动比率越高，则在很短的时间内偿还短期负债的能力越强。

为了衡量企业偿还债务的能力，需将上述指标与基准值比较。基准值根据行业平均水平、银行信贷政策和有关法规等因素确定。各年的资产负债率、流动比率和速动比率可根据资产负债表计算得出。

6.4.6　资金平衡

项目的资金安排有两个任务：一是要满足项目实施与运转的需要，保证项目寿命期内资金运行的可行性；二是要寻求较好的资金分期投入和项目投产计划，以提高项目的经济效果。后一任务与项目实施计划密切相连，在此不详细讨论。下面主要讨论资金运行可行性问题。

项目的资金安排必须使每期（年、季度或月）资金保证项目的正常运转，即每期的资金来源加上上期的结余必须足以支付本期的资金使用需要；否则，即使项目的经济效果很好，也无法实施。项目的资金安排集中体现在"资金来源与运用表"上，该表也称为"资金平衡表"。资金来源与运用表由"资金来源"、"资金运用"、"盈余资金"和"累计盈余资金"四项构成，计算时不计资金的时间因素。不难看出，满足资金运行可行性的条件是：

各年"累计盈余资金"≥0

项目寿命期末的累计资金表明项目经营的总效果。当其为正时，项目有盈余；当其为负时，项目亏损。在此，我们不仅要考察项目总效果，而且要考察各期运行情况。如果某期的累计盈余资金项出现负值，就必须筹集资金弥补缺口。通常采取的做法是借短期贷款以补当期资金来源之不足。但是，如果某一期或某数期资金缺口较大，需借贷的短期贷款额数额大，那么银行往往要重新考虑对该项目贷款的可能性，甚至拒绝大笔的短期借款。当这种情况发生时，项目的业主就要另筹资金，或者修改项目计划。

本章小结

工程项目的财务评价是经济评价的基础与核心，财务评价是根据国家现行财务制度、价格体系和项目评价的有关规定，从项目的财务角度，分析计算项目直接效益和直接费用，编制财务报表，计算财务评价指标。通过对项目的盈利能力、清偿能力和外汇平衡能力的分析，考察项目在财务上的可行性，为投资决策提供科学的依据。因此，本章应重点掌握工程项目财务评价的基本内容与基本方法，并要了解财务基础数据的估算、财务评价报表的编制与评价指标的计算，以及资金规划的原则和方法。

复习思考题

（1）工程项目财务评价的主要内容有哪些？

（2）财务评价的辅助报表和基本报表有哪些?

（3）简述工程项目财务评价的指标与方法。

（4）简述资金规划的主要内容。

（5）试述项目资金的主要来源。

（6）某投资方案建设期为 1 年，第 1 年年初投资 8 000 万元，第 2 年年初开始盈利，运营期为 4 年，运营期每年年末净收益为 3 000 万元，净残值为零。若基准率为 10%，计算该投资方案的财务净现值和静态投资回收期。

（7）某市一家房地产开发公司以 BOT 方式，投资 11 700 万元，获得某学校新校区公寓区的 20 年经营使用权，20 年后返还给学校，预计当公寓第 3 年正常运营后，每年的纯收益为 2 000 万元，从第 3 年起，纯收益每 5 年增长 5%，该公寓园区的建设期为 2 年，总投资分两年投入：一期为 6 000 万元，二期为 5 700 万元。试计算项目的财务净现值、财务内部收益率和动态投资回收期，并判断项目的财务可行性。（假设投资发生在年初，其他收支发生在年末，基准收益率取 12%。）

（8）某项目建设期固定资产借款本息之和为 8 000 万元，借款偿还期为 5 年，年利率为 10%，用等额偿还本金和利息的方法，列表计算各年偿还本金和利息。

（9）某公司拟上一个新项目，预计该项目的寿命期为 10 年，其中，建设期为 2 年，生产期为 8 年。项目投资的现金流量数据如表 6-28 所示。生产期第 1 年和最后一年的总成本均为 2 300 万元，其余各年总成本为 3 500 万元。根据规定，全部数据发生在各年年末。已知项目运行期间，销售税金及附加的税率为 6%，所得税率为 25%，基准收益率为 12%。

请完成：

① 计算项目生产运营期内的销售税金及附加和所得税。

② 计算项目现金流量表中的其余各项值。

③ 计算项目的静态、动态投资回收期，以及财务净现值和财务内部收益率，并判断项目的可行性。

表 6-28 全部投资现金流量表

序号	项 目	建设期现金流量/万元		生产期现金流量/万元							
		1	2	3	4	5	6	7	8	9	10
1	现金流入										
1.1	销售收入			2 500	4 200	4 200	4 200	4 200	4 200	4 200	2 500
1.2	固定资产残值回收										500
1.3	流动资金回收										1 000
2	现金流出										
2.1	建设投资	2 100	1 400								
2.2	流动资金			600	400						
2.3	经营成本			1 600	2 500	2 500	2 500	2 500	2 500	2 500	2 500
2.4	销售税金及附加										
2.5	所得税										
3	净现金流量										
4	累计净现金流量										
5	折现净现金流量										
6	累计折现净现金流量										

（10）某建设项目有关资料如下：

① 项目计算期10年，其中建设期2年。项目第3年投产，第5年开始达到100%设计生产能力。

② 项目固定资产投资9 000万元（不含建设期贷款利息和固定资产投资方向调节税），预计8 500万元形成固定资产，500万元形成无形资产。固定资产年折旧费为673万元，固定资产残值在项目运营期末收回，固定资产投资方向调节税率为0。

③ 无形资产在运营期8年中均匀摊入成本。

④ 流动资金为1 000万元，在项目计算期末回收。

⑤ 项目的设计生产能力为年产量1.1万吨，预计销售价为6 000元/吨，年销售税金及附加按销售收入的5%计取，所得税率为25%。

⑥ 项目的资金投入、收益和成本等基础数据如表6-29所示。

表6-29　项目的资金投入、收益和成本

序号	项　　目		各年数据/万元				
			1	2	3	4	5
1	建设投资	自有资金	3 000	1 000			
		贷款（不含贷款利息）		4 500			
2	流动资金	自有资金部分			400		
		贷款			100	500	
3	年销售量/万吨				0.8	1.0	1.1
4	年经营成本				4 200	4 600	5 000

⑦ 还款方式：在项目运营期间（第3～10年）按等额还本利息照付方式偿还，流动资金贷款每年付息。长期贷款利率为6.22%（按年付息），流动资金贷款利率为3%。

⑧ 经营成本的80%作为固定成本。

请完成：

A. 计算无形资产摊销费。

B. 编制借款还本付息表，把计算结果填入表6-30中（表中数字按四舍五入取整）。

表6-30　项目还本付息表

序号	项　　目	各年数据/万元									
		1	2	3	4	5	6	7	8	9	10
1	年初累计借款										
2	本年新增借款										
3	本年应计利息										
4	本年应还本金										
5	本年应还利息										

C. 编制总成本费用估算表，把计算结果填入表6-31中。

表 6-31　总成本费用估算表

序 号	项 目	各年数据/万元							
		3	4	5	6	7	8	9	10
1	经营成本								
2	折旧费								
3	摊销费								
4	财务费								
4.1	长期借款利息								
4.2	流动资金借款利息								
5	总成本费用								
5.1	固定成本								
5.2	可变成本								

D. 编制项目损益表，把计算结果填入表 6-32 中，盈余公积金提取比例为 10%。

表 6-32　项目损益表

序 号	项 目	各年数据/万元							
		3	4	5	6	7	8	9	10
1	销售收入								
2	总成本费用								
3	销售税金及附加								
4	利润总额（1）−（2）−（3）								
5	所得税（4）×25%								
6	税后利润（4）−（5）								
7	盈余公积金（6）×10%								
8	可供分配利润（6）−（7）	0	0	0	37	224	246	267	290

E. 计算第 7 年的产量盈亏平衡点（保留两位小数）和单价盈亏平衡点（取整），分析项目盈利能力和抗风险能力。

第7章

工程项目的可行性研究及其应用案例

了解可行性研究的大致过程；掌握规范的可行性研究报告应包含的基本内容。通过学习案例，增强对"工程经济学"课程相关内容的系统性理解。

7.1 可行性研究概述

可行性研究最早被运用是在 20 世纪 30 年代。当时美国为了开发田纳西流域而首次进行了可行性研究，田纳西流域的开发利用取得了显著的成效。第二次世界大战以后，随着技术与经济的高速发展、市场竞争的加剧及科学管理的需要，可行性研究不断发展和完善。20 世纪 60 年代后，经过一些工业发达国家的总结，可行性研究逐渐发展成为在项目投资前期进行系统、科学研究的一门综合性科学。

中国是在 20 世纪 70 年代末引入这一方法的。经过试行，从 20 世纪 80 年代开始，国家已确定将它作为一个重要技术经济论证手段纳入基本建设程序。

可行性研究是一门管理技术，通常是指在投资决策之前，评估项目在技术上、经济上是否可行所必须进行的技术经济分析论证的一种方法。它在企业投资、工程项目、技术改造、技术引进、新产品开发和课题研究等许多方面得到广泛应用。它通过调查研究，计算分析工程项目的相关因素，论证各种备选方案的经济效益，选择满意方案，其目的是减少或避免建设项目投资决策失误，提高投资的综合效果。

不同项目具有不同的技术经济特点，但其可行性研究的基本内容及评价的基本原理和方法则是相似的。

7.1.1　可行性研究的定义和意义

1. 可行性研究的定义

可行性研究是指在工程项目投资之前，在深入调查研究和科学预测的基础上，综合研究项目方案的技术先进性和适用性、经济的合理性和有利性，以及建设的可能性，从而为项目投资决策提供科学依据的一种论证方法。

2. 可行性研究的意义

可行性研究的意义主要体现在以下两个方面：

（1）减小决策的盲目性。现代工程项目的建设涉及面广，相关因素多，市场问题（包括市场需求、竞争对象、价格趋势等问题）突出，建设新项目的条件苛刻（包括原材料及动力供应条件、厂址的选择、环境保护等问题），技术因素复杂（如工艺方案的选择、设备或生产线的选择、工艺要求、经济规模等问题），资金筹措困难（如资金来源、偿还方式、如何使用才能降低资金成本等财务问题），以及国家政策调整。如果投资主体不能就投资项目所涉及的各个主要方面进行深入调研、预测和定量估算而盲目投资，通常不仅不可能取得好的经济效果，反而会导致各种各样的遗留问题，造成新项目的畸形发展，甚至会出现达不到设计要求而资不抵债或破产的情况。

（2）提高项目建设的速度和确保项目建设的质量。可行性研究工作虽然要占用项目建设前期的时间，还要支付研究费用，但由于它所研究的工作内容是项目设计、施工时所需要的数据和资料，因而可以相应地减少后期的工作，即缩短建设周期。可行性研究作为投资前期所必需的阶段，是投资决策的依据，这已为各国所广泛采纳。可行性研究之所以受到如此重视，因为它是多年建设经验的科学总结，是行之有效的、合乎建设规律的一种科学方法，也是提高建设项目经济效益的首要环节。国家明确规定，凡是未经可行性研究或可行性研究深度不够的项目，设计任务书将不予批准，不得列入基建计划。

7.1.2　可行性研究的作用

可行性研究的法定地位决定了可行性研究在项目建设中将起到以下几方面的作用：

（1）项目决策的依据。

（2）向银行申请贷款的依据。

（3）向当地政府及环境保护部门申请允许建设和施工的依据。

（4）下一阶段进行项目设计、施工的依据。

（5）和有关部门签订各项协议或合同的依据。

（6）项目企业组织管理的依据。

（7）项目进一步开展科学研究、产品开发和技术更新的依据。

7.1.3 项目基本建设程序和可行性研究程序

1. 项目基本建设程序

项目基本建设概括起来可分为三个时期。第一个时期为投资前时期，又称建设前时期。这一时期包括投资设想、机会研究、初步可行性研究、可行性研究、评价报告与投资决策等几个阶段。第二个时期为投资时期，又称建设时期。这一时期包括谈判与签订合同、施工工程设计、施工建设与安装、试运转与交工验收等几个阶段。第三个时期为生产时期，又称投产时期。这一时期仅包括正式投产阶段，生产时期的经济活动能反映工程项目的经济效果。

2. 可行性研究程序

可行性研究一般分为机会研究、初步可行性研究和详细可行性研究三个阶段。

（1）机会研究（又称投资方向鉴定）。这是进行可行性研究的第一阶段，目的是在了解国民经济和社会发展的长远规划与行业地区规划、经济建设方针、建设任务及技术经济政策的基础上，鉴别投资机会，在这一过程中应进行调查、分析的内容有：

1）有关方面的宏观经济规划、建设方针及投资政策。

2）特定部门、区域的现状、环境和条件。

3）对特定产品需求潜力的预测（考虑人口、购买力和消费心理的变化）。

4）产品进出口情况、替代进口能力和出口商品的国际竞争能力。

5）现有企业的潜力，如技术改造、改扩建和发展多种经营、达到合理经济规模的可行性。

6）完善建设布局，填补国家产业门类、地区经济空白的可行性。

机会研究一般从以下分析点出发，鉴别投资机会或项目设想：

1）在加工或制造方面有潜力的自然资源。

2）为加工业提供原料的现有企业布局情况。

3）对某些由于人口或购买力增长而具有增长潜力的消费品及对新开发产品的未来需求。

4）在发展、资本、劳动力、自然资源和经济背景方面类似的其他国家中获得成功的工业部门。

5）与本国或国际的其他工业间可能的相互联系。

6）现有产品通过向前或向后结合可能达到的扩展，以及多种经营的可能性。

7）现有生产能力的扩大，以实现规模经济。

8）一般投资气候。

9）工业政策。

10）生产要素的成本和可行性。

11）进口品情况，以确定替代进口的可能领域。

12）出口的可能性。

机会研究不必进行详细的分析计算，只进行比较粗略的估计。它所用的时间一般为一两个月，所用经费占项目总投资的 0.1%～1.0%，估算允许误差范围为±30%。

（2）初步可行性研究。初步可行性研究指在已确定了大致投资方向和投资时机的基础上，对项目计划方案进行初步的选择和确定，并提出是否进行下一步的详细可行性研究的决策。它的主要目的有：

1）投资机会是否有前途，是否值得进行详细可行性研究。

2）项目设想中有哪些关键问题，有无必要进行辅助（功能）研究。

3）是否有足够的资料证明项目设想既不可行，又不具有投资吸引力。

4）是否能证明项目设想非常优越，因而可以不通过详细可行性研究直接进行投资决策。

这一阶段需要进一步弄清市场需求、项目的合理经济规模、原材料供应、厂址、土建、人力资源和机构设置等情况，初步判断项目的可行性并编制初步可行性研究报告。初步可行性研究的内容与详细可行性研究基本相同，差别在于所获资料的详略、精度不同。

初步可行性研究所用时间一般为 4～6 个月，所用经费占总投资的 0.25%～1.5%，估算允许误差范围为 ±20%。初步可行性研究是把一些看来效益不高的方案筛选掉，深入研究剩下少数有希望的方案。

辅助（功能）研究是对项目的一个或几个重要方面进行单独研究，作为初步可行性研究特别是大规模投资建议的前提或辅助手段。辅助（功能）研究有以下类型：

1）市场研究。对将生产的产品市场的研究，包括市场的需求预测和预期市场渗透情况。

2）原料和投入研究。包括项目的主要原料和投入目前与预测的可得性，以及其目前和预测的价格趋势。

3）实验室和中间工厂试验。目的是检验某些特定的原料适用性。

4）坐落地点和厂址的研究。特别是对运输费用将成为主要决定因素的潜在项目的坐落地点研究。

5）工厂规模研究。这种研究只限于经济规模，不扩大到复杂的技术问题，主要任务是在考虑各种可以选择的技术、投资费用、生产成本和价格后，评价最经济的工厂规模。

6）设备选择研究。这是对设备的经济性而不是技术性进行的选择，在项目的设备涉及部门多、货源广、价格和成本不同的时候需要进行这种研究。

（3）详细可行性研究。详细可行性研究的主要任务是为投资决策拟订和形成可供选择的项目建设方案，进行深入、详尽的技术经济分析与全面评价，写出可行性报告。通过详细可行性研究的项目再决定不建的情况是比较少的，因此，它又称为定性阶段。详细可行性研究所用时间较长，一般为 8 个月至 2 年，所用经费占项目总投资的 0.2%～3%，估计允许误差范围为 ±10%。各阶段的可行性研究均要写出报告。除此之外，可行性研究报告中还应有项目建议书、可行性研究委托书、厂址选择报告、项目总平面图、生产工艺流程图、工程项目一览表、原材料设备一览表和环境影响及综合利用等附件。

编写可行性研究报告应从实际出发，以实事求是、公正灵活的态度来完成。可行性研究报告是咨询机构或买方编写的；评价报告是国家财政部门或主管银行（贷款单位）编写的。评价报告确定工程项目是否继续下去，是对可行性研究报告的审查意见。

评价与决策是指在详细可行性研究的基础上，由有关投资决策者委托相关机构和专家从投资的经济效益上进行详细可行性研究的决策。

7.2　可行性研究报告的基本框架与主要内容

7.2.1　可行性研究报告的基本框架

在社会主义市场经济迅速发展的今天，在投资领域扩大、投资机会增多，投资环境越来复杂的条件下，能否选择好的投资项目，做出科学的投资决策，把有限的资金用到最需要的地方并取得最佳的经济效益和社会效益是至关重要的。因此，开展项目的可行性研究，可以为投资决策者提供必要的信息资料以利于其做出正确的投资决策。

可行性研究报告由标题、目录、报告正文和附件四部分组成。

1. 标题

标题一般由企业性质、企业名称和文种三部分构成。例如，《中外合资西安××有限公司可行性研究报告》，"中外合资"是企业性质，"西安××有限公司"是企业名称，"可行性研究报告"是文种。标题下面应署编制单位、负责人姓名和编制日期。这部分内容可以写在第一页封面上，换页再写其他部分。

2. 目录

可行性研究报告的目录中，不仅要标注正文各部分所在的位置，而且需要注明附件的名称及位置。

3. 报告正文

报告正文在目录之后，是可行性研究的主体，主要依据目录中列举的内容，针对整个项目分别进行技术上和经济上的分析、评价，最后得出综合结论。

4. 附件

提供可行性报告中所参考的证据，对正文内容进行补充说明。

7.2.2 可行性研究报告的主要内容

通常来说，可行性研究报告的内容应该包括总论，需求预测和拟建规模，原材料、燃料、动力和其他资源，产品决策、工艺技术方案和设备的选择，建厂条件和厂址选择，环境保护、公用设施、项目组织和实施进度的研究，投资估算、成本估算、利润估算、税种税金和资金筹措规划，技术经济综合评价等内容。

1. 总论

总论是可行性研究报告的前言和综合论述，它主要说明下列内容：

（1）项目背景、投资的必要性和经济意义。论述提出该项目的依据，可从国民经济、地区和行业的发展计划，技术经济政策的实施，并结合当地资源、建厂条件和国内外市场需求发展来说明。例如，有关主管部门的批文或与外商商谈的文件等，在背景依据中亦应提到。其他如投资者或主管部门对建设项目的约束条件，如生产能力规模要求、产品、原材料、资金和外汇来源等亦应提到。

投资必要性和经济意义是指该项目经可行性研究后，通过财务评价和国民经济评价，分析具体的微观和宏观经济效果与社会效益。

（2）项目历史简述。介绍项目研究主要阶段和重大事件的过程及时间。

（3）可行性研究部分的费用。包括项目建议书，可行性研究的费用，各项专题辅助研究费用，以及外请专家、顾问等的开支费用。

（4）项目投资单位及主办人、项目内容。这里应该列及项目内容的名称、项目主办单位的名称、通信地址等。

2. 需求预测和拟建规模

需求预测是可行性研究的最重要部分，因为它是项目建立的基本前提。任何一个项目的提出，主要依据都是国内外生产和生活的需求。取得效益是建设项目的目的，而项目效益主要取决于项目生产能力即拟建规模。拟建规模的大小首先取决于对市场需求的预测，因为可行性研究的投资项目是在未来的某个时候兴建的，而对未来只能用预测的方法来探求。

这部分研究主要包括以下内容：

（1）国内外市场需求预测。市场是消费者对某些商品的整体需求。市场需求可按消费者的类别、市场地理区域、产品的最终用途、人口特点和心理因素等进行调查研究，将市场细分为几个不同部分，制定相应的产品价格、销售渠道和促销等策略，以适应各部分市场的不同特点。

（2）调查、预测国内外现有的和未来的生产能力。只对市场的需求有一定的了解还不够，还需要进一步对市场的供给情况进行研究预测，以明确产品的竞争地位和竞争对手的情况。

（3）销售价格预测。产品销售价格对销售量和由此而得到的主营业务收入有很大影响，产品定价过高或过低都不利于长远的发展。

（4）项目规模的合理确定。科学确定项目的合理规模，一般考虑两个经济规模，即最小经济规模和最佳经济规模。也就是说，在市场因素、环境因素和技术因素都有保证的情况下，如果资金不太充裕，起码要考虑最小经济规模，项目规模要大于最小经济规模，以保证项目效益。如果资金较为宽松，则应考虑最佳经济规模，保证项目效益的最大化。

3. 原材料、燃料、动力和其他资源

为了保障原材料、燃料、动力和其他资源的有效、合理使用，需要建立一个原材料和其他资源的选择准则。其大致内容如下：

（1）供应上要有可靠保障。建设一个项目，在其服务期限内，必须要有质量稳定、符合设计规格要求、数量充足的原材料和其他资源的来源。

（2）工艺技术上安全可行。在进行工艺、技术选择时，一定要寻求技术的先进性与运行可靠性，这是项目未来高效、稳定运营的前提，也是获取最大经济效益的基础。

（3）经济上合理。在选择分析时，原材料的价格是影响成本的主要因素。在考虑原材料价格时，既要考虑原材料本身的价格和运费，又要考虑其加工生产费用，还要运用价值工程和数学规划等科学方法对其进行综合技术经济分析，以降低产品成本，提高项目的盈利水平。

4. 产品决策、工艺技术方案和设备的选择

（1）产品决策。产品决策是企业为满足市场需要与获得利润，在产品问题上所做的各种决策的总称。它包括单品种生产或多品种生产的选择，个别产品的决策，产品组合决策，产品的商标和商标决策，包装和包装决策等。

（2）工艺技术方案的选择。工艺技术方案的选择主要包括确定工艺流程和采用适宜技术。选择工艺技术方案时应注意技术上的先进性、工程事实上的可能性和经济上的合理性。

（3）设备的选择。设备选择又叫设备选型，主要包括确定设备类型、来源、性能、数量、容量、位置和总平面图，主要设备的投资额、生产能力和优缺点等。

5．建厂条件和厂址选择

对于准备投资建新厂的项目来说，选择工厂地点，也是项目可行性研究的内容之一。地点选择应综合考虑当地的具体条件，如地理位置、项目方针和政策环境等。

（1）资源条件。各种产品所需原材料的特点、生产方法和销售市场不同，选择厂址的标准也不同。

（2）能源条件。耗电量大的项目应靠近动力基地，如铜、铝、镁冶金厂等。

（3）技术协作。各种精密仪器、电子计算机和各种知识密集型产业，由于需要技术协作，多建在科学技术中心。

（4）社会环境。对人体有害的废水、废气、废液应及时处理，防止污染环境。水泥厂、造纸厂这类企业的厂址不应选在人口稠密的城市居民居住的上风向。凡是产生废水、废液的工厂，其排放的废水、废液不允许排入饮用水源的上游。

（5）劳动力来源。选厂址最好能就近解决劳动力，并尽可能就地解决生活设施和住房问题。

（6）运输条件。选厂址时应考虑运输距离、运输方式（铁路、公路、水运和空运）和运费，要求运输在经济上合算。

（7）考虑水源。选厂址时要考虑能满足生产用的水质和水量，用水量不大的工厂可采用城市供水；用水量大的工厂，如酿酒厂、印染厂等应选在河流水源充足地带。

6．环境保护、公用设施、项目组织和实施进度等的研究

环境保护要研究的内容主要是对建厂具体地区环境现状的调研，包括项目投产后其工艺可能对环境保护造成的影响，是否合乎地区建设规划布局的要求。然后拟订污染治理的方案，调整建厂厂址方案。这部分是申请项目建设执照的主要依据。

对项目所需的公用设施，包括水、电、气、燃料及废水、废气处理等设施要详细说明。

项目组织的研究主要分析研究项目的组织系统、职工来源，提出项目发展、各类人员的比例、工资和人员培训规划。

实施进度的研究主要提出项目建设的总体要求、建设阶段的划分，工程量、工作量的大小，工程建设进度和项目实施的可行性方案。

7．投资估算、成本估算、利润估算、税种税金和资金筹措规划

投资估算包括固定资金估算和流动资金估算。

成本估算包括项目实施建设成本估算和投产后的产品成本估算。

利润估算是估算整个项目的盈利能力和盈利水平。

税种税金是指项目建成投产后所要缴纳的税种有几种、税率是多少、总的税额是多少。

资金筹措包括资金投入的时间、来源、借贷方式和偿还方式。资金投入的时间和金额可依据实施进度所确定的建设期各阶段的具体安排来筹措。

8．技术经济综合评价

技术经济综合评价主要是进行项目的财务评价和国民经济评价，在评价结论中给出满意方案，并提出有关建议、附表和附图，供决策者参考。这部分是可行性研究的归宿与终结。项目经评价后，将做出是否可行的结论。财务评价和国民经济评价都采用相应的静态和动态的评价

方法及指标，并利用相应的计算报表及参数来进行计算和比较，同时可根据需要分别进一步做不确定性分析，包括盈亏平衡分析、敏感分析和概率分析。经过财务评价和国民经济评价后，应对项目做出可行与否的结论，从而为决策提供依据。

此外，不少可行性研究报告中还有附件，附件作为对正文的补充，是可行性报告的重要组成部分。

7.3　可行性研究报告的编写要求

1. 客观、全面、实事求是地收集和研究材料

可行性研究报告必须实事求是，在调查研究的基础上，比较多个方案，按客观情况论证和评价，按科学规律办事，项目决策部分尤其不能先定调子。由于可行性研究报告中的财务评价涉及大量的财务指标计算，一旦基础数据发生变更，将会影响财务评价的准确性和客观性。所以，在收集数据和材料时，一定要注意材料的准确性和全面性。

2. 明确报告的写作目的

特定的读者需要特定的内容。我们知道，可行性研究报告要用于立项和申请贷款等方面，所以在内容上要满足项目审批部门和银行等特定读者的需要。

在写可行性研究报告时不仅要考虑项目的先进性技术、经济和资金筹措方面的可行性，还要从法律、政策等方面审查项目的合法性和合理性，以及投资各方的经济实力和项目投向等。所以，在写作中需要综合分析，以便提供审批部门决策需要的信息。再如，如果可行性研究报告用于提交银行申请贷款，就需要首先弄清楚国家优先提供贷款的企业是哪些，该项目申请的企业是否具有这样的资格；其次要讲明贷款数额、种类、用途和期限等；最后必须提供贷款的还款保证。

3. 全面、准确、具体地回答可行性研究必须回答的问题

可行性研究报告有特定的内容和较为固定的格式，所以报告要全面、准确、具体地回答可行性研究必须回答的问题。

可行性研究指对所提出的设想和解决办法加以分析，说明其合理性，说明项目实施的前提条件。此外，可行性研究还应对各种制约因素提出解决办法，深入分析、说明项目的风险和不明确因素。

4. 综合体现论文、请示和报告的写作特点

可行性研究主要是在广泛调查研究的基础上，对某个项目进行分析、论证。由于它是在调查研究基础上所形成的分析、论证，所以它既具有论证性质，又具有报告的性质。因为分析论证后的项目往往是为征得有关部门的批准，所以可行性分析报告还带有请示之意。因此，可行性研究报告是论文、报告和请示三者兼而有之的一种综合文体。

我们知道，论文的最突出特点是通过论点、论据和论证来提出问题、分析问题、解决问题；请示的最突出特点是在叙述请示依据、陈述请示原因的基础上，主次分明、条理清楚地写出请

示事项，并表示出具体的要求；报告的最突出特点是以陈述为主并在有倾向性的叙述中表明观点，讲观点时有材料，摆材料时喻观点。可行性研究报告则将三者的特点结合起来。

5. 目标明确

写作一份可行性研究报告时要目标明确，前后一致，始终围绕项目的必要性、可能性和可行性进行分析，比较论证，切忌因内容繁杂、材料多而出现目标不明和前后脱节等问题。在具体论证时一定要算好两笔账，一是核算好投资规模账，尽量做到以最少的投资取得最好的效益；二是核算好收益账，投资利润率是投资双方都关心的热点问题，所以，核算投资利润率要客观准确并留有余地，避免满打满算。

6. 论据充分，论证科学、灵活、周密

写作可行性研究报告，要进行大量细致的调查研究工作，广泛收集资料数据，充分调查了解项目是否符合产业政策和本地条件，以及配套资金、原材料、能源供应、运输能力等情况；调查了解整个市场对产品质量、价格、运输、包装等的要求；特别要调查研究技术先进性、产品的销售等问题，使资料数据丰富而完整，论据充分、客观。在论证时，要注意综合比较论证，实事求是，客观公正，思维周密、灵活，避免主观臆断，防止挂一漏万。

7. 重视附件的特殊作用

可行性研究报告往往附有大量的附件与图表，这些附件和图表是可行性研究报告必需的重要组成部分。与其他应用附件相比，可行性研究报告的附件具有专业性和技术性强、附件多等特点。它除具有使正文表达简练的作用外，更具有补充正文，使正文论证观点更严密、更具科学性的独特作用。

一份可行性研究报告往往要附上土建工程项目一览表、初期资金来源和计划表、总生产成本表、分年总生产成本估算表、投资总额和资金筹措表、销售收入与销售预测表等。

7.4 可行性研究在工程项目规划与决策中的应用案例

✉ 案例1 宾馆建设项目可行性研究

随着改革开放政策和西部大开发战略的实施，我国的西北地区经济社会发展取得了长足进步，对外开放水平也随之得到不断提升。为此B口岸在原季节性开放的基础上于2004年被正式批准为国家级常年开放口岸。为了解决随着投资、旅游人数逐年递增而出现的现有宾馆接待能力和服务水平有限的问题，A公司决定在B口岸建设宾馆以促进当地经济发展。本项目可行性研究的主要任务就是分析在当地发展要求基础上投资收益最大化的宾馆建设档次及其规模。

本可行性研究的工作范围是：依据当地经济社会发展规划，对宾馆服务功能的未来市场需求进行预测；拟订满足服务功能的建设方案；经投资估算、财务经济效益和社会效果评价，选择出最优建设方案。

1. 项目的市场分析与预测

从 1992 年 B 口岸开放以来，口岸流动人口逐年增加，尤其是近几年，出入境人员和内地流动人口大幅增加。1999 年年初入境人次由 1998 年的 13 000 多人次猛增到 20 000 多人次；2003 年由 2002 年的 40 000 多人次又一次大幅猛增到 60 000 多人次。表 7-1 给出了 1992—2003 年的出入境人次。以 1997 年为界，两个时段的出入境人次均服从幂函数的发展趋势特征，对 1998—2003 年的出入境人次时间序列进行拟合分析，得到拟合曲线为 $y=27\,515\times\ln(x)+17\,217$（$x$ 为年度序列数，1998 年取初始值 $x=1$）。以此进行预测，可得到未来 50 年的出入境人次。随着口岸发展步伐的不断加快，将会吸引更多的外来人员前来投资、旅游等。但是，本地区到目前为止尚无一家住宿服务设施，一切市政设施和民用建筑等整个贸易经济区都在规划之中，但 B 口岸的迅速发展是必然的趋势，而且为期不远。

建设项目市场预测分两个阶段进行，第一阶段为口岸集中建设期 2007—2011 年，为期 5 年，客源既包括出入境人员，又包括当地工程建设管理人员；第二阶段为 2011 年以后，客源主要是出入境人员。

表 7-1　B 口岸历年出入境人次统计表　　　　　　　　　　单位：人次

年　　份	出入境人员	比上年增长
1992	1 016	0
1993	3 607	2 591
1994	8 816	5 209
1995	13 477	4 661
1996	13 098	−379
1997	13 381	283
1998	13 464	83
1999	20 195	6 731
2000	33 417	13 222
2001	49 131	15 714
2002	44 761	−4 370
2003	66 702	21 941

按照 2003 年的出入境人次计算，平均每天约有 185 人。根据调查，出入境人次主要集中在口岸开放期间，以口岸开放期间出入境人次占常年总人次的 80% 计算，口岸开放期间出入境人次约为每天 593 人次。一旦宾馆建成并投入运营，估计约有 50% 的人来宾馆就餐，约 1/3 的出入境人员在宾馆住宿，在此期间住宿人数可达 200 人/天。在非口岸开放期间，人数分布按平均分布考虑，50% 的人员在此宾馆食宿，每天的接待量约为 50 人（以 2003 年过境人数为基准）。按此比例和分析方法，并结合 B 口岸未来 50 年的出入境人次预测结果，得到建设期宾馆的住宿接待量。

2. 项目的经营范围、建设内容、规模和进度预计

参考目前当地周边城镇的餐饮、住宿服务结构与价格，本项目定位于四级宾馆，经营范围以住宿、餐饮为主，以中小型会议、娱乐为辅，为综合性商业服务设施，宾馆拟建规模将容纳 250 人左右。其中，约有 10% 的单人间，40% 的标准间，50% 为四人间。考虑到当地的地质条

件、建筑高度和投资费用，选择砖混结构。该项目预计 2006 年开工，建设周期为一年，2007 年建成并投入使用。

3. 建设的备选方案

根据市场调研、分析，本项目的建筑面积为 2 000～3 000 平方米，设客房 75～120 间，本可行性研究报告提出三个备选建设方案。

（1）建设规模。

方案Ⅰ：建筑总占地面积约 1 000 平方米，总建筑面积 3 190 平方米。其中，客房 90 间。总投资 642.49 万元（含铺底流动资金）。装修是高、中、低档混合式的。

方案Ⅱ：建筑总占地面积约 1 000 平方米，总建筑面积 2 552 平方米。其中，客房 80 间。总投资 522.59 万元（含铺底流动资金）。装修是高、中、低档混合式的。

方案Ⅲ：建筑总占地面积约 1 000 平方米，总建筑面积 2 233 平方米。其中，客房共 70 间。总投资 456.04 万元（含铺底流动资金）。全部是低档装修。

（2）建设内容（见表 7-2）。本项目还考虑办公自动化系统、楼宇自动控制系统、自动消防系统、保安监控系统和卫星接收闭路电视系统等设施。

表 7-2　建设内容　　　　　　　　　　　　　　　　单位：平方米

项　　目	方案Ⅰ	方案Ⅱ	方案Ⅲ
客房部分（按标准间计）（套）	90	80	70
餐饮部分	400	320	280
公共部分	140	112	98
行政部分	360	288	252
辅助部分	380	304	266
总建筑面积	3 190	2 552	2 233

4. 投资估算

本可行性研究报告建设方案拟定主要依据：

（1）《民用建筑设计标准规范实施手册（下册）》1998 年版。

（2）《餐饮成本核算》1999 年版。

相关费用参照邻近地区、相近规模、2004 年建成的同类项目的决算数据估算成本费用，以提高投资估算的准确性。

本估算包括规划红线内的主体工程、附属工程和区域工程费用。在本估算中，投资方向调节税暂免考虑，建设期设备和材料预调费按有关规定指数设为零。

新建工程参照口岸概算定额，根据类似工程造价水平估算。

其他费用按以下标准计算：

（1）勘察设计费按工程费用的 3.0%计。

（2）工程监理费按工程费用的 1.0%计。

（3）工程保险费按工程费用的 2.5%计。

（4）开办费含建筑单位管理费、前期咨询费、开工执照费、质量监督费和开业广告费等，按总投资的 5.5%计。

（5）招投标费，包括标底编制和招标管理费等，按工程费用的 2.0‰计。

（6）职工培训费按每人一个月培训期计。

（7）基本预备费按工程费用与其他费用之和的10%计。

按照以上的建筑结构分析，并借鉴实际运营规律（即根据实际情况估计土建工程要占总投资的75%，按规律客房占总建筑面积的65%左右比较经济合理，室外工程占全部投资的5%），结合市场预测结果，三套建设方案的建筑面积与投资估算如表7-3所示，详细估算结果参见表7-4～表7-6。其中，客房间数比例取单间：标准间：四人间=1：5：4，主要根据消费者类型及所占比例分配不同档次客房所占比例。不同类型房间面积参照我国旅馆四级分等各部分面积配比。

表7-3　拟建方案投资估算

方　案	建筑面积/平方米	投资估算/万元
方案Ⅰ	3 190	642.49
方案Ⅱ	2 552	522.59
方案Ⅲ	2 233	456.04

表7-4　投资估算表（方案Ⅰ）

序号	项目名称	建筑面积/平方米	估算价值/万元	占总投资比例	备　注
一	主要工程				
1	主体建筑工程	3 190	403.94		
1.1	土建工程	3 190	271.15		
1.2	经营面积精装修	1 850	58.28		
1.3	其他面积精装修	1 340	34.84		
1.4	采暖通风空调	3 190	39.67		
2	厨具费		29.6		
3	娱乐设施		5		
4	办公家具费		5		
5	运输设备费		5		
	小　计		448.54		
二	附属工程				
1	公用工程		10		
2	区域管网		3.9		
3	停车场、道路	500	2.4		
4	绿化工程	500	1.8		
5	围墙、大门	180	1		
6	大市政工程费		1.9		
	小　计		21		
三	其他费用				
1	勘察设计费		17.89		
2	工程监理费		5.96		
3	投招标费用		1.19		

序号	项目名称	建筑面积/平方米	估算价值/万元	占总投资比例	备注
4	工程保险费		14.91		
5	开办费		43.5		
6	职工培训费		1.5		
	小 计		84.95		
四	不可预见费		45		
五	建设期贷款利息				
六	总 计		599.49		
七	铺底流动资金		43		
	共 计		642.49		

表7-5 投资估算表（方案Ⅱ）

序 号	项 目 名 称	建筑面积/平方米	估算价值/万元	占总投资比例	备 注
一	主要工程				
1	主体建筑工程	2 552	323.15		
1.1	土建工程	2 552	216.92		
1.2	经营面积精装修	1 480	46.62		
1.3	其他面积精装修	1 072	27.87		
1.4	采暖通风空调	2 552	31.74		
2	厨具费		23.68		
3	娱乐设施		5		
4	办公家具费		5		
5	运输设备费		5		
	小 计		361.83		
二	附属工程				
1	公用工程		10		
2	区域管网		3.9		
3	停车场、道路	500	1.4		
4	绿化工程	500	0.9		
5	围墙、大门	180	1		
6	大市政工程费		1.2		
	小 计		18.4		
三	其他费用				
1	勘察设计费		14.31		
2	工程监理费		4.77		
3	投招标费用		0.95		
4	工程保险费		11.93		
5	开办费		34.8		

序　号	项目名称	建筑面积/平方米	估算价值/万元	占总投资比例	备　注
6	职工培训费		1.2		
	小　计		67.96		
四	不可预见费		31.4		
五	建设期贷款利息				
六	总　计		479.59		
七	铺底流动资金		43		
	共　计		522.59		

表7-6　投资估算表（方案Ⅲ）

序　号	项目名称	建筑面积/平方米	估算价值/万元	占总投资比例	备　注
一	主要工程				
1	主体建筑工程	2 233	282.76		
1.1	土建工程	2 233	189.81		
1.2	经营面积精装修	1 295	40.80		
1.3	其他面积精装修	938	24.39		
1.4	采暖通风空调	2 233	27.76		
2	厨具费		20.72		
3	娱乐设施		3.5		
4	办公家具费		3.5		
5	运输设备费		3.5		
	小　计		313.98		
二	附属工程				
1	公用工程		10		
2	区域管网		3.9		
3	停车场、道路	500	2.4		
4	绿化工程	500	1.8		
5	围墙、大门	180	1		
6	大市政工程费		1.9		
	小　计		21		
三	其他费用				
1	勘察设计费		12.52		
2	工程监理费		4.17		
3	投招标费用		0.83		
4	工程保险费		10.44		
5	开办费		30.45		
6	职工培训费		1.05		
	小　计		59.46		

序　号	项目名称	建筑面积/平方米	估算价值/万元	占总投资比例	备　注
四	不可预见费		31.5		
五	建设期贷款利息				
六	总　计		425.94		
七	铺底流动资金		30.1		
	共　计		456.04		

投资费用估计参照类似规模建筑项目的决算资料，估算本宾馆项目主体楼建安施工费800～850元/平方米，附属设施费80～120元/平方米，城市配套费100～140元/平方米，主体楼内外中档、低档装修费分别为330～360元/平方米和270～300元/平方米，设备投资200元/平方米；费用总计区间为1 480～1 640元/平方米。本预算在以上费用范围基础上取上限，以考虑2006年建设费用较2004年建设费用的增长因素。

5. 经济效益评价

本项目建设期按一年考虑，根据房地产项目评价方法中的有关条款，本可行性研究报告财务效益评价计算期为10年。

（1）营业收入。本项目收入计算中考虑了四部分：宾馆客房收入、餐饮收入、会议收入、商品及其他收入。收入单价以口岸目前行业市场情况为基础、未来市场发展趋势为计算依据。分项收入一是参考了各部分营业面积，二是考虑了近年行业内收入构成情况。历年收入预测如表7-7所示。其中，客房收入预测如表7-8所示。

表7-7　历年收入预测表

序号	项　　目	历年收入/万元										
		2006	2007	2008	2009	2010	2011	2012	2013	2014	2015	2016
1	宾馆客房收入		107.01	105.11	105.11	105.11	103.53	99.39	104.36	109.58	115.06	120.81
2	餐饮收入		97.72	98.12	98.12	98.12	100.31	86.80	93.74	101.24	109.34	118.09
3	会议收入及其他		10.00	15.00	25.00	30.00	45.00	45.00	45.00	45.00	45.00	45.00
	合计		214.73	218.23	228.23	233.23	248.84	231.19	243.10	255.82	269.40	283.90

（2）营业税金。按现行财税规定，本项目应纳营业税、教育费附加、城市建设维护税，合并按综合税率5.5%计算。

（3）成本费用。本可行性研究报告根据现行宾馆成本核算、结合国家纪委颁发的建设项目经济评价方法与参数，确定项目总成本费用由以下八项组成：工资及福利、维修及动力、物料及低值易耗品、折旧费、摊销费、管理费、餐饮成本、财务费用。其中，折旧费根据国家现行规定以10年计算；管理费主要包括管理人员费用、物业管理费用和广告宣传费用等；财务费用根据本项目固定资产贷款和流动资金贷款计算。历年成本预测如表7-9所示。

（4）利润估算。本项目所得税率为33%，未考虑减免因素。预计年利润（税后）为32.93万元，见损益表（见表7-10）。

（5）贷款偿还期估算。本项目贷款200万元，年利率为6.21%，考虑项目税后利润50%、折旧、摊销偿还等因素，还款期为4年，还款计划表见表7-11。

表 7-8　客房收入预测表

序号	工程项目	2007 年 占客房比例		2007 年 单价(元/年)	2007 年 收入万元	2008 年 占客房比例		2008 年 单价(元/年)	2008 年 收入万元	2009 年 占客房比例		2009 年 单价(元/年)	2009 年 收入万元	2010 年 占客房比例		2010 年 单价(元/年)	2010 年 收入万元	2011 年 占客房比例		2011 年 单价(元/年)	2011 年 收入万元	备注
		旺季	淡季			旺季	淡季			旺季	淡季			旺季	淡季			旺季	淡季			
1	开关期过境旅客住宿	87.5%	12.5%	18 000	89.01	75%	15%	18 000	79.11	75%	15%	18 000	79.11	75%	16%	18 000	79.11	93.8%	35%		94.53	每年开关 80 天
2	当地建设工程指挥住宿	12.5%	12.5%	18 000	18	25%	25%	18 000	36	25%	25%	18 000	36	25%	25%	18 000	36	6.2%			9	前 5 年内为主要收入以后将无此项
3																						
4																						
合计					107.01				105.11				105.11				105.11				103.53	

表7-9 历年成本预测表

序号	项 目	历年成本/万元										
		2006	2007	2008	2009	2010	2011	2012	2013	2014	2015	2016
1	工资及福利		46.32	46.32	46.32	46.32	46.32	46.32	46.32	46.32	46.32	46.32
2	维修费及动力		10.00	12.00	15.00	20.00	20.00	20.00	20.00	20.00	20.00	20.00
3	物料及低值易耗品		10.00	13.00	15.00	15.00	15.00	15.00	15.00	15.00	15.00	15.00
4	折旧费		47.96	47.96	47.96	47.96	47.96	47.96	47.96	47.96	47.96	47.96
5	管理费		10.00	15.00	20.00	20.00	20.00	20.00	20.00	20.00	20.00	20.00
6	餐饮成本		30.71	46.10	55.77	51.19	45.71	45.71	45.71	45.71	45.71	45.71
7	财务费用		12.24	9.31	6.21	3.10	0.00	0.00	0.00	0.00	0.00	0.00
8	总成本费用		183.19	202.37	215.83	210.04	198.35	198.35	198.35	198.35	198.35	198.35
9	经营成本		110.39	135.78	155.45	155.87	150.39	150.39	150.39	150.39	150.39	150.39

表7-10 损益表

序号	项 目	各年损益/万元										
		2006	2007	2008	2009	2010	2011	2012	2013	2014	2015	2016
1	产品销售收入		214.73	218.23	228.23	233.23	248.84	231.19	243.10	255.82	269.40	283.90
2	销售税金及附加		11.81	12.00	12.55	12.83	13.69	12.72	13.37	14.07	14.82	15.61
3	总成本费用		203.33	207.32	211.11	209.90	204.79	198.03	201.50	205.25	209.30	213.68
4	利润总额		−0.41	−1.09	4.57	10.50	30.37	20.44	28.23	36.50	45.28	54.61
5	所得税		0.00	0.00	1.51	3.47	10.02	6.75	9.32	12.04	14.94	18.02
6	税后利润		−0.41	−1.09	3.06	7.04	20.35	13.70	18.91	24.45	30.34	36.59
7	可供分配利润		0.00	0.00	3.06	7.04	20.35	13.70	18.91	24.45	30.34	36.59
7.1	盈余公积金		0.00	0.00	0.31	0.70	2.03	1.37	1.89	2.45	3.03	3.66
7.2	应付利润											
7.3	未分配利润		0.00	0.00	2.75	6.33	18.31	12.33	17.02	22.01	27.30	32.93

表7-11 还款计划表

序号	项 目	还款额/万元				
		2006	2007	2008	2009	2010
1	借款及还本付息					
1.1	年初借款本金累计		200.00	152.04	94.39	29.59
1.1.1	本金	200.00	200.00			
1.1.2	建设期利息	12.42				
1.2	本年借款	200.00				
1.3	本年应计利息		12.24			
1.4	本年还本					
1.5	本年付息		12.24			

序号	项 目	还款额/万元				
		2006	2007	2008	2009	2010
2	偿还借款本金的资金来源		47.96	57.65	64.80	37.04
2.1	利润		0.00	9.69	16.84	0.00
2.2	折旧		47.96	47.96	47.96	37.04
2.3	摊销					
2.4	其他					

（6）财务指标。本项目各项数据及指标如表 7-12 所示，项目完成后，营业总额可达 257.72 万元，上交营业税 14.17 万元，上缴所得税 16.02 万元，税后利润 32.53 万元，项目的投资利润率为 6.78%。从表 7-13 所示的现金流量表可以看出，本项目税后内部收益率为 14.97%，投资回收期为 6.78 年，项目的财务效益比较乐观。

表 7-12 主要技术经济数据及指标表

数据及指标	单 位	达产年	行业参考指标	备 注
一、数据				
销售收入	万元	257.72		
销售税金	万元	14.17		
销售利润	万元	48.55		
所得税	万元	16.02		
税后利润	万元	32.53		
固定资产投资	万元	479.59		
流动资金	万元	43.00		
二、指标				
内部收益率	%	14.97	6.21	所得税后
投资利润率	%	6.78	6	
投资利税率	%	6.29	7	
贷款偿还期	年	4		
投资回收期	年	6.78	12	所得税后
盈亏平衡点（BEP）	%	67.6		

表 7-13 现金流量表（全部投资）

序号	项 目	建设期现金流量/万元	投产期现金流量/万元									
		2006	2007	2008	2009	2010	2011	2012	2013	2014	2015	2016
	生产负荷（%）											
1	现金流入		214.73	218.23	228.23	233.23	248.84	231.19	243.10	255.82	269.40	283.90
1.1	产品销售收入		214.73	218.23	228.23	233.23	248.84	231.19	243.10	255.82	269.40	283.90
1.2	回收固定资产余值											

序号	项　　目	建设期现金流量/万元	投产期现金流量/万元									
		2006	2007	2008	2009	2010	2011	2012	2013	2014	2015	2016
1.3	回收流动资金											
2	现金流出	479.59	159.57	154.70	183.61	179.89	177.23	177.23	177.23	177.23	177.23	177.23
2.1	固定资产投资	479.59										
2.2	流动资金		43.00									
2.3	经营成本		107.03	132.42	152.09	152.51	147.03	147.03	147.03	147.03	147.03	147.03
2.4	销售税金及附加		9.53	12.72	14.93	14.18	14.17	14.17	14.17	14.17	14.17	14.17
2.5	所得税		0.00	9.55	16.59	13.21	16.02	16.02	16.02	16.02	16.02	16.02
2.6												
3	净现金流量	−479.59	13.78	76.66	87.84	77.87	80.49	80.49	80.49	80.49	80.49	80.49
4	累计净现金流量	−479.59	−465.81	−389.15	−301.31	−223.43	−142.95	−62.46	18.03	98.51	179.00	259.49
5	所得税前净现金流量	−479.59	13.78	86.21	104.43	91.08	96.51	96.51	96.51	96.51	96.51	96.51
6	所得税前累计现金流量	−479.59	−465.81	−379.60	−284.72	−210.23	−126.93	−46.44	34.05	114.54	195.02	275.51
	计算指标:	所得税后	所得税前									
	财务内部收益率（%）	14.97	17.37									
	财务净现值（万元）	665.21	859.99									
	投资回收期（年）	6.78	6.48									

6. 风险分析

（1）盈亏平衡分析。用生产能力利用率表示的盈亏平衡点 BEP 为：

$$BEP = \frac{年固定成本}{年销售收入-销售税金-年可变成本} \times 100\%$$

$$= \frac{94.28}{257.71-14.17-104.07} \times 100\%$$

$$= 67.6\%$$

（2）敏感性分析。选定方案的财务内部收益率为14.97%，投资回收期为6.78（所得税后）。本可行性研究报告还对营业收入、经营成本、固定资产投资三者变化对内部收益率、投资回收期、净现值分别做了单一动态变化的敏感性分析，如表7-14所示。从表中可以看出，经营成本变化对投资效益指标的影响最大，其次是营业收入变化，影响最小的是固定资产投资的变化。

表7-14　敏感性分析表

变动因素	指　标	各变动范围下的敏感分析				
		−20.00%	−10.00%	0.00%	10.00%	20.00%
营业收入	内部收益率（所得税后）	4.59%	9.86%	14.97%	19.25%	23.76%
	投资回收期（所得税后）（年）	19.5	10.12	6.78	5.28	4.31
	净现值（万元）	−99.40	286.45	665.21	1 004.15	1 371.99

变动因素	指　标	各变动范围下的敏感分析				
		−20.00%	−10.00%	0.00%	10.00%	20.00%
经营成本	内部收益率（所得税后）	20.90%	18.39%	14.97%	13.44%	11.00%
	投资回收期（所得税后）（年）	5.06	5.84	6.78	8.48	10.64
	净现值（万元）	1 292.03	1 076.31	665.21	644.87	429.15
固定资产投资	内部收益率（所得税后）	22.14%	20.08%	14.97%	16.98%	15.78%
	投资回收期（所得税后）（年）	4.8	5.32	6.78	6.35	6.87
	净现值（万元）	1 166.69	121.50	665.21	1 031.11	985.92

（3）定性分析。B口岸地区从2004年起开始启动规划、招商、投资建设口岸贸易经济区，全面投资兴建在2005年年底开始，全部建设完成大概要5年的时间。在这段时间内，会有大量的工程技术、指挥、建设人员长期驻扎口岸，那么，几乎所有的工程建设指挥部都会长期设在宾馆内；此外还会有大量的勘察、调研人员，有关事宜的洽谈、磋商人员，以及有很多企业的领导、骨干亲临现场。以上这些是我们近几年的主要客源，随着口岸经济的发展和繁荣，大面积兴建基本完成后，这里将会成为客商、游人等各种社会成员的向往之地。

7. 资金使用与筹措

（1）资金使用。根据本项目建设进度安排，项目预计一年完成，资金来源与使用计划如表7-15所示。

表7-15　资金来源及使用计划

序　号	项　　目	资金/万元				
		合　　计	2006	2007	2008	2009
1	总投资	522.59	479.59	43		
1.1	固定资产投资	479.59	479.59			
1.2	固定资产方向调节税					
1.3	建设期利息	12.42	12.42			
1.4	流动资金	43		43		
2	资金筹措	522.59	479.59	43		
2.1	企业自筹资金	322.59	279.59	43		
2.2	借款	200	200			
2.2.1	长期借款	200	200			
2.2.2	流动资金借款					
2.2.3	其他短期借款					

（2）资金筹措。本项目投资人A公司拟将自筹322.59万元作为本项目注册资本金，其余200万元由公司申请银行贷款解决，贷款年利率为6.21%。资金来源及使用计划见表7-15。

8. 研究结论

总占地面积2 000平方米，总建筑面积2 552平方米，其中，宾馆客房1 480平方米，餐饮部分320平方米，公共部分112平方米，行政部分288平方米，辅助部分304平方米（其中包括会议室80平方米）。

✉ 案例2 沿海工业区海水综合利用工程方案可行性研究

1. 项目背景概述

海水淡化具有不受时空和气候影响及水质好、供水稳定等特点，是未来解决沿海地区淡水资源短缺的根本途径。中国脱盐技术已开始全面步入大规模工业应用领域，我国的海水淡化技术和施工工艺已经达到了国际先进水平，当前制约海水淡化工程应用的主要原因是其成本问题，因此，本项研究的核心就是经济可行的海水利用工程方案。

为了使海水利用在经济方面可行，首先要综合利用一切有利条件降低其生产成本，如通过海水淡化与电厂、化工厂、碱厂、冶金厂等高能耗产品生产结合，可以大量利用余热资源。同时，扩大海水淡化的应用规模，发挥规模效益的作用，也是降低海水淡化成本的一个重要途径。其次，要挖掘既定价格下的海水利用途径，如传统的海水制盐和目前正在迅速发展的海水冷却。事实上，将淡化海水用于工业生产过程中的软化水和除盐水，也是具有经济可行性的途径。

依据某沿海工业区的产业规划及其周边的产业基础，它涵盖了几乎所有可促进海水淡化和海水综合利用的主要产业，如钢铁、化工、电力、盐业和制碱等。本项目以科学发展观为指导，以海水综合利用的技术可行性、可靠性为基础，以提高海水综合利用的经济效益、社会效益和生态效益为目标，在综合考虑工业区主导产业及其配套基础设施工程规划布局的基础上，通过分析该工业区水资源综合利用的工艺与水量、水质要求，按照循环经济的理念和生态工业园建设的标准，研究该工业区海水综合利用的方式与途径、布局与规模，为该工业区建设提供水资源保障。据专家预测，如果没有其他淡水资源进行补充，该工业区海水淡化总规模应达到125万吨/日，年供水规模约为3.8亿立方米，海水与淡化海水将成为该工业区的主要水源。

2. 工业区海水利用的规模与方式研究

（1）工业区海水利用的规模分析。工业区海水利用的规模主要取决于两个方面：一是传统水资源的供需差异；二是利用海水和利用传统水资源的成本差异。前者决定了海水利用的潜在需求规模，后者决定了海水利用的实际需求规模。

（2）工业区海水利用的方式分析。从保障该工业区建设的水资源要求出发，并考虑海水利用的经济性，海水利用的方式包括直接利用和海水淡化两种。从保障该工业区建设的水资源要求的海水利用规模来看，仅海水的直接利用量就从建设初期的3.38亿立方米/年到远景的20.6亿立方米/年，可见海水利用量很大，由此带来的环境污染问题不容忽视。

（3）工业区海水利用的污染防治措施。解决海水利用的污染防治问题，可从浓海水中提取的化学资源，即将生产淡水、海盐、溴素（和含溴精细化学品）、钾肥、镁肥（和氢氧化镁等）的提取等工艺进行有效连接与联产。

3. 工业区海水淡化方案选择

（1）工业区海水淡化取水方式的选择。取水是海水综合利用的第一道工序，为了提高取水品质，通常要考虑潮位差、风浪、微生物和贝类生长等多个因素。目前海水淡化工程的取水方式主要有以下几种：① 建防波堤、明渠引水至沉沙池；② 水下敷设管道到离岸一定距离和一定水深处引水至沉沙池；③ 在海滩打井并用多级离心潜水泵取水或用高架管引水。

岸边取水是将取水口设于最低潮位以下，而潮汐取水则是以蓄水池为调节构筑物，利用涨潮时进水储存以供使用的取水方式。岸边取水要有合适的地理条件，潮汐取水则需建设较大的蓄水调节池。但是两者均系取用表层海水，故存在水温变化大、浊度高的问题，尤其潮汐取水，水温随季节、时间变化很大，悬浮物等杂质含量较多，虽经海水池的自然沉降但仍含有大量泥沙。作为冷却水，会在设备中发生沉降，并产生磨损设备的现象，以致缩短设备使用寿命和降低热交换效率。该地区要对海水进行冷却，若采用这两种方式，则效果很差，所以应探求取水水质好和温度低的取水方式。

（2）工业区海水淡化技术方案的选择。海水淡化技术方案的选择需要综合考虑设备投资、运行费用、适用范围和技术的成熟度几个方面。根据对海水淡化技术及其影响因素的分析，可以将低温多效蒸馏海水淡化技术和反渗透技术作为该地区海水淡化的备选方案。

与反渗透技术相比而言，低温多效蒸馏海水淡化技术与电厂结合，使用发电厂价格低廉的余热，将使海水淡化运行成本大大降低；并且低温多效蒸馏技术的预处理工艺相对简单，淡化设备对原水的水质要求并不苛刻。此外，由于低温多效海水淡化技术的预处理比较简单，对海水淡化过程中产生的浓盐水进行处理或化学资源利用的处理费用也较低；特别是该工业区有热电厂，使得低温多效蒸馏成为实施海水淡化的重点考虑技术。

1）生产成本比较。在海水淡化技术日趋成熟的今天，选择海水淡化技术的主要依据是海水淡化的成本。调查资料显示，蒸馏法吨水投资在 10 000 元左右；反渗透法吨水投资在 7 000 元左右；依据当地主管部门所提供的资料，对两种方法的制水成本分析如下。

① 反渗透海水淡化成本的计算。对于单台日产 10 000 吨反渗透海水淡化项目，其总投资构成如表 7-16 所示。

表 7-16　反渗透海水淡化项目总投资构成表

序　号	名　　称	费用/万元
一	原料水取得	**439**
1.1	海水取水泵	36
1.2	动力及控制设施	28
1.3	原料水输送管道	375
二	原料水预处理	**707**
2.1	液氯消毒系统	26
2.2	清水池	50
2.3	过滤系统	502
2.4	管件和阀门	81
2.5	海水增压泵	48
三	反渗透海水淡化装置	**4 608**
四	厂区布置和厂房	**529**
4.1	厂房及基础	321
4.2	征地费	113

续表

序　号	名　称	费用/万元
4.3	厂区道路及绿化	95
五	产品水输送和浓水排放	282
六	输配电工程	400
七	国内运输、安装及调试	265
八	勘察设计费	235
九	其他费用	312
十	不可预见费	779
十一	建设期利息	360
十二	铺底流动资金	160
	工程费用总计	9 076

影响海水淡化成本的主要因素包括：

- 生产规模。一般来讲，规模越大，其单位成本越小。目前国内日产 1 000 吨反渗透海水淡化项目吨水成本在 5.0 元左右。日产万吨反渗透海水淡化项目吨水成本在 4.5 元左右。
- 能量消耗。主要是电能消耗，日产万吨反渗透海水淡化项目单位产水电耗 4.5 度，电能消耗约占制水成本的 65%，占吨水总成本的 40% 以上。随着能量回收技术的不断进步，能量消耗还有进一步下降的趋势。
- 开工效率。开工效率直接影响吨水成本的高低，效率越高，吨水成本越低。
- 主要建筑和设备寿命，直接影响折旧费用的高低，折旧费占总成本的 30% 左右。

为了分析吨水成本，选择如下分析依据：

- 装置生产能力 10 000 吨/日；
- 开工率 95%；
- 电费成本 0.48 元/度；
- 单位产水耗电 4.5 度；
- 装置寿命 20 年；
- 反渗透元件寿命 3 年；
- 化学剂费用 0.3 元/吨淡化水；
- 劳动力费用 30 000 元/人·年；
- 管理费占劳动力费用的 2.5%。

其单位制水成本如表 7-17 所示。

表 7-17　反渗透海水淡化项目单位造水成本　　　　　　单位：元/吨

项　目	10 000 吨/日示范工程的造水成本
化学药品消耗	0.3
膜更换费用	0.4
电力消耗	2.16
工资福利费用	0.04
大修及检修维护费用	0.29
流动资金贷款利息	0.029

续表

项　目	10 000 吨/日示范工程的造水成本
管理费用	0.01
银行贷款利息	0.265
固定资产折旧费用	1.202
单位造水成本	**4.696**

② 低温多效蒸馏海水淡化成本的计算。对于日产 20 000 吨的低温多效海水淡化项目，其主要设备的投资如表 7-18 所示。

表 7-18　低温多效蒸馏海水淡化项目设备投资表

序　号	名　称	费用/万元
一	原料水取得	660
1.1	海水取水泵	50
1.2	动力及控制设施	50
1.3	原料水输送管道	560
二	原料水预处理	245
2.1	次氯酸钠消毒系统	30
2.2	清水池	75
2.3	清水泵	50
2.4	管件和阀门	90
三	低温多效蒸馏海水淡化装置	14 760
四	厂区布置和厂房	608
4.1	厂房及基础	400
4.2	征地费	113
4.3	厂区道路及绿化	95
五	产品水输送和浓水排放	310
六	输配电工程	400
七	国内运输、安装及调试	300
八	勘察设计费	235
九	其他费用	312
十	不可预见费	779
十一	建设期利息	541
十二	铺底流动资金	200
	工程费用总计	**19 350**

由生产规模估计算法，我们可以得到 10 000 吨/日的低温多效蒸馏海水淡化项目的固定资产投资。$19\,350 = y \times (2/1)^{0.85}$，$y = 10\,735$。其中 10 000 吨/日低温多效蒸馏海水淡化项目的造水成本可以分为化学药品消耗、热力消耗、电力消耗、工资福利费用、管理费用、大修及检修维护费用、固定资产折旧费用和银行贷款利息等。工程的折旧年限以 20 年计，银行贷款的还款年限以 10 年、年利率以 6.12% 计，淡化装置的年利率以 95% 计，各部分费用如表 7-19 所示。造

水成本预测是基于热源厂的低压蒸汽价格 20 元/吨、电价 0.48 元/度做出的。

表 7-19　低温多效蒸馏海水淡化造水成本　　　　　单位：元/吨

项　　目	10 000 吨/日示范工程的造水成本
化学药品消耗	0.276
热力消耗	1.33
电力消耗	0.864
工资福利费用	0.04
大修及检修维护费用	0.29
流动资金贷款利息	0.029
管理费用	0.01
银行贷款利息	0.295
固定资产折旧费用	1.45
单位造水成本	4.584

　　对比表 7-17 和表 7-19 可以看到，低温多效蒸馏海水淡化项目的造水成本比反渗透海水淡化项目的造水成本低 0.112 元/吨，其主要原因有两个方面：一方面是低温多效蒸馏海水淡化造水成本分析中的热价比较低（20 元/吨）；另一方面是规模效益。

　　2）生产成本的发展趋势。由于低温多效蒸馏海水淡化项目用的是发电厂等的低位余热，主要使用了初级能源；而反渗透海水淡化项目使用的是电能，是高级能源。这两种能源虽然在热值上具有互换性，但价值相差甚远。因此，前者更符合发展循环经济的理念和建设生态工业园的要求。同时，随着能源的紧张，电价的上涨是必然趋势，以电能消耗为特征的反渗透技术既有技术进步和规模化发展的积极影响，也将受到电价上涨的消极影响。因此，从发展趋势看，低温多效蒸馏海水淡化技术相对于反渗透技术在降低生产成本方面具有更大的空间。

　　3）海水综合利用工艺流程。该工程的流程为：海水从建在海边的取水泵房抽出后，经过输送管道，加入凝聚剂与助凝剂，充分絮凝后进入机械加速澄清池；经过澄清后，进入清水池，加入阻垢剂，分别进入各企业冷凝器；从电厂冷凝器出来的一部分冷却海水进入淡化装置；淡化装置的产品水送入纯净水管网供给用户，生产的淡化水除供热电厂本身使用之外，还可通过蒸汽管廊架设淡化水管道为工业区其他企业提供除盐水和软化水，其余部分通过分质供水管道进入开发区内的部分小区作为优质饮用水。余下的浓盐水经浓盐水管道送入盐池晒盐，或进行钾、溴、镁等化学资源的提取，以提高工程的资源综合利用水平。

　　（3）工业区海水淡化实施主体的选择。根据多方案的对比，本海水淡化项目拟由该工业区的电厂来实施，因为它可兼顾海水直接利用和海水淡化两个方面，并可有效利用电力企业生产过程中的低位余热来降低海水淡化的成本。

4. 海水淡化项目可行性分析

　　（1）建设方案与规模。低温多效蒸馏海水淡化工程利用电厂的低位余热，淡化装置将使用背压蒸汽，压力等级为 0.13MPa。由于此蒸汽不能直接进入淡化装置，设置蒸汽喷射泵与效间蒸汽掺混，以提高系统的造水比。

　　按照该工业区建设起步阶段的海水淡化规模，该阶段的海水淡化工程建设规模如下。

　　工程规模：50 000 吨/日低温多效蒸馏海水淡化示范工程。

装置台数：6 台，其中 1 台备用，以提高系统的供水安全性。

单台产量：日产淡水 10 000 吨。

这样规模的低温多效蒸馏海水淡化设备的技术指标如下：

产品水质：　　　　　　　　　　　　　TDS≤5mg/L

低温多效蒸馏海水淡化的总处理量为 50 000 吨/日。

低温多效蒸馏海水淡化的回收率为 45%～50%。

低温多效蒸馏海水淡化装置的设计水温为 18℃。

低温多效蒸馏海水淡化装置的设备利用率为 95%。

低温多效蒸馏海水淡化装置造水比为 15。

低温多效蒸馏海水淡化装置吨水动力消耗<1.8kWh。

（2）投资估算。采用生产规模指数估算法估算起步阶段的固定资产投资量，50 000 吨/日的低温多效蒸馏海水淡化项目投资为 $y = 10\,735 \times 6^{0.85} = 47\,579$（万元）。

（3）财务分析。50 000 吨/日低温多效蒸馏海水淡化项目的造水成本可以分为如下几部分：化学药品消耗、热力消耗、电力消耗、工资福利费用、管理费用、大修及检修维护费用、固定资产折旧费用和银行贷款利息等。工程的折旧年限以 20 年计，贷款金额按总投资的 70% 计，银行贷款的还款年限以 10 年、年利率以 6.12% 计，淡化装置的年利用率以 95% 计，各部分费用如表 7-20 所示。

表 7-20　起步阶段 50 000 吨/日低温多效蒸馏海水淡化项目的造水成本　　　单位：元/吨

项　　目	50 000 吨/日示范工程的造水成本
化学药品消耗	0.276
热力消耗	1.33
电力消耗	0.864
工资福利费用	0.04
大修及检修维护费用	0.29
流动资金贷款利息	0.029
管理费用	0.01
银行贷款利息	0.231
固定资产折旧费用	1.288
单位造水成本	**4.358**

以上造水成本预测是基于热源厂的低压蒸汽价格 20 元/吨、电价 0.48 元/度做出的。本项目可按资源综合利用条款申请企业减免税优惠，在 5 年内减征或免征所得税的基础上，考虑增值税（13%）、城市建设维护税（增值税×7%）和教育费附加（增值税×3%），并按 8% 计算利润，其产品水的价格为 5.38 元/吨。根据我国沿海城市严重缺水的实际，价格在 5 元/吨左右的优质淡化水是完全可以被用户接受的。且海水淡化的原料来自电厂冷却水的复用，而在计算海水淡化成本时，将淡化的海水的提取费用和预处理费用都计算到了淡化海水的成本中，这样电厂利用的这部分冷缺水就是无成本的，但实际上应将海水的提取费用和预处理费用分摊一部分给电厂，这样海水淡化的成本将会进一步降低。因此，该示范工程实施方案完全具有经济可行性。

（4）敏感性分析。从低温多效蒸馏海水淡化项目的造水成本构成来看，热力消耗、固定资产折旧费用和电力消耗是制水成本的主体，而影响固定资产折旧费用的直接原因是固定资产投资，因此需要选择热价、固定资产投资和电价作为敏感性分析的主要对象。其分析结果分别如表7-21～表7-23所示。

表7-21 蒸汽价格上下浮动范围为20%时的敏感性分析结果

蒸汽价格浮动范围	蒸汽价格/元	造水成本/元	造水价格/元
+20%	24	4.624	5.646
+10%	22	4.491	5.513
0	20	4.358	5.38
−10%	18	4.225	5.247
−20%	16	4.092	5.114

表7-22 固定资产投资上下浮动20%时的敏感性分析结果

固定资产投资浮动范围	折旧/元	造水成本/元	造水价格/元
+20%	1.211	4.56	5.582
+10%	1.110	4.459	5.481
0	1.009	4.358	5.38
−10%	0.908	4.257	5.279
−20%	0.807	4.156	5.178

表7-23 电价上下浮动20%时的敏感性分析结果

电价浮动范围	电价/元	造水成本/元	造水价格/元
+20%	0.576	4.531	5.553
+10%	0.528	4.444	5.466
0	0.48	4.358	5.38
−10%	0.432	4.272	5.294
−20%	0.384	4.185	5.207

从表7-21和表7-22可以看出，当蒸汽价格与固定资产投资发生波动时，造水成本与造水价格都将发生较大波动，相比来说，蒸汽价格对造水成本和造水价格的影响更大一些。

5. 浓海水综合利用项目可行性分析

在该工业区建设初期，海水淡化规模为50 000吨/日，以此为基准量对浓海水综合利用提炼的化学产品进行经济效益分析。

（1）工程规模。为了节约投资，加快建设进度，可以充分利用周边盐场的现有设施条件，新建工程包括：1.57万吨/年硫酸钾、10万吨/年氯化镁、1 210吨/年溴素和相应的辅助工程（不包括动力车间），占地约5万平方米，共需投资约0.625亿元。

（2）财务分析。在海水淡化初期，仅从浓海水中提取一些初级化学产品，再根据目前化工厂从苦卤和海水中提取的化学产品的种类，对该地区浓海水综合利用的经济效益做一个粗略的估计。表7-24给出了硫酸钾、氯化镁和溴素的成本、售价（不含增值税）和年利润。其中，在计算产品生产成本时蒸汽价格以 100 元/吨计算，电费为 0.48 元/度，人员工资按 3 万元/人·年计，固定资产混合折旧率按 10% 计。

表 7-24　建设初期浓海水综合利用效益分析表

产品名称	年产量/万吨	成本/（元/吨）	售价/（元/吨）	年利润/万元
硫酸钾	1.57	1 200	1 970	1 209
氯化镁	10	275	350	750
溴素	0.121	6 000	11 000	605

由表 7-24 可以得出，在建设初期，浓海水综合利用的年利润为 2 564 万元（1 209+750+605），利润率达 32.4%。这样就可以分摊淡化水的成本，使淡化海水更具竞争力。每年淡化海水的量为 1 824 万吨，以每吨淡水的摊销价格 0.6 元计算，则摊销后浓海水综合利用的年利润为 1 470 万元（2 564−1 824×0.6），销售利税率为 18.5%。随着从海水中提取化学元素技术的不断进步，以及化学元素深加工工艺的不断完善，生产高附加值的衍生产品的经济效益将更好，浓海水综合利用的利润将更加可观。

6. 社会效益分析

海水淡化效益的分析与一般工业项目不同，海水淡化可以解决一个地区水资源短缺的问题。从全局分析，海水淡化的经济性应与该地区吨水创造的价值相比较，或与由于水资源短缺给国民经济造成的损失相比较，这样才能判断海水淡化的经济性。

即使在现存水资源价格体制下，在以淡化水为钢铁企业、电力企业提供软化水和除盐水的同时，也解决了该工业区石化企业和电力企业建设的水资源制约问题，将有助于推动该工业区的建设进程，为缓解该地区的水资源短缺状况发挥积极作用。

从世界各国的发展状况分析，海水淡化的另一个间接效益是促进相关产业的发展，如海水淡化设备加工、渗透膜制造和相关的服务产业，这是一个以水为龙头的产业群体，对一个地区产业结构的调整、优化、升级具有巨大的推动作用。综上所述，以海水淡化为龙头的海水综合利用可以发挥巨大的社会效益，从海水淡化的产业链条来分析其相关经济效益，可以大幅提高其可行程度。

7. 生态效益分析

海水综合利用的生态效益已体现在多个方面。首先，无论是直接利用还是海水淡化，都是利用无限资源（海水），补给有限资源（淡水），这对于改变由水资源短缺而引发的超量开采地下水造成的地面下沉、土地沙化、农业减产、海水倒灌、破坏地质结构和生态环境都有积极的作用，从而具有可观的生态环境效益，符合可持续发展战略。其次，该工业区海水资源综合利用规划方案的制定过程中，为了最大限度地减少对邻近海域水环境的影响，用冷却水实施淡化和浓盐水的多种化学资源提取，以最大限度地减少海水的提取量和污水的排放量，进而最大限度地减少海水利用所带来的环境问题。此外，用浓海水提取镁资源可以减少从菱镁矿石中提取镁，从而减少对菱镁矿石资源的消耗和相关的生态影响。由此可见，海水综合利用除具有重要的经济效益和社会效益外，还具有重要的生态效益。

以上分析表明，海水淡化的经济效益、社会效益和生态效益均较明显，因此，该工业区海水综合利用工程完全具有现实可行性。

⊠ 案例3 航天军工研究所固定资产投资评价指标和应用研究

一般投资项目评价的核心内容主要是投资项目的市场评价、技术评价、经济评价和环境评价，它们也是项目可行性研究的重要组成部分，是投资决策科学化必不可少的一个环节。经济评价更是项目可行性研究的重点和目的，是决定项目命运的关键，但是航天军工研究所的固定资产投资项目不同于一般的民用投资项目和公共投资项目，有其自身行业的特点。军工项目的投资大部分由国家直接完成。由于航天军工项目的特点，在航天军工投资项目中国家需求在决策中占主导地位，经济评价虽然是必要的，但难以套用一般工业投资项目经济评价的方法，航天军工项目既有一般工业项目商业性的一面，又有许多非商业性的特点。航天军工项目一般只注重社会效益，因此，以往的可行性研究报告大都从技术的角度、计划和组织实施管理的角度、土建方案与环保技安的角度予以论证，较少提及经济效益评价和资金筹措分析，或只是进行简单经济效益评价，没有形成系统而科学的指标评价体系。随着市场经济的深入发展和投资主体的多元化趋势，航天军工项目可行性研究报告中经济财务评价的分量越来越重，经济财务评价因素已提高到与技术评价因素并列为同等重要的决策参考依据。

航天军工产品既有商品性的一面，又有非商品性的一面。无论是航天军工产品的供求关系还是航天军工项目的投入产出关系，均不依常规。其本质原因是，一般经济分析所依据的机制性前提，即供求双方各有所需、互相制约、共趋均衡，在航天军工产品生产中几乎不存在。这体现了航天军工行业与其他垄断性行业的极大不同。

1. 航天军工研究所固定资产投资评估决策的特点

航天军工产品建设项目的投资在国防建设经费中占有重要地位。由于航天军工产品建设项目的特殊性，因此军工产品建设项目中的被动决策要相应地多一些，在决策过程中表现出下述特点：

（1）从宏观上考虑，项目的必要性决策主要是政治决策。军工产品是为了满足国家安全的需求，因此，某项军工产品生产是否具有必要性，要侧重从政治的、军事的角度来予以考察。在这一过程中，尽管也需要做出大量决策分析，但都属于更高层次的咨询和参谋工作，与项目评价关系不大。对于民用产品，即使确属市场急需的，也还存在着进口与国产两种选择。但是对于大多数军品，产品必要性一旦确立，投资生产就随之而来，且经济上更可以不惜代价。若技术上有薄弱环节，就投入更多的人、财、物力攻关。

（2）产能比产量更重要。在军工部门，决策的目标是整个军事力量在战争时期能开得动、打得响，并不要求（也不可能要求）军工系统在平时就满负荷生产。这样，在项目决策时，必然要强调产品的研发能力或战时的生产能力，而把平时的产量多少置于次要地位。

2. 航天军工研究所固定资产投资项目的评价特点

现行航天军工研究所固定资产投资项目的评价一般有立项阶段、可行性研究阶段、初步设计阶段和后评价四个阶段。

在立项阶段，首先由建设单位编报项目建议书上报国家主管部门，国家主管部门委托有资质的评估单位对项目的需求性、建设规模和经费的合理性进行评估。评估单位根据委托要求，召集相关专业专家组建专家组，对项目建议书进行综合评估，并最终出具评估报告。国家主管部门根据评估单位出具的评估报告和建设单位对评估报告的反馈意见进行科学决策，出具立项批复。

在可行性研究阶段，首先建设单位需要委托有资质的设计单位编写可行性研究报告并上报国家主管部门。对于建设规模、建设内容基本符合立项批复的建设项目，主要由国家主管部门自行召集专家组成专家组，对项目建设技术方案的可行性和经费使用的合理性，以及相关环保、消防、劳动安全卫生要求的落实等进行综合评估；对于建设规模、建设内容超出立项批复的项目，则需要重新委托不同的评估公司对项目的需求性、建设规模及经费的合理性、技术方案的可行性、相关要求的落实进行评估。最后由国家主管部门根据评估意见或评估报告，出具可行性研究批复。至此，才可以对工程项目中的工艺设备按照计划进行拨款和实施。

对于含有基建项目或项目实施难度较大的项目，建设单位还需要委托有资质的设计单位编写初步设计。对初步设计的评价，侧重于土建方案的合理性、是否符合国家有关法律法规、是否符合建设单位的统筹发展规划等方面。按照经费额度的不同，可以由国家机关召集有关专家进行评估，也可以委托相关主管部门召集有关专家进行评估，并出具初步设计批复。根据初步设计批复，建设单位才可以办理相关基建项目开工的各项手续（如施工图设计、招投标等）并进行开工建设。

对于项目后评价，由于航天军工产品建设项目一般项目较多且规模大小不同，因此国家主管部门不能逐一进行项目后评价。目前采用对大型建设项目、关键建设项目进行抽查评价，主要包括建设目标、建设周期、经费使用、相关要求的落实、建设后的社会效益和经济效益等。同时，为了确保项目建设能够按照建设目标、建设周期完成，确保经费使用的合理性，目前对建设项目还开展了项目建设中期监督检查，主要检查经费使用情况、设备购置情况、基建项目的进展和质量情况等。

根据以上四个阶段的特点，对于建设单位来说，项目能否立项并实施，需要重点抓好立项阶段和可行性研究阶段的论证与评价。其评估程序和内容如图 7-1 所示。

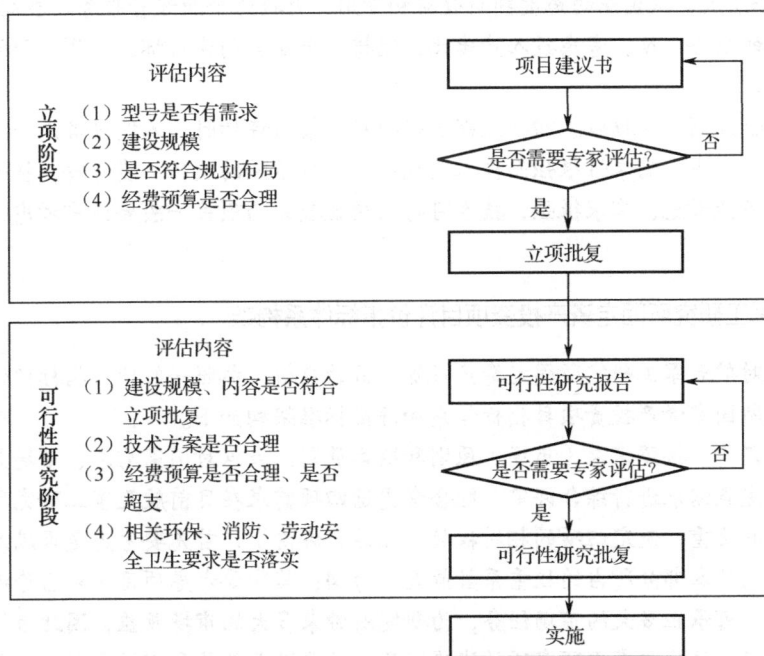

图 7-1　立项阶段和可行性研究阶段评估程序及内容

3. 航天军工研究所固定资产投资项目的评价原则

基于航天军工研究所固定资产投资项目的特点，以及评价中存在的问题，制定航天军工研究所固定资产投资项目可行性研究的评价指标的原则，主要有以下五个。

（1）需求（市场）原则。首先，航天军工研究所固定资产投资项目的评估必须紧紧围绕武器装备发展的需求，既有新型武器装备研制的需求，又存在现存武器装备改造的需求；其次，要对项目的市场前景进行分析，项目实施后能承担多种军工市场任务；再次，项目的建设要符合行业分工定点的要求；最后，项目要符合本企业自身发展和自主经营的需要。

（2）战略原则。企业的发展战略决定着企业的总投资战略，企业的经营战略决定着企业的经营投资战略。在激烈竞争的市场经济社会中，企业投资的正确与否直接关系到企业的兴衰。航天军工研究所现在也面临市场竞争的严峻态势，因此怎样运用有限的资金获得最大的效益，选择适当的投资项目既符合国家型号研制需求，又符合研究所的发展战略，保证投资项目能取得可观的经济效益，就成了航天军工研究所面临的首要任务。

（3）科学原则。在项目确定后，对项目的可行性评估要具有科学性。设备的选型、土建建设要符合技术先进性、指标适用性的原则，要考虑选址的可行性、对环境的影响，同时还要开展技术风险性的分析。只有综合考虑各方面的因素，才能确定该项目是否具有可行性，评估才具有科学性。

（4）效益原则。军工产品研究开发项目不像民用工程项目那样容易精确计算效益，但立项投资研究，开发的项目总是为了获得相应的经济效益。

① 第一个层次。从国家的角度判断效益和费用，它说明为获得既定生产能力及为获得若干数值序列的产品所必需的费用，在此层面上的评估，必须坚持以军事需求为目标。因此，从本层次上评估，不是说明本项目的盈利能力和清偿能力，而是说明本项目和其他项目相比更具有经济合理性，从而优选出能够实现既定目标的最经济、合理的方案。

② 第二个层次。从企业的角度判断效益和费用，直接为企业经营服务。在此层面上评估，必须依据适用的财务制度，考虑投入产出比，坚持以企业盈利为目标，说明企业的财务生存条件和经营效果。

（5）一致性原则。根据以上四项原则进行项目决策与评估时，不能仅考虑一方面的内容，要从总体上进行考虑；需求性很强而技术实现的科学性不强的项目不能考虑，技术上可行而没有需求的项目不能考虑，需求很强、技术可行而效益较差的项目一般要慎重考虑或重新拟定技术方案。

4. 航天军工研究所固定资产投资项目评价指标体系构架

根据以上对航天军工研究所固定资产投资项目的分析，参照一般项目指标评价体系，制定航天军工研究所固定资产投资项目指标体系和评价标准构架如下。

（1）需求评价。按照需求（市场）原则和战略原则，重点对国家需求、市场需求、战略发展需求和分工定点需求进行综合评定。综合考虑这四项需求在目前航天军工研究所固定资产投资项目中所占的比重，制定四项的相对权数。在综合评价中，首先要考虑是否满足型号研制、生产的需求，因此本部分所占的权重系数最大，为4；其次要考虑项目实施后除满足相关型号研制生产之外，可承担多大的市场任务，为研究所带来多大的市场效益，因此市场需求排在第二位，权重为3；再次要考虑研究所的战略发展，既要满足型号和市场需求，又要考虑研究所的专业基础发展和专业设备的更新需求，因此发展需求权重为2；最后，项目能否按照预期论证完成立项，还要考虑论证的内容是否满足集团公司内部分工定点的要求，因此权重为 1。需求评价表如表 7-25 所示。

表 7-25　需求评价表

因　素	相对权数	极强 10	强 8	中 5	弱 2	无 0	得　分
国家需求	4						
市场需求	3						
发展需求	2						
分工定点	1						
总　分	10						

在此部分评价中，采用类似德尔菲（Delphi）法的专家会议形式，寻找 5～9 名相关专家，包括总体、市场和规划等方面的专家，填写简明的需求评定表。为了保证对项目评定的客观性，对最终的评分进行综合控制，即对每一个单项因素的评定进行综合比较，去掉最高分和最低分后，取平均值；再分别乘以四项的权重，进行综合分的计算。其计算公式为：

$$SUM = \sum \frac{\sum_{t=1}^{n} I_t - I_{max} - I_{min}}{n-2} \times J$$

式中，I_t 表示每位专家单项因素的评定分值；I_{max} 表示专家单项因素的评定最大分值；I_{min} 表示专家单项因素的评定最小分值；J 表示单项因素的相对权重系数；n 表示参与评定的专家数。

通过这样有控制的反馈，可以取得尽可能一致的意见，从而对固定资产投资项目的需求做出预测。按照几次评估的情况，专家们一致认为 70 分以下的项目为有争议的项目，70～80 分的项目为一般项目，80～90 分的项目为良好的项目，90 分以上的项目为优等项目。

（2）技术评价。在此部分的评价中，重点进行技术可行性的综合评价，主要包括实施方案的难易程度、项目的财务评价、供应商（承制方）及设备的选择、实施进度、所需要的人力资源、材料供应和环境评价等方面的因素，按照能否满足项目实施要求，分别赋予 2 和 1 的权重系数。在这个分析评价中，除要进行综合性的评定外，还要根据财务评价中对各种方案合理选型的分析，最终确定技术方案。技术评价表如表 7-26 所示。

表 7-26　技术评价表

因　素	相对权数	极好 10	好 8	一般 5	差 2	极差 0	得　分
技术难易	2						
财务评价	2						
供应选择	2						
实施进度	1						
人力资源	1						
材料供应	1						

续表

因　　素	相对权数	极好	好	一般	差	极差	得　　分
		10	8	5	2	0	
环境评价	1						
总　　分	10						

此部分评价采用直接列表评分对比的方法，寻找5～9名相关专业的专家，包括工艺设备、土建工程（有土建时需要）、总体和技术经济四方面的专家，按照提供资料填写技术评价表。为保证对技术评价的客观性，也采用需求评价中的处理方法对技术评定表进行有控制的加权打分，从而对技术评价做出客观的评价。

（3）经济评价。经济评价中，按照一般项目经济评价指标，进行客观计算，并最终列表。若有多种建设方案，则需要对每一种建设方案做经济评价，最终提交技术评价组进行综合评价。经济评价表如表7-27所示。

表7-27　经济评价表

序　　号	测算指标	内　　容
1	产品预测规模	
2	产品售价	
3	产品成本	
4	建设投资	
5	建设年限	
6	资金筹措	
7	销售收入、销售税金及附加	
8	利润估算	
9	投资利润率	
10	财务内部收益率	
11	财务净现值	
12	投资回收期	
13	财务清偿能力	
14	不确定性分析（盈亏平衡点）	

5. 航天军工研究所固定资产投资项目评价体系应用

按照上述分析及建立的航天军工研究所固定资产投资项目评价体系，研究所在编写完项目建议书后，对项目进行综合评价，包括对项目进行需求评价、技术评价、财务评价，并进行综合加权打分，最终确定该项目能否上报。对综合评价分值较低的项目还可以重新改写方案，重新评价，以保证项目的成功率。此外，通过研究所内或集团内部的自行评价，可以吸纳各方面专家的意见，补充完善项目建议书的内容，并对立项评估时可能会出现的各方面问题进行前期考虑，做好充分的答辩准备，确保项目评估的一次性成功并为后续项目的实施做好准备。航天军工研究所固定资产投资项目评价程序和内容如图7-2所示。

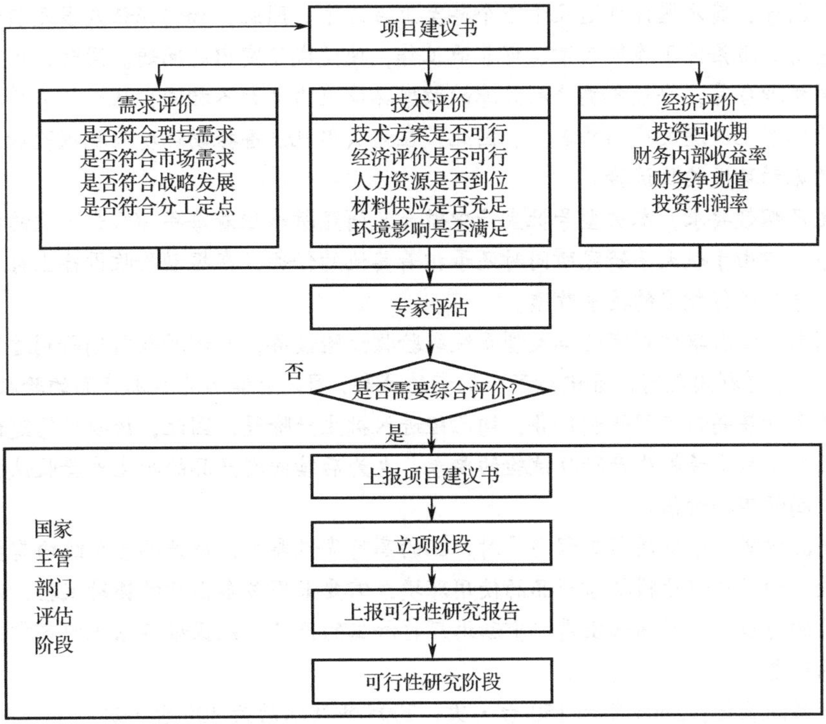

图 7-2　航天军工研究所固定资产投资项目评价程序和内容

与目前的投资项目评价程序相比，该程序的优点如表 7-28 所示。

表 7-28　新旧评价程序对比表

比较内容	现行研究所投资项目评价程序	新的研究所投资项目评价程序
评审时间	研究所只负责编报项目	研究所自行对项目进行评价
必要性	多从型号需求、技术可行性方面论证	型号背景需求、市场需求、技术发展需求、经济评价
评审组	一个专家组	多个专家组
评价值	以定性评估为主	定性定量结合、量化加权打分
方案数	只有一个评审方案	从经济上考虑多方案评估
关注点	经费是否合理、可批、超支	经济评价、投资回收期等
应用型号	注重当前型号	侧重当前型号，兼顾未来型号
超视距	单型号使用	多型号、多目标发展

6. 高新工程项目可行性研究评价实例应用研究

高新工程是我国国防建设的重点工程。本案例根据高新工程的要求，分析航天某研究所为完成高新工程型号批生产任务需要的条件和现有条件的差距，提出技术改造的必要性和可行性，以及经济的合理性，为项目提供决策依据。研究范围包括技术改造的工艺设计方案、设备配置和环境保护等内容，并对本项目做出实施进度安排、投资估算和社会效益分析。

（1）市场预测。高新工程型号具有技术难度大、可靠性要求高的特点，因此交付的产品需要具有极高的使用可靠性。由于高新型号产品在生产、包装、运输、装卸、储存、使用操作等环节上经历着各种极其复杂和严酷的自然环境与诱导环境，而系统构成较为复杂，特别是计算机和电子仪器等，其元器件可达几十万个甚至上百万个。因此，如何保证众多元器件构成的复杂系统在恶劣环境条件下能够正常、可靠地工作，便变成了突出的问题。同时，由于产品种类繁多，故障机理各异，导致各类产品故障的敏感环境应力也大不相同，从而仅靠单机设备的振动环境试验已经无法满足产品的需求。因此，在完成单机设备振动环境验收试验后，还需要进行系统级的振动环境验收试验。

根据生产纲领要求，本次型号批生产中航天某研究所承担着每年 300 台·次的振动环境验收试验任务。但由于航天某研究所同时还承担着其他的任务，在振动验收设备上存在着能力不足的问题，急需进行相应的技术改造。

目前国内还没有单位拥有此类大型系统级验收试验设备，而该所在前期研制过程中已经掌握了该项技术，并利用现有设备进行了小批量的试制，因此有能力完成本产品的验收试验任务。同时，近几年开展高新工程研制任务，均已经进入批生产阶段，因此，该项目的建设，不仅可以满足本高新工程型号批生产验收试验的要求，也为后续同类产品的批生产验收试验奠定了基础，具有较高的市场价值。

（2）产品方案。根据高新工程型号对产品的高可靠性要求，该产品各系统均需要开展系统级验收试验。为了较好地模拟该产品的使用环境，需要采用多自由度的振动试验，以考核产品对振动环境的适应性，并筛选出需要重新返厂再加工的产品，以保证各系统的可靠性，最终保证全系统的可靠性。

本次产品规模是：2004 年为 150 台·次；2005 年及以后为 300 台·次。

本次技术改造将形成每年 300 台·次的生产能力，且产品均为正式飞行产品，因此需要采用专用固定的设备进行，以保证试验的可靠性。该多维振动试验系统由国内外先进的振动试验设备、控制设备和必要的生产检测设备构成，使影响产品质量的人为因素尽量减少，保证各次试验的一致性和可靠性，以确保产品的质量。该设备在性能和功能上处于国内一流水平。

（3）产品技术可行性。在该高新型号产品的研制阶段，该所开发了多维振动试验技术，并在产品的研制过程中利用现有设备进行了应用，该型号飞行试验的成功证明了该项技术对产品研制的重要作用。但由于该试验系统是临时组装的，受条件限制，其振动量级、频率范围、控制精度和可靠性等均未能达到该产品的要求，通过多方调研，并与各方专家探讨，最终确定如下配置方案：

1）振动试验设备 6 套，频率为 5~2 000Hz；激振力为 3 000kg。拟选用英国 LDS 公司生产的产品。

2）多维振动控制设备 1 套，具有正弦信号和随机信号等信号的控制、监测、测量能力；具有信号分析能力。主要生产厂家有美国 SD 公司、DP 公司，因前期已经使用 SD 公司的产品，拟选用该公司的产品。

3）数据采集系统 1 套，64 通道采集，102.4kHz 采样率，24 位精度。国内主要生产厂家有航天测控、康拓公司和京南航天数据公司，三家公司的产品性能和价格相近。在以往的专项技改中与京南航天数据公司经常合作，因此拟采用该公司的产品。

4）试验底盘 1 台，拟自行生产铸造镁铝合金底盘作为试验平台的基座，满足长期使用的需求。

（4）生产和配套条件。本次技术改造项目是在充分利用现有厂房的条件下进行的，进行验收试验所需要的原材料均为普通材料，如铝、钢等，配套材料均可在市场上直接采购并直接加工成所需要的工装。新增动力消耗如下：设备电力安装功率 905kW；自来水 3t/d。

单位现有动力设施均能满足。本项目需管理、技术和设备操作维护人员共 30 人，均在航天某研究所现有职工中调配安排，不需要新增人员。

（5）项目实施计划。

2003年5月—2003年11月，可行性研究；

2003年11月—2004年5月，国内外设备购置、非标设备设计加工；

2004年6月—2005年5月，设备到位、安装调试；

2005年6月—2005年12月，设备试车投产。

（6）经济评价。

1）基础数据。

① 生产规模。本次技术改造项目完成后，达产年生产规模300台/年，年产销售收入2 940万元。

② 建设进度。本项目建设期从2003年开始，2004年结束，2005年达产。本项目的计算期暂定10年，其中建设期1.5年，预计第2年生产能力可达80%，第3年开始达产，达产后，生产能力预计可达100%。

2）建设投资。本项目建设投资为2 100万元。

3）流动资金。本项目流动资金按"评估法"估算。估算结果：正常年需新增流动资金698万元。

4）资金筹措。本项目新增固定资产投资2 100万元，申请中央预算内专项基金945万元，占投资总额的45%；向银行申请贷款1 155万元，占投资总额的55%。

本项目所需流动资金的30%通过银行贷款解决，其余70%由企业自筹资金和产品预付款解决。

5）成本费用估算。本项目投产后，产品生产所耗用的原材料、燃料及动力按照产品的消耗情况进行估算。

工资及福利费按照30人、工资每人每年30 000元、福利费为工资的14%估算。

修理费按照固定资产原值的2%计算，每年提取修理费56万元。

新增固定资产原值2 100万元，分类计算固定资产折旧，房屋、建筑物折旧率3.2%，机器设备折旧率9.5%；利用原有固定资产690万元，综合折旧率6.3%。采用直线法计算折旧，每年共计提折旧费221万元。

利息支出包括长期贷款利息和流动资金贷款利息。

其他费用根据工厂现行费用水平估算。

经测算，达产年总成本费用为2 675万元，经营成本为2 397万元。

6）销售收入、销售税金及附加。产品价格根据航天某研究所同类产品的价格估算，高新工程型号配套产品和试验价格为9.8万元/台，并以此来估算销售收入，达产年销售收入为2 940万元。

军工产品不缴纳流转税，销售税金及附加的估算值为0。

7）利润估算。产品销售收入扣除总成本费用后即为利润总额，达产年利润总额为265万元。项目实现利润按国家规定的33%的所得税率计算并缴纳所得税，按可供分配利润的15%计提盈余公积金，其余为未分配利润。

8）财务盈利能力分析。

① 投资利润率。投资利润率是反映项目财务盈利能力的一项静态指标，是生产经营期内利润总额与总投资之比。

$$投资利润率=利润总额/总投资=265/（2 100+690+698）×100\%=7.6\%$$

总投资=建设投资+利用原有固定资产+流动资金

② 现金流量分析。现金流量分析结果如下。

财务内部收益率：所得税前为12.2%，所得税后为8.63%；

财务净现值：所得税前为1 284万元，所得税后为636万元；

投资回收期 P_t：所得税前为7.56年，所得税后为8.98年。

③ 财务清偿能力分析。该项目长期贷款1 155万元，贷款年利率5.58%，偿还长期贷款本金的资金来源为未分配利润和固定资产折旧费。建设期的贷款利息进入建设投资，生产经营期的贷款利息进入总成本费用中的利息支出。经测算，长期贷款偿还期为4.23年。

通过资金来源与运用表可以看出，计算期各年累计盈余资金皆为正值；从资产负债表可以看出，资产负债率达产后每年均小于50%，流动比率和速动比率达产后每年均大于100%，有较好的财务清偿能力。

④ 不确定性分析。当以生产能力利用率表示该项目的盈亏平衡点 BEP 时：

BEP=固定成本/（销售收入–可变成本）×100%=1 031/（2 940–1 644）×100%=79.55%

经测算，达到设计生产能力的79.55%即可保本。

该项目产品已纳入国家指令性计划，任务由国家下达，产品价格由国家按军工产品价格管理办法确定，产品交付后货款的回收按规定的结算方式进行，基本不受市场风险的影响。

9）财务评价小结。经过上述计算分析，该项目实施后，达产年实现销售收入2 940万元，达产年利润总额为265万元。盈亏平衡点为79.55%，投资利润率为7.6%，所得税前全部投资财务内部收益率为12.2%，所得税前财务净现值为1 284万元，所得税前全部投资回收期为7.56年。

综上所述，该项目实施后，生产任务稳定，投资回收有保障，具备较高的还贷能力和稳定的盈利能力，具备经济可行性。

（7）高新工程综合评价。根据以上项目报告内容，在该项目的项目建议书上报国家主管部门之前，航天某研究所召开了项目综合评审会，采用航天军工研究所固定资产投资项目评价体系进行综合评价，共召集专家9人，按照各位专家的专业，共分发需求评价表7张、技术评价表7张，对该项目进行了综合评价。

需求评价最终得分为87.6分，为良，如表7-29所示。从该项目的评价表中可以看出，该项目满足分工定点需求，国家需求较强，但市场需求和满足发展需求一般。

表7-29　需求评价表

因 素	相对权数	专家1	专家2	专家3	专家4	专家5	专家6	专家7	得分/分
国家需求	4	8	8	10	8	8	10	10	8.8
市场需求	3	8	8	6	8	6	8	6	7.2
发展需求	2	8	8	8	6	6	8	6	7.2
分工定点	1	10	8	10	10	8	6	10	9.2
总 分	10	87.6							

技术评价最终得分为82.8分，为良，如表7-30所示。从该项目的技术评价表中可以看出，该项目的技术难度较小，具有一定的技术储备，同时生产厂的选择为前期合作伙伴，购置风险较低；人力资源、材料供应评价较好，有充足的技术人员和材料供应；环境评价认为产生一定的噪声污染，但采取加隔振门窗等方式可以满足要求；而对于经济评价，该项目的得分较低，

专家认为该项目的回收期较长，投资利润率较低。经济评价表如表7-31所示。

表7-30 技术评价表

因　　素	相对权数	专家1	专家2	专家3	专家4	专家5	专家6	专家7	得分/分
技术难易	2	8	10	6	8	10	10	8	8.8
财务评价	2	6	10	6	6	6	8	6	6.8
供应选择	2	8	6	8	10	8	10	8	8.4
实施进度	1	8	10	8	6	6	6	10	7.6
人力资源	1	8	10	10	10	8	10	10	9.6
材料供应	1	8	10	10	10	8	10	10	9.6
环境评价	1	8	8	8	8	10	8	8	8.0
总　　分	10					82.8			

表7-31 经济评价表

序　　号	测算指标	内　　容
1	产品预测规模	300 台/年
2	产品售价	9.8 万元/台
3	产品成本	8.9 万元/台
4	建设投资	2 100 万元
5	建设年限	1.5 年
6	资金筹措	国家拨款 945 万元，贷款 1 155 万元
7	销售收入、销售税金及附加	0
8	利润估算	265 万元/年
9	投资利润率	7.6%
10	财务内部收益率	所得税前 12.2%，所得税后 8.63%
11	财务净现值	所得税前 1 284 万元，所得税后 636 万元
12	投资回收期	所得税前 7.56 年，所得税后 8.98 年
13	财务清偿能力	长期贷款偿还期为 4.23 年
14	不确定性分析（盈亏平衡点）	达到设计生产能力的 79.55%

（8）高新工程可行性研究评价结果。根据航天某研究所承担的高新工程生产任务和该所现有条件差距及以上综合评价（需求评价为良，技术评价为良），航天某研究所内讨论认为，该项目建设是十分必要的，具有较高的需求；技术方案具有较高的可实现性，能满足每年300 台·次生产任务的要求；项目实施后有一定的经济效益，航天某研究所能按期还清银行贷款。因此，建议将该项目上报国家主管机关进行综合评估。

2003 年 12 月，该项目最终得到国家主管机关的可行性研究批复，项目批复总投资 2 060 万元，其中国家拨款 930 万元，银行贷款 1 130 万元。该项目实施进展顺利，2005 年年底全部设备到位并完成单项调试验收工作，在调试期间顺利完成了高新工程型号首批装备批生产的试验验收任务，目前正在进行第二批装备的批生产验收试验工作。

本章小结

　　工程项目的可行性研究是工程经济学的一个主要应用方面，因此，通过本章的学习应当掌握规范的可行性研究报告应包含的基本内容。但是，不同行业项目的可行性研究报告因项目的内容、特点不同而不同，因此，应当在更高层面上去理解项目可行性研究报告的结构。由总论、参数预测、方案拟定和效益评价所构成的主体结构适用于不同行业项目的可行性研究报告。

复习思考题

　　（1）可行性研究有哪些作用？

　　（2）可行性研究可分为几个阶段？各有什么内容？

　　（3）厂址选择常用哪几种方法？

　　（4）市场调查和预测各分为哪几个阶段？各包括什么内容？

　　（5）可行性研究的内容和工作程序主要有哪些？

第8章

设备维护及更新的技术经济分析

本章学习目标

熟悉设备更新原因分析，掌握设备更新的理论和方法；重点掌握设备磨损的概念和分类，以及设备更新、现代化改造及其技术经济分析，并要考虑设备更新、现代化改造技术经济分析的原理与实质。

设备是现代生产的重要物质和技术基础。各种设备的质量和技术水平是衡量一个国家工业化水平的重要标志，是判断一个企业技术能力、开发能力和创新能力的重要标准，也是影响企业和国民经济各项经济技术指标的重要因素。

企业购置设备以后，从投入使用到最后报废，通常要经历一段较长的时间，在这段时间内，设备会逐渐磨损，当设备因物理损坏或因陈旧落后不能继续使用或不宜继续使用时，就需要进行更新（指广义更新）。由于技术进步的速度加快，设备更新的速度也相应加快，作为企业，为了促进技术进步和提高经济效益，需要对设备整个运行期间的技术经济状况进行分析和研究，以做出正确的决策。

8.1 设备磨损概述

8.1.1 设备磨损的概念和分类

设备磨损是设备在使用或闲置过程中，由于物理作用（如冲击力、摩擦力、振动、扭转、弯曲等）、化学作用（如锈蚀、老化等）或技术进步等的影响，使设备遭受的损耗。

设备磨损有有形磨损和无形磨损两种形式，如图 8-1 所示。

```
                      ┌─ 有形磨损 ┌─ 第一种有形磨损
                      │          └─ 第二种有形磨损
          设备磨损 ───┤
                      │          ┌─ 第一种无形磨损
                      └─ 无形磨损 └─ 第二种无形磨损
```

图 8-1　设备磨损分类

1. 设备的有形磨损和度量

设备在使用（或闲置）过程中发生的实体磨损或损失称为有形磨损或物质磨损。设备的有形磨损可以分为第一种有形磨损和第二种有形磨损两种形式。

（1）第一种有形磨损。设备在使用过程中，由于外力的作用使零部件发生磨损、振动和疲劳等现象，导致设备的实体发生磨损，这种磨损叫作第一种有形磨损。它通常表现为：设备零部件的原始尺寸改变，甚至形状也发生变化；公差配合性质改变，精度降低；零部件损坏。

第一种有形磨损一般可分为三个阶段。第一阶段是新设备磨损较强的"初期磨损"阶段；第二阶段是磨损量较小的"正常磨损"阶段；第三阶段是磨损量增长较快的"剧烈磨损"阶段。例如，设备中的齿轮，初期磨损是由安装不良、人员培训不当等造成的；正常磨损是设备处在正常工作状态下发生的，它与设备开动的时间长短即负荷强度有关，当然也与设备的牢固程度有关；剧烈磨损则是正常工作条件被破坏或使用时间过长的结果。

在第一种有形磨损的作用下，以金属切削机床为例，其加工精度、表面粗糙度和劳动生产率都会劣化。磨损到一定程度，整个设备就会出毛病，功能下降，设备的使用费剧增。有形磨损达到比较严重的程度时，设备便不能继续正常工作甚至发生事故。

（2）第二种有形磨损。设备在闲置过程中，由于自然力的作用而使其丧失了工作精度和使用价值，叫作第二种有形磨损。设备闲置或封存也同样产生有形磨损，这是由机器生锈、金属腐蚀、橡胶和塑料老化等原因造成的，时间长了设备会丧失精度和工作能力。

当设备磨损到一定程度时，设备的使用价值降低，使用费用提高。要消除这种磨损，可通过修理来恢复，但修理费用应小于新机器的价值。当磨损导致设备丧失工作能力，即使修理也不能实现原有功能时，则需更新设备。

（3）设备有形磨损的度量。度量设备的有形磨损程度，借用的是经济指标。整机的平均磨损程度 a_p 是在综合单个零件磨损程度的基础上确定的，即：

$$a_p = \frac{\sum_{i=1}^{n} a_i k_i}{\sum_{i=1}^{n} k_i} \tag{8-1}$$

式中，a_p 表示设备有形磨损程度；k_i 表示零件 i 的价值；n 表示设备零件总数；a_i 表示零件 i 的实体磨损程度。

也可用下式表示：

$$a_p = \frac{R}{K_1} \tag{8-2}$$

式中，R 表示修复全部磨损零件所用的修理费用；K_1 表示在确定磨损时该种设备的再生产价值。

2. 设备的无形磨损和度量

所谓设备的无形磨损，是指由于科学技术进步而不断出现性能更加完善、生产效率更高的设备，使原有设备的价值降低，或者生产同样结构设备的价值不断降低而使原有设备贬值。无形磨损也称经济磨损或精神磨损。

无形磨损有两种形式，即第一种无形磨损和第二种无形磨损。

（1）第一种无形磨损。由于相同结构设备再生产价值的降低而产生原有设备价值的贬值，称为第一种无形磨损。第一种无形磨损不改变设备的结构性能，但技术的进步、工艺的改善、成本的降低、劳动生产率的提高，使生产这种设备的劳动消耗相应降低，而使原有设备贬值。但设备的使用价值并未降低，设备的功能并未改变。不存在提前更换设备的问题。

（2）第二种无形磨损。由于不断出现技术上更加完善、经济上更加合理的设备，使原设备显得陈旧落后，因此产生经济磨损，这叫作第二种无形磨损。第二种无形磨损的出现，不仅使原设备相对贬值，而且使其使用价值也受到严重的冲击，如果继续使用设备，会相对降低经济效益。这就需要用技术更先进的设备来代替原有设备，但是否更换取决于是否有更新的设备和原设备贬值的程度。

（3）设备无形磨损的度量。无形磨损的程度用设备的价值降低系数 a_I 来估计：

$$a_I = \frac{K_0 - K_1}{K_0} = 1 - \frac{K_1}{K_0} \tag{8-3}$$

式中，a_I 为设备的价值降低系数；K_0 表示设备的原始价值（购置价格）；K_1 表示考虑无形磨损时设备的再生产（再购）价值。

在计算无形磨损程度时，K_1 必须反映在两个方面：一是相同设备再生产价值的降低，二是具有较好功能和更高效率的新设备的出现对现有设备的影响。K_1 可用下式表示：

$$K_1 = K_n \left(\frac{q_0}{q_n} \right)^{\alpha} \left(\frac{C_n}{C_0} \right)^{\beta} \tag{8-4}$$

式中，K_n 表示新型设备的价值；q_0 和 q_n 表示使用相应的旧设备和新设备时的生产率（件/单位时间）；C_0 和 C_n 表示使用相应的旧设备和新设备时的单位产品耗费（元/件）；α 表示劳动生产率提高指数；β 表示成本降低指数。

在式（8-4）中，当 $q_0 = q_n$，$C_0 = C_n$，即新旧设备的劳动生产率与使用成本均相同时，$K_1 = K_n$，表示只发生了第一种无形磨损。

若式（8-4）中出现了下述三种情况之一，则表示发生了第二种无形磨损。

① $q_0 > q_n$，$C_0 = C_n$，此时：

$$K_1 = K_n \left(\frac{q_0}{q_n} \right)^{\alpha} \tag{8-5}$$

② $q_0 = q_n$，$C_n < C_0$，此时：

$$K_1 = K_n \left(\frac{C_n}{C_0} \right)^{\beta} \tag{8-6}$$

③ $q_0 > q_n$，$C_n < C_0$，此时：

$$K_1 = K_n \left(\frac{q_0}{q_n} \right)^{\alpha} \left(\frac{C_n}{C_0} \right)^{\beta} \tag{8-7}$$

3. 设备的综合磨损和度量

一般情况下，设备在使用过程中发生的磨损实际上是有形磨损和无形磨损同时作用而产生的，称为综合磨损。虽然两种磨损的共同点是两者都会引起设备原始价值的贬值，但不同的是，有形磨损比较严重的设备，在修复补偿之前往往不能正常运转，大大降低了作用性能；而遭受无形磨损的设备，如果其有形磨损程度比较小，则无论其无形磨损的程度如何，均不会影响正常使用，但其经济性能必定发生变化，需要经过经济分析以决定是否继续使用。

（设备磨损的计算）

设备综合磨损的度量可按如下方法进行：

设备有形磨损后的残余价值系数为 $1-a_p$，设备无形磨损后的残余价值系数为 $1-a_I$。因此，考虑到两类磨损，设备的残余价值系数为 $(1-a_p)(1-a_I)$。

由此，机器设备在某时刻的综合磨损程度为：

$$a = 1-(1-a_p)(1-a_I) \tag{8-8}$$

式中，a 表示设备的综合磨损程度。

设 K 为设备的残值，也就是在经历有形磨损和无形磨损后的残余价值，这是决定设备是否值得修理的重要依据。可得：

$$K = (1-a)K_0 \tag{8-9}$$

展开并整理得：

$$
\begin{aligned}
K = (1-a)K_0 &= [1-1+(1-a_p)(1-a_I)]K_0 \\
&= \left(1-\frac{R}{K_1}\right)\left(1-\frac{K_0-K_1}{K_0}\right)K_0 \\
&= K_1 - R
\end{aligned}
\tag{8-10}
$$

从式（8-10）可以看出，设备遭受综合磨损后的净值等于等效设备的再生产价值减去修理费用。

8.1.2 设备磨损的补偿方式

不论使用或闲置，设备系统各组成单元的有形磨损都是不均匀的，而无形磨损一般从整机的价值浮动上来考察才有意义。

对设备磨损进行补偿是为了恢复或提高设备系统组成单元的功能。如上所述，由于损耗不均匀，必须将各组成单元区别对待。一些有形磨损是可消除的。例如，零部件的弹性变形，可以在拆卸后进行校正；在使用中逐渐丧失的硬度，可用热处理的办法恢复它；表面光洁度的丧失，可以重新加工；等等。但有些有形磨损则不能消除，如零件断裂、材料老化等。而对无形磨损的补偿，只有在采取措施改善设备技术性能、提高其生产工艺的先进性等后才能实现。

这样，我们就有了针对不同磨损程度的设备组成单元的补偿对策：对于可消除的有形磨损，通过修理来恢复其功能；对于不可消除的有形磨损，因为它是由科学技术进步产生了相同功能的新型设备所致，要全部或部分补偿这种差距，只有对设备进行技术改造，即现代化改造或技术更新。

修理、更新和现代化改造是设备磨损补偿的三种方式，如图 8-2 所示。这三种方式的选用并非绝对化。通常，采用经济评价方法来决定采用何种补偿方式。一台设备在确定其磨损的补偿方式时可以有多种，而不必拘泥于形式上的统一。所以，出现了设备维修的多样性和复杂性。在技术上和生产组织上，设备维修始终是设备管理中工作量最大、内容最繁杂的。应尽可能地降低设备及其零部件的成本，使设备更新的费用低于维修费。

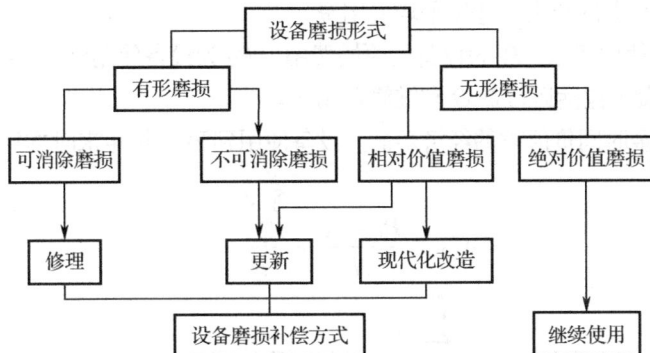

图 8-2　设备磨损形式与补偿方式之间的关系

8.1.3　设备寿命和设备经济寿命的确定

1. 设备寿命

设备寿命可以从不同角度划分为不同的形态，它们是决定设备补偿时间的依据。根据对机器设备考察方面的不同，可将设备寿命划分成以下几种类型：

（1）自然寿命（物理寿命）。它是指设备从全新状态开始使用，直到报废的全部时间过程。自然寿命主要取决于设备有形磨损的速度。

（2）技术寿命。它是指设备在开始使用后能够持续地满足使用者需要功能的时间。技术寿命主要取决于无形磨损的速度。

（3）经济寿命。从经济角度看设备最合理的使用期限即设备的经济寿命，它是由有形磨损和无形磨损共同决定的。具体来说是指能使投入使用的设备等额年总成本（包括购置成本和运营成本）最低或等额年净收益最高的期限。在设备更新分析中，经济寿命是确定设备最优更新期的主要依据。

（4）折旧寿命（会计寿命）。它是计算设备折旧的年限，是指使用单位根据财政部规定的固定资产使用年数提取折旧费的年数。折旧寿命与提取折旧的原则及方法和折旧政策有关。

2. 设备经济寿命的确定

一台设备在其整个寿命期内发生的费用包括：①原始费用，指采用新设备时一次性投入的费用，包括设备原价、运输费和安装费。②使用费，指设备在使用过程中发生的费用，包括运行费（人工、燃料、动力、刀具和机油等消耗）和维修费（保养费、修理费、停工损失费和废次品损失费等）。③设备残值，指对旧设备进行更换时，旧设备处理的价值，可根据设备转让或处理的收入扣除拆卸费用和可能发生的修理费用计算，设备残值也可能是一个负数。

通常，新设备原始费用高但运行和维修费用低，而旧设备恰恰相反。实际上，当一台全新设备投入使用后，随着使用年限的增加，平均每年分摊的设备原始费用将越来越少；而与此同时，设备的使用费却是逐年增加的（称为设备的劣化）。因此，随着使用年限的增加，平均每年分摊的原始费用减少的效果会因为使用费的增加而减少，直至原始费用的减少不足以抵消使用费的增加，显然这时如果继续使用设备并不经济，所以就存在设备的经济寿命。年费用由两部分组成：①资金恢复费用，指设备的原始费用扣除设备弃置不用时的估计残值（净残值）后分摊到设备使用各年上的费用；②年平均使用费。

设 N 为设备的使用年限，P_0 为设备的原始费用，P_N 为设备使用到 N 年年末的残值，C_t 为第 t 年的设备使用费（包括运行费 O 和维修费 M）。

（1）不考虑资金时间价值时的经济寿命。设备使用到第 N 年年末时的年平均费用为：

$$AC_N = \frac{P_0 - P_N}{N} + \frac{\sum\limits_{t=1}^{N} C_t}{N} \tag{8-11}$$

式中，$\dfrac{P_0 - P_N}{N}$ 表示资金恢复费用；$\dfrac{\sum\limits_{t=1}^{N} C_t}{N}$ 表示年平均使用费。

可通过列表的方法得出年平均费用最低的使用年限，即设备的经济寿命。

➥ 例 8-1 某设备原始费用为 20 000 元，年度使用费和年末残值如表 8-1 所示，试计算这台设备的经济寿命。

表8-1　设备的经济寿命　　　　　　　　　　　　　　　　　　单位：元

服 务 年 限	年度使用费	年 末 残 值
1	2 200	10 000
2	3 300	9 000
3	4 400	8 000
4	5 500	7 000
5	6 600	6 000
6	7 700	5 000
7	8 800	4 000
8	9 900	3 000
9	11 000	2 000
10	12 100	1 000

解： 列表计算，如表 8-2 所示。

表8-2　例 8-1 表　　　　　　　　　　　　　　　　　　单位：元

使用年限 ①	年度使用费②	年末使用费之和 ③=∑②	年平均使用费 ④=③÷①	年末的估计残值⑤	年末退出使用的资金恢复费用 ⑥=[20 000−⑤]÷①	该年限内的年平均费用 ⑦=④+⑥
1	2 200	2 200	2 200	10 000	10 000	12 200
2	3 300	5 500	2 750	9 000	5 500	8 250
3	4 400	9 900	3 300	8 000	4 000	7 300
4	5 500	15 400	3 850	7 000	3 250	7 100

续表

使用年限①	年度使用费②	年末使用费之和③=∑②	年平均使用费④=③÷①	年末的估计残值⑤	年末退出使用的资金恢复费用⑥=[20 000−⑤]÷①	该年限内的年平均费用⑦=④+⑥
5	6 600	22 000	4 400	6 000	2 800	7 200
6	7 700	29 700	4 950	5 000	2 500	7 450
7	8 800	38 500	5 500	4 000	2 286	7 786
8	9 900	48 400	6 050	3 000	2 125	8 175
9	11 000	59 400	6 600	2 000	2 000	8 600
10	12 100	71 500	7 150	1 000	1 900	9 050

从表 8-2 中可看出，第 4 年的年平均费用最低，因此该设备的经济寿命为 4 年。

假设设备每年的残值都相等（设为 L），且每年的设备使用费增量（劣化值）相等（设为 λ），则设备年平均费用为：

$$\mathrm{AC}_N = \frac{P_0 - L}{N} + C_1 + \frac{N-1}{2}\lambda \tag{8-12}$$

令 $\dfrac{\mathrm{d}(\mathrm{AC}_N)}{\mathrm{d}N} = 0$，则设备的经济寿命为：

$$N_{\mathrm{opt}} = \sqrt{\frac{2(P_0 - L)}{\lambda}} \tag{8-13}$$

（2）考虑资金时间价值时的经济寿命。设基准收益率为 i_c，设备使用到 N 年年末时资金恢复费用为：

$$P_0(A/P, i_c, N) - P_N(A/F, i_c, N) = P_0(A/P, i_c, N) - P_N[(A/P, i_c, N) - i_c]$$
$$= (P_0 - P_N)(A/P, i_c, N) + P_N i_c \tag{8-14}$$

年平均使用费为：

$$\sum_{t=1}^{N} C_t(P/A, i_c, t)(A/P, i_c, N)$$

则设备使用到第 N 年年末的年平均费用为：

$$\mathrm{AC}_N = (P_0 - P_N)(A/P, i_c, N) + P_N i_c + \sum_{t=1}^{N} C_t(P/F, i_c, t)(A/P, i_c, N) \tag{8-15}$$

或者

$$\mathrm{AC}_N = \left[P_0 - P_N(P/F, i_c, N) + \sum_{t=1}^{N} C_t(P/F, i_c, t)\right](A/P, i_c, N) \tag{8-16}$$

可通过列表计算的方法，得出年平均费用最低的使用年限，即设备的经济寿命。

例 8-2 在例 8-1 中，如果考虑资金的时间价值，设 $i_c = 10\%$，试计算设备的经济寿命。

解：列表计算，如表 8-3 所示。

表8-3　例8-2表

使用年限①	年度使用费/元②	各年现值系数(P/F,10%,①)③	各年末使用费现值/元④=②×③	累计现值之和/元⑤=∑④	资金恢复费用系数(A/P,10%,①)⑥	年平均使用费/元⑦=⑤×⑥	年末的估计残值/元⑧	年末退出使用的资金恢复费用/元⑨=[20 000−⑧]×⑥+⑧×10%	该年限内的年平均费用/元⑩=⑦+⑨
1	2 200	0.909 1	2 000	2 000	1.100 0	2 200	10 000	12 000	14 200
2	3 300	0.826 4	2 727	4 727	0.576 2	2 724	9 000	7 238	9 962
3	4 400	0.751 3	3 306	8 033	0.402 1	3 230	8 000	5 625	8 856
4	5 500	0.683 0	3 757	11 790	0.315 5	3 719	7 000	4 801	8 520
5	6 600	0.620 9	4 098	15 888	0.263 8	4 191	6 000	4 293	8 484
6	7 700	0.564 5	4 346	20 234	0.229 6	4 646	5 000	3 944	8 590
7	8 800	0.513 2	4 516	24 750	0.205 4	5 084	4 000	3 686	8 770
8	9 900	0.466 5	4 618	29 368	0.187 4	5 504	3 000	3 486	8 991
9	11 000	0.424 1	4 665	34 033	0.173 6	5 908	2 000	3 325	9 235
10	12 100	0.388 5	4 700	38 733	0.162 7	6 296	1 000	3 191	9 490

从表8-3中可以看出，考虑资金的时间价值，设备的经济寿命为5年。

虽然用两种不同的计算方法计算的结果有差别，但是可以看出，在表8-2和表8-3中，4年和5年的年平均费用很接近。因此，经济寿命存在一两年差别是没有太大影响的。

8.2　设备的大修理及其技术经济分析

8.2.1　设备大修理的概念

设备进入生产过程以后，由于有形磨损和无形磨损的作用，自然会有一个平均寿命期限，它反映设备在实物形态上保持完好的时间。在平均寿命期限内，设备应经常保持正常的工作状态。

众所周知，设备是由不同材质的众多零部件组成的，这些零部件在设备中各自承担着不同的功能，工作条件也各不相同，在设备使用过程中，它们遭受的有形磨损是非均匀的。在任何条件下，机器制造者都不可能制造出各个组成部分的寿命期限完全一样的机器。通常，在设备的实物构成中总有一部分是相对耐久的，而另外的部分则易于损坏。为使设备保持正常运转状态，就需要对设备的某些零部件分别进行定期的更换或修复。

设备的修理是指为保持设备在平均寿命期限内的完好使用状态而进行的局部更换或修复工作，其目的是消除设备经常性的有形磨损和排除机器运行中遇到的各种故障，以保证设备在其寿命期内保持必要的性能，发挥正常效用。从经济内容上，必要的修理工作可分为大修理、中修理和小修理。这种区分既有工作量和周期性的标志，又有工作内容的标志，但这些区分是相对的。固定资产修理制度改革后，取消了划分大、中、小修理的做法，统称为固定资产修理。

大修理是维修工作中规模最大、花钱最多的一种设备修理方式，在对设备进行大修理决策时，必须同设备更新和设备其他再生产方式相比较。对大修理的技术要求是使大修过的设备无论是在生产率、精确度和速度等方面，还是在使用中的技术故障频率和有效运行时间等方面，都比同类型的新设备有所逊色，其综合性能会有某种程度的降低。与此同时，大修理间隔期也会随着修理次数的增加而缩短，从而使大修理的经济合理性逐步降低。

大修理能够利用被保留下来的零部件，从而能在一定程度上节约资源，因此在设备更新分析时大修理是设备更新的替代方案，这是大修理的经济实质，也是大修理这种对设备磨损进行补偿的方式能够存在的经济前提。对设备进行更新分析时，应与大修理方案进行比较，反过来，进行设备大修理决策时，也应同设备更新和设备其他再生产方式相比较。一般来说，采用大修理的方法来恢复设备原有的功能要比制造新设备来得快，它还可以继续利用大量被保留下来的零部件，因而节约大量原材料和加工工时，这些都是保证设备修理经济性的有利条件。如果经过大修理的设备，其生产单位产品的劳动消耗比使用新设备的高，则采用大修理的方法在经济上是不合算的。因此，设备发生磨损以后，是否应该进行大修理，需要进行经济分析。

8.2.2 设备大修理的经济界限

设备平均寿命期满前所必需的维修费用总额可能是一个相当可观的数字，有时可能超过设备原值的若干倍。同时，这个费用总额随规定的平均寿命期而变化，规定的平均寿命期越长，维修费用越高。因此，为了更合理地使用设备，我们必须研究维修的经济性。由于日常维护，中、小修理所发生的费用相对较少，因此应该把注意力放在大修理上。

1. 设备大修理的最低经济界限

如果一次大修理费用远小于同种设备的重置价值，那么这样的大修理在经济上是合理的。我们把这一标准看作大修理在经济上具有合理性的基础条件，或称为最低经济界限。可用下式表示：

$$R \leqslant P - L \tag{8-17}$$

式中，R 表示该次大修理费用；P 表示同种设备的重置价值（旧设备在大修理时刻同种新设备的市场价格）；L 表示旧设备被替换时的残值。

之所以叫最低经济界限，是因为不考虑设备大修理后其使用性能等方面与同种新设备的差异，只要满足上式的条件即可决定设备进行大修理。如果该次大修理费用超过同种设备的重置价值，则应考虑其他补偿设备磨损的措施。

2. 设备大修理的理想经济界限

符合最低经济界限的大修理决策，并不一定是补偿设备磨损的最佳方案。因为设备大修理的实际效果最终要通过设备所加工的产品质量和加工成本反映出来，所以设备大修理的理想经济界限应是：设备大修理后生产的产品质量达到规定要求，其生产单位产品的成本，在任何情况下都不超过用同种新设备生产的单位产品成本。这个理想的经济界限可用下式表示：

$$C_{z0} \leqslant C_{zn} \tag{8-18}$$

$$C_{z0} = (K_r + \Delta V_0)(A/P, i_0, T_0)/Q_A + C_g \tag{8-19}$$

$$C_{zn} = \Delta V_n(A/P, i_0, T_n)/Q_{An} + C_{gn} \tag{8-20}$$

（设备大修理周期数的确定）

式中，C_{z0} 表示大修理后的设备生产单位产品的成本；C_{zn} 表示具有相同用途的新设备生产单位产品的成本；K_r 表示原设备大修理的费用；ΔV_0 表示原设备下一个大修理周期内的价值损耗现值；Q_A 表示原设备下一个大修理周期内的年均产量；C_g 表示原设备本次大修理后生产单位产品的经营成本；T_0 表示原设备本次大修理到下一次大修理的间隔年数；ΔV_n 表示新设备第一个大修理周期内的价值损耗现值；Q_{An} 表示新设备第一个大修理周期内的年平均产量；C_{gn} 表示用新设备生产单位产品的经营成本；T_n 表示新设备投入使用到第一次大修理的间隔年数。

如果达到了理想经济界限的要求，则进行大修理在经济上是合理的；否则，就需要考虑采用设备现代化改造或更新设备等补偿设备磨损的措施。

8.3 设备的更新及其技术经济分析

8.3.1 设备更新的概念

使用一定年限后，设备的性能不能满足原有的要求，生产效率下降，而经营费用却逐年增加。为了保证设备的运行性能，必须对设备进行更新。更新通常是指选择类似的但新的资产去替代现有的资产，并包括对各种改进的资产功能的方法进行评价。设备更新是指对技术上或经济上不宜继续使用的设备，用新的设备更换或用先进的技术对原有设备进行局部改造。

设备更新有两种形式：一种是原型设备更新，即用相同的设备去更换有形磨损严重、不能继续使用的旧设备。这种更新只解决设备的损坏问题，不具有更新技术的性质，不能促进技术的进步。另一种是新型设备更新，即以结构更先进、技术更完善、性能更好、效率更高的设备代替原有设备。

8.3.2 原型设备更新的决策方法

设备在使用过程中，因维修费用特别是大修理费用及其他运行费用不断增加，即使还没有更先进的设备出现，此时进行原型设备的替换，在经济上往往也是合算的。这属于设备原型更新问题。

1. 低劣化数值法

设备投入使用之后，使用时间越长，设备的有形磨损越大，其维护修理费用及燃料、动力消耗等（运行费用）越高，这叫作设备的低劣化。

以 K_0 代表设备的原始价值，L_j 代表设备的残值，T 代表已使用的年数，则每年的设备分摊费为 $(K_0 - L_j)/T$。随着 T 的增长，按年平均的设备分摊费用不断减少。若设备的低劣化呈线性变化，如运行费用按等差序列逐年递增，则设备运行费用的低劣化程度可用低劣化值 λ 来表示，第 T 年的低劣化数值为 $(T-1)\lambda$，年平均低劣化值为：

$$\frac{\lambda + 2\lambda + \cdots + (T-1)\lambda}{T} = \frac{T-1}{2} \times \lambda \tag{8-21}$$

故设备的年平均总费用 A_C 为：

$$A_C = C_1 + \frac{\lambda(T-1)}{2} + \frac{K_0 - L_j}{T} \quad (8\text{-}22)$$

式中，C_1 表示初始运行费用。

为求使 A_C 最小的设备使用年数 T^*，令 $\dfrac{\mathrm{d}(A_C)}{\mathrm{d}T} = 0$，得：

$$T^* = \sqrt{\frac{2 \times (K_0 - L_j)}{\lambda}} \quad (8\text{-}23)$$

例 8-3　某设备的原始价值为 8 000 元，每年低劣化增加值为 320 元，残值为 0。则

$$T^* = \sqrt{\frac{2 \times 8\,000}{320}} \approx 7$$

即设备的最优使用期（也是设备的最优更换期）为 7 年。

2. 经济寿命法

通常，设备的低劣化并不是线性的，而且设备的残值也是随着使用年限的增加而减少的，低劣化数值法确定的经济寿命与实际更新期有较大的出入。为了解决这一问题，则应采用经济寿命法，计算在整个使用期内各年的平均费用，从中选出平均费用最小的一年，从而计算设备的经济寿命。

（1）不考虑资金的时间价值。为了找出设备的最优使用期，需计算在整个使用期内各年消耗的平均费用最小的一年，也就是设备的经济寿命。经济寿命法中年平均费用的计算公式为：

$$\overline{C}_{(t)} = \frac{\sum\limits_{t=1}^{T} C_p + K_0 - L_t}{T} \quad (8\text{-}24)$$

式中，$\overline{C}_{(t)}$ 表示某一确定年份的年平均费用（元）；C_p 表示某年运行费用（元）；t 表示某一确定年份。

（2）考虑资金的时间价值。经济寿命法中年平均费用的计算公式为：

$$\overline{C}_{(t)} = \left[K_0 - \frac{L_j}{(1+i)^t} + \sum\limits_{t=1}^{T} \frac{C_p}{(1+i)^t} \right] \times \frac{i(1+i)^t}{(1+i)^t - 1} \quad (8\text{-}25)$$

例 8-4　某设备原始价值为 16 000 元，其各年年末残值和年维持费如表 8-4 所示，试求设备合理更新期。

表 8-4　资料表　　　　　　　　　　单位：元

使用年数	1	2	3	4	5	6	7
年维持费 C_p	2 000	2 500	3 500	4 500	5 500	7 000	9 000
年末设备残值	10 000	6 000	4 500	3 500	2 500	1 500	1 000

解：（1）不考虑资金的时间价值，其计算结果如表 8-5 所示。

表8-5 经济寿命法（静态）最优更新期计算表   单位：元

①使用年限	②累计运行费	③设备费用 $K_0 - L_n$	④总使用费用 ②+③	⑤年平均费用 ④/①
1	2 000	6 000	8 000	8 000
2	4 500	10 000	14 500	7 250
3	8 000	11 500	19 500	6 500
4	12 500	12 500	25 000	6 250
5	18 000	13 500	31 500	6 300
6	25 000	14 500	39 500	6 583
7	34 000	15 000	49 000	7 000

由表8-5可见，该设备使用到第4年，年最小费用为6 250元，故第4年为最优更新期。如果考虑资金的时间价值，其计算结果如表8-6所示。

（2）考虑资金的时间价值。由表8-6可见，其设备的最优更新期为第5年。

表8-6 经济寿命法（动态）最优更新期计算（i=10%）   单位：元

使用年限 (2)	设备原值 ①	设备残值 ②	$\dfrac{1}{(1+i)^t}$ ③	残值现值 ④=②×③	年维持费用 ⑤	维持费现值 ⑥=⑤×③	维持费现值累计 ⑦	总使用费用 ⑧=①−④+⑦	⑨*	年平均费用 ⑩=⑧×⑨
1	16 000	10 000	0.909	9 090	2 000	1 818	1 818	8 728	1.100	9 601
2	16 000	6 000	0.826	4 956	2 500	2 065	3 883	14 927	0.576	8 598
3	16 000	4 500	0.751	3 380	3 500	2 629	6 512	19 132	0.402	7 691
4	16 000	3 500	0.683	2 391	4 500	3 074	9 586	23 195	0.315	7 306
5	16 000	2 500	0.621	1 553	5 500	3 416	13 002	27 449	0.264	7 247
6	16 000	1 500	0.565	848	7 000	3 955	16 957	32 109	0.230	7 385
7	16 000	1 000	0.513	513	9 000	4 617	21 574	37 061	0.205	7 598

*第⑨列计算公式为 $i(1+i)^t / [(1+i)^t - 1]$ 。

8.3.3 新型设备更新的决策方法

所谓新型设备更新分析，就是假定企业现有设备可被其经济寿命内等额年总成本最低的新设备取代。

在技术不断进步的条件下，由于第二种无形磨损的作用，很可能在现有设备运行成本尚未升高到需要用原型设备替代之前，就已出现工作效率更高、经济效果更好的设备。这时，就要分析在继续使用旧设备和购置新设备这两种方案中，哪一种方案在经济上更为有利。在有新型设备出现的情况下，常用的设备更新决策方法有年费用比较法和更新收益率法。

（设备更新方案
比较的原则）

1. 年费用比较法

年费用比较法是：从原有旧设备的现状出发，分别计算旧设备再使用一年的总费用和备选新设备在其预计的经济寿命期内的年均总费用，并进行比较，根据年费用最小原则决定是否应该更新设备。

（1）计算旧设备再使用一年的总费用。旧设备再使用一年的总费用可由下式求得：

$$A_{C0} = V_{00} - V_{01} + \frac{V_{00} + V_{01}}{2} \times i + \Delta C \qquad （8-26）$$

式中，A_{C0} 表示旧设备下一年运行的总费用；V_{00} 表示旧设备在决策时可出售的价值；V_{01} 表示旧设备一年后可出售的价值；i 表示最低期望收益率；ΔC 表示旧设备继续使用一年在运行费用方面的损失（包括使用新设备后运行成本的节约额和销售收入的增加额）；$\frac{V_{00} + V_{01}}{2} \times i$ 表示因继续使用旧设备而占用资金的时间价值损失，资金占用额取旧设备现在可售价值和一年后可售价值的平均值。

上述计算，亦可用企业统计数据列表进行，如表 8-7 所示。表 8-7 中分别记录了使用一年旧设备运行损失和使用旧设备的设备费用。旧设备年总费用为这两项费用之和，即 11 775 元。

表 8-7　旧设备的年费用计算　　　　　　　　　　　　　　单位: 元

项　目	利弊比较	
	新　设　备	旧　设　备
（收入）产量增加收入	1 100	
质量提高收入	500	
（费用）直接工资的节约	1 210	
间接工资的节约		
因简化工序等导致的其他作业上的节约	4 400	
材料损耗减少		
维修费节约	3 300	
动力费节约		1 100
设备占地面积节约	550	
合计	11 060①	1 100②
旧设备运行损失		9 960③=①-②
旧设备现在出售价值	7 700	
旧设备一年后出售价值	6 600	
下一年旧设备出售价值减少额		1 100④
资金时间价值损失（i=10%）		715⑤
旧设备的设备费用		1 815⑥=④+⑤
旧设备的年总费用		11 775=③+⑥

（2）新设备年均总费用的计算。新设备年均总费用主要包括以下方面：

① 运行劣化损失。新设备随使用时间的增加，同样也存在着设备劣化问题。为简化计算，假定劣化值逐年按同等数额增加，如果设备使用年限为 T，则 T 年间劣化值的平均值为 $[\lambda(T-1)]/2$，新设备的 λ 值一般可根据旧设备的耐用年数和相应的劣化程度估算。

② 设备价值损耗。新设备在使用过程中，其价值会逐渐损耗，表现为设备残值逐年减少。假定设备残值每年以同等的数额递减，则 T 年内每年的设备价值损耗为 $(K_n - V_L)/T$，其中，K_n

为设备的原始价值，V_L 为新设备使用 T 年后的残值。

③ 资金时间价值损失。新设备在使用期内平均资金占用额为 $(K_n + V_L)/2$，则因使用新设备而占用资金的时间价值为 $[(K_n + V_L)i]/2$。

以上三项费用之和即新设备的年均总费用，其计算方法为：

$$A_{Cn} = \frac{\lambda(T-1)}{2} + \frac{K_n - V_L}{T} + \frac{(K_n + V_L)i}{2} \tag{8-27}$$

对上式微分，并令 $\dfrac{\mathrm{d}(A_{Cn})}{\mathrm{d}T} = 0$，则得：

$$T = \sqrt{\frac{2 \times (K_n - V_L)}{\lambda}} \tag{8-28}$$

式中，T 表示新设备的经济寿命。

将式（8-28）代入式（8-27），得到按经济寿命计算的新设备年均总费用为：

$$A_{Cn} = \sqrt{2(K_n - V_L)\lambda} + \frac{(K_n + V_L)i - \lambda}{2} \tag{8-29}$$

当年劣化值增量 λ 不易求得时，可根据经验确定新设备的合理使用年数 T，然后求年劣化值增量 λ，即 $\lambda = T^2 / 2(K_n - V_L)$。经过这样的变换，新设备的年均总费用为：

$$A_{Cn} = \frac{2(K_n - V_L)}{T} + \frac{(K_n + V_L)i}{2} - \frac{K_n - V_L}{T^2} \tag{8-30}$$

（3）将 A_{C0} 与 A_{Cn} 进行比较，做出是否更新设备的决策。例如，新设备的价格 $K_n = 41\,800$ 元，估计合理的使用年数 $T=15$ 年，处理时的残值 $V_L = 3\,700$ 元，最低期望收益率 $i=10\%$，代入式（8-30），新设备的年均总费用 $A_{Cn} = 7\,186$ 元。与表 8-7 中的计算结果相比较可知，用新设备更新旧设备，每年可节约开支 4 589 元（11 775–7 186）。因此，决定更新旧设备。

2. 更新收益率法

更新收益率法通过计算更新与不更新两种方案的差额投资的收益率判断是否应该进行设备更新。这种方法给出的是一个收益率指标，除可用于判断是否应更新设备外，还可以同其他各种设备投资方案进行比较，以寻求最佳的新设备来替换旧设备，因此有更广泛的适用性。

其计算方法为：

$$i_p = \frac{\Delta P}{\Delta K} = \frac{C_e + K_b - \Delta T_x - \Delta K_n}{\Delta K} \tag{8-31}$$

式中，i_p 表示更新收益率；ΔK 表示更新方案相对于不更新方案追加的投资；ΔP 表示更新方案相对于不更新方案增加的年收益；C_e 表示使用新设备相对于使用旧设备在第一年收益的增加和运行费的节约；K_b 表示因设备更新而在第一年避免的资产价值损失；ΔT_x 表示使用新设备相对于使用旧设备在第一年缴纳税金的增加额；ΔK_n 表示新设备使用一年的价值损耗。

这里：

$$\Delta K = K_n - (K_g + K_{yo}) \tag{8-32}$$

$$K_b = K_g - K_{gn} + \Delta K_{yO} \tag{8-33}$$

$$\Delta T_x = (C_e - D_{ab})\gamma_t \tag{8-34}$$

$$\Delta K_n = \Delta K - K_{n1} \tag{8-35}$$

式中，K_n 表示新设备的购置费用；K_g 表示旧设备在更新年份的残值；K_{yo} 表示继续使用旧设备时当年必须追加的投资；K_{gn} 表示旧设备继续使用一年后的残值；ΔK_{yo} 表示继续使用旧设备所需追加的投资在第一年的分摊额；D_{ab} 表示新旧设备折旧额的差值；γ_t 表示所得税率；K_{n1} 表示新设备第一年年末的保留价值。

由于 $\Delta K_n = \Delta K - K_{ne}$，故得出：

$$i_p = \dfrac{C_e + K_b - \Delta T_x - \Delta K\left(1 - \dfrac{K_{n1}}{\Delta K}\right)}{\Delta K} \tag{8-36}$$

式中，$1 - \dfrac{K_{n1}}{\Delta K}$ 为新设备价值损耗系数，表示新设备在第一年的价值损耗占更新投资额的比例。计算更新收益率的关键在于求出这一系数。

8.4　设备的现代化改造及其技术经济分析

（设备改造的形式、内容与原则）

8.4.1　设备现代化改造的概念和意义

所谓设备的现代化改造，是指应用现代技术成果和先进经验，适应生产的具体需要，改变现有设备的结构（给旧设备换新部件、新装置、新附件），改善现有设备的技术性能，使之全部达到或局部达到新设备的水平。设备现代化改造是克服现有设备的技术陈旧状态、消除第二种无形磨损、促进技术进步的方法之一，也是扩大设备的生产能力、提高设备质量的重要途径。

现有设备通过现代化改造在技术上可能做到：

（1）提高设备所有技术特性，使之达到现代设备的水平。

（2）改善设备某些技术性能，使之局部达到现代设备的水平。

（3）使设备的技术特性得到某些改善。

在多数情况下，通过设备现代化改造使陈旧设备达到需要的水平，所需的投资往往比用新设备更换少。因此，在不少情况下，设备现代化改造在经济上有很大的优越性。

设备现代化改造具有很强的针对性和适应性。经过现代化改造的设备更能适应生产的具体要求，在某些情况下，其适应具体生产需要的程度甚至可以超过新设备。有时设备经过现代化改造，其技术性能比新设备水平还高。所以，在个别情况下，对新设备也可以改造。在我国产品更新换代缓慢的特定情况下，设备现代化改造有着特别重要的意义。

设备现代化改造是现有企业进行技术改造、提高企业经济效益、节约基本建设投资的有效措施。

8.4.2　设备现代化改造的技术经济分析

设备现代化改造是广义的设备更新的一种方式，因此，研究设备现代化改造的经济性应与设备更新的其他方法相比较。在一般情况下，与现代化改造并存的可行方案有：旧设备原封不动地继续使用，对旧设备进行大修理，用相同结构的新设备更换旧设备或用效率更高、结构更好的新设备更换旧设备。决策的任务就在于从中选择总费用最小的方案。

1. 最低总成本法（总费用现值法）

对可能采用的方案，分别计算它们的使用总费用现值（主要包括设备购置费用和经营费用），从中选取使用总成本最低的方案为最佳方案。各种可能方案的使用总成本可用下式计算：

$$\beta = \frac{\text{方案的生产能力}}{\text{同类型新设备的生产能力}} \tag{8-37}$$

① 设备继续使用（下标用"o"表示）：

$$C_{T_o} = \frac{1}{\beta_o} \left[\sum_{t=1}^{T} \frac{G_{ot}}{(1+i)^t} + L_0 - \frac{L_{on}}{(1+i)^T} \right] \tag{8-38}$$

② 设备大修理（下标用"r"表示）：

$$C_{T_r} = \frac{1}{\beta_r} \left[K_r + \sum_{t=1}^{T} \frac{G_{rt}}{(1+i)^t} + L_0 - \frac{L_{rn}}{(1+i)^T} \right] \tag{8-39}$$

③ 设备更新（下标用"n"表示）：

$$C_{T_n} = \frac{1}{\beta_n} \left[K_n + \sum_{t=1}^{T} \frac{G_{nt}}{(1+i)^t} - L_0 - \frac{L_{nn}}{(1+i)^T} \right] \tag{8-40}$$

④ 设备技术改造（下标用"m"表示）：

$$C_{T_m} = \frac{1}{\beta_m} \left[K_m + \sum_{t=1}^{T} \frac{G_{mt}}{(1+i)^t} + L_0 - \frac{L_{mn}}{(1+i)^T} \right] \tag{8-41}$$

⑤ 设备更新（下标用"nn"表示）：

$$C_{T_{nn}} = \frac{1}{\beta_{nn}} \left[K_{nn} + \sum_{t=1}^{T} \frac{G_{nnt}}{(1+i)^t} + L_0 - \frac{L_{nnn}}{(1+i)^T} \right] \tag{8-42}$$

式（8-38）～式（8-42）可归纳成通式：

$$C_{Tj} = \frac{1}{\beta_j} \left[K_j + \sum_{t=1}^{T} \frac{G_{jt}}{(1+i)^t} \pm L_0 - \frac{L_{jn}}{(1+i)^T} \right] \tag{8-43}$$

式中，j 表示各种不同的方案，即 $j=o,r,n,m,nn$；C_{Tj} 表示 j 方案的总费用现值；K_j 表示 j 方案的设备购置费用；G_{jt} 表示 j 方案第 t 年的经营费用；L_0 表示 j 方案的旧设备在待处理（决策）年份的残值；L_{jn} 表示 j 方案的第 T 年年末的设备残值；β_j 表示 j 方案的设备生产能力系数，其中 $\beta_n = 1$（以更换新设备后的新生产能力为基准）；t 表示设备使用年份，$t=1,2,\cdots,T$。

使用以上公式进行对比选择时应注意两点：

① 相比较的各方案计算时间应相同，即均按计算期 T 计算。

② 各方案的生产能力相同，因此用生产能力系数 β 加以调整，使诸方案满足产量（数量）的可比性。

▶ 例 8-5 假定某设备的各种更新方案的投资和各年经营费用如表 8-8 所示，年利率为 8%，不计年末残值，试对各种更新方案进行综合分析。

表 8-8　各种更新方案的投资和各年经营费用

可 行 方 案	基本投资/元	生产能力系数	各年经营费用/元								
			1	2	3	4	5	6	7	8	9
旧设备继续使用	$K_0 = 0$	$\beta_0 = 0.7$	250	300	350	400	450	500	530	700	910
用相同结构新设备更换	$K_n = 1\,300$	$\beta_n = 1$	25	53	105	160	210	270	340	420	510
用高效率新设备更换	$K_{nn} = 1\,500$	$\beta_{nn} = 1.3$	20	50	100	150	200	250	300	350	400
旧设备技术改造	$K_m = 1\,200$	$\beta_m = 1.25$	30	55	110	170	220	280	360	450	540
旧设备大修理	$K_r = 700$	$\beta_r = 0.98$	60	100	175	250	325	400	480	610	720
新设备在更换年份残值	150										

解：根据表 8-8 所列数据，计算各方案逐年的使用成本（总费用现值）。以第 2 年的 $C_{T_{nn}}$ 为例说明计算方法。

$$C_{T_{nn}} = \frac{1}{1.3} \times \left(1\,500 + \frac{20}{1.08} + \frac{50}{1.08^2} - \frac{150}{1.08}\right) = 1\,080.9\ (元)$$

其他计算结果如表 8-9 所示。

从以上计算结果可以看出，如果设备只考虑使用两年（如两年以后产品将更新换代），那么以继续使用原设备为佳。这时不仅没有更新的必要，就连修理也是多余的。如果只打算使用 3～4 年，那么最佳方案是对设备进行一次大修理。如果估计设备将使用 5～7 年，那么最佳方案是对设备进行技术改造。如果使用期在 8 年以上，则采用高效率新结构设备更新旧设备为最佳方案。

表 8-9　各种更新方案的逐年总成本　　　　　　　　　　单位：元

年　份	各方案 C_T 的值				
	C_{T_0}	C_{T_r}	C_{T_m}	C_{T_m}	C_{T_n}
1	330.7*	771.0	982.2	1\,061.3	1\,184.3
2	698.1*	858.5	1\,019.9	1\,080.9	1\,230.0
3	1\,095.0	100.2*	1\,089.8	1\,170.5	1\,322.9
4	1\,515.0	1\,187.8*	1\,189.8	1\,262.1	1\,459.3
5	1\,952.7	1\,413.4	1\,309.6*	1\,373.1	1\,610.4
6	2\,402.7	1\,670.6	1\,450.8*	1\,500.1	1\,788.1
7	2\,844.5	1\,956.4	1\,618.8*	1\,640.2	1\,993.5
8	3\,384.8	2\,292.7	1\,813.3	1\,790.6*	2\,226.9
9	4\,035.1	2\,660.2	2\,029.4	1\,949.1*	2\,488.0

*该年份各方案中总成本最低者。

应当指出，最低总成本法同样适用于上述方案中的不同子方案的选优。例如，准备采用高效率的新设备来更换旧设备时，由于可能存在多种高效率的新设备可以选择，仍可采用最低总成本法中的 $C_{T_{nn}}$ 公式对不同高效率新设备进行计算，通过比较，选择某种最佳的高效率新设备来代替旧设备。

2. 差额投资回收期法

设备磨损后，采取什么样的补偿方式，往往需要我们搞清设备大修理、设备技术改造和设备更新之间的关系，并比较这些补偿方式下的设备基本投资、单位产品成本和年生产率，然后做出决策。设备现代化改造与更新、大修理的经济性比较还可以用计算投资回收期制表的方法来进行。各方案的基本投资、单位产品成本和设备年生产率等参数的代表符号如表 8-10 所示。

表 8-10　各方案的基本投资、单位产品成本和设备年生产率等参数的代表符号

指 标 名 称	方 案		
	大 修 理	现代化改造	更 新
基本投资	K_r	K_m	K_n
设备年生产率/（件/年）	Q_r	Q_m	Q_n
单位产品成本/（元/件）	C_r	C_m	C_n

在一般情况下，设备大修理、现代化改造与更新的关系为：

$$K_r < K_m < K_n \tag{8-44}$$

$$C_r > C_m > C_n \tag{8-45}$$

$$Q_r < Q_m < Q_n \tag{8-46}$$

因此，在考虑设备更新方案时，可按下列标准进行决策。

（1）当 $\dfrac{K_r}{Q_r} > \dfrac{K_m}{Q_m}$ 且 $C_r > C_m$ 时，设备现代化改造方案具有较好的经济效果，不仅经营费用有节约，基本投资也有节约。这时，大修理方案不可取。但是，这种情况较少。

（2）当 $\dfrac{K_r}{Q_r} < \dfrac{K_m}{Q_m}$ 且 $C_r > C_m$ 时，可用差额投资回收期指标进行决策：

$$P_a = \frac{\dfrac{K_m}{Q_m} - \dfrac{K_r}{Q_r}}{C_r - C_m} \tag{8-47}$$

式中，P_a 表示差额投资回收期（年）。

如果 P_a 小于或等于企业或部门规定的基准投资回收期 P_c，那么设备的技术改造方案是可取的。

（3）当 $\dfrac{K_m}{Q_m} > \dfrac{K_n}{Q_n}$ 但 $C_m > C_n$ 时，设备更新为最优方案。

（4）当 $\dfrac{K_m}{Q_m} < \dfrac{K_n}{Q_n}$ 但 $C_m > C_n$ 时，也可通过计算差额投资回收期来进行判断：

$$P_a = \frac{\dfrac{K_n}{Q_n} - \dfrac{K_m}{Q_m}}{C_m - C_n}$$

当 $P_a < P_c$ 时，更新方案是合理的；当 $P_a > P_c$ 时，则应选择技术改造方案。

➲ 例 8-6　某设备进行大修理或现代化改造的投资分别为 2 000 元与 10 000 元。设备大修理后，估计产量为 20 000 件/年，单位产品成本为 0.20 元/件，设备改造后的年产量估计是设备大修理后的 2 倍，单位产品成本为大修理后的 1/2，试比较两方案。

解：$K_r = 2\,000$（元）　　　$K_m = 10\,000$（元）

$Q_r = 20\,000$（件/年）　　$Q_m = 20\,000 \times 2 = 40\,000$（件/年）

$C_r = 0.2$（元/件）　　　$C_m = 0.2 \times \dfrac{1}{2} = 0.1$（元/件）

所以　　　　　　　$P_a = \dfrac{\dfrac{K_m}{Q_m} - \dfrac{K_r}{Q_r}}{C_r - C_m} = \dfrac{\dfrac{10\,000}{40\,000} - \dfrac{2\,000}{20\,000}}{0.2 - 0.1} = 1.5$（年）

若 $P_c = 2$ 年，则应选择设备现代化改造方案；若 $P_c = 1$ 年，则应选择设备大修理方案。

本章小结

从实际需求考虑，除需要考虑新建项目、扩建项目外，还需要考虑设备的更新与改造。设备的更新与现代化改造同样需要满足技术先进性与经济合理性原则，但是，设备的更新和现代化改造又有其自身的特点。

复习思考题

（1）何谓设备的有形磨损和无形磨损？各有何特点？举例说明。

（2）有形磨损与无形磨损各有哪两种？划分的原则是什么？

（3）试述设备磨损的补偿方式。

（4）简述设备的四种寿命概念。

（5）如何确定设备大修理的经济界限？

（6）设备更新途径有几种？设备最优更新期如何确定？

（7）若设备的原始价值 $K_0 = 10\,000$ 元，目前需要修理，其费用 $R = 4\,000$ 元，已知该设备目前再生产价值 $K_1 = 7\,000$ 元，问设备的综合磨损程度 α 是多少。

（8）若设备的原始价值 $K_0 = 8\,000$ 元，残值 $L_f = 400$ 元。已知该设备的初始运行成本 $C_1 = 800$ 元/年，年运行成本劣化值 $\lambda = 300$ 元/年，问该设备的合理更新期是多少？

（9）某企业的一条新生产线需购置一种设备，在市场上有两种同类型的机型 A 和 B，A 设备的总投资为 20\,000 元，估计其寿命为 8 年，运行费每年为 1\,500 元；B 方案的总投资为 25\,000 元，寿命也为 8 年，残值率均为 5%，运行费每年为 1\,000 元。若按现值折算，选用哪种设备较为有利？若按年度费用计算，则选用哪种设备有利？（折现率取 12%）

（10）某工厂需要安装污水处理设备，现有两种方案，A 方案：购置较便宜的设备，只需投资 15 万元，每年运行费为 6 万元，寿命为 10 年，但 10 年后仍需再购置一台同样的设备替代原设备才能满足污水处理需要。B 方案：购置质量较好的设备，需投资 30 万元，其运行费前 10 年为 4 万元，后 10 年每年为 6 万元，该设备的寿命为 20 年，两种设备的残值均为 0，基准收益率为 12%。则折算成年度费用，哪个方案较优？若折算成现值，哪个方案较优？较优的设备能便宜多少？

（11）某桥梁工程，初步拟定两个结构类型方案供备选。A 方案为钢筋混凝土结构；初始投资 1 500 万元；年维护费为 10 万元；每 5 年大修 1 次，费用为 100 万元。B 方案为钢结构；初始投资 2 000 万元；年维护费为 5 万元；每 10 年大修 1 次，费用为 100 万元。该项目的基准收益率为 5%，试比较哪一个方案更经济。

（12）一台旧设备目前价值为 25 000 元，下一年将贬值 10 000 元，以后每年贬值 5 000 元。由于性能退化，它今年的经营成本为 80 000 元，预计今后每年将增加 10 000 元。它将在 4 年后报废，那时残值为 0。用 160 000 元可买一台新改进了的设备，这台设备可以令人满意地完成与现有机器相同的工作。新设备的经济寿命为 7 年，在经济寿命期内，其年经营成本稳定在 60 000 元，其期末残值为 15 000 元。预计在 7 年内，这种型号设备的设计不会发生大的改进。如果折现率为 12%，请用边际成本法判断是否需要更新现有设备。如果需要更新，应该在什么时候更新？

第9章

特殊类型项目的经济分析

本章学习目标

　　熟悉各种特殊类型的项目，重点是技术改造项目、武器装备项目和基础性（公共）项目，了解各种特殊类型项目的经济分析方法与特点。

9.1　企业技术改造项目的经济分析

　　企业技术改造项目是在企业原有基础上建设的，是对现有企业的产品、设备、工艺、生产组织和管理等生产技术与组织要素等的改造。与新建项目的不同在于：新建项目所发生的费用、收益都可归于项目本身，而技术改造项目的投资具有追加的特点，其费用和收益涉及两部分：新投资部分和原有基础部分。

　　如果技术改造项目新涉及的费用和收益与企业原有基础部分产生的费用、收益可以分开计算，那么这样的项目就和新建项目没有区别，其评价方法也已做了充分讨论。但在大多数情况下，这种分离是很难做到的。本节主要讨论这种情形下如何进行技术改造项目的经济评价。

9.1.1　技术改造项目经济评价的方法

　　技术改造项目的比较对象是现有企业，因此在方案比较时，评价方法总的原则是：考察技术改造项目是否实施两种情况下费用和收益的差别，因为这种差别就是由项目引起的，也就是企业进行技术改造项目后所带来的效果。评价方法有两种：总量效果评价法（简称总量法）和增量效果评价法（简称增量法）。

1. 总量法

总量法的含义是从总量上衡量技术改造与否的效果，分别计算两种情况下的净现值，然后加以比较。在分别考察各种情况下的经济效果时，总量法不涉及费用和收益的划分问题，不需要判别它们是属于新上项目还是由原有基础部分产生。

总量法的优点是不仅能够显示技术改造项目的相对效果检验，而且能显示绝对效果检验。但总量法反映的是技术改造项目的全部投资的经济效益，需要将原有资产也视为投资，因此必须对原有的全部固定资产价值进行重新估算，而资产估价是一件十分复杂和困难的工作，其工作量和难度往往超过项目评价本身。另外，将原有固定资产视为投资，并不能显示用于技术改造的投资可达到的收益水平，只能对进行与不进行技术改造两种方案的相对优劣做出判断，无法揭示当其他投资机会存在时技术改造项目是否最优。

因此，总量法还不是理想的评价方法，通常也不采用这种方法，而是采用增量法进行方案的比较。

2. 增量法

增量法是对技术改造项目所产生的增量效果进行评价的方法，它根据技术改造项目所产生的增量现金流进行增量效果指标计算。增量法不必进行原有资产的估价，因为进行与不进行技术改造两种情况下计算出的现金流量都有相同的原有资产，在进行增量现金流计算时，二者抵消。但增量法只能体现相对效果检验，不能体现绝对效果检验。相对效果检验只能解决方案之间的优劣问题，绝对效果检验才能说明方案是否达到了规定的最低标准。

那么是否一定要进行总量效果评价呢？我们希望回避资产估价的愿望是否能做到呢？

假定增量效果已经计算出来，而总量效果尚不清楚。在表 9-1 中列出了增量效果和总量效果的全部可能性，"+"表示通过检验，"−"表示不能通过检验。

表 9-1　增量效果和总量效果的可能性排列

序　号	增量效果的可能性①	总量效果的可能性		根据增量效果所做的决策④
		不进行技术改造②	进行技术改造③	
（1）	+	+	+	技术改造
（2）	+	−	+	技术改造
（3）	+	−	−	技术改造
（4）	−	+	+	不进行技术改造
（5）	−	+	−	不进行技术改造
（6）	−	−	−	不进行改扩建和技术改造

注：按表中（1）、（2）、（3）的顺序，"+，+，−"和"−，−，+"是不可能存在的，因此可能性只有6种。

在（1）、（2）、（5）和（6）情况下，增量效果和技术改造后的总量效果一致。在（4）的情况下，尽管通过了总量效果评价，但由于没能通过增量效果评价，因此仍不应进行技术改造。由此可见，在这五种情况下，只根据增量效果决策是不会发生错误的。

第（3）种情况，从总量效果的评价结果上看，此时技术改造与否这两种情况下企业的总体效益都不好。但从增量效果评价看，技术改造后有所改善。这时企业可维持现有的生产经营，也可以进行技术改造，或关闭工厂，拍卖现有资产。

由于增量效果好，进行技术改造显然优于维持现状，这表明只有当需要判断是否应关闭、拍卖工厂时，才需要做总量评价。而在现实经济生活中，大多数情况下可以不困难地排除关闭、拍卖工厂这种选择。

由此可见，在技术改造项目的经济评价中，一般情况下只需要进行增量效果评价；只有当现有企业面临亏损，需决策关闭、拍卖企业或进行技术改造时，才需要同时做增量效果评价和总量效果评价。

9.1.2　增量现金流的计算

常见的计算增量现金流的方法是将技术改造后（简称项目后）的现金流减去技术改造前（简称项目前）的对应现金流，这种方法称为前后比较法或前后法。

但前后法是一种不正确的方法。我们知道，方案比较中的现金流在时间上应具有可比性，而前后法用项目后的量减项目前的量，实际上暗含着一个假设：若不进行技术改造，现金流将保持项目前的水平不变。

计算增量现金流的正确方法是有无法，即用进行技术改造（有项目）未来的现金流减不进行技术改造（无项目）对应的未来的现金流。因此，有无法不做无项目时现金流保持项目前水平不变的假设，而分别用有、无项目未来的预测数据进行计算。

1．前后法与有无法的比较

采用前后法计算增量现金流，可能发生以下几种错误：

（1）市场需求和企业自身有潜力，即使不进行技术改造，企业也能通过改进技术和生产经营使净收益逐年增加，如图 9-1（a）中的斜线 AC（有项目，项目后）；进行技术改造则会使净收益增加更多，即图 9-1（a）中的斜线 AB（无项目）；图 9-1（a）中的直线 AD 则表示项目前的情况。按有无法计算的增量净收益为阴影部分 ABC，而按前后法计算的增量净收益为面积 ADC，多算了面积 ADB。

因此，如果按前后法计算，则会把本属于靠挖掘潜力增加的收入归入进行技术改造（有项目）所带来的收入，即高估了增量效果。

（2）由于种种原因，若不进行改扩建或技术改造，企业净收益将逐年下降，如图 9-1（b）的斜线 AE（无项目）和图 9-1（c）中的斜线 AE（无项目），进行技术改造（有项目）则可保持原来的净收入水平或减缓下降，即图 9-1（c）中的斜线 AF（有项目，项目后）。

此时，按前后法计算可能会有两种情况：

① 增量效果为零。如图 9-1（b）所示，其中的直线 AD 表示有项目、项目前和项目后的情况，而按有无法计算的增量净收益为 AED。

② 前后法的增量净收益为负。如图 9-1（c）所示，而有无法的增量净收益为 AEF，少算了净收益 AFD。图 9-1（c）中的直线 AD 表示项目前的情况。

（3）无项目时企业净收益逐年下降，如图 9-1（d）中的斜线 AE（无项目）；有项目时净收益逐年上升，如图 9-1（d）中的斜线 AC（有项目，项目后）。若按前后法计算则会低估增量效果。如图 9-1（d）所示，前后法的增量净收益为 ADC，有无法的增量净收益为 AEC，少

算了净收益 AED。图 9-1（d）中的直线 AD 表示项目前的情况。

当然，当无项目的未来净收益保持项目前的水平不变时，有无法和前后法的结果相同。因此，前后法仅是有无法的一个特例。

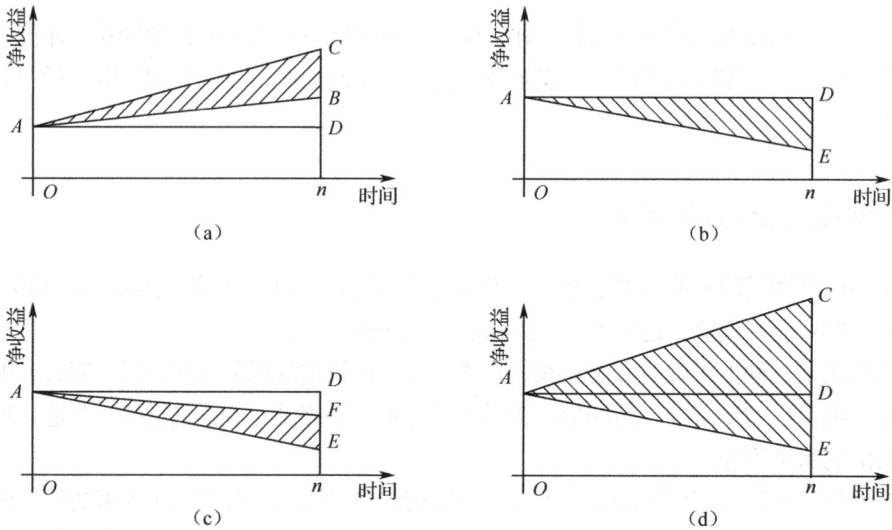

图 9-1　前后法与有无法的比较示意图

↘ 例 9-1　某厂现有固定资产和流动资产 800 万元，技术改造前（现在，第 0 年）和假定不改造未来 8 年的有关预测数据如表 9-2 所示。如果进行技术改造，须投资 180 万元，假设改造当年见成效，其未来 8 年的预测数据如表 9-3 所示。设基准贴现率 $i_0=10\%$，该厂不存在关停并转问题，问该厂是否应当进行技术改造？

表 9-2　某厂不改造现在和未来 8 年的数据　　　　单位：万元

费用、收益项	年　份						
	0	1	2	3	4	5~7	8
销售收入	600	600	600	550	550	500	500
资产回收							200
经营成本和其他支出	430	430	440	417.5	417.5	385	385

表 9-3　某厂进行技术改造未来 8 年的数据　　　　单位：万元

费用、收益项	年　份					
	1	2	3	4	5~7	8
销售收入	650	650	650	650	650	650
资产回收	250					
经营成本和其他支出	447.5	447.5	447.5	452.5	457.5	457.5

解：作为对比，分别用前后法和有无法分析。首先计算增量现金流，如表 9-4 和表 9-5 所示。

用前后法计算出的净现值为 -8.4 万元，用有无法计算出的净现值为 172.7 万元，因此该厂应该进行技术改造。

表9-4　用前后法计算的增量现金流

费用、收益项	年　份						
	0	1	2	3	4	5~7	8
销售收入/万元	0	50	50	50	50	50	50
资产回收/万元							50
投资/万元	180						
经营成本和其他支出/万元		17.5	17.5	17.5	22.5	27.5	27.5

注：本表由表9-3对应年份减表9-2第0年（技术改造前）得出。

表9-5　用有无法计算的增量现金流

费用、收益项	年　份						
	0	1	2	3	4	5~7	8
销售收入/万元		50	50	100	100	150	150
资产回收/万元							50
投资/万元	180						
经营成本和其他支出/万元		17.5	7.5	30	35	72.5	72.5

注：本表由表9-3减表9-2对应年份数据得出。

由这个例子可以看出，前后法有时会造成严重偏差，导致决策失误。

产生以上差别的原因是，如果不进行技术改造，则该厂生产能力将下降，从而销售收入呈逐年减少趋势，且成本呈上升趋势；若进行技术改造，则可使销售收入有所增加，同时减缓了成本的上升，因此实际上该厂技术改造的效果是相当好的，应当进行改造。

2．增量收益的计算

增量收益的计算要根据技术改造项目的具体情况分别加以研究，避免重复计算或漏算。

（1）若技术改造的目的是增加产量，其增量收益就是所增产品的销售收入。当然，若不进行技术改造，产品产量可能由于劳动熟练程度的提高和经营管理的改善而逐年有所增长，也可能由于生产技术条件的恶化而逐年下降，所以新增产量在各年度并不一定是固定不变的。

（2）当技术改造是在原有基础上增加了新产品的生产，并保持原有品种的产量不变时，其增量收益就是新增产品品种的销售收入。

（3）对于增加新产品、取消某些老产品（即改变产品结构）的技术改造项目，其增量收益则是新产品结构的总销售收入与老产品结构的总销售收入之差。

（4）当技术改造的目的只是提高产品质量而不增加产量时，其增量收益则是随产品质量的提高调整价格而增加的销售收入，即售价提高前后销售收入的差额。

（5）以降低成本为目的的技术改造项目，其增量收益就是经营成本的节约额。

（6）当技术改造的目的是为原有生产配套时，则配套产品的收入或节约的费用支出就是新增的收益。

（7）当技术改造具有多个目标时，若在扩大产量的同时，既降低成本又提高质量，则增量收益是"有项目"的总收益与"无项目"的总收益之差。

3. 增量费用的计算

（1）增量投资的计算。增量投资是有改造和无改造的投资差额。增量法无须核定原有固定资产重估值，只需计算技术改造新增设施的投资，若拆除一部分原有旧资产并折价处理，则再减去拆除旧资产回收的净价值，技术改造项目也会增加对流动资金的需要。对增量流动资金的确定，可参照企业原有水平或类似企业的水平，按新增固定资产投资的一定比例来计算。技术改造过程中带来的停产或减产损失，应作为现金流出列入现金流量表。

（2）增量经营成本的计算。增量经营成本的计算要根据技术改造项目的具体目标而定。若技术改造的目的单纯是增加产量，那么增量经营成本可按照原有成本水平来计算。若是为了降低成本，则增量成本应是有改造与无改造的成本之差，即经营成本的节约额。若技术改造项目有多个目标，如增加产量的同时降低成本，这时就要计算"有项目"和"无项目"的差额，以免重复计算或漏算。

综上所述，增量法计算的是"有项目"时的增量投资在计算期内新产生的增量效益、增量费用指标和有关增量经济效益指标。增量法与总量法对"无项目"的计算是相同的，对"有项目"的分析计算不同。总量法反映技术改造项目的全部投资的经济效益，必须对技术改造前的全部固定资产价值进行重新估算而不能使用原值。增量法中可以省去对原固定资产的重新估价工作。

9.1.3 评价指标和基本报表

与新建项目相同，技术改造项目的经济评价也包括财务评价和国民经济评价两个层次，所涉及的评价指标和基本报表与一般项目的经济评价类似，但要计算增量净效益指标，并编制相应的基本报表。

1. 技术改造项目财务评价

（1）财务评价指标。所需计算的财务评价的主要内容、增量净效益评价指标和相应的基本报表如表9-6所示。

表9-6　财务评价的主要内容、增量净效益评价指标和相应的基本报表

经济分析	基本报表	财务评价指标	
		静态指标	动态指标
现金流量分析	全部增量投资现金流量表	全部增量投资回收期	财务内部收益率 FIRR 财务净现值 FNPV 财务净现值率 FNPVR
	自有资金增量现金流量表		财务内部收益率 FIRR 财务净现值 FNPV
财务平衡分析	增量利润表	增量投资利润率 增量投资利税率	
	财务平衡表	增量固定资产投资 借款偿还期	
外汇效果分析	财务外汇流量表		财务外汇净现值 财务换汇成本 财务节汇成本

（2）财务评价现金流量表。编制财务现金流量表，即编制"有项目"和"无项目"的差额投资现金流量表，如表9-7和表9-8所示。

表9-7　全部增量投资现金流量表　　　　　　　　　　　　　　　单位：万元

序　号	项　　目	年　份								合　计
		改造期		投产期		达到设计能力生产期				
		1	2	3	4	5	6	…	n	
	生产负荷（%）									
（一）	增量现金流入									
1	增量产品销售（营业）收入									
2	回收增量固定资产余值									
3	回收增量流动资金									
	流入小计									
（二）	增量现金流出									
1	增量固定资产投资									
2	增量流动资金									
3	增量经营成本									
4	增量销售税金及附加									
5	增量技术转让费									
6	增量资源税									
7	增量营业外净支出									
	流出小计									
（三）	增量净现金流量									
（四）	累计增量净现金流量									
	计算指标：财务内部收益率 　　　　　财务净现值（$i=$　%） 　　　　　投资回收期									

表9-8　自有资金增量现金流量表　　　　　　　　　　　　　　　单位：万元

序　号	项　　目	年　份								合计
		改造期		投产期		达到设计能力生产期				
		1	2	3	4	5	6	…	n	
	生产负荷（%）									
（一）	增量现金流入									
1	增量产品销售（营业）收入									
2	增量固定资产贷款									
3	增量流动资产贷款									
4	回收增量固定资产余值									
5	回收增量流动资金									
	流入小计									
（二）	增量现金流出									

序　号	项　目	改造期	投产期	达到设计能力生产期				合计
		1	2	3	4	5	6	…	n	
1	增量固定资产投资——自有资金							
2	增量固定资产投资——银行贷款							
3	增量流动资金							
4	增量经营成本							
5	增量固定资金贷款本息偿还							
6	增量流动资金贷款本息偿还							
7	增量销售税金及附加							
8	增量技术转让费							
9	增量资源税							
10	增量营业外净支出							
	流出小计							
（三）	增量净现金流量							
（四）	累计增量净现金流量							
	计算指标：财务内部收益率　　财务净现值（$i=$　%）							

（3）财务评价增量利润表。编制增量利润表，用于计算增量利润总额，如表9-9所示。

表9-9　增量利润表　　　　　　　　　　单位：万元

序　号	项　目	投产期		达到设计能力生产期			合　计
		3	4	5	6	…	n	
	生产负荷（%）						
（一）	增量产品销售（营业）收入						
（二）	增量总成本						
（三）	增量销售税金						
（四）	增量技术转让费						
（五）	增量销售利润［（一）-（二）-（三）-（四）］						
	增量资源税						
（六）	增量营业外净支出						
（七）	增量利润总额［（五）-（六）-（七）］						
（八）							

注：增量总成本包括增量经营成本、增量折旧和增量流动资金贷款利息。

（4）财务平衡表（如表9-10所示）。

表 9-10　财务平衡表　　　　　　　　　　　　　　　　　　单位：万元

序　号	项　目	改 造 期		投 产 期		达到设计能力生产期				合计
		1	2	3	4	5	6	…	n	
	生产负荷（%）									
（一）	改造后资金来源									
1	利润总额									
2	折旧费									
3	固定资产投资借款									
3.1	国内借款									
3.2	外汇借款									
4	流动资金贷款									
5	企业自有资金									
5.1	固定资产投资									
5.2	流动资金									
6	回收固定资产余值									
7	回收自有流动资金									
8	短期贷款									
	来源小计									
（二）	改造后资金运用									
1	固定资产投资									
2	流动资金									
3	还款期间的企业留利									
4	企业留用的折旧									
5	自折旧中提取的能源基金									
6	固定资产投资借款利息偿还									
6.1	国内借款利息									
6.2	外汇借款利息									
7	固定资产投资借款本金偿还									
7.1	国内借款本金									
7.2	外汇借款本金									
8	所得税									
9	盈余资金（或资金短缺）									
10	短期贷款还本付息									
	运用小计									

注：折旧费是指其中可作为归还借款的折旧。

（5）财务外汇流量表。当项目涉及产品出口创汇及替代产品进口节汇时，需要编制财务外汇流量表，如表 9-11 所示。

表 9-11　财务外汇流量表　　　　　　　　　　　单位：万美元

| 序　　号 | 项　　目 | 年　份 | | | | | | | | 合计 |
| | | 改造期 | | 投产期 | | 达到设计能力生产期 | | | | |
		1	2	3	4	5	6	…	n	
	生产负荷（%）									
（一）	改造后外汇流入									
1	产品外销收入									
2	其他外汇收入									
	流入小计									
（二）	改造后外汇流出									
1	进口原材料									
2	进口零部件									
3	技术转让费									
4	偿还外汇借款本息									
5	其他外汇支出									
	流出小计									
（三）	改造后净外汇流量［（一）-（二）］									
（四）	改造后产品替代进口收入									
（五）	改造后净外汇效果［（三）+（四）］									
（六）	不改造净外汇效果									
（七）	新增净外汇效果									
	计算指标：财务外汇净现值（$i=$　%） 　　　　　财务换汇成本或财务节汇成本									

2. 技术改造项目的国民经济评价

表 9-12 列出了国民经济评价的主要内容、基本报表和评价指标。

表 9-12　国民经济评价的主要内容、基本报表和评价指标

| 经 济 分 析 | 基 本 报 表 | 财务评价指标 | |
		静 态 指 标	动 态 指 标
现金流量分析	全部增量投资经济现金流量表	增量投资净效益率	经济内部收益率 EIRR 经济净现值 ENPV 经济净现值率 ENPVR
	国内增量投资经济现金流量表		经济内部收益率 EIRR 经济净现值 ENPV
外汇效果分析	经济外汇流量表		经济外汇净现值 经济换汇成本 经济节汇成本

表 9-13～表 9-15 列出了国民经济评价基本报表的基本形式。

表 9-13　全部增量投资经济现金流量表　　　　　　　　　　　　　　　单位：万元

序　号	项　　目	年　份								合计
		改 造 期		投 产 期		达到设计能力生产期				
		1	2	3	4	5	6	…	n	
	生产负荷（%）									
（一）	增量现金流入									
1	增量产品销售（营业）收入									
2	回收增量固定资产余值									
3	回收增量流动资金									
	流入小计									
4	项目增量间接效益									
	流入合计									
（二）	增量现金流出									
1	增量固定资产投资									
2	增量流动资金									
3	增量经营成本									
4	增量销售税金及附加									
5	增量技术转让费									
	流出小计									
6	项目增量间接费用									
	流出合计									
（三）	增量净现金流量									
（四）	累计增量净现金流量									
	计算指标：经济内部收益率　　　　经济净现值（$i=$　%）									

表 9-14　国内增量投资经济现金流量表　　　　　　　　　　　　　　　单位：万元

序　号	项　　目	年　份								合计
		改 造 期		投 产 期		达到设计能力生产期				
		1	2	3	4	5	6	…	n	
	生产负荷（%）									
（一）	改造后现金流入									
1	产品销售（营业）收入									
2	回收固定资产余值									
3	回收流动资金									
	流入小计									
4	项目间接效益									
	流入合计									
（二）	改造后现金流出									
1	固定资产投资中国内资金									

序　号	项　目	年份								合计
		改造期		投产期		达到设计能力生产期				
		1	2	3	4	5	6	…	n	
2	流动资金中国内资金									
3	经营成本									
4	技术转让费									
5	流至国外的资金									
5.1	国外借款本金偿还									
5.2	国外借款利息支付									
5.3	其他									
	流出小计									
6	项目间接费用									
	流出合计									
（三）	改造后净现金流量									
（四）	不改造净现金流量									
（五）	新增净现金流量									
（六）	累计新增净现金流量									
	计算指标：经济内部收益率　　经济净现值（$i=$　%）									

表9-15　经济外汇流量表　　　　　　　　　单位：万美元

序　号	项　目	年　份								合计
		改造期		投产期		达到设计能力生产期				
		1	2	3	4	5	6	…	n	
	生产负荷（%）									
（一）	改造后外汇流入									
1	产品外销收入									
2	其他外汇收入									
	流入小计									
（二）	改造后外汇流出									
1	进口原材料									
2	进口零部件									
3	技术转让费									
4	偿还外汇借款本息									
5	其他外汇支出									
	流出小计									
（三）	改造后净外汇流量［（一）－（二）］									
（四）	改造后产品替代进口收入									
（五）	改造后净外汇效果［（三）＋（四）］									

续表

序　号	项　目	年　份								合计
		改造期		投产期		达到设计能力生产期				
		1	2	3	4	5	6	…	n	
（六）	不改造净外汇效果									
（七）	新增净外汇效果									
	计算指标：经济外汇净现值（ $i=$ ％）									
	经济换汇成本或经济节汇成本									

此外，根据项目实际需要，还可通过其他辅助指标进行财务评价和国民经济评价。

9.2　装备项目的效能费用分析

9.2.1　装备项目的效能和费用

现代战争中，武器装备的性能是克敌制胜、完成战斗任务的一个关键性因素，优越的性能是至关重要的。但是 20 世纪 60 年代初人们发现，伴随着装备性能的不断改善，其不足之处也同时出现：装备复杂化，维修时间、寿命周期费用（或总拥有费用）不断增加，出勤率却明显下降，制约着装备的使用，使其不能及时投入战斗，优越的性能难以充分发挥出来。单纯追求性能的观念受到挑战，人们转而追求更全面、更科学的东西——效能与寿命周期费用。由重视性能转为重视效能，由重视一次性的采购费用转为重视寿命周期费用，这是使用武器装备观念上的一次重大转变。

1. 效能

效能是装备在规定的条件下达到规定使用目标的能力，即装备完成任务的能力。

要完成任务，至少需要回答三个问题：

（1）需要执行任务时，能随时出动吗？——使用可用性。

（2）出动之后，在完成任务过程中能继续工作吗？——可信性。

（3）能击中目标吗？——固有能力（性能）。

可用性这个概念用来描述装备在开始执行任务时的状态。美国工业界武器装备系统咨询委员会把"可用性"定义为在开始执行任务时装备系统状态的度量，它是硬件、人员和程序时间关系的函数。此外，可用性也可以表示为装备在规定条件下随时使用时正常工作的概率。换句话说，可用性是装备在给定条件下使用时，能根据任务需要投入运行的可能性，它与整个系统（包括系统部件和操作者之间的接口）的初始可能状态有关。度量可用性的常用指标为可用度，可用度又分为固有可用度、可达可用度和使用可用度。

根据美国工业界武器装备系统咨询委员会对可信性的解释，可信性是已知装备已经进入开始执行任务的状态条件下，对在执行任务过程中某个瞬间或多个瞬间的系统状态的度量，可以表示为装备在完成某项特定任务时将进入和/或处于它的任一有效状态，且完成与这些状态有关的各项任务的概率，也可以表示为其他适当的任务量度。可信性这个概念，在性质上与可靠性的概念是相似的。可靠性通常被定义为装备在规定条件下使用时，在规定时间内满意地工作的概率。而可信性还涉及装备的维修性，考虑维修性对系统工作状态的影响。因此，可信性是比可靠性更一般的用于衡量装备在规定条件下工作状况的概念。可信性一般用可信度度量。

装备的能力反映设计者赋予武器装备的"本领"。美国工业界武器装备系统咨询委员会把"能力"定义为：当已知装备系统处于执行任务过程中的状态时，对装备达到任务目标的能力的度量。准确地说，能力是确定装备性能的依据。在特殊情况下，也可以用概率表示装备的能力。应当指出，能力不只是装备硬件的固有特性。能力在很大程度上取决于分配给系统的任务。用来完成规定任务的装备，在规定任务的范围内，它可能拥有非常强的能力；但是如果超出规定的范围，它的能力就可能是比较弱的。

所以，效能是可用性、可信性和固有能力的函数。对于一个只有工作和故障两种状态的装备，效能用下式表达：

$$E = A_0 DC \tag{9-1}$$

式中，E 表示装备效能；A_0 表示装备的使用可用度；D 表示装备的可信度；C 表示装备的固有能力。

2. 费用

（1）寿命周期费用。寿命周期费用（Life Cycle Cost, LCC）是在预期的装备寿命周期内，为装备的论证、研制、生产、使用、保障、退役所付出的一切费用之和，也称全寿命费用。有时，寿命周期费用可表述为：

$$寿命周期费用=采购费用+使用保障费用 \tag{9-2}$$

或

$$寿命周期费用=一次性费用+重复性费用 \tag{9-3}$$

（2）总拥有费用。总拥有费用（Total Ownership Cost, TOC）是指军事部门为了拥有某种军事装备达到规定的战备完好性、环境保护要求和有关人员生活质量等目标所消耗的各种资源的总和。它包括与装备有关的研究、研制、试验、采购、训练、使用、维修、保障、退役处理的各种直接费用，以及不与装备直接有关的军事建筑、基础设施和组织机构等间接费用。

为了确保全面考虑研制过程中所涉及的使用保障问题，用户更多地关注的是在装备部署之后的使用保障和退役处理阶段发生的那部分总拥有费用。所以，在研制的早期，既要关注寿命周期费用，又要关注总拥有费用。

装备的采购费用固然是值得注意的，但随着装备要求的不断提高和日益复杂化，其寿命周期费用或拥有费用中的采购费用与使用保障费用均大幅增加。一般容易重视一次性的采购费用，而忽视重复性的使用保障费用，不注意寿命周期费用或总拥有费用。强调寿命周期费用或总拥有费用的目的在于，告诫人们树立统揽全局、以少换多的思想，宁肯在装备论证、研制阶段稍稍多花一点钱，以换取后来使用保障费用的大幅下降，从而减少寿命周期费用或总拥有费用，减轻用户的负担。

一个产品，尤其军事产品，其效能不仅取决于它的性能，而且有赖于它的可靠性、维修性、测试性、保障性和安全性等因素。这些因素共同决定了装备的效能和寿命周期费用或总拥有费用。用户对产品的基本要求是"物美价廉"：装备的"物美"是指能够长期保持良好性能，具有要求的作战适用性，能够发挥其效能；装备的"价廉"是指最佳的寿命周期费用或总拥有费用。因此，在进行装备项目分析时，要进行效能费用分析。

9.2.2　装备项目效能费用分析法

在效能费用分析法中，费用是用货币单位计量的，效能是用非货币单位计量的，这样的效能是对项目目标的直接或间接度量。由于费用与效能的计量单位不同，不具有统一量纲，致使费用效能分析法无法像收入成本分析法那样用于项目方案的绝对经济效果评价，即无法判断项目方案自身的经济性。但效能费用分析法可以对互斥方案进行优选。

运用效能费用分析法，需要满足以下三个基本条件：

（1）必须有共同的、可识别和可实现的目标或目的。

（2）必须有两个或两个以上可以满足目标、项目排斥的方案。

（3）必须有若干约束条件以形成问题的边界，其中费用采用货币计量单位，效能采用非货币单位计量。

（装备效能费用分析）

效能费用分析可以提供装备项目效能费用方面的信息，使决策者可以根据其分析结果进行方案决策，从而能以合理的寿命周期费用获得符合效能需求的装备。在装备项目进行的早期阶段进行效能费用分析，可以有效地确保装备的效能并控制寿命周期费用。

在效能费用分析中首先要进行效能分析，其次分析费用或效能费用比关系。效能分析和费用分析不仅是效费分析系统的组成部分，也是对装备项目研究具有针对性指导作用的独立分析系统。

正确的分析可以设定为以下几步：

（1）效能分析。装备项目的效能可通过一些效能指标来进行评价。评价指标包括性能、可获得性、可靠性和维修性等。

（2）依据效能分析结果剔除低效能方案，对部分接近效能指标的方案加以改进，以提高方案效能。

（3）结合费用分析，开展效能费用比分析，并得出最优方案。具体公式为：

$$B/C = \frac{\text{效能}}{\text{费用}} \tag{9-4}$$

其中，费用分析处于效能分析遴选待择方案之后，提高了各方案采用工程模型的可行性。

9.2.3　效能费用分析举例

例 9-2　某航空推进系统有四个方案可供选择，各方案的寿命周期费用和可靠性如表 9-16 所示。试选择最优方案。

表 9-16　推进系统成本和效能参数

推 进 系 统	寿命周期费用/百万元	可　靠　性
1	24	0.99
2	24	0.98
3	20	0.98
4	20	0.97

解：可以将上述四个方案两两配对比较，方案 1 和方案 2 比较；方案 3 和方案 4 比较。显然，在相同的成本下，方案 1 的效能优于方案 2，方案 3 的效能优于方案 4。而将方案 2 和方案 3 比较，在相同的效能下，方案 3 的成本低于方案 2。因此，初步入选方案 1 和方案 3。

运用最大效用成本比较法将方案 1 和方案 3 进行比较：

$$(B/C)_{方案1} = 0.99/24 = 0.041（每万元）$$

$$(B/C)_{方案3} = 0.98/20 = 0.049（每万元）$$

因此，选择方案 3。

9.3　基础性项目的收入成本分析

基础性项目又称公共项目或公用事业项目，主要是指由政府为社会、国家和公众利益而投资兴办的非营利性项目，包括交通运输、邮电和水利等生产型基础设施建设项目；教育、科学、卫生、体育和气象等社会性基础设施建设项目；城市交通、能源动力和城市绿化等公用事业项目。

随着我国经济的不断发展和社会主义市场经济的逐步建立，人们对公共物品的需求呈现出快速增长的趋势，因而社会对基础性项目的投资力度也日益增长。由于经济体制的改革，基础性项目逐步由过去的政府统一投资管理改变为政府、社会团体、企业乃至私人等多元投资管理。不过，在对基础性项目投资管理中，政府仍然发挥着主导作用。

9.3.1　基础性项目的特点

基础性项目的目的是提供公共物品，满足公共需求。它不以商业利润为基本出发点，而以社会公众利益为主要目标。基础性项目具有以下基本特点：

（1）基础性项目投资以谋求社会效益为目的。

（2）基础性投资项目的兴办者、投资者与受益者一般是分离的。

（3）基础性工程项目一般具有规模大、投资多、受益面广、服务年限长和影响深远等特点。

9.3.2　基础性项目的经济评价与财务评价的特点

1．评价指标性质不同

政府和非营利性组织兴建的基础性项目是为了保护国家及人民生命财产安全，为公众和企业提供满意便捷的服务，公众享受服务有时免费，有时仅按准成本或成本付费，政府及非营利性组织兴建和维持公益性事业的经济来源主要是财政收入，即纳税人上缴的税金。在这种情况下，不可能采用盈利最大化指标来评价拟建项目的可行性和合理性。

2．评价指标计算方式不同

计算财务评价指标时，现金流入和流出针对的是同一个投资主体。而在计算基础性项目评

价指标 *B/C* 时，收入主要是社会公众享受到的好处，成本主要是投资主体对项目的投入。

3. 评价指标数量不同

对竞争性项目进行财务评价时，采用可货币化的、单一的盈利能力指标就足够了。但基础性项目几乎都有多方面的无形效果，如收入分配、地区均衡发展、就业、教育、健康、生态平衡、社会安定和国家安全等。由于不存在相应的市场和价格，无形效果一般很难赋予货币价值，必须寻找其他方法对项目的无形效果进行评价。

4. 评价指标之间协调的难易程度不同

对竞争性项目进行财务评价时，各盈利能力指标之间的关系是协调的，尽管各利益主体之间也会出现不一致，但协调起来比较容易，往往不影响大局。但不同的公民对基础性项目的多个指标关注的侧重点往往不同，这可能导致指标之间具有显著的冲突，而且协调矛盾的难度较大，从而增大项目选优的复杂性。

9.3.3 基础性项目收入成本分析的基本方法

基础性项目的经济评价建立在项目收入与项目成本比较的基础上。收入成本分析法建立在成本与收益货币计量的基础上，因此，在决定基础性项目能否运用收入成本分析法时，需要考虑下列问题：

其一，项目的收益范围和收益内容是什么？哪些是货币收入？哪些是没有市场价格的非货币性收益？能否比较合理地将非货币性收益转化为等价的货币收入？

其二，项目的成本范围和成本内容是什么？哪些成本是货币支出？哪些成本是没有市场价格的非货币性成本？能否比较合理地将非货币性成本转化为等价的货币成本？

只有在上述问题得到肯定的回答之后，采用收入成本分析法才是适宜的。

收入是指方案给社会带来的收入或节约值减去损失值后的余额。同样，成本是指项目兴办者支付的全部投资和经营成本扣除所获收入或节约值后的净额。

收入成本分析法进行是货币化的收益与成本的比较分析，因而，这种分析可以像盈利项目的经济评价那样，使用净现值、内部收益率等评价指标和评级准则。但在基础性项目的经济分析中，最常用的评价指标是收入成本比。

收入成本分析法分为两种：一种是从方案总成本角度进行的收入成本分析；另一种是从方案追加成本角度进行的收入成本分析。所谓总成本，是指工程项目的开发、建设、投资与运行的成本之和；所谓追加成本，是指相互对比的两方案总成本的差额。此外，按照货币时间价值和换算形式的不同，收入成本分析可用现值计算，也可用年值计算。

（1）总成本的收入成本分析。收入成本比是项目的收益现值与成本现值之比。其数学表达式为：

$$B/C = \frac{\sum_{t=0}^{n} B_t(1+i)^{-t}}{\sum_{t=0}^{n} C_t(1+i)^{-t}} \tag{9-5}$$

式中，B/C 表示项目的收入成本比；B_t 表示项目第 t 年的收益（货币单位），$t=0,1,2,\cdots,n$；C_t 表示项目第 t 年的成本（货币单位），$t=0,1,2,\cdots,n$；i 表示基准折现率；n 表示项目的寿命年限或计算年限。

评价准则为：若 $B/C \geqslant 1$，则项目可行；若 $B/C<1$，则项目不可行。

对单一项目方案而言，收入成本比是净现值和内部收益率的等效评价指标。

同理可证，若 NPV<0，则必有 $B/C<1$。所以，收益成本比与净现值对同一方案的评价结论具有一致性。

在基础性项目的经济评价中，收入成本比指标有时也可用等额年收益与等额年成本之比来表达，即：

$$B/C=\frac{AB}{AC} \tag{9-6}$$

式中，AB 表示等额年收益，$AB = \sum_{t=0}^{n} B_t (1+i)^{-t}(A/P,i,n)$；AC 表示等额年成本，

$AC = \sum_{t=0}^{n} C_t (1+i)^{-t}(A/P,i,n)$，而 $(A/P,i,n)$ 表示等额序列资本回收系数。

（2）追加成本的收入成本分析。方案比较的实质是对方案之间的差异进行分析比较。通常，成本高的方案其收入也高，故可通过比较一方案较另一方案增加的收入和追加的成本来评价方案的优劣。

$$\frac{\Delta B}{\Delta C} = \frac{\sum_{t=0}^{n}(B_{2t}-B_{1t})(1+i)^{-t}}{\sum_{t=0}^{n}(C_{2t}-C_{1t})(1+i)^{-t}} \tag{9-7}$$

式中，ΔB 表示两方案收入差的现值；ΔC 表示两方案成本差的现值；B_{1t} 表示第一方案第 t 年的收入（货币单位），$t=0,1,2,\cdots,n$；B_{2t} 表示第二方案第 t 年的收入（货币单位），$t=0,1,2,\cdots,n$；C_{1t} 表示第一方案第 t 年的成本（货币单位），$t=0,1,2,\cdots,n$；C_{2t} 表示第二方案第 t 年的成本（货币单位），$t=0,1,2,\cdots,n$；i 表示基准折现率；n 表示项目的寿命年限或计算年限。

评价准则为：若 $\dfrac{\Delta B}{\Delta C} \geqslant 1$，则可以接受第一方案；若 $\dfrac{\Delta B}{\Delta C}<1$，则可以接受第二方案。

➡ 例9-3 某地因洪水危害平均每年损失 2 000 万元。为控制洪水泛滥，当地政府提出 3 个防洪工程方案，这些方案实施后可以不同程度地减少受灾面积和洪水造成的损失。此外，"维持现状"也作为备选方案之一。有关数据如表 9-17 所示。试从方案总成本与方案追加成本两个角度进行收入成本分析。

表 9-17　总成本收入成本分析表　　　　　　单位：万元

方　案	投资与运行成本年值	水灾损失年值	方案收入年值
A. 维持现状	0	2 000	0
B. 筑堤	400	1 300	700
C. 建小水库	1 200	400	1 600
D. 建大水库	1 600	100	1 900

解: 各方案收入成本分析的计算结果汇总在表 9-18 中。表中方案 B 的 ΔB 与 ΔC 是与方案 A 相比的差额,方案 C 的 ΔB 与 ΔC 是与方案 B 相比的差额,方案 D 的 ΔB 与 ΔC 是与方案 C 相比的差额。

表9-18　追加成本收入成本分析表　　　　　　　　　单位: 万元

| 方案 | 收入年值 | 成本年值 | 总成本的收入成本分析 | | ΔB | ΔC | $\Delta B/\Delta C$ | $\Delta B-\Delta C$ |
			B/C	$B-C$				
A	0	0	0					
B	700	400	1.75	300	700	400	1.75	300
C	1 600	1 200	1.33	400	900	800	1.125	100
D	1 900	1 600	1.19	300	300	400	0.250	−100

由表所列计算结果可知:

(1)从总成本的收入成本分析结果来看,除方案 A 外,方案 B、C 和 D 都列为备选方案。

(2)从追加成本的收入成本分析来看,方案 D 的 $\Delta B/\Delta C=0.25$,$\Delta B-\Delta C=-100$,说明其收入的增加不足以补偿追加的成本,所以尽管其 $B/C>1$,也应舍去。方案 C 与 B 比较,$\Delta B/\Delta C=1.125$,说明其收入的增加超过了追加成本,故方案的 $B-C=400$(最大),所以只要资金来源没有困难,就应选方案 C。

本章小结

本章应重点掌握企业技术改造项目的经济分析、装备项目的效能费用分析和基础性项目的收入成本分析,这既是项目特征不同的体现,更是对项目评价方法的一个拓展。

复习思考题

(1)简述改扩建、技术改造项目的现金流量的特点。

(2)什么是装备项目的效能和费用?

(3)某地农村地区今年开发建设了一座新城镇。为了解决当地孩子上学问题,提出了两个建校方案。

A 方案:在城镇中心建一座中心小学。

B 方案:在狭长形的城镇东西两部各建一座小学。

若 A 方案和 B 方案在接纳入学学生与教育水准方面并无实质差异,而成本费用(包括投资、运作与学生路上往返时间价值等)如表 9-19 所示,应如何选择?

表9-19　A方案和B方案成本费用表　　　　　　　　单位：万元

方　　案	年　　份	
	0	1～20
A	1 000	280
B	1 500	160

（4）为开发某河流的水资源，同时减少水灾，政府考虑了一个修建水坝系统的建设方案。如果折现率为6%，试根据表9-20所示的基础数据对方案做出评价。

表9-20　基础数据　　　　　　　　　　　　　　单位：万元

年效益 B		年投资 C	年运营费 M
防洪年增加收益	95	项目初始投资　5 740	项目建成后的年运营费 20
娱乐年增加收益	57		
提供灌溉用水年增加收益	8.5		
提供市政用水年增加收益	9.0		
造成渔业和野生生物损失	−5.0		

第10章

价值工程

本章学习目标

　　掌握价值工程的基本原理、核心问题、工作步骤和应用。价值工程的工作过程就是"推倒—创新—再实现"的过程。"推倒"是否定现有的实现功能的手段，"创造"是寻找实现功能的新手段，"再实现"是通过创造和提高达到功能重新实现。通过本章的学习，掌握提高产品价值的途径、分析产品薄弱环节的方法，从而有目的、有重点地对产品改进创新。

10.1　价值工程的基本原理

　　任何经济活动都有其目的和效果，并为此付出代价。在实践中，由于种种原因，人们往往注重经济活动的目的和效果，而忽视为此付出的代价。毕竟只有极少数的情况需要我们不惜一切代价去达到目的。我们日常遇到的大量活动都要兼顾投入和产出。用户在选购产品时，除考察产品的性能和外观外，还要考虑产品的购置价格和产品的使用成本。产品的设计者总是力求在技术上精益求精，设计出技术先进、性能优越、外观新颖的产品。但是，他们往往容易忽视一个基本事实，即产品成本的 70% 在设计时就决定了。价值工程的实践表明，多数产品的技术性能和成本都存在着改进的余地，这就为我们降低产品成本、提高产品价值提供了有力的工具。

　　价值工程（Value Engineering, VE）起源于第二次世界大战期间，当时因为材料短缺，引发了对产品进行变革的需求。价值工程的创始人是美国通用电气公司的工程师劳伦斯·D.麦尔斯（Lawrence D. Miles）。麦尔斯在工作中发现产品中所使用的任何材料都有其特定的功能，能否用具有相同功能而价格更低廉的代用品取代原有的材料呢？从这一指导思想出发，麦尔斯总结出了一套方法，指导工作人员分析产品的功能，通过创造性和创造技法来改革产品，降低产品成本而不影响其效用。这套方法就是价值分析（Value Analysis, VA）。所用的大部分技术都不是新的，功能分析方法的基本原理都是独特的。1961年，麦尔斯在他的《价值分析和价值工程》一书中，把价值分析定义为"一种有组织的创造性方法，该方法的目的为有效地识别出不必要的（无助于质量、用途、寿命、外观或用户特殊要求等的）成本"。经过实践的不断总结，价值分析发展成为价值工程。价值工程从分析产品的功能入手，寻找降低产品成本、改进产品性能的途径。经统计，开展价值工程活动，成本降低率可达到25%～40%。

这些年来价值工程发展很快，从应用领域来看，由硬件领域发展到了非硬件领域，由产品设计发展到了行政、培训、管理、系统和过程、冒险分析、预测、资源分配和销售、服务等领域。

10.1.1 价值工程的概念

1. 价值的定义

价值工程中的"价值"常指效益。对于产品来说，价值公式可表示为：

$$\text{Value} = \frac{\text{Function}}{\text{Cost}} = \frac{F}{C} \tag{10-1}$$

价值就是用户在购买产品时支付的单位成本所取得的物品的数量。价值的定义和经济效果的定义是吻合的。价值工程的目的是要提高价值，也就是要提高经济效果。能够用最低的寿命周期成本向用户提供必要功能的产品，其价值就最大。因此，这里所说的价值实际上反映了物品"好的程度"，也就是"物美价廉"的程度。

提高价值有如下途径：

（1）提高功能，同时降低成本。这是提高价值的理想途径。

（2）功能保持不变，降低成本。

（3）成本保持不变，提高功能。在成本保持一定的情况下，改进设计，提高其使用功能和美学功能，使产品更有竞争力。

（4）少量提高成本，使功能大幅提高。为了满足购买力较高用户的需要，可适当增加产品的功能，虽然成本有所增加，但功能大幅增加，同样可提高产品价值。

（5）稍微降低功能，使成本较大幅度地下降。针对购买力较低的用户，减少或降低某些功能，而使成本大幅降低。

2. 价值工程的定义

价值工程着重于产品的功能分析，是以最低的寿命周期成本可靠地实现产品的必要功能、以提高产品价值为目的的有组织、有领导的创造性活动。

定义表明价值工程分析的是价值、功能和成本三者的关系。其目的是提高产品价值，其核心是"功能分析"，其形式是"有组织、有领导的创造性活动"。

（1）功能的含义。这里的"功能"就产品而言，是指其功用、效用、作用和用途等。产品的功能可分为以下几种：

① 按功能的性质特点区分，可将功能分为使用功能和美学功能。使用功能是产品在应用中

所提供的功能，不仅要求产品的可用性，还要求产品的可靠性、安全性和易维修性。美学功能是为了满足用户对产品所体现出来的美学而提供的功能，包括造型、色彩、图案和包装装潢等内容。不同的产品，对使用功能和美学功能有不同的侧重。

② 按功能的重要程度区分，有基本功能和辅助功能。基本功能是产品的主要功能。产品的基本功能往往不止一个，是用户购买的原因、生产的依据。辅助功能一般是支持基本功能的功能，是为了更好地实现基本功能，或由于设计、制造而附加的次要功能。

③ 按功能适应用户需要区分，有必要功能和不必要功能。必要功能是指为满足使用者的需求应具备的功能。使用功能、美学功能、基本功能和辅助功能都是必要功能。但不必要功能也并不少见，不必要功能是相对于必要功能而言的功能，如过剩的功能水平、多余功能和重复功能。

价值工程的核心是功能分析。任何产品，不是仅以其外在的形态就能满足用户需求的，用户购买的是产品提供的主要功能。例如，用户买灯泡是买"照明"的功能。只要具有相应的功能，就能满足用户的需要。不同的产品或零部件可以提供相同的功能，但因彼此的成分或结构不同，其成本一般是不相同的。开展价值工程活动的目的就是通过对产品的功能分析，寻求最经济合理的功能实现的途径，有效地利用资源，提高产品价值。

（2）寿命周期成本。寿命周期成本是指产品从开发、设计、制造乃至使用全寿命周期过程的费用。它包括两个部分：生产成本和使用成本，即：

$$寿命周期成本（总成本）C = 生产成本 C_v + 使用成本 C_u \tag{10-2}$$

寿命周期成本的高低与产品的功能水平具有内在的联系。随着产品功能水平的提高，生产成本上升，使用成本下降，而两者之和的寿命周期成本则先递减后递增，如图 10-1 所示。

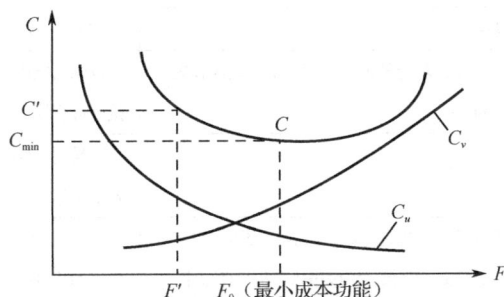

图 10-1　寿命周期成本与功能的关系示意图

寿命周期成本有一个最低点 C_{min}，所对应的产品功能是最适宜的水平 F_0。功能过高，虽然使用成本较低但生产成本较高，则寿命周期成本偏高；反之，功能过低，虽然生产成本费用较低，但使用成本较高，寿命周期成本也偏高。只有功能适宜才能使寿命周期成本最低。价值工程的目标是在 C_{min} 附近寻找一个点，从而使得价值有所提高。开展价值工程就是要使产品功能和寿命周期成本得到最佳匹配。

（3）有组织的活动。通过各相关领域的协作，依靠集体智慧开展有组织的活动是价值工程的另一个重要特征。价值工程强调有组织的活动，这是因为它不同于一般的合理化建议，需要对产品的设计、工艺、采购、销售、生产、财务等各个方面进行系统的研究和分析，需要运用各相关学科的知识和方法。因此，必须把有关人员组织起来，相互协作，才能找出解决问题的最佳方案。

10.1.2 价值工程的工作步骤

价值工程的工作步骤可用流程图（见图 10-2）表示。各工作步骤的内容和采用的技术如表 10-1 所示。

图 10-2　价值工程的工作步骤

表 10-1　各工作步骤的内容和采用的技术

工 作 步 骤	内　　容	采用的技术
选择对象	定义对象	ABC 分类法、功能成本比较法、用户评分法、费用比重分析法、因素分析法等
收集情报	收集数据	购买法、调查法等
功能分析	功能定义，功能整理，约束分析，数据收集，价值计量	双词功能描述、FAST 图、价值计量技术、直接评价法等
方案创造	思索/设想	智暴法、哥顿法、类比法、校对清单法、特性列举法等
方案评价与实施	方案预筛选，优选方案，试验、分析、确定可行性，总结研究结果、汇编报告，提出建议书	帕累托投票法、Q 分类法、数据缩减法、报告书写方法

10.2　选择对象

开展价值工程首先要确定研究对象。对象选择总的原则是：以提高生产率、提高质量、降低成本、提高价值和提高经济效益为目的，根据企业的发展方向、经营目的、存在问题、薄弱环节，优先选择改进潜力大、效益高、容易实施的产品和零部件。图 10-3 列出了价值工程对象选择考虑的主要因素。

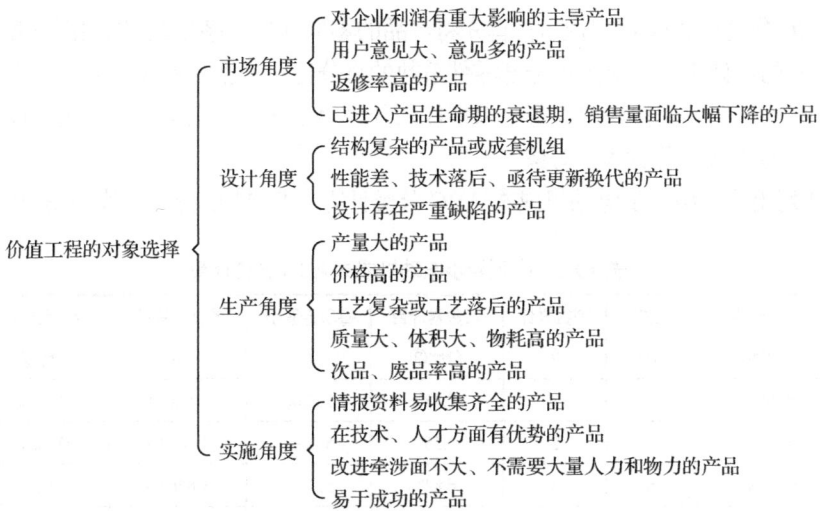

图 10-3 价值工程对象选择考虑的主要因素

选择价值工程对象的方法有以下几种。

1. ABC 分类法

ABC 分类法的基本原理是处理任何事情都要分清主次、轻重，区别关键的少数和次要的多数。ABC 分类法是一种寻求主要因素的方法。这种方法起源于意大利经济学家帕累托（Pareto）的不均匀分布定律。帕累托在对资本主义财富进行分析后发现，80%的财富集中在 20%的人手里，分配是不均匀的。该现象称为不均匀定律，后人将其用在成本分析上。

通过对产品成本的分析发现，产品、零部件的成本分布符合帕累托的不均匀定律，占零件总数 10%左右的零件，其成本往往占整个产品成本的 60%～70%，将这类零件划为 A 类；占零件总数 20%左右的零件，其成本占整个产品成本的 20%左右，划为 B 类；占零件总数 70%左右的零件，其成本仅占整个产品成本的 10%～20%，划为 C 类，如图 10-4 所示。利用这种分类方法，实现对零件的分类控制，这就是 ABC 分类法。

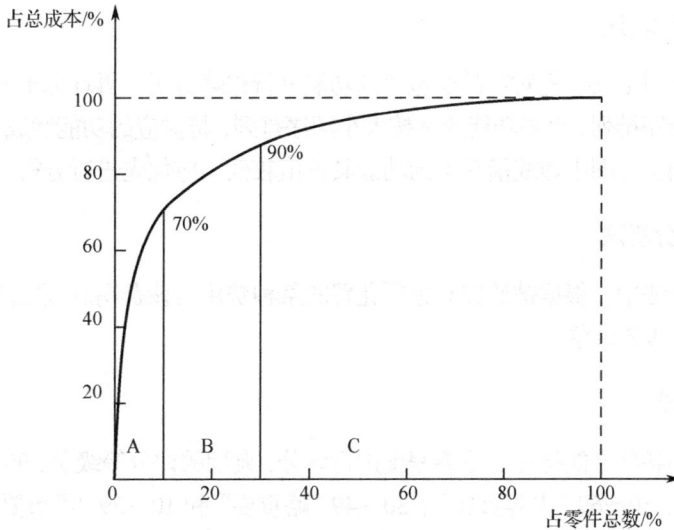

图 10-4 ABC 成本分类法

应用 ABC 分类法选择 VE 对象时，首先将产品的零部件或工序按其成本由高到低依次排序；根据零件排队的累计件数，求出占全部零件总数的百分比；根据零件累计成本，求出占总成本的百分比；然后按照巴列特规律，将全部零件划分为 A、B、C 三类，优先选择成本大的少数零件或工序（即 A 类）作为 VE 对象。

表 10-2 列出了中型异步电动机成本 ABC 分类计算，其 ABC 分析曲线如图 10-5 所示。

表 10-2　中型异步电动机成本 ABC 分类计算

序　号	零部件名称	项数①	项数累计②	项数累计百分比③	每项金额/元④	累计金额/元⑤	金额累计百分比⑥	分类⑦
1	定子线圈	1	1	2.27%	556.00	556.00	21.85%	A
2	转子冲片	1	2	4.55%	548.87	1 104.87	43.42%	A　4 项
3	定子冲片	1	3	6.82%	521.78	1 626.65	63.93%	A
4	端盖	1	4	9.09%	196.94	1 823.59	71.67%	A
5	机座	1	5	11.36%	174.94	1 998.43	78.54%	B
⋮			⋮					B　12 项
16	定子压圈	1	16	36.36%	50	2 417.96	95.05%	B
17	轴承内盖	1	17	38.64%	20	2 437.96	95.82%	C
⋮		1	⋮					28 项
44	M12 垫圈	1	44	100%	0.02	2 544.42	100%	C

资料来源：余信庭. 价值工程原理方法与应用. 南昌：江西人民出版社，1987.

ABC 分类法的优点是能抓住重点，把数量少而成本大的零部件或工序作为 VE 对象，有利于集中精力抓重点，取得较大的效益。其缺点是在实际工作中，由于成本分配不合理，常会出现有的零部件功能比较次要而成本高，有的零部件功能比较重要而成本低，致使后一种零部件不能被选为 VE 对象，提高功能水平。解决的办法是结合其他方法进行综合分析，避免漏选或错选。

2. 功能成本比较法

这种方法（见图 10-6）先对产品所包含的功能进行粗略分析，再计算出所对应的成本。将产品功能按大小顺序排列，再将功能成本按大小顺序排列，将对应的功能和成本用箭头连起来。不难判断，箭头朝上（图中虚线箭头）的功能其价值较低，应优先进行分析。

3. 费用比重分析法

费用比重分析法中，根据被研究对象所花费的某种费用占该费用总额的比重大小，优先选择费用比重大的为 VE 对象。

4. 用户评分法

用户对产品的各项性能指标的重要程度进行评分，典型的评分等级是：90～100 "最重要"；70～89 "很重要"；50～69 "中等重要"；30～49 "略重要" 和 10～29 "不重要或几乎不重要"。把用户认为最重要的功能选择出来作为 VE 对象。这种方法在使用中应注意使每个用户具有同一个参考标尺（等级）。

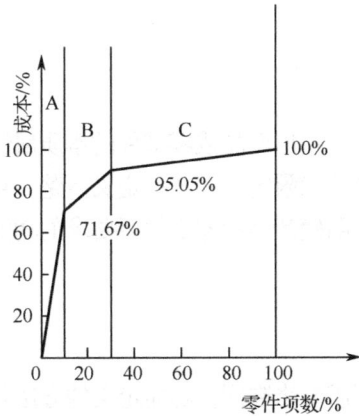

图 10-5　ABC 分析曲线

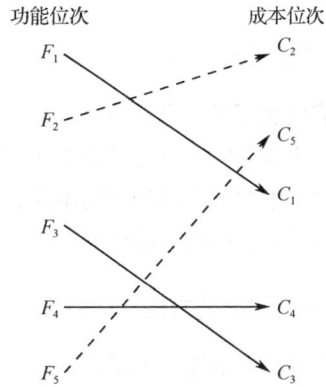

图 10-6　功能成本比较法

5. 因素分析法

由熟悉情况的人根据经验集体研究，共同讨论，确定选择的对象。

6. 成本模型法

首先建立理想的成本模型，再把偏离模型成本范围的零部件作为 VE 对象。

7. 功能重要性分析法

站在用户要求的立场上，根据零件或工序的功能重要性大小选择 VE 对象。

10.3　收集情报

确定价值工程的对象后就开始收集相关的情报，情报大体分专门情报和一般情报两类。关于情报的内容，应根据分析对象的特点而定。以产品为例，主要有：技术方面的情报，如设计新原理、新工艺、新设备、新材料及改善环境和劳动条件；经济方面的情报，如用户要求、用户对产品的意见反馈、同类产品和零部件的生产成本、销售等。

收集情报的方法有购买法、调查法、交换法、发调查信或直接见面等。

10.4　功能分析

价值工程的核心内容是功能分析，主要包括功能定义、功能整理和功能评价。

10.4.1 功能定义

1. 功能定义的目的

所谓功能定义，就是给产品或零部件的功能下定义，指出产品或零部件的本质属性，即将对象产品或零部件所具有的效用（或功用）逐一加以区分和限定，并逐一定义清楚。功能定义的目的就是把握准产品功能的本质，满足用户的需要，明确产品和零部件所要求的功能，便于进行功能评价，提高产品价值。

2. 功能定义的方法

功能定义要求用一个动词和一个名词描述功能，不需要修饰词。功能定义的方法是：

（1）用动词和名词把功能简洁地表达出来。对功能下定义时，首先要清楚作为定义对象的产品或部件同它所具有的功能之间的关系，主语是定义对象，如表 10-3 所示。

用动词和名词给功能下定义，然后把作为功能的承担物（主语）去掉，即它被"打破"了、被撒开了，以便在方案创造阶段创造一个新的承担物，能够以最低的寿命周期成本可靠地实现上面已经明确的功能这个新的承担物就成了新的主语。

表 10-3　功能定义举例

定义对象	功　能	
主语（名词）	谓语（动词）	宾语（名词）
手表	指示	时间
杯子	盛	水
电线	传递	电流
传动轴	传递	扭矩
机床	切削	工件
日光灯	照	明

（2）名词要尽量用可测定的词汇，以利定量化。名词应回答问题"它的动作对象是什么"。名词应是可计量的。例如，给桌腿下定义时，"支承重量"就符合要求，因为重量是可测定的。

（3）动词要采用扩大思路的词汇。动词应回答问题"做什么动作"，动词应该是可演示或适应动作的。例如，给钻床下定义时，"制孔"比"钻孔"就扩大了思路。

（4）要站在物品的立场上下定义，避免以人为中心来考虑物品的功能。例如，给圆珠笔的功能定义为"写字"则是错误的，定义为"作记号"则较为合适。

（5）一个功能下一个定义。一个物品有几个功能就要下几个定义。

功能定义不仅对产品整体，更重要的是对产品的各组成部分（如部件、组件、零件）下定义。例如，保温瓶的功能可以定义为"提供保温容器"，其中各零件的功能定义如表 10-4 所示。

表 10-4 保温瓶零件的功能定义

序 号	零件名称	功 能 定 义
1	底托	支承容器底部，减振
2	三眼	容纳支承件，调节支承位置
3	瓶底	容纳支承构件，保护容器，方便装配，形成外观
4	筒衬	方便装配
5	铆钉	固定构件
6	提把	方便使用，形成外观
7	铁筒	保护容器，连接支承构件，形成外观
8	瓶胆	储水，防止热对流，防止热传导，防止热辐射
9	瓶肩	保护容器，容纳支承构件，支承防尘罩，方便装配，形成外观
10	瓶盖	防尘，形成外观
11	口圈	支承容器颈部，减振
12	瓶嘴	容纳支承件，形成外观，保护容器
13	瓶塞	防尘，防止热对流，防止热传导

10.4.2 功能整理

经过定义的功能常常有很多，各功能之间具有内在联系，为了把这种内在联系表现出来，需要将各部分功能按一定逻辑关系排列起来，将其系统化。这种使功能系统化的工作就叫作功能整理。其结果是形成"功能图纸"——功能系统图。

1. 功能系统图

查尔斯·比塞韦（Charles Bytheway）在 1965 年开发了一个著名而有效的功能分析系统技术（Functional Analysis Systems Technique, FAST）。此技术把已经明确定义的各个功能，按照目的和手段的从属关系或并列关系，绘制成功能系统图，如图 10-7 所示。

把目的功能称为上位功能，手段功能称为下位功能。对于一个功能，通过回答"它的目的是什么"就可找到它的上位功能；回答"实现它的手段是什么"就可找到它的下位功能。上位功能和下位功能都是相对的，一个功能对它的上位功能来说是手段，对它的下位功能来说则是目的。功能系统图以功能系统而不是产品和零部件的结构系统作为产品设计的构思，便于从整体上把握产品或对象的必要功能，发现和消除不必要的功能。

功能系统图中有关术语如下。

"级"：每一分支形成一级。F_0 为对象的最上位功能，称为 0 级功能，F_1 和 F_2 是 F_0 的并列下位功能，称为 1 级功能，其余类推。

"功能区域"或"功能范围"：某功能和它的分支全体，即关系密切的功能统一体。例如，F_{11} 和 F_{21}、F_{22}、F_{23} 是一个功能区域；F_{13} 和 F_{26}、F_{27} 及 F_{31}、F_{32} 也构成一个功能区域。功能区域是相对的，可分为不同级别的功能区域。在进行功能评价时，以功能区域为对象，找出价值低的功能区域作为变革的着手点。此即功能整理的目的。

"位"：同一功能区域中的级别用位表示，高一级功能称为上位功能，低一级功能称为下位功能，同级功能称为同位功能。例如，F_{11} 是 F_{21}、F_{22} 和 F_{23} 的上位功能；F_{21}、F_{22} 和 F_{23} 是 F_{11} 的下位功能；F_{21}、F_{22} 和 F_{23} 则是同位功能。功能系统图中不再细分的功能称为末位功能，如 F_{21}、F_{22} 和 F_{23} 等。

功能系统图表明了产品整个功能系统的内部联系，阐明分析对象的"功能是什么"，反映了设计意图和构思，为功能评价和改进创新提供了基础。

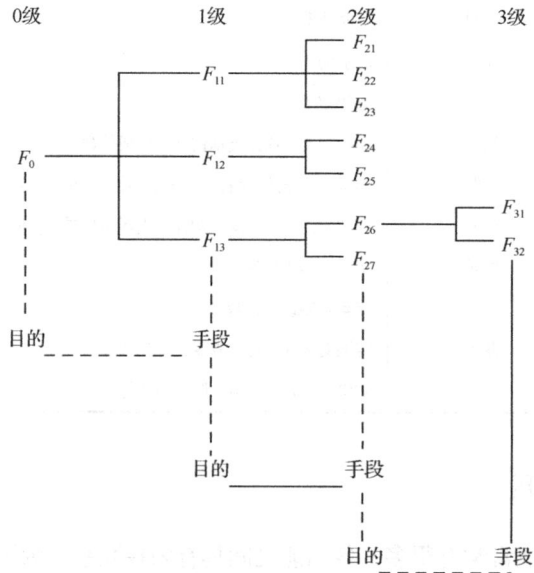

图 10-7　功能系统图的格式

2. 功能整理的方法

功能整理采取的逻辑是：目的—手段。上位功能是目的，下位功能是手段。因此，上位功能也称为"目的功能"，下位功能也称为"手段功能"。

功能整理的目的主要是搞清楚现有设计的构思，同时搞清楚和剔除不必要功能，为以后功能评价做准备。在进行功能整理时，根据工作需要，绘制复杂或简略的功能系统图或 FAST 图。绘制一个产品全面而详尽的功能系统图是一件很费力费时的工作。不同的系统图之间可以有很大的差别，其复杂程度和粗细程度根据需要而定，粗的可以只绘制到大部件，如变速箱，甚至一部机器，如发动机；细的可以到小零件，如保温瓶底托，甚至将一个零件的功能再细分到工艺结构，如保温瓶胆的镀银工艺（防热辐射）。就是在同一系统中，细化程度也有差别。不是十分必要时，一个产品所有的功能不必都绘制在一起，可分系统、分级、分段进行。例如，对于像汽车这样复杂的产品，细化到所有零件是不可能的，必要时可将某些功能（如"产生动力"）单独抽出，另外绘制更详细的图。因分析目的而异，同一产品从不同角度分析可以有不同的功能系统图，因此，功能系统图是不唯一的。绘制功能系统图的一般步骤如下：

（1）编制功能卡片。由于要定义的功能较多，为防止遗漏、重复和混乱，可以把产品及其构成要素的所有功能定义编成功能卡片，每个卡片代表一种功能，卡片包括功能内容、零件名称和成本。功能卡片格式如图 10-8 所示（以"支承容器底部"这一功能为例）。将写有相同功能的卡片集中在一起，得到一组卡片。这就是一个个末位功能。例如，"支承容器底部"这一组卡片由零件 1、2 和 3 组成，如图 10-9 所示。

图 10-8 功能卡片格式

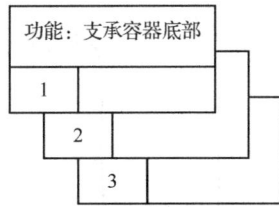

图 10-9 具有相同功能的卡片组

（2）以基本功能为骨架构造出一个树形结构。抽出最基本的功能卡片放在最左边，对其他的功能通过分别询问"功能的目的是什么""功能实现的手段是什么"来确定它的位置，从而确定出功能系统的逻辑关系。例如，取出"支承容器底部"这组卡片，追问目的是什么？回答是"支承容器"，这就是其上位功能，如图 10-10 所示。

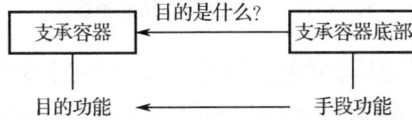

图 10-10 由手段功能寻找目的功能

如前所述，功能整理的逻辑是"目的—手段"。因此，功能整理的方法之一是由手段寻求目的，从而把所有手段功能联系起来。该方法适用于不太复杂的现有产品。方法之二则是由目的寻找手段，将所有手段功能排列起来。该方法适用于复杂产品和设计中的产品。由于复杂产品有成千上万个零件，从零件功能开始进行功能整理实际上是不可能的。而对设计中的产品，由于设计尚未定型，从零件功能开始整理也是不现实的。这两种情况下，适宜采用"目的—手段"方法。

"目的—手段"方法从 0 级功能开始逐级向下追问手段功能。例如，载重汽车的功能是"运载货物"。从原理上看，运载货物至少应有两个手段：提供货厢、移动货厢，如图 10-11 所示。

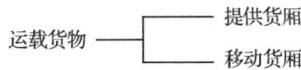

图 10-11 载重汽车的 0 级和 1 级功能

现在来分析"移动货厢"的手段。移动货厢需要有行走机构（具体实物是车轮）、驱动行走机构（用动力机构和传动机构实现）及其与货厢组成的整体，如图 10-12 所示。

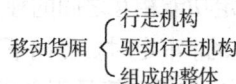

图 10-12 由上位功能追寻功能区域的下位功能

再往下重点分析"驱动行走机构"这一功能。逐级往下，就可以大致勾画出载重汽车的功能系统图（见图 10-13）。

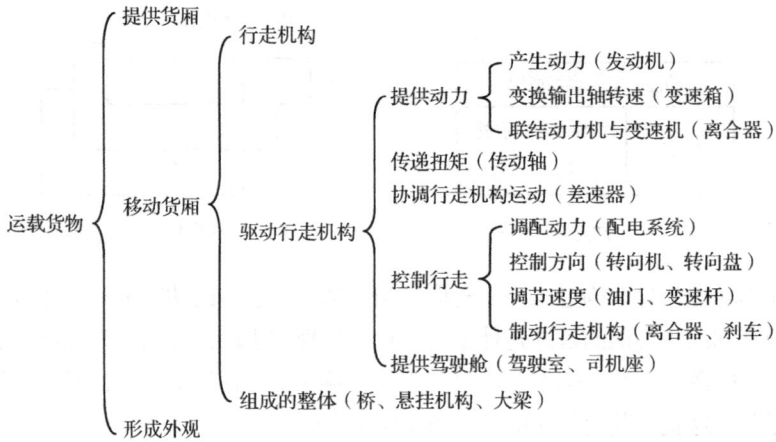

图 10-13　载重汽车的功能系统图

（3）绘制功能系统图。根据基本功能绘制功能系统图的主要骨架，再把辅助功能联结到主要骨架上去，从而完成了功能系统图的绘制。图 10-14 是经过逐级整理得到的保温瓶的功能系统图（括号内为对应的零件号）。

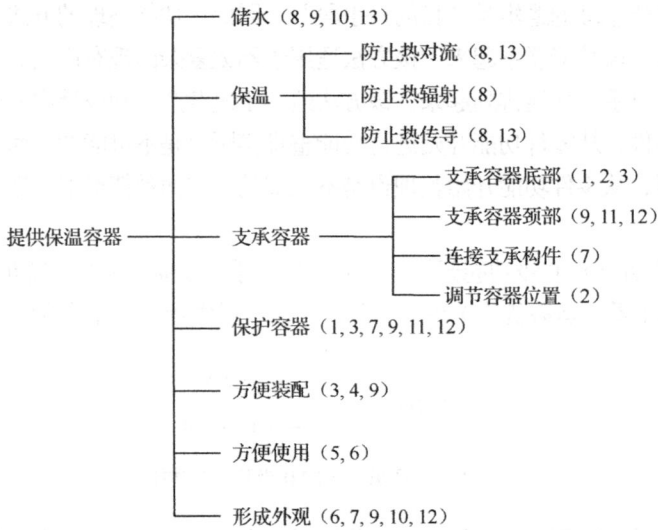

图 10-14　保温瓶的功能系统图

（4）审定功能系统图。主要是审定功能相互之间的独立和从属关系，图 10-7 中 F_{11} 与 F_{21}、F_{22} 是从属关系，F_{21} 和 F_{22} 是互相独立的。审定时要提出下列问题：如果上位功能 F_{11} 不必要了，那么下位功能 F_{21} 和 F_{22} 是否还有必要？如果回答是不必要，那么 F_{21} 和 F_{22} 是 F_{11} 的从属功能，摆在手段功能的位置是正确的；如果答案是必要的，那么 F_{21} 和 F_{22} 对 F_{11} 来说是独立功能，摆在手段功能的位置上就不对了，应该寻找别的目的功能。

（5）功能系统图的两端通常用"界线"围着，此界线画出了研究的责任范围。功能系统图在绘制中需要反复修改、完善。在功能整理的过程中，有时要调整零件的功能定义，其目的是使系统图中的末位功能与零件的功能定义相对应。例如，保温瓶胆的功能定义可以是"保温"，但在功能系统图中将瓶胆的功能定义改成"防止热对流"、"防止热辐射"和"防止热传导"，能更清楚地表达保温方式。

3．功能系统图的检查

功能定义强调对单一功能本质的深入理解，功能整理则强调对整个产品功能系统的深入理解。因此，功能整理是功能定义的继续、深化和系统化。功能系统图的表达方式虽不唯一，但由于功能系统图是功能系统内在逻辑关系的反映，因此，它有严密性的一面。在绘制功能系统图时应注意：功能的实现离不开构件实体，即系统图中的功能要对应于产品的构件实体；下位功能要保证上位功能的实现；上下位功能是"目的—手段"关系，而同位功能之间是互相独立的，不存在"目的—手段"关系。

10.4.3　功能评价

通过产品的功能分析，明确了产品的功能系统，并对功能的必要程度进行了定性分析，剔除了不必要功能，回答了"它是干什么用的"，然后就需要求出这些功能的价值系数，回答"它的成本是多少""它的价值是多少"这两个问题，即进行功能评价。

价值计量的绝对值法需要计算功能价值系数，其公式为：

$$功能价值系数 = \frac{功能评价值（功能最低成本）}{功能实现成本} \tag{10-3}$$

由式（10-3）可知，功能评价值就是可靠地实现所需功能的最低成本，也是实现该功能的目标成本。实现成本与最低成本的差额可作为成本降低目标，从而确定功能改进对象。

应该指出，价值系数的计算应在功能系统图相同的层级上进行，这一点是很重要的。

生产或购买质量好、价格便宜、成本低廉的产品是人们追求的目标，用户总是要选择价廉物美的产品，力求用最少的钱买到同样的功能。因此，产品的功能值可视为"最低消耗"或"最低成本"。由此，确定功能值 F 的原则是考虑用户购买某一功能所能承受的代价。下面介绍确定功能值的具体方法。

1．直接评价法

（1）实际价值标准法。将产品或零件的功能分解，找到可代替的手段及其成本。它通过把产品或零件的功能成本与具有同样功能的其他类似产品或零件的成本做创造性的比较而确定的。例如，领带夹的功能是"拴住领带"，领带夹的评价值就可通过检验其他具有同样功能——"拴住领带"的物品而求得。但注意在实践过程中应统一标准，将功能条件和实现程度相同的划为一级，不相同的划为另一级。

（2）理论价值标准法。这也是直接评价法的一种。根据物理学、材料力学或某些工程计算公式和某些费用标准（如材料费）能直接计算出某些功能的最低成本。例如，要为"传递扭矩"功能制定理论价值标准，其所用材料为实心棒料。根据扭矩计算公式：

$$M_n = \frac{\pi}{16}\tau d^3 \tag{10-4}$$

和计算材料费用公式：

$$C = \frac{\pi}{4}d^2 l\rho P \tag{10-5}$$

可求出物理量与费用之间的关系式：

$$\frac{C}{l} = \frac{\pi}{4} \rho P \left(\frac{16}{\pi \tau} \right)^{2/3} M_n^{2/3} \qquad (10\text{-}6)$$

以上公式中，M_n 表示扭矩（N·mm）；τ 表示最大允许切应力（N/mm^2）；d 表示棒料直径（mm）；C 表示材料费用（元）；l 表示棒料长度（mm）；ρ 表示材料密度（kg/mm^3）；P 表示材料价格（元/千克）。

根据式（10-6），只要知道所要求的扭矩大小和所使用的材质，就能算出单位长度的材料费，即传递扭矩功能在材料方面的功能评价值。

2. 价值计量的相对值法

在价值计量的相对值法中，把功能（或费用）都按其所占总体功能（或功能成本）比例的大小进行定量。某功能在总体功能中所占比例称为该功能的重要程度系数；同样，某功能成本在总体功能成本中所占比例称为该功能的成本系数。这时计算功能价值系数的公式为：

$$\text{功能价值系数}（V_i） = \frac{\text{功能重要程度系数}（F_i）}{\text{功能成本系数}（C_i）} \qquad (10\text{-}7)$$

（1）功能重要程度系数的确定。功能重要程度系数或称功能系数是通过产品或组成部分内部比较的主观定量技术进行的。有许多主观定量化技术可用来计算价值系数，下面介绍两种。

① 成对比较法。马奇（Mudge）使用并阐明了该方法，它是通过产品内部功能之间的比较并求出比例而建立的。一般按矩阵形式排列同样层次级别的各功能区域，然后针对用户提出的产品应具有的某些具体特征（如重要程度、成本等），将每个功能与其他功能依次两两比较打分。重要程度无差别的打 0 分；重要程度有少量差别的打 1 分；重要程度有中等差别的打 2 分；重要程度有很大差别的打 3 分，重复此过程，所有功能两两成对比较完，把各个功能所得到的分数相加，其和即为每个功能的重要程度得分，最后将它与全部功能得分之和相比，求出功能重要程度系数，如表 10-5 所示。

表 10-5　圆规成对比较矩阵

功能	B	C	D	E	F	G	H	I	J	功能得分	功能重要程度系数
A	A-2	A-3	A-3	A-1	A-2	A-3	0	I-1	J-3	14	0.16
B		B-1	B-2	E-1	0	B-1	H-2	I-3	J-3	4	0.05
C			C'	E-3	F-2	0	H-2	I-3	J-3	1	0.01
D				E-3	F-3	G-1	H-2	I-3	J-3	0	0
E					E-1	E-2	0	I-1	J-3	10	0.12
F						F-1	H-1	I-2	J-3	6	0.07
G							H-3	I-3	J-3	1	0.01
H								I-2	J-1	10	0.12
I									J-1	18	0.21
J										21	0.25
总计										85	1.00

成对比较法一般由一组人员进行，把所有参加者个人的矩阵加以平均。成对比较法有很好

的区别功能，但当评价的项目很多（>10）时，此法可能麻烦而不适用。

② 直接估值法（Direct Magnitude Estimation, DME）。直接估值法以某一个功能的重要程度为基准，赋予相应的值，然后将该功能与其他各功能进行对比，依据相对重要程度直接按比例为其他各功能赋值，以反映这些功能相对于前一个功能重要程度的主观印象。若认为第二个功能的重要程度看起来为第一个功能的 15 倍，就赋予它一个 15 倍的数字等。赋值可用正分数、整数或小数，但必须使每个赋值与其重要程度成比例。DME 法简单易用，特别是当需要区分的功能较多时该方法很有效，但由于估计值呈对数正态分布，因此，最好采用估计值的几何平均值来平均。平均后按前述方法计算出功能重要程度系数。

（2）功能成本系数的确定。功能成本系数亦可用成对比较法确定，计算结果如表 10-6 所示。

表 10-6　圆规的数据结果

功　能	功能重要程度系数/%	功能成本系数/%	功能价值系数/%
A	16	25	0.6
B	5	4	1.3
C	1	1	1.0
D	0	9	0
E	12	7	1.7
F	7	3	23
G	1	4	0.3
H	12	U	0.6
I	21	4	5.3
J	25	23	1.1

（3）功能价值系数分析。如前所述，功能价值系数的计算公式为：

$$功能价值系数（V_i）= \frac{功能重要程度系数（F_i）}{功能成本系数（C_i）}$$

只要得到功能价值系数，就可以对功能进行分析。根据其价值大小，可得到功能与成本是否相匹配的信息，从而决定是否将该功能（或功能区域）列为改进对象。

如果 $V_i<1$，表明该功能分配了过多成本，其功能的重要程度与所分配的成本不相匹配，应作为功能改进的对象。

如果 $V_i=1$ 或接近于 1，则表明功能与其占用的成本相匹配，不作为功能改进对象。

如果 $V_i>1$，则表明功能重要却分配了较低的成本，这本应是追求的目标——物美价廉，但实际生产中并非完全如此。出现 $V_i>1$ 的情况有几种原因：一种是由于确实采用了新技术、新材料或新工艺，从而降低了成本，并以较低的成本获得重要的功能；另一种可能是现实成本太低，使功能得不到可靠的实现，这时应适当增加成本，以保证满足必要功能；还有可能是功能水平偏高，出现过剩的功能，此时应剔除过剩部分，提高其价值。因此，$V_i>1$ 也应列为重点对象加以分析和改进。

价值计量的相对值法在分析结构比较复杂的产品时不够准确，除人为因素外，还因为价值系数不仅与零件本身的功能（f_i）和成本（c_i）有关，而且受总功能($\sum f_i$)和总成本($\sum c_i$)的影响。

从价值系数公式中可以看出：

$$V_i = \frac{F_i}{C_i} = \frac{\dfrac{f_i}{\sum f_i}}{\dfrac{c_i}{\sum c_i}} = \frac{f_i \dfrac{\sum c_i}{\sum f_i}}{c_i} \qquad (10\text{-}8)$$

如果某功能 f_i 的现实成本 c_i 与其本身的功能 f_i 相匹配，但由于 $\sum c_i / \sum f_i$ 的影响而使 $V_i \neq 1$，即功能与成本不匹配，此时，价值系数产生了偏差。这种不合理的现象影响了这种方法的准确性。

10.5　方案创造

方案创造的目标是寻求能完成某项功能的可供选择的方案，回答"有无其他方法实现这个功能"和"怎样才能删去辅助功能而仍可实现基本功能"的问题。价值工程能否成功和其成果大小取决于方案创造，而方案创造的核心内容就是创新。价值工程所说的创新既包括重大发明，包括所有的革新、改进。它可以是原理性的突破，又可以是某些结构、工艺、材料的改进。创造性思维是"发散性"思维，其答案不是唯一的。技术进步也为创新、改进提供了更多的途径。方案创造的方法很多，据统计，20 世纪 30～80 年代，世界各国共开发创造性技法 340 多种。

1. 智暴法

智暴法又称头脑风暴法（Brain Storming，BS），由美国的奥斯本（A. F. Osbon）首创。智暴法是智力激励法的一种，通过开会的方式获取新的创意。会议人数以 5～10 人为宜，主持人应熟悉设计对象，善于启发归纳。会议规则是：提倡自由奔放地提意见，勇于发言；不允许评论、肯定、否定或批判别人的设想；希望提出大量方案，即使设想明显地脱离现实和常识，也要全部记录下来；到会的人不以官职相称，完全处于平等地位；不允许私下交谈，不允许提出集体看法、权威看法；但要求在改善和结合别人意见的基础上提方案。会议规则制定的目的：使与会者在头脑中卷起风暴，抓住瞬时灵感，刺激思考能力；由于创造了良好的气氛，大家能够无所顾忌地开动脑筋、集思广益、互相启发；在激发、诱发和综合的基础上，必然会出现一些新颖而有价值的想法和方案，在较短的时间里提出大量设想。会后将这些想法和方案进行分类整理，分析其可行性。要注意的是，为了能激发灵感，会议时间不宜过长，约一小时即可。

2. 哥顿法

哥顿法是由美国人哥顿（W. J. Gordon）提出的。它运用抽象思维的阶梯，将扩散与收敛思维相结合进行方案的创造。抽象的阶梯是：对于要改进的事物，撇开其原有的实物形态，抽象地思考事物的本质（功能），寻求实现功能的各种手段，并创造出能更好地实现功能要求的实物形态。例如，要开发割草机，主持人以一个抽象的功能概念："用什么办法可以把一种东西断开"开始，与会者提出可以用剪断、切断、扯断、割断、锯断、冲断等不同方法，此时主持人宣布要断开的东西是草，请大家研究割草机的方案。割草机的功能是割草，本质上是草的

"物理分离"，通过扩散思维提出分离草的办法有拉、割、剪、抽等，其中用双刀或多刀的相对移动剪切草效率较高；抽草是一种颇有新意的方案，受杂技演员用绳子抽断香烟和切开纸张的启发，说明软韧的绳子只要有足够的速度，利用冲击能也能分离物体。在多种方案的基础上，根据具体情况进行优选，若以手推为动力，则剪草方案较合理；若用高速动力，抽草机方案既简单效率又高。新型割草机用直径约 2mm 高速旋转的尼龙绳又快又好地修整草地。哥顿法是一种抽象类比法，主要是抽象功能定义中的动词部分，扩大思路，寻求新的方案。

3. 校对清单法

根据研究对象列出有关问题，一一讨论，从而获得解决问题的办法和创新发明的设想，它适用于各种类型的创意活动，有人称它为"自我突破思考法之母"。美国人奥斯本在研制新产品时提出以下问题：

（1）对现有产品稍加改变，能有新用途吗？

（2）能否借用别的经验或发明？过去有类似的东西吗？有什么东西可供模仿？

（3）能否对产品进行某些改变，如改变运动形式、元件形状和颜色等？

（4）能否增加或减少一些东西，如增减组件和增减特性等？

（5）能否相互替换，如改变结构、改变顺序、改变布置和元件互换等？

（6）能否把某些东西颠倒过来，如上下颠倒、里外颠倒和正反颠倒等？

（7）能否代用，如采用其他材料、元件、工艺和动力等？

（8）能否形成组合，如材料组合、部件组合、目标组合、方案组合和成分组合等？

➔ 例 10-1　利用奥斯本校对清单研究风扇新产品方案。

① 风扇稍加改进能有其他用途吗？

风扇的基本功能是形成压力差，由于空气流动能使人感到凉快。稍加改进可作鼓风机、抽风机和吸尘器。还能设计新颖猫头鹰扇和加灯的华丽吊扇等，同时风扇也是室内装饰品。

② 能否借用别的经验实现风扇的功能？

改用压缩空调器可调节冷热，其功能更全。

③ 能否改变风扇结构或造型，进而引出新产品？

改变结构：台扇、落地扇、吊扇和壁扇等。

④ 能否增加或减少些什么？增加或减少功能又如何？

设计大型工业风扇或小型旅行扇及蚊帐内的小吊扇等，以满足不同需要。

增加功能：加灯便于夜间照明，加"倾倒即停"装置，保证使用安全。

⑤ 能否进行替换？

性能替换：多速风扇替代单速风扇。

⑥ 反过来怎么样？

风扇不动，外罩上的扇页转动，风受到干扰后排出，送风角度大，风量柔和，结构简单。

⑦ 是否能用其他材料、元件和工艺代用？

扇叶材料：木、钢、铝、塑料和玻璃纤维等。

风扇体：铁板冲压和塑料整体注塑等。

⑧ 能否进行组合，产生新方案？

功能组合的多用风扇：落地灯扇、有装饰灯并送香味的风扇等。

目标组合的模拟自然风风扇：如有强、弱、微三挡风量的组合风扇开关控制的单速风扇，6秒开、4秒停，得到强、弱、微的模拟自然风。

由此得到风扇的多种方案供选择。

4. 类比法

与所要解决问题类似的其他事物进行类比，获得启发而得出新的想法。类比法有：①相似类比。河蚌育珠是由于异物刺激，受此启示，在牛胆中埋入异物，使牛的胆结石产生"牛黄"，找到增产珍贵药材牛黄的办法。②仿生类比。受生物界各种丰富多彩的功能、极其复杂和精巧的机构的启发，开发新产品。例如，根据青蛙对运动物体的特殊观察能力而研制出"蛙眼电子器"，以监视机场的飞机起落。③因果类比。根据合成树脂加入发泡剂产生发泡塑料这种因果关系，推出在水泥中加入发泡剂制成发泡混凝土等。

5. 特性列举法、缺点列举法或希望点列举法

特性列举法、缺点列举法或希望点列举法分别是将研究对象所要求的功能特性一一列出、将研究对象功能特性中的缺陷一一列出或将希望研究对象能具有的功能特性一一列出，逐项研究它们的实现手段，提出创新设想。这三种方法在考虑、解决问题时具有综合、灵活、适用性强、简便易行的特点，是常用的方法。

此外，德尔菲法也是较常用的方法。

10.6 方案评价与实施

10.6.1 方案的概略评价

方案的概略评价是对方案创造阶段所产生的众多方案和设想进行粗略分析、对比、筛选，在内容上不求详尽，方法上力求简便，时间上要迅速及时，评价的标准不宜过严。评价内容包括技术评价、经济评价、社会评价和综合评价。技术评价主要围绕"功能"进行。经济评价主要是围绕成本进行。社会评价主要是针对方案给社会带来的利益或影响进行。综合评价也叫价值评价，是在前三者的基础上进行的整体评价。帕累托投票法和Q分类法是两种有效的预筛选技术方法，能迅速、简便地提供高度的分辨力，要评价的设想越多，这些方法就越适用。使用这些方法之前，应该把相似的设想合并，消除冗余。

1. 帕累托投票法

其原理是帕累托的不均匀分布定律。在价值工程中假定方案列表中80%左右的价值为大约20%的方案所具有的。参加者对列表中方案的价值进行投票（秘密地或公开地），要求每个投票者选择一定数量（大约20%）他认为是最重要的方案。投票者不必把所选的对象排列优先次序。每个方案只允许投票一次，对得票最多的那些方案进行讨论并考虑将其作为价值工程的进一步研究对象。

2. Q 分类法

将每个方案写在一张单独的卡片上,并按价值层次进行分类。第一次分类是把方案分成"高"价值和"低"价值两堆;第二次分类把两堆分成四堆,代表"很高""高""低""很低"的价值;第三次分类是从两个中间堆中挑出所有中等价值的方案而获得"中等",最后的分类就产生了代表"很高"、"高"、"中等"、"低"和"很低"价值方案的五堆卡片。从最高价值方案中选出下一步价值工程的研究对象。

10.6.2　方案的具体制定

经方案概略评价后,选出少数较优方案,进行方案的具体化,把比较抽象的功能变成一个具体的实体。

10.6.3　方案的详细评价

对具体制定的方案从技术、经济、社会和综合四个方面进行详细评价,选出最优方案。目的是对多种改进方案提供全面、准确、可靠的依据,正式提交审查。

1. 技术评价

技术评价是以用户需要的功能为依据进行评价,包括功能实现程度(性能、质量、寿命等)、可靠性、维修性、操作性、安全性、整个系统的协调与环境条件的协调等。

工程上的这些最低要求、期望的满足程度和技术性能等技术指标,有些不能用数量表示,如外观和可维修性等;有些即使可用数量表示,它们的计量单位也不同,如噪声(dB)和效率(%)等。由于计量单位不同,不能用简单的加法进行总判断,从而给技术评价带来困难。为解决此问题,可采用评分法。

(1)直接打分评价法。为了把用不同计量单位表示的技术性能和无法用数量表示的技术要求用一个统一的尺度来判断,常用评分法评价方案的优劣。在评价时,可用一个能实现全部评价特征的理想方案作基准,与其他几个设计方案相比较,通过打分的办法确定各方案达到功能要求的程度。完成得好的给高分,完成得差的给低分。评分标准如表 10-7 所示。

表 10-7　评分标准

等　级	分　值
很好(理想的)	4分
好	3分
过得去	2分
勉强过得去	1分
不能满足要求	0分

但应注意,理想方案本身并不是绝对的基准分数,它与当时的技术水平有关。所以,这种比较方法只是相对的。

例10-2 有一传动装置，设计了两个传动结构方案草图，试用直接打分法评价这两个方案的优劣。

解：两方案的评价表如表10-8所示。由表中结果可知，方案二优于方案一，但距理想设计还有差距，还可找出薄弱环节加以改进。

表10-8 传动装置的技术评价表

目 标 判 据	评 分		
	方 案 一	方 案 二	理 想 设 计
零件数	3	4	4
体积	2	3	4
质量	2	3	4
加工简易	2	4	4
维护	3	3	4
寿命	4	3	4
总分数	16	20	24

（2）加权打分评价法。加权打分评价法与直接打分评价法的区别是：它把目标判据的重要性考虑进去，用一个加权系数表示，加权系数大时重要性大，加权系数小时重要性小，总加权系数等于1，而不是像直接打分评价法那样把目标判据都按同等重要性看待。加权系数可采用专家评定法和成对比较法等确定。

仍以圆规为例，如表10-9所示。评分标准按百分制计算。总分数是加权后的总得分，总分数高的方案为最优方案，总分数低的方案为较差方案。本例中，方案B得分最高，为最优方案。

表10-9 圆规实例加权打分评价表

方 案	目 标 判 据					总 评
	便 于 使 用	便 于 制 造	安 全	质 量	吸 收 性	
	0.15	0.3	0.2	0.25	0.1	1
A（普通圆规）	100 / 15	30 / 9	50 / 10	70 / 17.5	10 / 1	52.5
B	80 / 12	100 / 30	90 / 18	50 / 12.5	30 / 3	75.5
C	30 / 4.5	50 / 15	70 / 14	40 / 10	70 / 7	50.5
D	50 / 7.5	60 / 18	80 / 16	50 / 12.5	60 / 6	60

注：表中第二行数值为对应于每项评价内容的加权系数。

2. 经济评价

经济评价是以寿命周期成本为依据，同时考虑利润、使用期限和数量、实施方案的措施费用和方案实施的生产条件等，其评价方法有总额法和机会成本法。

（1）总额法。在比较不同方案的成本指标或利润指标时，将影响成本或利润的全部因素加以计算，求出总成本或总利润后进行比较。

用总额法进行利润比较：如果方案 A 的销售收入为 12 000 元，总成本费用为 9 000 元；方案 B 的销售收入为 10 000 元，总成本费用为 8 000 元，则方案 A 的总利润为 3 000 元（12 000–9 000）；方案 B 的总利润为 2 000 元（10 000–8 000）。

评价结果应该是方案 A 有利。

（2）机会成本法。在进行经济评价方案时，选择某一方案，就必须舍弃其他方案，从而丧失采用其他方案获得收益的机会。采用机会成本法进行评价，可明确而生动地表示出对比方案经济效益的差异，从而选出最优方案。

采用机会成本法计算 A 和 B 两方案的机会收益或机会损失，如表 10-10 所示。

表 10-10　机会收益或机会损失的计算 单位：元

对 比 方 案	销售收入①	总成本②	机会成本③	机会收益（机会损失）④=①-②-③
方案 A	10 000	9 000	2 000, B: ①-②	–1 000
方案 B	10 000	8 000	1 000, A: ①-②	1 000

由表 10-10 可知，实行方案 B 可获得机会收益 1 000 元；实行方案 A 则机会损失 1 000 元。采用机会成本法评价方案时，以不遭受机会损失或以机会收益较大的方案为优，故采用方案 B。

3. 社会评价

方案的社会评价主要是谋求企业利益与用户利益和社会利益的一致，其内容视具体情况而定，如方案的功能条件与国家的技术政策和科学发展规划是否一致，方案的实施与社会环境、生态平衡、公害污染的避免，以及国家法律、条例、规定等是否一致。

4. 综合评价

综合评价是在技术评价、经济评价和社会评价三方面评价的基础上对方案所做的总体评价。可用连乘评分法进行整体评价。

连乘评分法将各个评价方案所得分数连乘，根据乘积大小评价方案优劣，如表 10-11 所示。

表 10-11　用连乘评分法评价方案优劣

评价项目			评　价			
内　容	评 价 等 级	评分标准	A	B	C	D
产品功能	① 满足用户要求	3	3			
	② 基本满足要求	2		2		2
	③ 仅能满足最低要求	1			1	
成本	① 低于外企业同档产品	3		3		
	② 低于本企业原有成本	2	2		2	2
	③ 与本企业原有成本相等	1				
产品销路	① 未来市场销路最大	3	3			
	② 市场销路大，竞争产品多	2		2		2
	③ 市场规模不大	1			1	

续表

评价项目			评 价			
内　容	评 价 等 级	评分标准	A	B	C	D
投资	① 投资回收期短	3	3		3	3
	② 投资较多，回收期较长	2		2		
	③ 投资多，且资金来源困难	1				
方向	① 符合国家规划和企业经营目标	3	3			
	② 符合当前社会需要	2		2		
	③ 与国家要求长远规划不符	1			1	1
连乘总积		1～243	162	48	6	24

10.6.4　试验验证与方案实施

对具体制订的改进方案从技术上进行必要的试验验证，检查方案能否满足预定要求，针对存在的问题进行再创造以消除发现的缺陷。经过以上评价和验证过程即可进入方案实施阶段。方案实施阶段，主要是准备建议和向管理部提交建议，要用报告的形式说明建议和列出实施的具体计划。

价值工程的工作过程就是"推倒—创新—再实现"的过程。"推倒"是否定现有的实现功能的手段，"创造"是寻找实现功能的新手段，"再实现"是通过创造和提高达到功能重新实现。例如，从机械钟表到电子钟表的创新，就是对机械机构这一手段的推倒，创造了电子结构新手段，重新实现"指示时间"这一功能。

价值工程的完整程序比较复杂，但其主要内容都体现在以上的过程中。从功能分析进入创新就是从发现问题过渡到解决问题。发现问题，为创新准备条件的功能分析三阶段（功能定义、功能整理、功能评价）具有相对的独立性，从其中的任一阶段开始进入创新都是可行的。当然，由于功能分析的深度不同，掌握的信息量不同，改进、创新的结果会有差别。但是，在初次开展这项工作、缺乏经验和专家指导的情况下，为简化步骤、便于施行，也不必拘于价值工程的完整程序。同时，对有些简单的分析对象，也不必做复杂的分析。

功能评价完成后，功能系统分析就有了最后结果，分析这些结果，可以抓住薄弱环节，有目的、有重点地改进创新。功能系统图上的任何一级改进都可以达到提高价值的功能，改进越大，就越有可能进行原理上的改变，从而带来显著效益。

本章小结

价值工程从分析产品的功能入手，寻找降低产品成本、改进产品性能的途径。价值工程着重于产品的功能分析，是以最低的寿命周期成本可靠地实现产品的必要功能，以提高产品价值为目的的有组织的、有领导的创造性活动。价值工程分析的是价值、功能和成本三者的关系。其目的是提高产品价值，其核心是"功能分析"，其形式是"有组织的、有领导的创造性活动"。价值工程的目的不是降低产品的成本，而是提高产品的价值，它与工业工程和质量管理有着本质的区别。本章介绍了价值工程的基本原理、步骤和应用，要求学生掌握价值工程对象的选择方法；如何进行功能定义、功能分析、功能整理和功能评价；掌握方案创造的方法和方案评价方法等。

复习思考题

（1）判断下列表述是正确的还是错误的，如果是错误的，加以改正：

① 必要功能是指产品生产企业所必要的功能。

② 所谓功能定义，就是逐个搞清楚对象所具有的效用。

③ 对功能下定义的目的就是明确功能。

④ "功能定义"中的主语是下定义的人。

⑤ 一个零件不仅能完成一种功能，一个零件同时完成多种功能的情况也是常有的。

⑥ 为了回答"它的功能是什么"，必须进行功能定义和功能整体制作。功能系统图的目的之一是找出不必要的功能，也就是取消不必要的零件或部件。

⑦ 技术经济分析所依据的数据很多要靠预测取得，科学的预测是正确决策的前提条件之一。要做好技术经济分析工作必须掌握数据。

⑧ 制作功能系统图时，不使用"目的—手段"以外的逻辑。

⑨ 功能系统图可以说是功能的图纸，它体现着设计构思。

⑩ $v=F/C$ 中的 F 是指这个功能值多少钱，C 是实现这个功能的目标成本。

⑪ $y=F/C$ 中的 C 是功能的标准成本。

⑫ 功能成本分析无非是把产品或零部件的成本变换为实现功能所产生的成本。

⑬ 选择重点改进对象领域时基本是按价值系数来判断的。

（2）螺口白炽灯泡由下列零件（包括工艺结构和工艺步骤）组成：

① 玻璃泡（包括抽真空、注入惰性气体工艺步骤）。

② 灯丝。

③ 细金属丝。

④ 粗金属丝。

⑤ 玻璃柱。

⑥ 灯头。

给出零件（包括工艺步骤）的功能定义，画出功能系统图，并在末位功能上注明其对应的零件号。

（3）已知某功率为 10 000kW 透平机的齿轮箱，其生产成本为：机座（1 件）13 420 元；轴承（2 件）2 000 元；轴（1 件）6 680 元；齿轮轴（1 件）10 000 元：人字齿轮（1 对）12 600 元；轴承（2 件）2 400 元；端盖（4 件）800 元；密封件（4 件）200 元；油管（1 组）300 元。试用 ABC 法选择价值工程对象。

（4）已知某产品由 A、B、C 和 D 四个部件组成，其成本分别为 600 元、1 000 元、120 元和 280 元，部件 A 可实现 F_2、F_4 和 F_6 三个功能，其功能的重要性相同；部件 B 具有 F_1、F_3 和 F_4 三种功能，但 F_3 所起的作用是 F_4 的两倍，是 F_1 的六倍；部件 C 只实现一个功能 F_5；部件 D 实现 F_1、F_3 和 F_6 三个功能，其重要性比例为 3∶1∶3。试求 F_1～F_6 的功能成本 C_1～C_6。

附录 A

复利系数表

表 A-1　1%的复利系数表

年份	一次支付		等额系列			
	终值系数	现值系数	年金终值系数	年金现值系数	资本回收系数	偿债基金系数
n	F/P, i,n	P/F, i,n	F/A, i,n	P/A, i,n	A/P, i,n	A/F, i,n
1	1.010	0.990 1	1.000	0.991 0	1.010 0	1.000 0
2	1.020	0.980 3	2.010	1.970 4	0.507 5	0.497 5
3	1.030	0.970 6	3.030	2.940 1	0.430 0	0.330 0
4	1.041	0.961 0	4.060	3.902 0	0.256 3	0.246 3
5	1.051	0.951 5	5.101	4.853 4	0.206 0	0.196 0
6	1.062	0.942 1	6.152	5.795 5	0.172 6	0.162 6
7	1.702	0.932 7	7.214	6.728 2	0.148 6	0.138 6
8	1.083	0.923 5	8.286	7.651 7	0.130 7	0.120 7
9	1.094	0.914 3	9.369	8.566 0	0.116 8	0.106 8
10	1.105	0.905 3	10.426	9.471 3	0.105 6	0.095 6
11	1.116	0.896 3	11.567	10.367 6	0.096 5	0.086 5
12	1.127	0.887 5	12.683	11.255 1	0.088 9	0.078 9
13	1.138	0.878 7	13.809	12.133 8	0.082 4	0.072 4
14	1.149	0.870 0	14.974	13.003 7	0.076 9	0.066 9
15	1.161	0.861 4	16.097	13.865 1	0.072 1	0.062 1
16	1.173	0.852 8	17.258	14.719 1	0.068 0	0.058 0
17	1.184	0.844 4	18.430	15.562 3	0.063 4	0.054 3
18	1.196	0.836 0	19.615	16.398 3	0.061 0	0.051 0
19	1.208	0.827 7	20.811	17.226 0	0.058 1	0.048 1
20	1.220	0.819 6	22.019	18.045 6	0.055 4	0.045 4
21	1.232	0.811 4	23.239	18.857 0	0.053 0	0.043 0

续表

年份	一次支付		等额系列			
	终值系数	现值系数	年金终值系数	年金现值系数	资本回收系数	偿债基金系数
n	F/P, i,n	P/F, i,n	F/A, i,n	P/A, i,n	A/P, i,n	A/F, i,n
22	1.245	0.803 4	24.472	19.660 4	0.050 9	0.040 9
23	1.257	0.795 5	25.716	20.455 8	0.048 9	0.038 9
24	1.270	0.787 6	26.973	21.243 4	0.047 1	0.037 1
25	1.282	0.779 8	28.243	22.023 2	0.045 4	0.035 4
26	1.295	0.772 1	29.526	22.795 2	0.043 9	0.033 9
27	1.308	0.764 4	30.821	23.559 6	0.042 5	0.032 5
28	1.321	0.756 8	32.129	24.316 5	0.041 1	0.031 1
29	1.335	0.749 4	33.450	25.065 8	0.039 9	0.029 9
30	1.348	0.741 9	34.785	25.807 7	0.038 8	0.028 8
31	1.361	0.734 6	36.133	26.542 3	0.037 7	0.027 7
32	1.375	0.727 3	37.494	27.269 6	0.036 7	0.026 7
33	1.389	0.720 1	38.869	27.989 7	0.035 7	0.025 7
34	1.403	0.713 0	40.258	28.702 7	0.034 8	0.024 8
35	1.417	0.705 0	41.660	29.408 6	0.034 0	0.024 0

表 A-2 3%的复利系数表

年份	一次支付		等额系列			
	终值系数	现值系数	年金终值系数	年金现值系数	资本回收系数	偿债基金系数
n	F/P, i,n	P/F, i,n	F/A, i,n	P/A, i,n	A/P, i,n	A/F, i,n
1	1.030	0.970 9	1.000	0.970 9	1.030 0	1.000 0
2	1.061	0.942 6	2.030	1.913 5	0.522 6	0.492 6
3	1.093	0.915 2	3.091	2.828 6	0.353 5	0.323 5
4	1.126	0.888 5	4.184	3.717 1	0.269 0	0.239 0
5	1.159	0.862 6	5.309	4.579 7	0.218 4	0.188 4
6	1.194	0.837 5	6.468	5.417 2	0.184 6	0.154 6
7	1.230	0.813 1	7.662	6.230 3	0.160 5	0.130 5
8	1.267	0.789 4	8.892	7.019 7	0.142 5	0.112 5
9	1.305	0.766 4	10.159	7.786 1	0.128 4	0.098 4
10	1.344	0.744 1	11.464	8.530 2	0.117 2	0.087 2
11	1.384	0.722 4	12.808	9.252 6	0.108 1	0.078 1
12	1.426	0.701 4	14.192	9.954 0	0.100 5	0.070 5
13	1.469	0.681 0	15.618	10.645 0	0.094 0	0.064 0
14	1.513	0.661 1	17.086	11.296 1	0.088 5	0.058 5
15	1.558	0.641 9	18.599	11.937 9	0.083 8	0.053 8
16	1.605	0.623 2	20.157	12.561 1	0.079 6	0.049 6
17	1.653	0.605 0	21.762	13.166 1	0.076 0	0.046 0

年份	一次支付		等额系列			
	终值系数	现值系数	年金终值系数	年金现值系数	资本回收系数	偿债基金系数
n	F/P, i,n	P/F, i,n	F/A, i,n	P/A, i,n	A/P, i,n	A/F, i,n
18	1.702	0.587 4	23.414	13.753 5	0.072 7	0.042 7
19	1.754	0.570 3	25.117	14.323 8	0.069 8	0.039 8
20	1.806	0.553 7	26.870	14.877 5	0.067 2	0.037 2
21	1.860	0.537 6	28.676	15.415 0	0.064 9	0.034 9
22	1.916	0.521 9	30.537	15.936 9	0.062 8	0.032 8
23	1.974	0.506 7	32.453	16.443 6	0.060 8	0.030 8
24	2.033	0.491 9	34.426	16.935 6	0.059 1	0.029 1
25	2.094	0.477 6	36.495	17.413 2	0.057 4	0.027 4
26	2.157	0.463 7	38.553	17.876 9	0.055 9	0.025 9
27	2.221	0.450 2	40.710	18.327 0	0.054 6	0.024 6
28	2.288	0.437 1	42.931	18.764 1	0.053 3	0.023 3
29	2.357	0.424 4	45.219	19.188 5	0.052 1	0.022 1
30	2.427	0.412 0	47.575	19.600 5	0.051 0	0.021 0
31	2.500	0.400 0	50.003	20.000 4	0.050 0	0.020 0
32	2.575	0.388 3	52.503	20.388 8	0.049 1	0.019 1
33	2.652	0.377 0	55.078	20.765 8	0.048 2	0.018 2
34	2.732	0.366 1	57.730	21.131 8	0.047 3	0.017 3
35	2.814	0.355 4	60.462	21.487 2	0.046 5	0.016 5

表 A-3 4%的复利系数表

年份	一次支付		等额系列			
	终值系数	现值系数	年金终值系数	年金现值系数	资本回收系数	偿债基金系数
n	F/P, i,n	P/F, i,n	F/A, i,n	P/A, i,n	A/P, i,n	A/F, i,n
1	1.040	0.961 5	1.000	0.961 5	1.040 0	1.000
2	1.082	0.924 6	2.040	1.886 1	0.530 2	0.490 2
3	1.125	0.889 0	3.122	2.775 1	0.360 4	0.320 4
4	1.170	0.854 8	4.246	3.619 9	0.275 5	0.235 5
5	1.217	0.821 9	5.416	4.451 8	0.224 6	0.184 6
6	1.265	0.790 3	6.633	5.242 1	0.190 8	0.150 8
7	1.316	0.759 9	7.898	6.002 1	0.166 6	0.126 6
8	1.396	0.730 7	9.214	6.738 2	0.148 5	0.108 5
9	1.423	0.702 6	10.583	7.435 1	0.134 5	0.094 5
10	1.480	0.675 6	12.006	8.110 9	0.123 3	0.083 3
11	1.539	0.649 6	13.486	8.760 5	0.114 2	0.074 2
12	1.601	0.624 6	15.036	9.385 1	0.106 6	0.066 6
13	1.665	0.600 6	16.627	9.985 7	0.100 2	0.060 2

年份	一次支付		等额系列			
	终值系数	现值系数	年金终值系数	年金现值系数	资本回收系数	偿债基金系数
n	F/P, i,n	P/F, i,n	F/A, i,n	P/A, i,n	A/P, i,n	A/F, i,n
14	1.732	0.577 5	18.292	10.563 1	0.094 7	0.054 7
15	1.801	0.555 3	20.024	11.118 4	0.090 0	0.050 0
16	1.873	0.533 9	21.825	11.652 3	0.085 8	0.045 8
17	1.948	0.513 4	23.698	12.165 7	0.082 2	0.042 2
18	2.026	0.493 6	25.645	12.659 3	0.079 0	0.039 0
19	2.107	0.474 7	27.671	13.133 9	0.076 1	0.036 1
20	2.191	0.456 4	29.778	13.509 3	0.073 6	0.033 6
21	2.279	0.438 8	31.969	14.029 2	0.071 3	0.031 3
22	2.370	0.422 0	34.248	14.451 1	0.069 2	0.029 2
23	2.465	0.405 7	36.618	14.856 9	0.067 3	0.027 3
24	2.563	0.390 1	39.083	15.247 0	0.065 6	0.025 6
25	2.666	0.375 1	41.646	15.622 1	0.064 0	0.024 0
26	2.772	0.306 7	44.312	15.982 8	0.062 6	0.022 6
27	2.883	0.346 8	47.084	16.329 6	0.061 2	0.021 2
28	2.999	0.333 5	49.968	16.663 1	0.060 0	0.020 0
29	3.119	0.320 7	52.966	16.987 3	0.058 9	0.018 9
30	3.243	0.308 3	56.085	17.292 0	0.057 8	0.017 8
31	3.373	0.296 5	59.328	17.588 5	0.056 9	0.016 9
32	3.508	0.285 1	62.701	17.873 6	0.056 0	0.016 0
33	3.648	0.274 1	66.210	18.147 7	0.055 1	0.015 1
34	3.794	0.263 6	69.858	18.411 2	0.054 3	0.014 3
35	3.946	0.253 4	73.652	18.664 6	0.036	0.013 6

表A-4 5%的复利系数表

年份	一次支付		等额系列			
	终值系数	现值系数	年金终值系数	年金现值系数	资本回收系数	偿债基金系数
n	F/P, i,n	P/F, i,n	F/A, i,n	P/A, i,n	A/P, i,n	A/F, i,n
1	1.050	0.952 4	1.000	0.952 4	1.050 0	1.000
2	1.103	0.907 0	2.050	1.859 4	0.537 8	0.487 8
3	1.158	0.863 8	3.153	2.723 3	0.367 2	0.317 2
4	1.216	0.822 7	4.310	3.546 0	0.282 0	0.232 0
5	1.276	0.783 5	5.526	4.329 5	0.231 0	0.181 0
6	1.340	0.746 2	6.802	5.075 7	0.197 0	0.147 0
7	1.407	0.710 7	8.142	5.786 4	0.172 8	0.122 8
8	1.477	0.676 8	9.549	6.463 2	0.154 7	0.104 7
9	1.551	0.644 6	11.027	7.107 8	0.140 7	0.090 7

年份	一次支付		等额系列			
	终值系数	现值系数	年金终值系数	年金现值系数	资本回收系数	偿债基金系数
n	F/P, i,n	P/F, i,n	F/A, i,n	P/A, i,n	A/P, i,n	A/F, i,n
10	1.629	0.613 9	12.587	7.721 7	0.129 5	0.079 5
11	1.710	0.584 7	14.207	8.306 4	0.120 4	0.070 4
12	1.796	0.556 8	15.917	8.863 3	0.112 8	0.062 8
13	1.886	0.530 3	17.713	9.393 6	0.106 5	0.056 5
14	1.980	0.505 1	19.599	9.898 7	0.101 0	0.051 0
15	2.079	0.481 0	21.597	10.379 7	0.096 4	0.046 4
16	2.183	0.458 1	23.658	10.837 3	0.093 2	0.043 2
17	2.292	0.436 3	25.840	11.274 1	0.088 7	0.038 7
18	2.407	0.415 5	28.132	11.689 6	0.085 6	0.035 6
19	2.527	0.395 7	30.539	12.085 3	0.082 8	0.032 8
20	2.653	0.376 9	33.066	12.462 2	0.080 3	0.030 3
21	2.786	0.359 0	35.719	12.821 2	0.078 0	0.028 0
22	2.925	0.341 9	38.505	13.163 0	0.076 0	0.026 0
23	3.072	0.325 6	41.430	13.488 6	0.074 1	0.024 1
24	3.225	0.310 1	44.502	13.798 7	0.072 5	0.022 5
25	3.386	0.295 3	47.727	14.094 0	0.071 0	0.021 0
26	3.556	0.281 3	51.113	14.375 3	0.069 6	0.019 6
27	3.733	0.267 9	54.669	14.634 0	0.068 3	0.018 3
28	3.920	0.255 1	58.403	14.898 1	0.067 1	0.017 1
29	4.116	0.243 0	62.323	15.141 1	0.066 1	0.016 1
30	4.322	0.231 4	66.439	15.372 5	0.065 1	0.015 1
31	4.538	0.220 4	70.761	15.592 8	0.064 1	0.014 1
32	4.765	0.209 9	75.299	15.802 7	0.063 3	0.013 3
33	5.003	0.199 9	80.064	16.002 6	0.062 5	0.012 5
34	5.253	0.190 4	85.067	16.192 9	0.061 8	0.011 8
35	5.516	0.181 3	90.320	16.374 2	0.061 1	0.011 1

表A-5 6%的复利系数表

年份	一次支付		等额系列			
	终值系数	现值系数	年金终值系数	年金现值系数	资本回收系数	偿债基金系数
n	F/P, i,n	P/F, i,n	F/A, i,n	P/A, i,n	A/P, i,n	A/F, i,n
1	1.060	0.943 4	1.000	0.943 4	1.060 0	1.000
2	1.124	0.890 0	2.060	1.833 4	0.545 4	0.485 4
3	1.191	0.839 6	3.184	2.670 4	0.374 1	0.314 1
4	1.262	0.729 1	4.375	3.456 1	0.288 6	0.228 6
5	1.338	0.747 3	5.637	4.212 4	0.237 4	0.177 4

年份	一次支付		等额系列			
	终值系数	现值系数	年金终值系数	年金现值系数	资本回收系数	偿债基金系数
n	F/P, i,n	P/F, i,n	F/A, i,n	P/A, i,n	A/P, i,n	A/F, i,n
6	1.419	0.705 0	6.975	4.917 3	0.203 4	0.143 4
7	1.504	0.665 1	8.394	5.582 4	0.179 1	0.119 1
8	1.594	0.627 4	9.897	6.209 8	0.161 0	0.101 0
9	1.689	0.591 9	11.491	6.807 1	0.147 0	0.087 0
10	1.791	0.558 4	13.181	7.360 1	0.135 9	0.075 9
11	1.898	0.526 8	14.972	7.886 9	0.126 8	0.066 8
12	2.012	0.497 0	16.870	8.383 9	0.119 3	0.059 3
13	2.133	0.468 8	18.882	8.852 7	0.113 0	0.053 0
14	2.261	0.442 3	21.015	9.295 6	0.107 6	0.047 6
15	2.397	0.417 3	23.276	9.712 3	0.103 0	0.043 0
16	2.540	0.393 7	25.673	10.105 9	0.099 0	0.039 0
17	2.693	0.371 4	28.213	10.477 3	0.095 5	0.035 5
18	2.854	0.350 4	30.906	10.827 6	0.092 4	0.032 4
19	3.026	0.330 5	33.760	11.158 1	0.089 6	0.029 6
20	3.207	0.311 8	36.786	11.469 9	0.087 2	0.027 2
21	3.400	0.294 2	39.993	11.764 1	0.085 0	0.025 0
22	3.604	0.277 5	43.329	12.046 1	0.083 1	0.023 1
23	3.820	0.261 8	46.996	12.303 4	0.081 3	0.021 3
24	4.049	0.247 0	50.816	12.550 4	0.079 7	0.019 7
25	4.292	0.233 0	54.865	12.783 4	0.078 2	0.018 2
26	4.549	0.219 8	59.156	13.003 2	0.076 9	0.016 9
27	4.822	0.207 4	63.706	13.210 5	0.075 7	0.015 7
28	5.112	0.195 6	68.528	13.406 2	0.074 6	0.014 6
29	5.418	0.184 6	73.640	13.590 7	0.073 6	0.013 6
30	5.744	0.174 1	79.058	13.764 8	0.072 7	0.012 7
31	6.088	0.164 3	84.802	13.929 1	0.071 8	0.011 8
32	6.453	0.155 0	90.890	14.084 1	0.071 0	0.011 0
33	6.841	0.146 2	97.343	14.230 2	0.070 3	0.010 3
34	7.251	0.137 9	104.184	14.368 2	0.069 6	0.009 6
35	7.686	0.130 1	111.435	14.498 3	0.069 0	0.009 0

表 A-6 7%的复利系数表

年份	一次支付		等额系列			
	终值系数	现值系数	年金终值系数	年金现值系数	资本回收系数	偿债基金系数
n	F/P, i,n	P/F, i,n	F/A, i,n	P/A, i,n	A/P, i,n	A/F, i,n
1	1.070	0.934 6	1.000	0.934 6	1.070 0	1.000

年份	一次支付		等额系列			
	终值系数	现值系数	年金终值系数	年金现值系数	资本回收系数	偿债基金系数
n	F/P, i,n	P/F, i,n	F/A, i,n	P/A, i,n	A/P, i,n	A/F, i,n
2	1.145	0.873 4	2.070	1.808 0	0.553 1	0.483 1
3	1.225	0.816 3	3.215	2.623 4	0.381 1	0.311 1
4	1.311	0.762 9	4.440	3.387 2	0.295 2	0.225 2
5	1.403	0.713 0	5.751	4.100 2	0.243 9	0.173 9
6	1.501	0.666 4	7.153	4.766 5	0.209 8	0.139 8
7	1.606	0.622 8	8.645	5.389 3	0.185 6	0.115 6
8	1.718	0.528 0	10.260	5.971 3	0.167 5	0.097 5
9	1.838	0.543 9	11.978	6.515 2	0.153 5	0.083 5
10	1.967	0.508 4	13.816	7.023 6	0.142 4	0.072 4
11	2.105	0.475 1	15.784	7.498 7	0.133 4	0.063 4
12	2.252	0.444 0	17.888	7.942 7	0.125 9	0.055 9
13	2.410	0.415 0	20.141	8.357 7	0.119 7	0.049 7
14	2.597	0.387 8	22.550	8.745 5	0.114 4	0.044 4
15	2.759	0.362 5	25.129	9.107 9	0.109 8	0.039 8
16	2.952	0.338 7	27.888	9.446 7	0.105 9	0.035 9
17	3.159	0.316 6	30.840	9.763 2	0.102 4	0.032 4
18	3.380	0.295 9	33.999	10.059 1	0.099 4	0.029 4
19	3.617	0.276 5	37.379	10.335 6	0.096 8	0.026 8
20	3.870	0.258 4	40.996	10.594 0	0.094 4	0.024 4
21	4.141	0.241 5	44.865	10.835 5	0.092 3	0.022 3
22	4.430	0.225 7	49.006	11.061 3	0.090 4	0.020 4
23	4.741	0.211 0	53.436	11.272 2	0.088 7	0.018 7
24	5.072	0.197 2	58.177	11.469 3	0.087 2	0.017 2
25	5.427	0.184 3	63.249	11.653 6	0.085 8	0.015 8
26	5.807	0.172 2	68.676	11.825 8	0.084 6	0.014 6
27	6.214	0.160 9	74.484	11.986 7	0.083 4	0.013 4
28	6.649	0.150 4	80.698	12.137 1	0.082 4	0.012 4
29	7.114	0.140 6	87.347	12.277 7	0.081 5	0.011 5
30	7.612	0.131 4	94.461	12.409 1	0.080 6	0.010 6
31	8.145	0.122 8	102.073	12.531 8	0.079 8	0.009 8
32	8.715	0.114 8	110.218	12.646 6	0.079 1	0.009 1
33	9.325	0.107 2	118.933	12.753 8	0.078 4	0.008 4
34	9.978	0.100 2	128.259	12.854 0	0.077 8	0.007 8
35	10.677	0.093 7	138.237	12.947 7	0.077 2	0.007 2

表 A-7 8%的复利系数表

年份	一次支付		等额系列			
	终值系数	现值系数	年金终值系数	年金现值系数	资本回收系数	偿债基金系数
n	F/P, i,n	P/F, i,n	F/A, i,n	P/A, i,n	A/P, i,n	A/F, i,n
1	1.080	0.925 9	1.000	0.925 9	1.080 0	1.000 0
2	1.166	0.857 3	2.080	1.783 3	0.560 8	0.408 0
3	1.260	0.793 8	3.246	2.577 1	0.388 0	0.308 0
4	1.360	0.735 0	4.506	3.312 1	0.301 9	0.221 9
5	1.469	0.680 6	5.867	3.992 7	0.250 5	0.170 5
6	1.587	0.630 2	7.336	4.622 9	0.216 3	0.136 3
7	1.714	0.583 5	8.923	5.206 4	0.192 1	0.112 1
8	1.851	0.540 3	10.637	5.746 6	0.174 0	0.094 0
9	1.999	0.500 3	12.488	6.246 9	0.160 1	0.080 1
10	2.159	0.463 2	14.487	6.710 1	0.149 0	0.069 0
11	2.332	0.428 9	16.645	7.139 0	0.140 1	0.060 1
12	2.518	0.397 1	18.977	7.536 1	0.132 7	0.052 7
13	2.720	0.367 7	21.459	7.803 8	0.126 5	0.046 5
14	2.937	0.340 5	24.215	8.244 2	0.121 3	0.041 3
15	3.172	0.315 3	27.152	8.559 5	0.116 8	0.036 8
16	3.426	0.291 9	30.324	8.851 4	0.113 0	0.033 0
17	3.700	0.270 3	33.750	9.121 6	0.109 6	0.029 6
18	3.996	0.250 3	37.450	9.371 9	0.106 7	0.026 7
19	4.316	0.231 7	41.446	9.603 6	0.104 1	0.021 4
20	4.661	0.214 6	45.762	9.818 2	0.101 9	0.021 9
21	5.034	0.198 7	50.423	10.016 8	0.099 8	0.019 8
22	5.437	0.184 0	55.457	10.200 8	0.098 0	0.018 0
23	5.871	0.170 3	60.893	10.371 1	0.096 4	0.016 4
24	6.341	0.157 7	66.765	10.528 8	0.095 0	0.015 0
25	6.848	0.146 0	73.106	10.674 8	0.937	0.013 7
26	7.396	0.135 2	79.954	10.810 0	0.092 5	0.012 5
27	7.988	0.125 2	87.351	10.935 2	0.091 5	0.011 5
28	8.627	0.115 9	95.339	11.051 1	0.090 5	0.010 5
29	9.317	0.107 3	103.966	11.158 4	0.089 6	0.009 6
30	10.063	0.099 4	113.283	11.257 8	0.088 8	0.008 8
31	10.868	0.092 0	123.346	11.349 8	0.088 1	0.008 1
32	11.737	0.085 2	134.214	11.435 0	0.087 5	0.007 5
33	12.676	0.078 9	145.951	11.513 9	0.086 9	0.006 9
34	13.690	0.073 1	158.627	11.586 9	0.086 3	0.006 3
35	14.785	0.067 6	172.317	11.654 6	0.085 8	0.005 8

表 A-8　9%的复利系数表

年份	一次支付		等额系列			
	终值系数	现值系数	年金终值系数	年金现值系数	资本回收系数	偿债基金系数
n	F/P, i,n	P/F, i,n	F/A, i,n	P/A, i,n	A/P, i,n	A/F, i,n
1	1.090	0.9174	1.000	0.9174	1.0900	1.0000
2	1.188	0.8417	2.090	1.7591	0.5685	0.4785
3	1.295	0.7722	3.278	2.5313	0.3951	0.3051
4	1.412	0.7084	4.573	3.2397	0.3087	0.2187
5	1.539	0.6499	5.985	3.8897	0.2571	0.1671
6	1.677	0.5963	7.523	4.4859	0.2229	0.1329
7	1.828	0.5470	9.200	5.0330	0.1987	0.1087
8	1.993	0.5019	11.028	5.5348	0.1807	0.0907
9	2.172	0.4604	13.021	5.9953	0.1668	0.0768
10	2.367	0.4224	15.193	6.4177	0.1558	0.0658
11	2.580	0.3875	17.560	6.8052	0.1470	0.0570
12	2.813	0.3555	20.141	7.1607	0.1397	0.0497
13	3.066	0.3262	22.953	7.4869	0.1336	0.0436
14	3.342	0.2993	26.019	7.7862	0.1284	0.0384
15	3.642	0.2745	29.361	8.0607	0.1241	0.0341
16	3.970	0.2519	33.003	8.3126	0.1203	0.0303
17	4.328	0.2311	36.974	8.5436	0.1171	0.0271
18	4.717	0.2120	41.301	8.7556	0.1142	0.0242
19	5.142	0.1945	46.018	8.9501	0.1117	0.0217
20	5.604	0.1784	51.160	9.1286	0.1096	0.0196
21	6.109	0.1637	56.765	9.2023	0.1076	0.0176
22	6.659	0.1502	62.873	9.4424	0.1059	0.0159
23	7.258	0.1378	69.532	9.5802	0.1044	0.0144
24	7.911	0.1264	76.790	9.7066	0.1030	0.0130
25	8.623	0.1160	84.701	9.8226	0.1018	0.0118
26	9.399	0.1064	93.324	9.9290	0.1007	0.0107
27	10.245	0.0976	102.723	10.0266	0.0997	0.0097
28	11.167	0.0896	112.968	10.1161	0.0989	0.0089
29	12.172	0.0822	124.135	10.1983	0.0981	0.0081
30	13.268	0.0754	136.308	10.2737	0.0973	0.0073
31	14.462	0.0692	149.575	10.3428	0.0967	0.0067
32	15.763	0.0634	164.037	10.4063	0.0961	0.0061
33	17.182	0.0582	179.800	10.4645	0.0956	0.0056
34	18.728	0.0534	196.982	10.5178	0.0951	0.0051
35	20.414	0.0490	215.711	10.568	0.0946	0.0046

表 A-9 10%的复利系数表

年份	一次支付		等额系列			
	终值系数	现值系数	年金终值系数	年金现值系数	资本回收系数	偿债基金系数
n	F/P, i,n	P/F, i,n	F/A, i,n	P/A, i,n	A/P, i,n	A/F, i,n
1	1.100	0.909 1	1.000	0.909 1	1.100 0	1.000 0
2	1.210	0.826 5	2.100	1.735 5	0.576 2	0.476 2
3	1.331	0.751 3	3.310	2.486 9	0.402 1	0.302 1
4	1.464	0.688 0	4.641	3.169 9	0.315 5	0.215 5
5	1.611	0.629 9	6.105	3.790 8	0.263 8	0.163 8
6	1.772	0.564 5	7.716	4.355 3	0.229 6	0.129 6
7	1.949	0.513 2	9.487	4.868 4	0.205 4	0.105 4
8	2.144	0.466 5	11.436	5.334 9	0.187 5	0.087 5
9	2.358	0.424 1	13.579	5.759 0	0.173 7	0.073 7
10	2.594	0.385 6	15.937	6.144 6	0.162 8	0.062 8
11	2.853	0.350 5	18.531	6.495 1	0.154 0	0.054 0
12	3.138	0.318 6	21.384	6.813 7	0.146 8	0.046 8
13	3.452	0.289 7	24.523	7.103 4	0.140 8	0.040 8
14	3.798	0.263 3	27.975	7.366 7	0.135 8	0.035 8
15	4.177	0.239 4	31.772	7.606 1	0.131 5	0.031 5
16	4.595	0.217 6	35.950	7.823 7	0.127 8	0.027 8
17	5.054	0.197 9	40.545	8.021 6	0.124 7	0.024 7
18	5.560	0.179 9	45.599	8.201 4	0.121 9	0.021 9
19	6.116	0.163 5	51.159	8.364 9	0.119 6	0.019 6
20	6.728	0.148 7	57.275	8.513 6	0.117 5	0.017 5
21	7.400	0.135 1	64.003	8.648 7	0.115 6	0.015 6
22	8.140	0.122 9	71.403	8.771 6	0.114 0	0.014 0
23	8.954	0.111 7	79.543	8.883 2	0.112 6	0.012 6
24	9.850	0.101 5	88.497	8.984 8	0.111 3	0.011 3
25	10.835	0.092 3	98.347	9.077 1	0.110 2	0.010 2
26	11.918	0.083 9	109.182	9.161 0	0.109 2	0.009 2
27	13.110	0.076 3	121.100	9.237 2	0.108 3	0.008 3
28	14.421	0.069 4	134.210	9.306 6	0.107 5	0.007 5
29	15.863	0.063 0	148.631	9.369 6	0.106 7	0.006 7
30	17.449	0.057 3	164.494	9.426 9	0.106 1	0.006 1
31	19.194	0.052 1	181.943	9.479 0	0.105 5	0.005 5
32	21.114	0.047 4	201.138	9.526 4	0.105 0	0.005 0
33	23.225	0.043 1	222.252	9.569 4	0.104 5	0.004 5
34	25.548	0.039 2	245.477	9.608 6	0.104 1	0.0041
35	28.102	0.035 6	271.024	9.644 2	0.103 7	0.0037

表 A-10　12%的复利系数表

年份	一次支付		等额系列			
	终值系数	现值系数	年金终值系数	年金现值系数	资本回收系数	偿债基金系数
n	F/P, i,n	P/F, i,n	F/A, i,n	P/A, i,n	A/P, i,n	A/F, i,n
1	1.120	0.8929	1.000	0.8929	1.1200	1.0000
2	1.254	0.7972	2.120	1.6901	0.5917	0.4717
3	1.405	0.7118	3.374	2.4018	0.4164	0.2964
4	1.574	0.6355	4.779	3.0374	0.3292	0.2092
5	1.762	0.5674	6.353	3.6048	0.2774	0.1574
6	1.974	0.5066	8.115	4.1114	0.2432	0.1232
7	2.211	0.4524	10.089	4.5638	0.2191	0.0991
8	2.476	0.4039	12.300	4.9676	0.2013	0.0813
9	2.773	0.3606	14.776	5.3283	0.1877	0.0677
10	3.106	0.3220	17.549	5.6502	0.1770	0.0570
11	3.479	0.2875	20.655	5.9377	0.1684	0.0484
12	3.896	0.2567	24.133	6.1944	0.1614	0.0414
13	4.364	0.2292	28.029	6.4236	0.1557	0.0357
14	4.887	0.2046	32.393	6.6282	0.1509	0.0309
15	5.474	0.1827	37.280	6.8109	0.1468	0.0268
16	6.130	0.1631	42.752	6.9740	0.1434	0.0234
17	6.866	0.1457	48.884	7.1196	0.1405	0.0205
18	7.690	0.1300	55.750	7.2497	0.1379	0.0179
19	8.613	0.1161	63.440	7.3658	0.1358	0.0158
20	9.646	0.1037	72.052	7.4695	0.1339	0.0139
21	10.804	0.0926	81.699	7.5620	0.1323	0.0123
22	12.100	0.0827	92.503	7.6447	0.1308	0.0108
23	13.552	0.0738	104.603	7.7184	0.1296	0.0096
24	15.179	0.0659	118.155	7.7843	0.1285	0.0085
25	17.000	0.0588	133.334	7.8431	0.1275	0.0075
26	19.040	0.0525	150.334	7.8957	0.1267	0.0067
27	21.325	0.0469	169.374	7.9426	0.1259	0.0059
28	23.884	0.0419	190.699	7.9844	0.1253	0.0053
29	26.750	0.0374	214.583	8.0218	0.1247	0.0047
30	29.960	0.0334	421.333	8.0552	0.1242	0.0042
31	33.555	0.0298	271.293	8.0850	0.1237	0.0037
32	37.582	0.0266	304.848	8.1116	0.1233	0.0033
33	42.092	0.0238	342.429	8.1354	0.1229	0.0029
34	47.143	0.0212	384.521	8.1566	0.1226	0.0026
35	52.800	0.0189	431.664	8.1755	0.1223	0.0023

表 A-11 15%的复利系数表

年份	一次支付		等额系列			
	终值系数	现值系数	年金终值系数	年金现值系数	资本回收系数	偿债基金系数
n	F/P, i,n	P/F, i,n	F/A, i,n	P/A, i,n	A/P, i,n	A/F, i,n
1	1.150	0.869 6	1.000	0.869 6	1.150 0	1.000 0
2	1.323	0.756 2	2.150	1.625 7	0.615 1	0.465 1
3	1.521	0.657 5	3.473	2.283 2	0.438 0	0.288 0
4	1.749	0.571 8	4.993	2.855 0	0.350 3	0.200 3
5	2.011	0.497 2	6.742	3.352 2	0.298 3	0.148 3
6	2.313	0.432 3	8.754	3.784 5	0.264 2	0.114 2
7	2.660	0.375 9	11.067	4.160 4	0.240 4	0.090 4
8	3.059	0.326 9	13.727	4.487 3	0.222 9	0.072 9
9	3.518	0.284 3	16.786	4.771 6	0.209 6	0.059 6
10	4.046	0.247 2	20.304	5.018 8	0.199 3	0.049 3
11	4.652	0.215 0	24.349	5.233 7	0.191 1	0.041 1
12	5.350	0.186 9	29.002	5.420 6	0.184 5	0.034 5
13	6.153	0.165 2	34.352	5.583 2	0.179 1	0.029 1
14	7.076	0.141 3	40.505	5.724 5	0.174 7	0.024 7
15	8.137	0.122 9	47.580	5.847 4	0.171 0	0.021 0
16	9.358	0.106 9	55.717	5.954 2	0.168 0	0.018 0
17	10.761	0.092 9	65.075	6.047 2	0.165 4	0.015 4
18	12.375	0.080 8	75.836	6.128 0	0.163 2	0.012 3
19	14.232	0.070 3	88.212	6.198 2	0.161 3	0.011 3
20	16.367	0.061 1	102.444	6.259 3	0.159 8	0.009 8
21	18.822	0.053 1	118.810	6.312 5	0.158 4	0.008 4
22	21.645	0.046 2	137.632	6.358 7	0.157 3	0.007 3
23	24.891	0.040 2	159.276	6.398 8	0.156 3	0.006 3
24	28.625	0.034 9	184.168	6.433 8	0.155 4	0.005 4
25	32.919	0.030 4	212.793	6.464 2	0.154 7	0.004 7
26	37.857	0.026 4	245.712	6.490 6	0.154 1	0.004 1
27	43.535	0.023 0	283.569	6.513 5	0.153 5	0.003 5
28	50.066	0.020 0	327.104	6.533 5	0.153 1	0.003 1
29	57.575	0.017 4	377.170	6.550 9	0.152 7	0.002 7
30	66.212	0.015 1	434.745	6.566 0	0.152 3	0.002 3
31	76.144	0.013 1	500.957	6.579 1	0.152 0	0.002 0
32	87.565	0.011 4	577.100	6.590 5	0.151 7	0.001 7
33	100.700	0.009 9	664.666	6.600 5	0.151 5	0.001 5
34	115.805	0.008 6	765.365	6.609 1	0.151 3	0.001 3
35	133.176	0.007 5	881.170	6.616 6	0.151 1	0.001 1

表 A-12　20%的复利系数表

年份	一次支付		等额系列			
	终值系数	现值系数	年金终值系数	年金现值系数	资本回收系数	偿债基金系数
n	$F/P, i,n$	$P/F, i,n$	$F/A, i,n$	$P/A, i,n$	$A/P, i,n$	$A/F, i,n$
1	1.200	0.833 3	1.000	0.833 3	1.200 0	1.000 0
2	1.440	0.684 5	2.200	1.527 8	0.654 6	0.454 6
3	1.728	0.578 7	3.640	2.106 5	0.474 7	0.274 7
4	2.074	0.482 3	5.368	2.588 7	0.386 3	0.196 3
5	2.488	0.401 9	7.442	2.990 6	0.334 4	0.134 4
6	2.986	0.334 9	9.930	3.325 5	0.300 7	0.100 7
7	3.583	0.279 1	12.916	3.604 6	0.277 4	0.077 4
8	4.300	0.232 6	16.499	3.837 2	0.260 6	0.060 6
9	5.160	0.193 8	20.799	4.031 0	0.248 1	0.048 1
10	6.192	0.161 5	25.959	4.192 5	0.238 5	0.038 5
11	7.430	0.134 6	32.150	4.327 1	0.231 1	0.031 1
12	8.916	0.112 2	39.581	4.439 2	0.225 3	0.025 3
13	10.699	0.093 5	48.497	4.532 7	0.220 6	0.020 6
14	12.839	0.077 9	59.196	4.610 6	0.216 9	0.016 9
15	15.407	0.064 9	72.035	4.765 5	0.213 9	0.013 9
16	18.488	0.054 1	87.442	4.729 6	0.211 4	0.011 4
17	22.186	0.045 1	105.931	4.774 6	0.209 5	0.009 5
18	26.623	0.037 6	128.117	4.812 2	0.207 8	0.007 8
19	31.948	0.031 3	154.740	4.843 5	0.206 5	0.006 5
20	38.338	0.026 1	186.688	4.869 6	0.205 4	0.005 4
21	46.005	0.021 7	225.026	4.891 3	0.204 5	0.004 5
22	55.206	0.018 1	271.031	4.909 4	0.203 7	0.003 7
23	66.247	0.015 1	326.237	4.924 5	0.203 1	0.003 1
24	79.497	0.012 6	392.484	4.937 1	0.202 6	0.002 6
25	95.396	0.010 5	471.981	4.947 6	0.202 1	0.002 1
26	114.475	0.008 7	567.377	4.956 3	0.201 8	0.001 8
27	137.371	0.007 3	681.853	4.963 6	0.201 5	0.001 5
28	164.845	0.006 1	819.223	4.969 7	0.201 2	0.001 2
29	197.814	0.005 1	984.068	4.974 7	0.201 0	0.001 0
30	237.376	0.004 2	1 181.882	4.978 9	0.200 9	0.000 9
31	284.852	0.003 5	1 419.258	4.982 5	0.200 7	0.000 7
32	341.822	0.002 9	1 704.109	4.985 4	0.200 6	0.000 6
33	410.186	0.002 4	2 045.931	4.987 8	0.200 5	0.000 5
34	492.224	0.002 0	2 456.118	4.989 9	0.200 4	0.000 4
35	590.668	0.001 7	2 948.341	4.991 5	0.200 3	0.000 3

表 A-13　25%的复利系数表

年份	一次支付		等额系列			
	终值系数	现值系数	年金终值系数	年金现值系数	资本回收系数	偿债基金系数
n	F/P, i,n	P/F, i,n	F/A, i,n	P/A, i,n	A/P, i,n	A/F, i,n
1	1.250	0.800 0	1.000	0.800 0	1.250 0	1.000 0
2	1.156	0.640 0	2.250	1.440 0	0.694 5	0.444 5
3	1.953	0.512 0	3.813	1.952 0	0.512 3	0.262 3
4	2.441	0.409 6	5.766	2.361 6	0.423 5	0.173 5
5	3.052	0.327 7	8.207	2.689 3	0.371 9	0.121 9
6	3.815	0.262 2	11.259	2.951 4	0.338 8	0.088 8
7	4.678	0.209 7	15.073	3.161 1	0.316 4	0.066 4
8	5.960	0.167 8	19.842	3.328 9	0.300 4	0.050 4
9	7.451	0.134 2	25.802	3.463 1	0.288 8	0.038 8
10	9.313	0.107 4	33.253	3.570 5	0.280 1	0.030 1
11	11.642	0.085 9	42.566	3.656 4	0.273 5	0.023 5
12	14.552	0.068 7	54.208	3.725 1	0.268 5	0.018 5
13	18.190	0.055 0	68.760	3.780 1	0.264 6	0.014 6
14	22.737	0.044 0	86.949	3.824 1	0.261 5	0.011 5
15	28.422	0.035 2	109.687	3.859 3	0.259 1	0.009 1
16	35.527	0.028 2	138.109	3.887 4	0.257 3	0.007 3
17	44.409	0.022 5	173.636	3.909 9	0.255 8	0.005 8
18	55.511	0.018 0	218.045	3.928 0	0.254 6	0.004 6
19	69.389	0.014 4	273.556	3.942 4	0.253 7	0.003 7
20	86.736	0.011 5	342.945	3.953 9	0.252 9	0.002 9
21	108.420	0.009 2	429.681	3.963 1	0.252 3	0.002 3
22	135.525	0.007 4	538.101	3.970 5	0.251 9	0.001 9
23	169.407	0.005 9	673.626	3.976 4	0.251 5	0.001 5
24	211.758	0.004 7	843.033	3.981 1	0.251 1	0.001 2
25	264.698	0.003 8	1 054.791	3.984 9	0.251 0	0.001 0
26	330.872	0.003 0	1 319.489	3.987 9	0.250 8	0.000 8
27	413.590	0.002 4	1 650.361	3.990 3	0.250 6	0.000 6
28	516.988	0.001 9	2 063.952	3.992 3	0.250 5	0.000 5
29	646.235	0.001 6	2 580.939	3.993 8	0.250 4	0.000 4
30	807.794	0.001 2	3 227.174	3.995 1	0.250 3	0.000 3
31	1 009.742	0.001 0	4 034.968	3.996 0	0.250 3	0.000 3
32	1 262.177	0.000 8	5 044.710	3.996 8	0.250 2	0.000 2
33	1 577.722	0.000 6	6 306.887	3.997 5	0.250 2	0.000 2
34	1 972.152	0.000 5	788.609	3.998 0	0.250 1	0.000 1
35	2 465.190	0.000 4	9 856.761	3.998 4	0.250 1	0.000 1

表 A-14　30%的复利系数表

年份	一次支付		等额系列			
	终值系数	现值系数	年金终值系数	年金现值系数	资本回收系数	偿债基金系数
n	$F/P, i,n$	$P/F, i,n$	$F/A, i,n$	$P/A, i,n$	$A/P, i,n$	$A/F, i,n$
1	1.300	0.769 2	1.000	0.769 2	1.300 0	1.000 0
2	1.690	0.591 7	2.300	1.361 0	0.734 8	0.434 8
3	2.197	0.455 2	3.990	1.816 1	0.550 6	0.250 6
4	2.856	0.350 1	6.187	2.166 3	0.461 6	0.161 6
5	3.713	0.269 3	9.043	2.435 6	0.410 6	0.110 6
6	4.827	0.207 2	12.756	2.642 8	0.378 4	0.078 4
7	6.275	0.159 4	17.583	2.802 1	0.356 9	0.056 9
8	8.157	0.122 6	23.858	2.924 7	0.341 9	0.041 9
9	10.605	0.094 3	32.015	3.019 0	0.332 1	0.031 2
10	13.786	0.072 5	42.620	3.091 5	0.323 5	0.023 5
11	17.922	0.055 8	65.405	3.147 3	0.317 7	0.017 7
12	23.298	0.042 9	74.327	3.190 3	0.313 5	0.013 5
13	30.288	0.033 0	97.625	3.223 3	0.310 3	0.010 3
14	39.374	0.025 4	127.913	3.248 7	0.307 8	0.007 8
15	51.186	0.019 5	167.286	3.268 2	0.306 0	0.006 0
16	66.542	0.015 0	218.472	3.283 2	0.304 6	0.004 6
17	86.504	0.011 6	285.014	3.294 8	0.303 5	0.003 5
18	112.455	0.008 9	371.518	3.303 7	0.302 7	0.002 7
19	146.192	0.006 9	483.973	3.310 5	0.302 1	0.002 1
20	190.050	0.005 3	630.165	3.315 8	0.301 6	0.001 6
21	247.065	0.004 1	820.215	3.319 9	0.301 2	0.001 2
22	321.184	0.003 1	1 067.280	3.323 0	0.300 9	0.000 9
23	417.539	0.002 4	1 388.464	3.325 4	0.300 7	0.000 7
24	542.801	0.001 9	1 806.003	3.327 2	0.300 6	0.000 6
25	705.641	0.001 4	2 348.803	3.328 6	0.300 4	0.000 4
26	917.333	0.001 1	3 054.444	3.329 7	0.300 3	0.000 3
27	1 192.533	0.000 8	3 971.778	3.330 5	0.300 3	0.000 3
28	1 550.293	0.000 7	5 164.311	3.331 2	0.300 2	0.000 2
29	2 015.381	0.000 5	6 714.604	3.331 7	0.300 2	0.000 2
30	2 619.996	0.000 4	8 729.985	3.332 1	0.300 1	0.000 1
31	3 405.994	0.000 3	11 349.981	3.332 4	0.300 1	0.000 1
32	4 427.793	0.000 2	14 755.975	3.332 6	0.300 1	0.000 1
33	5 756.130	0.000 2	19 183.768	3.332 8	0.300 1	0.000 1
34	7 482.970	0.000 1	24 939.899	3.332 9	0.300 1	0.000 1
35	9 727.860	0.000 1	32 422.868	3.333 0	0.300 0	0.000 0

表 A-15 35%的复利系数表

年份	一次支付		等额系列			
	终值系数	现值系数	年金终值系数	年金现值系数	资本回收系数	偿债基金系数
n	$F/P, i,n$	$P/F, i,n$	$F/A, i,n$	$P/A, i,n$	$A/P, i,n$	$A/F, i,n$
1	1.350 0	0.740 7	1.000 0	0.740 4	1.350 0	1.000 0
2	1.822 5	0.548 7	2.350 0	1.289 4	0.775 5	0.425 5
3	2.460 4	0.406 4	4.172 5	1.695 9	0.589 7	0.239 7
4	3.321 5	0.301 1	6.632 9	1.996 9	0.500 8	0.150 8
5	4.484 0	0.223 0	9.954 4	2.220 0	0.450 5	0.100 5
6	6.053 4	0.165 2	14.438 4	2.385 2	0.419 3	0.069 3
7	8.172 2	0.122 4	20.491 9	2.507 5	0.398 8	0.048 8
8	11.032 4	0.090 6	28.664 0	2.598 2	0.384 9	0.034 9
9	14.893 7	0.067 1	39.696 4	2.665 3	0.375 2	0.025 2
10	20.106 6	0.049 7	54.590 2	2.715 0	0.368 3	0.018 3
11	27.149 3	0.036 8	74.697 6	2.751 9	0.363 4	0.013 4
12	36.644 2	0.027 3	101.840 6	2.779 2	0.359 8	0.009 8
13	49.469 7	0.020 2	138.484 8	2.799 4	0.357 2	0.007 2
14	66.784 1	0.015 0	187.954 4	2.814 4	0.355 3	0.005 3
15	90.158 5	0.011 1	254.738 5	2.825 5	0.353 9	0.003 9
16	121.713 9	0.008 2	344.897 0	2.833 7	0.352 9	0.002 9
17	164.313 8	0.006 1	466.610 9	2.839 8	0.352 1	0.002 1
18	221.823 6	0.004 5	630.924 7	2.844 3	0.351 6	0.001 6
19	299.461 9	0.003 3	852.748 3	2.847 6	0.351 2	0.001 2
20	404.273 6	0.002 5	1 152.210 3	2.850 1	0.350 9	0.000 9
21	545.769 3	0.001 8	1 556.483 8	2.851 9	0.350 6	0.000 6
22	736.788 6	0.001 4	2 102.253 2	2.853 3	0.350 5	0.000 5
23	994.664 6	0.001 0	2 839.041 8	2.854 3	0.350 4	0.000 4
24	1 342.797	0.000 7	3 833.706 4	2.855 0	0.350 3	0.000 3
25	1 812.776	0.000 6	5 176.503 7	2.855 6	0.350 2	0.000 2
26	2 447.248	0.000 4	6 989.280 0	2.856 0	0.350 1	0.000 1
27	3 303.785	0.000 3	9 436.528 0	2.856 3	0.350 1	0.000 1
28	4 460.110	0.000 2	12 740.313	2.856 5	0.350 1	0.000 1
29	6 021.148	0.000 2	17 200.422	2.856 7	0.350 1	0.000 1
30	8 128.550	0.000 1	23 221.570	2.856 8	0.350 0	0.000 0
31	10 973.54	0.000 1	31 350.120	2.856 9	0.350 0	0.000 0
32	14 814.28	0.000 1	42 323.661	2.856 9	0.350 0	0.000 0
33	19 999.28	0.000 1	57 137.943	2.857 0	0.350 0	0.000 0
34	26 999.03	0.000 0	77 137.223	2.857 0	0.350 0	0.000 0
35	36 448.69	0.000 0	104 136.25	2.857 1	0.350 0	0.000 0

表 A-16　40%的复利系数表

年份	一次支付		等额系列			
	终值系数	现值系数	年金终值系数	年金现值系数	资本回收系数	偿债基金系数
n	F/P, i,n	P/F, i,n	F/A, i,n	P/A, i,n	A/P, i,n	A/F, i,n
1	1.400	0.714 3	1.000	0.714 3	1.400 1	1.000 1
2	1.960	0.510 3	2.400	1.224 5	0.816 7	0.416 7
3	2.744	0.365 4	4.360	1.589 0	0.629 4	0.229 4
4	3.842	0.260 4	7.104	1.849 3	0.540 8	0.140 8
5	5.378	0.186 0	10.946	2.035 2	0.491 4	0.091 4
6	7.530	0.132 9	16.324	2.168 0	0.461 3	0.061 3
7	10.541	0.094 9	23.853	2.262 9	0.442 0	0.042 0
8	14.758	0.067 8	34.395	2.330 6	0.429 1	0.029 1
9	20.661	0.048 5	49.153	2.379 0	0.420 4	0.020 4
10	28.925	0.034 6	69.814	2.413 6	0.414 4	0.014 4
11	40.496	0.024 7	98.739	2.438 3	0.410 2	0.010 2
12	56.694	0.017 7	139.234	2.456 0	0.407 2	0.007 2
13	79.371	0.012 6	195.928	2.468 6	0.405 2	0.005 2
14	111.120	0.009 0	275.299	2.477 5	0.403 7	0.003 7
15	155.568	0.006 5	386.419	2.484 0	0.402 6	0.002 6
16	217.794	0.004 6	541.986	2.488 6	0.401 9	0.001 9
17	304.912	0.003 3	759.780	2.491 8	0.401 4	0.001 4
18	426.877	0.002 4	104.691	2.494 2	0.401 0	0.001 0
19	597.627	0.001 7	1 491.567	2.495 9	0.400 7	0.000 7
20	836.678	0.001 2	2 089.195	2.497 1	0.400 5	0.000 5
21	1 171.348	0.000 9	2 925.871	2.497 9	0.400 4	0.000 4
22	1 639.887	0.000 7	4 097.218	2.498 5	0.400 3	0.000 3
23	2 295.842	0.000 5	5 373.105	2.499 0	0.400 2	0.000 2
24	3 214.178	0.000 4	8 032.945	2.499 3	0.400 2	0.000 2
25	4 499.847	0.000 3	11 247.110	2.499 5	0.400 1	0.000 1
26	6 299.785	0.000 2	15 746.960	2.499 7	0.400 1	0.000 1
27	8 819.695	0.000 2	22 046.730	2.499 8	0.400 1	0.000 1
28	12 347.570	0.000 1	30 866.430	2.499 8	0.400 1	0.000 1
29	17 286.590	0.000 1	43 213.990	2.499 9	0.400 1	0.000 1
30	24 201.230	0.000 1	60 500.580	2.499 9	0.400 1	0.000 1

表 A-17 45%的复利系数表

年份	一次支付		等额系列			
	终值系数	现值系数	年金终值系数	年金现值系数	资本回收系数	偿债基金系数
n	F/P, i,n	P/F, i,n	F/A, i,n	P/A, i,n	A/P, i,n	A/F, i,n
1	1.450 0	0.689 7	1.000 0	0.690	1.450 00	1.000 00
2	2.102 5	0.475 6	2.450	1.165	0.858 16	0.408 16
3	3.048 6	0.328 0	4.552	1.493	0.669 66	0.219 66
4	4.420 5	0.226 2	7.601	1.720	0.581 56	0.131 56
5	6.409 7	0.156 0	12.022	1.867	0.533 18	0.083 18
6	9.294 1	0.107 6	18.431	1.983	0.504 26	0.054 26
7	13.476 5	0.074 2	27.725	2.057	0.486 07	0.036 07
8	19.540 9	0.051 2	41.202	2.109	0.474 27	0.024 27
9	28.334 3	0.035 3	60.743	2.144	0.466 46	0.016 46
10	41.084 7	0.024 3	89.077	2.168	0.461 23	0.011 23
11	59.572 8	0.016 8	130.162	2.158	0.457 68	0.007 68
12	86.380 6	0.011 6	189.735	2.196	0.455 27	0.005 27
13	125.251 8	0.008 0	267.115	2.024	0.453 26	0.003 62
14	181.615 1	0.005 5	401.367	2.210	0.452 49	0.002 49
15	263.341 9	0.003 8	582.982	2.214	0.451 72	0.001 72
16	381.845 8	0.002 6	846.324	2.216	0.451 18	0.001 18
17	553.676 4	0.001 8	1 228.170	2.218	0.450 81	0.000 81
18	802.830 8	0.001 2	1 781.846	2.219	0.450 56	0.000 56
19	1 164.104 7	0.000 9	2 584.677	2.220	0.450 39	0.000 39
20	1 687.951 8	0.000 6	3 748.782	2.221	0.450 27	0.000 27
21	2 447.530 1	0.000 4	5 436.743	2.221	0.450 18	0.000 18
22	3 548.918 7	0.000 3	7 884.246	2.222	0.450 13	0.000 13
23	5 145.932 1	0.000 2	11 433.182	2.222	0.450 09	0.000 09
24	7 461.601 5	0.000 1	16 579.115	2.222	0.450 06	0.000 06
25	10 819.322	0.000 1	24 040.716	2.222	0.450 04	0.000 04
26	15 688.017	0.000 1	34 860.038	2.222	0.450 03	0.000 03
27	22 747.625	0.000 0	50 548.056	2.222	0.450 02	0.000 02
28	32 984.056		73 295.681	2.222	0.450 01	0.000 01
29	47 826.882		106 279.74	2.222	0.450 01	0.000 01
30	69 348.978		154 106.62	2.222	0.450 01	0.000 01

表 A-18　50%的复利系数表

年份	一次支付		等额系列			
	终值系数	现值系数	年金终值系数	年金现值系数	资本回收系数	偿债基金系数
n	$F/P, i,n$	$P/F, i,n$	$F/A, i,n$	$P/A, i,n$	$A/P, i,n$	$A/F, i,n$
1	1.500 0	0.666 7	1.000	0.667	1.500 00	1.000 00
2	2.250 0	0.444 4	2.500	1.111	0.900 00	0.400 00
3	3.375 0	0.296 3	4.750	1.407	0.710 53	0.210 53
4	5.062 5	0.197 5	8.125	1.605	0.623 03	0.123 08
5	7.593 8	0.131 7	13.188	1.737	0.575 83	0.075 83
6	11.390 6	0.087 8	20.781	1.824	0.548 12	0.048 12
7	17.085 9	0.058 5	32.172	1.883	0.531 08	0.031 08
8	25.628 9	0.039 0	49.258	1.922	0.520 30	0.020 30
9	38.443 4	0.026 0	74.887	1.948	0.513 35	0.013 35
10	57.665 0	0.017 3	113.330	1.965	0.508 82	0.008 82
11	86.497 6	0.011 6	170.995	1.977	0.505 85	0.005 85
12	129.746 3	0.007 7	257.493	1.985	0.503 88	0.003 88
13	194.619 5	0.005 1	387.239	1.990	0.502 58	0.002 58
14	291.929 3	0.003 4	581.859	1.993	0.501 72	0.001 72
15	437.893 9	0.002 3	873.788	1.995	0.501 14	0.001 14
16	656.840 8	0.001 5	1 311.682	1.997	0.500 76	0.000 76
17	985.261 3	0.001 0	1 968.523	1.998	0.500 51	0.000 51
18	1 477.891 9	0.000 7	2 953.784	1.999	0.500 34	0.000 34
19	2 216.837 8	0.000 5	4 431.676	1.999	0.500 23	0.000 23
20	3 325.256 7	0.000 3	6 648.513	1.999	0.500 15	0.000 15
21	4 987.885 1	0.000 2	9 973.770	2.000	0.500 10	0.000 10
22	7 481.827 6	0.000 1	14 961.655	2.000	0.500 07	0.000 07
23	11 222.742	0.000 1	22 443.483	2.000	0.500 04	0.000 04
24	16 834.112	0.000 1	33 666.224	2.000	0.500 03	0.000 03
25	25 251.168	0.000 0	50 500.337	2.000	0.500 02	0.000 02

参考文献

[1] Sullivan W G, Bontadelli J A, Wicks E M, DeGarmo E P. Engineering Economy (Eleventh Edition)[M]. Prentice Hall, Upper Saddle River, New Jersey, 2000.

[2] Blank L, Tarquin A. Engineering Economy (5th Edition)[M]. McGraw-Hill Companies Inc., 2002.

[3] Chan S P. Contemporary Engineering Economics (Third Edition)[M]. Prentice Hall, Upper Saddle River, New Jersey, 2002.

[4] Steiner H M. 工程经济学原理（第 2 版）[M]. 张芳，等，译. 北京：经济科学出版社，2000.

[5] J.L.里格斯. 工程经济学[M]. 北京：中国财政经济出版社，1989.

[6] 杨思远. 简明工程经济学[M]. 上海：华东理工大学出版社，1999.

[7] 傅家骥，仝永桓. 工业技术经济学（第 3 版）[M]. 北京：清华大学出版社，1997.

[8] 王英，郑筠. 工程经济[M]. 北京：中国科学技术出版社，2001.

[9] 李南. 工程经济学（第 5 版）[M]. 北京：科学出版社，2018

[10] 郭齐胜，等. 装备效能评估概论[M]. 北京：国防工业出版社，2005.

[11] 黄有亮，等. 工程经济学（第 3 版）[M]. 南京：东南大学出版社，2015.

[12] 蒋景楠，等. 工程经济与项目评估[M]. 上海：华东理工大学出版社，2004.

[13] 洪军. 工程经济学（第 2 版）[M]. 北京：高等教育出版社，2015.

[14] 张胜东，周勇，赵友宝. 工程项目评价理论与方法研究[M]. 北京：煤炭工业出版社，2000.

[15] 吴添祖. 技术经济学概论（第 3 版）[M]. 北京：高等教育出版社，2011.

[16] 李玉周. 轻松撰写可行性研究报告[M]. 成都：西南财经大学出版社，2002.

[17] 王卓甫. 工程项目风险管理：理论、方法与应用[M]. 北京：中国水利水电出版社，2002.

[18] 邓铁军. 工程风险管理[M]. 北京：人民交通出版社，2004.

[19] 杨京平. 生态安全的系统分析[M]. 北京：化学工业出版社，2002.

[20] 徐中民. 生态经济学理论方法与应用[M]. 郑州：黄河水利出版社，2003.

[21] 郭献芳. 工程经济学（第 2 版）[M]. 北京：机械工业出版社，2016.

[22] 陆菊春，徐莉. 工程经济学[M]. 北京：清华大学出版社，2017.

[23] 项勇，徐娇娇，卢立宇. 工程经济学（第 3 版）[M]. 北京：机械工业出版社，2018.